全国高职高专教育"十二五"规划教材

现代物流管理

主 编 谢朝阳 汤飞飞
副主编 刘卫国 王春丽 周玉梅
　　　　夏　凡 李燕娜 欧阳琳
　　　　高慧萍 熊　伟 李彦广
　　　　王　莹
参 编 郝　倩 嘉　丹 周　婕
　　　　闫丽丽

东南大学出版社
·南京·

图书在版编目(CIP)数据

现代物流管理/谢朝阳,汤飞飞主编. —南京:
东南大学出版社,2015.6
  ISBN 978-7-5641-5522-3

Ⅰ.①现… Ⅱ.①谢… ②汤… Ⅲ.①物流—物资管理—高等职业教育—教材 Ⅳ.①F252

中国版本图书馆 CIP 数据核字(2015)第 039645 号

现代物流管理

出版发行	东南大学出版社
社　　址	南京市四牌楼 2 号　邮编:210096
出 版 人	江建中
网　　址	http://www.seupress.com
经　　销	全国各地新华书店
印　　刷	南京玉河印刷厂
开　　本	787mm×1092mm　1/16
印　　张	24.25
字　　数	575 千字
版　　次	2015 年 6 月第 1 版
印　　次	2015 年 6 月第 1 次印刷
印　　数	1—3000 册
书　　号	ISBN 978-7-5641-5522-3
定　　价	44.00 元

本社图书若有印装质量问题,请直接与营销中心联系。电话(传真):025-83791830

前言

随着建设有中国特色的社会主义的深入、世界经济一体化进程的加快和科学技术的飞速发展,物流产业作为国民经济中的一个新兴的产业部门,将成为我国的重要产业和国民经济新的增长点。目前,从中央到地方以及许多市场意识敏锐的企业,已把物流作为提高市场竞争能力和提升企业核心竞争力的重要手段,把现代物流理念、先进的物流技术和现代经营模式引入国家、地方经济建设和企业经营与管理之中。但是,我国的物流教育仍十分滞后,造成了现代物流综合性人才、企业尤其是流通企业改造传统物流与加强物流管理、城市规划物流系统运筹、第三方物流企业的运作技术操作等现代物流人才严重匮乏,阻碍了经济的发展和经济效益的提高。

当前,我国的高级物流管理人才、物流技术操作和营销人才每年需求量逐步增长。不仅如此,我国物流和分销服务业将是最早完全开放的行业之一,国内市场将会在一个高层次、高起点上展开激烈的竞争,这势必会使本身就匮乏的人才竞争加剧。如果我们不从长计议,加快我国现代物流管理与技术人才的培养,终将成为我国现代物流产业发展的瓶颈,物流产业化和成为21世纪新的经济增长点就成了一句空话。而这些人才的培养,离不开高等职业教育的健康有序发展。

作为我国高等教育的全新组成部分,高等职业教育的培养目标,主要强调能力的培养和技术的应用,它要求我们的教育能够不断造就基本功扎实、操作能力强,又具有较高知识、技能的复合型、实用型人才。而教材作为教育体系的载体和基础,它不仅反映着社会发展的要求,同时在某种程度上还直接决定着受教育者的培养质量,世界各国都非常注意教材的开发和建设。但目前,我国高等职业教育教学和管理模式受传统教育思想和教育模式的影响较深,以能力为本位的教育观念还未能在教学领域完全形成,课程改革和教材开发还远远满足不了形势发展对高职教育的要求。因此,要适应知识经济时代发展和我国现代化建设的要求,高等职业教育必须加快课程体系改革和教材建设的步伐,建立符合时代特征和具有我国特色的职业教育新思想、新模式、新课程体系。

本教材以任务驱动法对学生应掌握的知识和技能进行编写,从体例上便于学生从应知到应会的转变,突出能力教学,体现教学做的一体化。本书分为十二个项目,每个项目中又含有数个任务,"学习目标""情景写实""任务介绍""任务解析""相关知识""任务实施""任务小结""复习思考"和"课后实训"等功能模块贯穿全书;同时,还专门编写了与教材配套的教学资源库,这里面:针对每个任务安排了案例实训,针对每个项目编写了相应习题。这些,都使现代物流管理的各项应掌握技能得到很好展现,学生通过教学互动和有效实训,完成各项任务的学习和锻炼,为最终成为高等应用型物流专业人才打下一定基础。

《现代物流管理》及其教学资源库的案例与实训部分的编写任务分工为:衡阳财经工业职业技术学院的谢朝阳负责项目一、王春丽负责项目二、郝倩和李燕娜负责项目三、汤飞飞负责项目六、欧阳琳和嘉丹负责项目八、周婕和王莹负责项目十;海南职业技术学院的高慧萍负责项目四;湖南石油化工职业技术学院的熊伟负责项目五;石家庄学院的李彦广负责项目七;长沙民政职业技术学院的周玉梅负责项目九;河北建材职业技术学院的夏凡和闫丽丽负责项目十一;娄底职业技术学院的刘卫国负责项目十二。

本书编写过程中参考了各种类似书籍和论文,在此对原作者或编者表示感谢!同时,由于认识能力和水平有限,不当之处烦请广大读者批评指正。

编　者

2014 年 9 月

目　录

项目一　现代物流导论 ·· 1

　　任务一　物流概念的产生与发展 ··· 2
　　任务二　物流的概念、构成及价值 ··· 12
　　任务三　物流理论 ··· 18
　　任务四　物流管理的概念与内容 ·· 24

项目二　物流客户服务及其战略决策 ··· 32

　　任务一　物流客户服务的内涵 ·· 33
　　任务二　物流客户服务细分与差异化的服务战略 ························· 39
　　任务三　最优物流客户服务水准决策 ··· 48
　　任务四　物流客户服务战略决策 ·· 52

项目三　供应链物流管理与物流成本管理 ··· 65

　　任务一　供应链概述 ··· 66
　　任务二　供应链管理概述 ·· 71
　　任务三　供应链物流管理 ·· 75
　　任务四　物流成本管理与控制概述 ··· 81
　　任务五　物流成本的内容及其核算 ··· 87
　　任务六　物流成本性态分析与日常控制 ······································ 92

项目四　商品运输与物流标准化 ·· 101

　　任务一　运输概述 ··· 102
　　任务二　现代运输方式 ·· 106
　　任务三　运输决策 ··· 116
　　任务四　物流标准与标准化概述 ··· 124
　　任务五　物流标准化内容 ··· 129

项目五　商品包装与集装化 139

任务一　包装的类型与功能 140
任务二　包装材料和标志 147
任务三　商品包装容器的设计与选用 152
任务四　包装操作和技法 156
任务五　包装合理化与标准化 161
任务六　集合包装和集装化 167

项目六　仓储与库存管理 177

任务一　仓储管理概述 178
任务二　仓储决策与作业流程管理 182
任务三　自动化立体仓库 185
任务四　仓库装卸搬运系统 189
任务五　库存管理 196

项目七　配送与流通加工 203

任务一　配送概述 204
任务二　配送计划的组织与实施 208
任务三　配送中心 212
任务四　流通加工 221

项目八　物流信息系统 229

任务一　物流信息系统的功能和原理 230
任务二　物流信息系统的结构 236
任务三　物流信息技术 240

项目九　第三方物流 246

任务一　第三方物流概述 247
任务二　第三方物流的发展 252
任务三　第三方物流的利润来源和价值创造 256
任务四　发达国家物流外包第三方的经验与借鉴 261
任务五　第四方物流概述 266

项目十　企业物流 ··· 272

　　任务一　企业物流概述 ··· 273
　　任务二　采购与供应物流 ··· 278
　　任务三　生产物流 ·· 287
　　任务四　销售物流 ·· 295
　　任务五　回收和废弃物流 ··· 298
　　任务六　企业物流管理组织 ··· 300
　　任务七　企业物流外包 ·· 303

项目十一　国际物流与物流战略管理 ································· 309

　　任务一　国际物流与国际贸易 ··· 310
　　任务二　国际物流业务 ·· 315
　　任务三　国际货物运输与国际货运代理 ························· 320
　　任务四　物流战略内容和环境分析 ································· 331
　　任务五　物流战略规划的制定 ··· 336
　　任务六　物流战略的实施与控制 ····································· 340

项目十二　绿色物流 ··· 347

　　任务一　绿色物流的概念及特征 ····································· 348
　　任务二　绿色物流系统分析 ··· 352
　　任务三　可再生资源的处理 ··· 356
　　任务四　废弃包装物的处理 ··· 360
　　任务五　逆向物流 ·· 366
　　任务六　精益物流 ·· 369

参考文献 ··· 375

项目一　现代物流导论

学习目标

掌握物流的概念；了解商物分离的含义与意义；理解物流的不同定义；了解物流概念的演变；了解现代物流的基本特征；了解物流的基本构成；理解物流的分类、价值；理解物流学的学科性质；了解物流学的研究目的；理解物流学说；了解物流管理的概念与发展；掌握物流管理的内容；掌握物流管理的原则。

情景写实

企业物流规划：经营中的尴尬局面

在一家街头的零售店里，某饮料企业的一位理货员来给店里送货，企业理货员问老板："张老板，我来给您送货。"零售店店主说："你们公司送货怎么这么慢呢？我订的货应该在昨天就送到了！可现在你才来，你看，我的客户都跑掉了！"企业理货员答到："对不起，我们公司那边有点问题。"零售店店主问："怎么你们送来的货与我的订单内容不一样啊？"企业理货员不解道："是吗？"零售店店主说："这个产品不对，我要的是150毫升的饮料，你送的是500毫升的；这个产品也不对，我要30瓶，你们只拿了20瓶！真是乱七八糟的！像你们这样送货，客户全都得跑光了。产品不对！时间也不对！我要退货，真是受不了你们，我不会再和你们打交道了！"

思考：

(1) 饮料企业经营中存在什么问题？

(2) 你认为应该怎样解决问题？

分析要点

漏洞百出的物流工作和粗糙的物流服务无疑会使企业信誉受到损害，进而造成营业额的下跌。在市场竞争日趋激烈的今天，甚至关系到企业生存。为此，企业物流部门就应当保持适当库存、及时补货品、制定合理的客户配送计划；作为直接和客户接触最多的物流工作人员，还要培养他们以良好的态度、亲切的笑脸和感谢的心来服务客户；在物流服务中出现问题时，物流部门马上采取对策加以解决。因此，物流工作已成为企业增强竞争力的有力武器。物流部门的业务水平对提升企业的经营、确保利润的实现意义重大。推动物流工作的效率化和合理化成为企业生存的重要战略。

任务一　物流概念的产生与发展

任务介绍

物流是随着生产力发展到一定阶段而产生的,不同国家和学派对它的理解存在差异。物流的发展,也经过不同的历史阶段,正确掌握它的产生和发展非常重要。

```
                          ┌── 物流概念的产生
物流概念的产生与发展 ──────┼── 商物分离
                          └── 物流的发展
```

任务解析

在了解商物分离的基础上,让学生能正确区分现实中具体实例;清晰了解物流定义,让学生明白其含义及要点;了解物流的发展阶段,让学生明白它的演变过程。

相关知识

物流的作用

一、服务商流

在商流活动中,除了非实物交割的期货交易,一般的商流都必须伴随相应的物流过程,即按照需方(买方)的需要将商品实体由供方(卖方)以适当方式、途径向需方转移。在这整个流通过程中,物流实际上是以商流的后继者和服务者的姿态出现的。

二、保障生产

生产过程,实际上就是系列化的物流活动。合理化的物流,通过降低运输费用而降低成本,通过优化库存结构而减少资金占压,通过强化管理进而提高效率等方面的作用,使得有效达到促进整个社会经济水平的提高。

三、方便生活

生活的每一个环节,都有物流存在。通过国际间的运输,可以让世界名牌服装出现在不同肤色的人身上;通过先进的储藏技术,可以让新鲜的果蔬在任何季节亮相;搬家公司周到的服务,可以让人们轻松地乔迁新居等。

任务实施

物流科学自产生以来已显示出它的强大生命力,成为当代最活跃、最有影响的新学科之一。物流科学是以物的动态流转过程为主要研究对象,揭示了物流活动(运输、储存、包装、装卸搬运、配送、流通加工、物流信息等)之间存在相互关联,相互制约的内在联系,认定这些物流活动都是物流系统的组成部分,是物流系统的子系统。它界定了物流系统的边界,使其在经济活动中从潜隐状态显现出来,成为独立的研究领域和学科范围。物流科学是管理工程与技术工程相结合实现了物流的时间效益和空间效益。物流科学的产生和应用给国民经济和企业的生产经营带来难以估量的经济效益,因此,引起了人们的重视并给予高度评价,从而得到了迅速的发展和普及。

一、商物分离

人们对物流的最早认识是从流通领域开始的。我们知道,社会分工使社会发展到生产与消费相分离的商品经济,产生了连接生产与消费的流通功能,从而使社会经济活动由生产领域、消费领域和连接两者的流通领域组成。在生产和消费之间存在着社会间隔(生产者和消费者不同)、场所间隔(生产地和消费地不同)、时间间隔(生产时间和消费时间不同),是流通将生产和消费之间的这些间隔联系起来,以保证经济活动顺畅进行。

产品或商品的所有权转移是指通过经济手段取得产品的所有权,如人们在购买某种商品时,交款取得发票后,即获此商品的所有权。产品或商品的所有权转移称为商流,其表现形式为代表所有权的凭证在时间和空间上的转移。商流的特征是所有权凭证交易。

完成产品的所有权转移后,紧接着的是产品本身在时间和空间上的转移,以克服生产和消费领域的"间隔",达到产品实现其价值的最终目的。产品或商品在时间和空间上的流动全过程简称"物流",其表现形式是物品本身在时间和空间上的转移。物流的特征是物品运动和停滞。比如,在生产钢铁时,把铁矿石从矿山运到钢铁厂所克服的"间隔"主要是距离,在物流中称为运输;再比如,农民生产的粮食当年不会全部消费,其大部分要储藏起来以备来年消费,这时所克服的"间隔"主要是时间。在物流概念产生以前,产品本身流动和停滞的全过程是由各个不同的运作独立完成,这些不同的运作称为物流环节。物流环节包括运输、仓储、保管、搬运、配送及对产品的简单包装等。各个不同的物流环节由不同的企业完成,从事上述各个环节的企业有着不同的名称,如从事运输环节的称为运输公司,又细分为海运公司、空运公司及铁路、公路等运输公司。

社会进步使流通从生产中分化出来之后,并没有结束分化及分工的深入和继续,现代化大生产的分工和专业化是向一切经济领域中延伸的。分工的升级和细化促使流通领域中的主要职能商流和物流进一步分离。在第二次世界大战之后,流通过程的这两种形式出现了更加明显的分离,从不同形式逐渐转变成了两个有一定独立运动能力的不同运动过程,这就是所称的"商物分离",即流通中两个组成部分商业流通和实物流通各自按照自己的规律和渠道独立运动。

商物分离是物流科学赖以存在的先决条件,物流科学正是在商物分离基础上才得以对物流进行独立的考察,进而形成一门科学。

二、物流概念的产生

物流作为被研究对象,最早要追溯到 1901 年,约翰·格鲁威尔(J. F. Growell)在美国政府报告《关于农产品的配送》中,第一次论述了对农产品配送成本产生影响的各种因素,从而拉开了人们对物流活动认识的序幕。现代物流概念的形成经过了一个漫长而曲折的过程,归纳起来大致经过以下三个发展阶段。

(一)第一阶段:物流概念的孕育阶段

从20世纪初到20世纪50年代,这个阶段是物流概念的孕育阶段。这一阶段的特点:一是产生于局部范围,主要是在美国;二是少数几个人提出物流的概念;三是Physical Distribution 和 Logistics 两种概念并存。

1. 营销学派的 Physical Distribution 概念

美国市场营销学者阿奇·萧(Arch W. Shaw)1915年在《经营问题的对策》一书中,初次论述物流在流通战略中的作用。同年,L. D. H. 威尔德(Weld)指出市场营销能产生三种效用,即所有权效用、空间效用和时间效用,与此同时,他还提出了流通渠道的概念,应该说这是早期对物流活动较全面的一种认识。

阿奇·萧于1921年提出了物流的概念,叫作 Physical Distribution(简称 P. D)。他指出,在市场分销中,存在两类活动:一类叫作创造需求,一类叫作物资实体分配(Physical Distribution of Goods)。这两类活动是不同的,但是在市场分销中,是互相平衡、互相依赖的。在市场分销中发生的重大失误,往往是由于在这两类活动之间缺乏协调造成的。

营销专家弗莱德·E. 克拉克(Fred E. Clark)于1929年在其所著的《市场营销的原则》一书中,将市场营销定义为商品所有权转移所发生的各种活动以及包含物流在内的各种活动,从而将物流纳入到了市场经营行为的研究范畴之中,将流通机能划分为"交换机能"、"物流机能"和"辅助机能"三部分,将物流活动真正上升到理论高度加以研究和分析。1927年,拉尔夫·布素迪(Ralph Borsodi)在《流通时代》一书中,初次用 Logistics 来称呼物流,为物流的概念化奠定了基础。

1946年,美国正式成立了全美输送物流协会(American Society of Traffic Logistics),这是美国第一个关于对专业输送者进行考查和认证的组织。

这一时期可以说是美国物流的萌芽和初始阶段。总的来看,在这一时期,尽管物流已经开始得到人们的普遍重视,但是在地位上,物流仍然被作为流通的附属机能看待,也就是说,物流是流通机能的一部分。

2. 军事后勤学派的 Logistics 概念

美国少校琼西·贝克(Chauncey B. Baker)于1905年在其所著的《军队和军需品运输》一书中提出了物流的概念,叫作 Logistics。他是从军事后勤的角度提出的,称 Logistics 是"与军备的移动与供应有关的战争的艺术的分支"。在第二次世界大战中,美国的反法西斯战线拉得很长、很宽,在某种意义上说,美国庞大的军事后勤补给决定了战争的胜负。美国军方邀请著名的管理学家、运筹学家、军事专家共同组成课题组,研究军事物资采购、运输、储存、分配、保养以及废弃后处理的一体化方案,并把此方案称为 Logistics,即"后勤学"。其基本思想是把战争物资从供应地到作战前线的整个流通过程作为一个系统,把各个环节,如军用物资仓储、运输、保养、运送到各个战区等作为子系统,研究如何提高效率、降低成本,并且能及时而准确地发挥军用物资在战争中的作用。他们提出的 Logistics 的基本原则、运行的规律、许多措施和方法形成了物流的基本思想和理论框架。美国军事兵站后勤活动的开展,以及英国在战争中对军需物资的调运的实践都大大充实和发展了军事后勤学的理论、方法和技术,因此,支持了 Logistics 说的发展。

这两个不同意义的概念,之所以都分别存续下来,是因为其都在各自的专业领域中独立运用,二者之间没有发生冲突,也没有一个统一的物流学派来进行统一规范,社会上在绝大多数的范围内还基本上没有物流的概念。

(二)第二阶段:分销物流(Physical Distribution)概念阶段

从 20 世纪 50 年代中期到 20 世纪 80 年代中期,可以称为分销物流概念阶段。这个阶段的基本特征是:分销物流概念得到发展而占据了统治地位,从美国走向了全世界,形成了一个比较统一的物流概念;形成和发展了物流管理学;并且也形成了物流学派、物流产业和物流领域。

1. Physical Distribution 概念继续在美国得到发展和完善,基本形成了比较完整的物流管理学

第二次世界大战后,美国的经济迅速发展,先进生产理论和观念不断引入,新技术不断出现、管理水平不断提高,促进了生产力水平的大幅度提高。产品的极大丰富和激烈的市场竞争迫使产品必须降低成本、提高质量。物流逐渐为管理学界所重视,企业界也开始注意到物流在经济发展中的作用,将改进物流管理作为激发企业活力的重要手段。这一阶段是物流快速发展的重要时期。

1954 年,在美国波士顿工商会议所召开的第 26 次波士顿流通会议上,鲍尔·D. 康柏斯发表了题为《市场营销的另一半》的演讲,他指出无论是学术界还是实业界都应该重视认识、研究市场营销中的物流,真正从战略的高度来管理、发展物流,应该讲,这是物流管理发展的一个里程碑。

1956 年,霍华德·T. 莱维斯(Howard T. Lewis)、吉姆斯·W. 克里顿(James W. Culliton)和杰克·D. 斯蒂勒(Jack D. Steele)三人撰写了《物流中航空货运的作用》一书。在书中他们指出航空货运尽管运费比较高,但是由于它能直接向顾客进行商品配送,因而节约了货物的在库维持费和仓库管理费,因此,应当从物流费用总体上来评价运输手段的优缺点。霍华德等学者的研究第一次在物流管理中导入了整体成本的分析概念,深化了物流活动分析的内容。

由于现代市场营销观念的形成,使企业意识到顾客满意是实现企业利润的唯一手段,顾客服务成为经营管理的核心要素,物流在为顾客提供服务上起到了重要的作用。物流,特别是配送得到了快速地发展。1960 年,美国的 Raytheon 公司建立了最早的配送中心,结合航空运输系统为美国市场提供物流服务。

1961 年,爱德华·W. 斯马凯伊(Edward W. Smykay)、唐纳德·J. 鲍尔索克斯(Donald J. Bowersox)和弗兰克·H. 莫斯曼(Frank H. Mossman)撰写了《物流管理》一书,这是世界上第一本介绍物流管理的教科书,在该书中他们详细论述了物流系统以及整体

成本的概念,为物流管理成为一门学科奠定了基础。20世纪60年代初期,密西根州立大学以及俄亥俄州立大学分别在大学部和研究生院开设了物流课程,成为世界上最早把物流管理教育纳入到大学学科体系中的学校。

1962年,美国著名经营学家德鲁克在《财富》杂志发表了题为"经济的黑暗大陆"的文章,提出了物流是降低成本的最后领域。强调应当高度重视物流管理,从而对实业界和理论界又产生了一次重大的推动作用,使他们逐渐认识到物流是"第三利润源泉"。

1963年,美国物流管理协会(Council of Physical Distribution Management)成立,该协会集中了物流实业界及教育界的专家,通过对话和讨论,促进了对物流过程的研究和理解及物流管理理论的发展,以及物流界与其他组织的联系与合作。

1969年,唐纳德·J. 鲍尔索克斯在《市场营销杂志》上刊登了《物流的发展——现状与可能》,对综合物流概念的过去、现状以及未来发展做出了全面分析。

1976年,道格拉斯·M. 兰伯特(Douglas M. Lambert)对在库评价的会计方法进行了卓有成效的研究,并撰写了《在库会计方法论的开发:在库维持费用研究》一文,指出在整个物流活动所发生的费用中,在库费用是最大的一个部分,并对费用测定进行了研究,对物流管理学的发展做出了重大贡献。

在这一时期,很多有关物流的论文、著作、杂志开始大量涌现,有关物流管理研讨的会议也开始频繁召开,这些都推动了物流管理学的形成以及物流管理实践的广泛推广。

2. Physical Distribution概念从美国走向世界,成为世界公认的物流概念,在世界范围内形成了物流管理学的理论体系

20世纪50年代中期,日本派了一个12人的"流通技术专业考察团"从1956年10月下旬到11月末,在美国各地进行了实地考察,首次接触到了物流这个新事物。日本考察团在详细了解了物流这一新鲜事物后,于1958年第一次提及到了Physical Distribution这个概念就马上被产业界接受,并加以研究和不断创新,在日本掀起了流通领域的一场革命,配送中心、物流中心相继产生,企业中的物流部形成,一些零散的、规模较小的运输和仓储企业联合起来,组成了许多大型的物流企业,如至今在世界上著名的日本通运公司、佐川急便等。随着分销物流业逐渐扩大,逐渐形成了物流产业和物流管理学,20世纪70年代达到了高潮,大有后来居上之势,出现了一批如阿保荣司、宇野正雄等物流学家。

同样,这样的物流概念也逐渐流行到西欧、北美和其他许多国家和地区。20世纪70年代末也传到了中国。这样,基本上全世界各个国家都接受了这样的物流概念和物流管理学。

分销物流主要把物流看成是运输、储存、包装、装卸、加工(包括生产加工和流通加工)、物流信息等各种物流活动的总和。在分销物流学中,主要研究这些物流活动在分销领域的优化问题。在各个物流专业理论和应用发展上取得了很大的进展,例如,系统理论、运输理论、配送理论、仓储理论、库存理论、包装理论、网点布局理论、信息化理论以及它们的应用技术等。

3. 在分销领域各专业物流理论竞相发展的同时,企业内部物流理论异军突起

当人们正在专注地研究分销领域中的物流问题、发展各种专业物流理论和技术的时候,

企业内部生产物流也在悄悄地发展起来。1965年美国J. A. 奥列基博士(Dr. Joseph A. Orlicky)提出独立需求和相关需求的概念,并指出订货点法的物资资源配置技术只适用于独立需求物资。而企业内部的生产过程相互之间的需求则是一种相关需求。相关需求应当用相关需求的物资资源配置技术。20世纪60年代随着计算机应用的普及和推广,人们逐渐把计算机应用到制定生产计划上来,美国生产管理和计算机应用专家Oliver W. Wight&George W. Plosh首先提出了物料需求计划(Material Requirement Planning, MRP)的概念,而IBM公司则首先在计算机上实现了MRP处理,从此产生了MRP技术,并且在企业中得到了应用和发展,到20世纪80年代,MRP发展到了MRPII。

在MRP发展的基础上,受MRP思想原理的启发,20世纪80年代又产生了应用于分销领域的分销资源计划(Distribution Requirement Planning, DRP),并且相应又发展出DRPII。在MRP和DRP发展的基础上,为了把二者结合起来运用,20世纪90年代又出现了LRP(Logistics Resources Planning)技术和ERP(Enterprise Resources Planning)。

这一时期日本丰田汽车公司创造的准时化生产技术(Just In Time, JIT)以及相应的看板技术是生产领域物流技术的另外一朵奇葩。它不光在生产领域创造了一种革命性的哲学和技术,而且为整个物流管理学提供一种理想的物流思想理论和技术,现在已经应用到物流的各个领域。

企业内部另一个重要的物流领域是设施规划与工厂设计,包括工厂选址、厂区布局、生产线布置、物流搬运系统设计等,也都成为物流学应用和发展的领域,形成了物流管理学一个非常重要的分支学科。

所有这些企业内部物流理论和技术的强劲发展,逐渐引起了人们的关注。分销物流的概念显然不能包含它们,使原来只关注分销物流的人们自然想到,仅使用分销物流的概念已经不太合适了。特别是到20世纪80年代中期,随着物流活动进一步集成化、一体化、信息化的发展,改换物流概念的想法就更加强烈了,于是就进入了物流概念发展的第三个阶段。

(三)第三阶段:现代物流(Logistics)概念阶段

从20世纪80年代中期开始一直到现在,为现代物流概念阶段。这个阶段的特点是:随着物流业的发展,物流已经不仅仅限于分销领域,而已经涉及到包括企业物资供应、企业生产、企业分销以及企业废弃物再生等全范围和全领域。人们已经意识到,原来的分销物流(Physical Distribution)概念,已经不适应这种形势,显得太狭窄了,应该扩大概念的内涵,因此决定采用Logistics作为物流的概念。值得指出的是,这个时候的Logistics概念和第一阶段的军事后勤学上的Logistics概念,虽然字面相同,但是意义已经不完全相同了:第一阶段军事后勤学上的Logistics概念主要是指军队物资供应调度上的物流问题,而新时期的Logistics概念则是在各个专业物流全面高度发展的基础上基于企业供、产、销等全范围、全方位物流问题,无论是广度、深度以及涵盖的领域、档次都有不可比拟的差别,因此这个阶段的Logistics应当译为现代物流学,它是一种适应新时期所有组织(包括企业、军队、学校、事业单位)的集成化、信息化、一体化的物流学。

这个阶段的主要事实是:

20世纪80年代中期以后,在理论上,人们越来越清楚地认识到物流与经营、生产紧密相连,它已成为支撑企业竞争力的三大支柱之一。1985年,威廉姆·哈里斯(William D. Harris)和斯托克·吉姆斯(James R. Stock)在密歇根州立大学发表了题为"市场营销与物流的再结合——历史与未来的展望"的演讲,他们指出,从历史上看,物流近代化的标志之一是商物的分离,但是随着1965年以西蒙(Simon Leonard S.)为代表的顾客服务研究的兴起,在近20年的顾客服务研究中,人们逐渐从理论和实证上认识到现代物流活动对于创造需求具有相当大的作用,因此,在这一认识条件下,如果再像原来那样在制定营销组合特别是产品、价格、促销等战略过程中,仍然将物流排除在外,显然不适应时代的发展。因此,非常有必要强调营销与物流的再结合。这一理论对现代物流的本质给予了高度总结,也推动了物流顾客服务战略以及供应链管理战略的研究。

从物流实践来看,20世纪80年代后期电子计算机技术和物流软件的发展日益加快,进而更加推动了现代物流实践的发展,这其中的代表是EDI的运用与专家系统的利用。EDI技术的应用为物流纵深化发展带来了契机,而专家系统的推广为物流管理提高了整体效果。现代物流为了保障效率和效果,一方面通过POS系统、条形码、EDI等收集、传递信息,另一方面利用专家系统使物流战略决策实现最优化,从而共同实现商品附加价值。

物流外包和第三方物流的产生,进一步导致物流专业化、技术化和集成化,实现了生产和物流的分工合作,提高了各自的核心竞争力。

20世纪90年代供应链管理理论的诞生,供应链管理系统的形成进一步导致物流管理的联合化、共同化、集约化和协调化。20世纪90年代以来,随着新经济和现代信息技术的迅速发展,现代物流的内容仍在不断地丰富和发展着,信息技术的进步,使人们更加认识到物流体系的重要,现代物流的发展被提到重要日程上来。同时,信息技术特别是网络技术的发展,也为物流发展提供了强有力的支撑,使物流向信息化、网络化、智能化方向发展。这不仅使物流企业和工商企业建立了更为密切的关系,同时物流企业也为各客户提供了更高质量的物流服务,特别是对电子商务的发展,将像杠杆一样撬起传统产业和新兴产业,成为企业决胜未来市场的重要工具。而在这一过程中,现代物流将成为这个杠杆的支点。

最具有历史意义的是1985年美国物流管理协会正式将名称从National Council of Physical Distribution Management改为National Council of Logistics Management,从而标志着现代物流观念的确立,以及对物流战略管理的统一化。

三、物流的发展

物流经过了近50年的发展,各国物流发展的水平和阶段不尽一致。

(一)美国物流的发展

美国物流发展较早,据理论界人士研究,至今世界最大的物流巨头UPS在美国的发展大约经历以下四个阶段。

1. 1945—1960年,以仓储业为主的物流阶段。在当时的卖方市场中,企业生产的产品有很好的销路,大量生产的产品放在仓库中,仓储管理水平不断提高和缩短仓储时间是当时物流的主要特征。

2. 1960—1980年，转为流通型为主的物流阶段。这个时期市场由推动型即卖方市场，转为拉动型即买方市场。产品竞争异常激烈，物流在降低成本中的作用呈现出来。高架仓库的兴建，各种物流大通道的形成降低了物流成本，提高了流通效率。

3. 1980—1990年，综合物流阶段。这个时期，美国的信息水平提高很快，物流开始利用高新技术武装起来。IT技术的发展和互联网技术的成熟使美国的物流建立在现代化物流信息平台上，形成了现代物流，并且把商流、物流、信息流结合起来，形成了三流合一，又进一步提高流通效率，促进了物流的发展。

4. 1990年至今，物流一体化阶段。供应链管理理论的产生和应用使美国的物流企业与产品供应链上的各个企业联合起来，协调产品供应链上各企业之间的关系，使产品在供应链中达到最低成本、最优效益，在提高产品竞争力中使供应链上的各企业达到共赢。现今美国的物流企业向集约化、协同化、全球化方向发展。

（二）日本物流的发展

日本的物流发展紧随美国之后，发展速度快而且又有许多新的举措，如JIT等。学者们将其分为四个阶段。

1. 前物流时期（1953—1963年）。战后日本经济迅速恢复，并从美国引入物流理论并付诸实施，在日本物流需求者的推动下，孕育了许多物流企业，此阶段的物流企业主要为日本的制造企业服务。

2. 物流系统时期（1963—1973年）。此时期日本经济的飞速发展推动了日本物流的大发展，对物流的基础设施和设备提出更高的要求，日本政府投资于国内的物流基础设施如码头、桥梁、高速公路等的建设，物流公司又致力于各种物流设备研制如铲车、堆垛机、高层货架、自动传送带等。他们从建立物流系统的观点出发，使物流公司和生产企业密切结合，共同发展。

3. 物流管理时期（1973—1983年）。由于社会物流的需要，日本加强了商业流通领域的物流建设如配送中心、物流中心等，并且优化管理，建立以信息技术为支撑的物流网络体系，使日本的物流迈向现代物流行列。

4. 物流社会系统时期（1983年至今）。物流与信息流结合以后进入了物流一体化阶段，即物流和商流的结合。许多日本物流企业买断产品，把产品销售和物流结合起来，既担负起商流的职责，又充分发挥物流的作用，从而大幅度降低成本、提高服务水平，日本物流现正在向物流全球化迈进。

（三）欧洲物流的发展

欧洲是引进"物流"概念较早的地区之一，而且也是较早地将现代技术用于物流管理的先锋。欧洲物流的发展有着鲜明的阶段特点。

1. 20世纪初—20世纪50年代，初级的单个工厂物流阶段。早在20世纪中期，欧洲各国为了降低产品成本，便开始重视企业范围内物流过程的信息传递，对传统的物料搬运进行变革，对企业内的物流进行必要的规划，以寻求物流合理化的途径。当时制造业（工厂）还处于加工车间模式，工厂内的物资由厂内设置的仓库提供。企业为了实现客户当月供货的服务要求，在内部实行严密的流程管理。这一时期的管理技术还相对落后：信息交换通过邮件，产品跟踪采用贴标签的方式，信息处理的软硬件平台是纸带穿孔式的计算机及相应的软件。这一阶段储存与运输是分离的，各自独立经营，可以说是欧洲物流的初级阶段。

2. 20世纪60年代—20世纪70年代，多个工厂或集团的综合物流阶段。这是欧洲经济快速发展时期。随着商品生产和销售的进一步扩大，多个工厂联合的企业集团和大公司的出现，成组技术被广泛采用，物流需求增多，客户期望同一周内供货或服务，工厂内部的物流已不能满足企业集团对物流的要求，因而形成了基于工厂集成的物流。仓库不再是静止封闭的储存式设施，而是动态的物流配送中心。需求信息不只是凭订单，而主要是从配送中心的装运情况获取。这个时期信息交换采用电话方式，通过产品本身的标记（product tags）实现产品跟踪，信息处理的硬件平台是小型计算机，企业（工厂）一般使用自己开发的软件。

3. 20世纪80年代—20世纪90年代，供应链物流阶段。随着经济和流通的发展，欧洲各国许多不同类型的企业（厂商、批发业者、零售业者）也在进行物流革新，建立相应的物流系统，目的是追求通过供应链实现物流服务的差别化，发挥各自的优势与特色。由于流通渠道中各经济主体拥有不同的物流系统，必然会在经济主体的接点处产生矛盾。为了解决这个问题，20世纪80年代，欧洲开始探索一种新的联盟型或合作式的物流体系，即综合物流的供应链管理，目的是实现最终消费者和最初供应商之间的物流与信息流的综合，即在商品流通过程中加强企业间的合作，改变原来各企业分散的物流管理方式，通过合作形式来实现原来不可能达到的物流效率，创造的成果由参与的企业共同分享。这一时期，制造业采用准时制（JIT）生产模式，客户的物流服务需求发展到同一天供货或服务，综合物流的供应链管理进一步得到加强，如组织好港站库的交叉与衔接、零售商管理控制总库存量、产品物流总量的分配、实现供应的合理化等。这一时期，物流需求的信息直接从仓库出货获取，通过传真方式进行信息交换；产品跟踪采用条形码扫描，信息处理的软硬件平台是客户/服务器模式和购买商品化的软件包。这一时期欧洲第三方物流开始兴起。

4. 20世纪90年代以后至今，全球物流和电子物流的阶段。20世纪90年代以来，全球经济一体化的发展趋势十分强劲，欧洲企业纷纷在国外建立生产零部件的基地，甚至根据市场预测和区位的优势分析在国外建立总装厂，这一趋势大大增加了国与国之间的商品流通量，又由于国际贸易的快速增长，全球物流应运而生。此时欧洲的供应链着眼于整体提供产品和物流服务的能力，因此物流中心的建设迅速发展，在供应链管理上采用供应链集成的模式，供应方与运输方通过交易寻求合作伙伴。20世纪90年代，欧洲提出设立首席物流主管作为供应链管理的主导者，这一时期物流企业的需求信息直接从顾客消费地获取；采用在运输链上实现组装的方式，使库存量实现极小化，信息交换采用EDI系统，产品跟踪应用射频识别技术，信息处理广泛应用互联网和物流服务方提供的软件。目前，基于互联网和电子商务的电子物流正在欧洲兴起。

欧洲重视发展社会化、专业化的物流，始终强调综合的观念，提倡第三方物流服务的理念。欧洲的供应链理论和技术应用相当出色，许多企业通过直接控制供应链降低物流成本，提高物流效益，供应链管理很盛行。欧洲物流发展的重点是提高采购、生产、销售各个环节之间的效率，物流一体化程度很高。

（四）我国物流的发展

1979年，我国物资工作者代表团赴日考察，在考察报告中第一次引用"物流"这一术语。在计划经济年代，国家就组织过物流试点，如产供销一条龙、储运公司等形式。但由于经济体制的问题，没有显示出物流的特有优点，试点也是流于形式。改革开放后，1989年在北京召开第八届国际物流会议，"物流"一词在我国推广，理论界开始对物流进行较深入的讨论。随着中国经济体制改革、企业产权关系明晰，企业界开始认识到物流在企业发展中的作用，我国对物流的研究也从理论范畴走向生产领域。20世纪90年代中期以后，我国政府和企业逐渐认识到作为"第三利润源"的物流的价值和战略地位，广泛开展物流的理论研讨和实践。但我国物流与发达国家比较，在基础设施、经营管理、理论研究、物流技术方面都还比较落后。建国以来，我国物流的发展可分为以下四个阶段。

1. 物流初期发展阶段（1949—1965年）。1949—1952年是我国经济的恢复时期，工业生产和交通运输逐步在恢复和建设。为了配合物流业务的需要，开始修建和购置一些基本的物流设施。在企业内部建立储运部、汽车队。在各大区或省、市建立了少数仓储公司或储运公司，但这些物流企业大多从属于各专业公司。1952年，工业生产和交通运输基本上已全面恢复，进入正常生产阶段。当年，我国开始了第一个"五年计划"，工农业生产如火如荼，全国经济呈现一片欣欣向荣的景象。随着社会商品物资的增多，流通部门相继在一些大中城市建立了储运公司、仓储公司、外运公司等"商物分离型"的专业化大中型物流企业，以及附属于各专业公司、批发站的储运部、中转站、仓库等"商物合一型"的小型物流企业，形成了覆盖全国的物流网络，出现了最早的物流企业。

2. 物流停滞阶段（1966—1976年）。1966年，受"文化大革命"的影响，经济出现停滞和倒退，物流业和其他行业一样，陷于停滞状态。

3. 物流较快发展阶段（1978—1992年）。1978年，我国开始实行改革开放政策，经济建设加快了步伐。随着国内商品流通和国际贸易的不断扩大，物流业取得长足的发展。专业物流公司数量不断增加；企业内部也开始重视物流问题，设置了物流研究室、物流技术部等，还发展了集体和个体物流企业；交通基础设施建设取得显著成果，新建了铁路、公路、港口、码头；物流技术得到了改进，开展了集装箱运输、散装运输和联合运输等业务。物流已逐步打破部门、地区的界限，向社会化、专业化、现代化方向发展。

4. 现代物流起步阶段（1993年至今）。1992年，我国正式确立建设社会主义市场经济的目标。20世纪90年代中期，在建设社会主义市场经济的大潮中，物流概念又一次被实业界和政府所关注。1996年，为满足宝洁公司物流配送的需要而成立的宝供物流公司，标志我国物流企业——第三方物流的诞生。20世纪90年代末海尔物流也应运而生，标志我国第一方物流的诞生。此后，中远物流、中外运物流、中海物流、华润物流、招商局物流等中国的物流"巨人"纷纷亮相，海外的物流企业如马士基物流、TNT物流、UPS物流、FedEx物流也竞相登陆，许多运输和仓储公司都挂上物流公司的牌子，此时理论界对物流的功能和作用达成了共识。进入 21 世纪，我国各级政府也全力推进物流，在中国物流的发展出现一片欣欣向荣的景象。

随着我国经济持续、稳定的发展，国家对物流基础设施的大力投入，以及各级政府对物流事业的大力支持，加上我国工业企业和商业企业对物流认识的逐渐深入，以及物流理论界、实业界的推动，目前，我国物流正迎来一个大发展的时机。

任务小结

随着中国经济发展日渐成熟，物流引起了人们的重视，有关物流理论讨论与实践不断展开。要真正开展适合我国国情、有中国特色的物流实践活动，使物流的战略安排真正渗透到企业乃至整个社会的每一个角落，对物流概念的演变、物流的发展有所认识十分必要。本任务首先简要论述了西方物流概念的产生，之后对物流的发展作了概括地论述。

任务二 物流的概念、构成及价值

任务介绍

随着社会经济水平的提高，物流的概念及其内涵也在不断地发展更新中，并随着物流业的演变与发展而不断丰满，正确理解并掌握它的概念、特征、构成及价值是非常重要的。

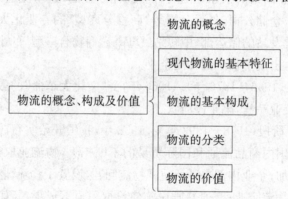

任务解析

在了解物流的概念的基础上，让学生能正确区分现实中具体实例；清晰了解现代物流的基本特征，让学生了解物流价值产生的过程；了解物流的基本构成，让学生明白它的组成部分；理解物流的价值，让学生明白它的重要性。

相关知识

中国物流业务需求快速增长

《2006 年度全国重点企业物流统计调查报告》显示，当前我国物流业务需求出现了较快增长,企业相关物流费用支出也快速增加。

由国家发改委经济运行局、国家统计局贸易外经司和中国物流与采购联合会联合发布的这份调查报告,统计了1220家重点企业在过去两年里的销售、采购物流活动与费用支出方面的情况。调查的1008家工业和流通行业企业汇总数据显示,2005年销售收入合计5426亿元,比上年增长22.3%,呈现快速增长势头;2005年货运量合计30054万吨,比上年增长25.5%,平均货物储存量增长21.2%。

随着物流业务规模的快速发展,企业物流费用支出也快速增加。调查企业汇总数据显示,2005年物流费用支出439亿元,比上年增长18.2%。物流费用增长主要表现在信息及相关服务费用、保险费用和配送费用,同比分别增长了48%、25.4%和24.9%。在物流费用构成中,运输费用仍然占据最大份额,为59.9%,保管费用占27.1%,管理费用占23.9%,这一结构近年来基本保持稳定。

任务实施

一、物流的概念

关于物流的概念,不同的国家、不同的机构、不同的时期其定义有所不同。

美国物流管理协会的定义是:物流是对货物、服务及相关信息从供应地到消费地的有效率、有效益的流动和储存进行计划、执行和控制,以满足客户需求的过程。

我国《中华人民共和国国家标准物流术语》中对物流的定义是:物品从供应地向接收地的实体流动过程。根据实际需要,将运输、储存、装卸、搬运、包装、流通加工、配送、信息处理等基本功能实现有机结合。

二、现代物流的基本特征

现代物流与传统物流有着本质上的区别,现代物流以满足消费者和市场的需求为目标,以第三方物流为基础,联合供应商和销售商,把战略、市场、研发、采购、生产、销售、运输、配送和服务各环节活动整合在一起,作为现代经济领域的新兴产业支撑国家和世界的经济发展。而传统物流则把它简单地视为一种"后勤保障系统"。

物流是社会经济发展产物,随着社会经济发展,现代物流在运作上表现出以下特点。

(一)物流过程一体化

现代物流具有系统综合和总成本控制的思想,它将经济活动中所有供应、生产、销售、运输、库存及相关的信息流动等活动视为一个动态的系统总体,关心的是整个系统的运行效能与费用。

物流一体化的一个重要表现是供应链概念的出现。供应链把物流系统从采购开始经过生产过程和货物配送到达用户的整个过程,看作是一条环环相扣的"链",物流管理以整个供应链为基本单位,而不再是单个的功能部门。在采用供应链管理时,世界级的公司力图通过增加整个供应链提供给消费者的价值、减少整个供应链的成本的方法来增强整个供应链的竞争力,其竞争不再仅仅是单个公司之间的竞争,而是上升为供应链与供应链的竞争。

（二）物流技术专业化

物流技术专业化表现为现代技术在物流活动中得到的广泛应用，如条形码技术、EDI技术、自动化技术、网络技术、智能化和柔性化技术等。运输、装卸、仓储等也普遍采用专业化、标准化、智能化的物流设施设备。这些现代技术和设施设备的应用大大提高了物流活动的效率，扩大了物流活动的领域。

（三）物流管理信息化

物流管理信息化是整个社会信息化的必然需求。现代物流高度依赖于对大量数据、信息的采集、分析、处理和即时更新。在信息技术、网络技术高度发达的现代社会，从客户资料取得和订单处理的数据库化、代码化，物流信息处理的电子化和计算机化，到信息传递的实时化和标准化，信息化渗透至物流的每一个领域。为数众多的无车船和固定物流设备的第三方物流者正是依赖其信息优势展开全球经营的。从某种意义上来说，现代物流竞争已成为物流信息的竞争。

（四）物流活动社会化

物流活动社会化突出表现为第三方物流与物流中心的迅猛发展。随着社会分工的深化和市场需求的日益复杂，生产经营对物流技术和物流管理的要求也越来越高。众多工商企业逐渐认识到依靠企业自身的力量不可能在每一个领域都获得竞争优势。它们更倾向于采用资源外取的方式，将本企业不擅长的物流环节交由专业物流公司，或在企业内部设立相对独立的物流专业部门，而将有限的资源集中于自己真正的优势领域。专业的物流部门由于具有人才优势、技术优势和信息优势，可以采用更为先进的物流技术和管理方式，取得规模经济效益，从而达到物流合理化——产品从供方到需方全过程中，达到环节最少、时间最短、路程最短、费用最省。

（五）物流活动国际化

在产业全球化的浪潮中，跨国公司普遍采取全球化战略，在全世界范围内选择原材料、零部件，销售产品和服务。因此，其物流的选择和配置也超出国界，着眼于全球大市场。大型跨国公司普遍的做法是选择一个适应全球分配的物流中心以及关键供应物的集散仓库；在获得原材料以及分配新产品时使用当地现存的物流网络，并且把这种先进的物流技术推广到新的地区市场。例如耐克公司，通过全球招标采购原材料，然后在我国台湾或东南亚生产，再将产品分别运送到欧洲、亚洲的几个中心仓库，然后就近销售。

三、物流的基本构成

物流的基本构成包括运输、储存、装卸、搬运、包装、流通加工、信息处理。如果从物流活动的实际工作环节来考察，物流就是由上述7项具体工作构成，即物流具有上述7项功能，其中运输和仓储是主要功能，其他功能是伴随运输和仓储过程而发生的辅助性功能。

（一）运输

运输是指用设备和工具，将物品从一地点向另一地点运送的物流活动，其中包括集货、分配、搬运、中转、装入、卸下、分散等一系列操作。

（二）储存

储存是按照一定原则，将物品存放在适宜的场所和位置，并按照一定要求，对物品进行必要的保养和维护。

（三）装卸

装卸是指物品在指定地点以人力或机械载入或卸出运输工具的作业过程。

（四）搬运

搬运是指在同一场所内，对物品进行空间移动的作业过程。

（五）包装

包装是指在流通过程中保护产品、方便储运、促进销售，按一定技术方法而采用的容器、材料及辅助物等的总体名称，也指为了达到上述目的而采用容器、材料及辅助物的过程中施加一定技术方法等的操作活动。

（六）流通加工

流通加工是根据顾客的需要，在流通过程中对产品实施的简单加工作业活动（如包装、分割、计量、分拣、刷标志、拴标签、组装等）的总称。

（七）信息处理

信息处理是对于反映物流各种活动内容的知识、资料、图像、数据、文件等进行收集、整理、储存、加工、传输和服务的活动。

四、物流的分类

（一）从物流活动地域范围的角度分类

1. 国际物流

国际物流是指跨越不同国家或地区之间的物流活动。国际物流非常复杂，但随着国际贸易的迅速发展，它受到普遍重视。

2. 国（区）内物流

国（区）内物流是指发生在一个国家或地区范围内的物流。国家或地区的各项法律、方针、政策以及行业规范、标准在该国所辖范围内普遍适用。

3. 区域物流

区域物流是指一个国家或地区范围不同区域内的物流。该区域划分方式很多，如根据行政区域划分，分为华北、东北、西南等地区；也可以按经济区域划分，如长江三角洲、珠江三角洲、环渤海地区等。

（二）从物流作业执行者的角度分类

1. 自营物流

自营物流是指由物品供应企业或接收企业自己对供应或接收的物品所实施的物流活

动。该物流组织形式是计划经济时代企业"大而全、小而全"的产物,有较大的局限性。

2. 第三方物流

第三方物流是由供方与需方以外的物流企业提供物流服务的业务模式。

(三) 从物流活动在企业中的地位角度分类

1. 生产物流(Production Logistics)

生产物流亦称"制造物流",是指工业企业在产品生产制造过程中,原材料、在制品、半成品、产成品在工厂范围内的流动,包括仓库与车间、车间与车间、车间内各工序之间各种物料的流动。

2. 供应物流(Supply Logistics)

供应物流是指为下游客户提供原材料、零部件或其他物品时所发生的物流活动。

为了保证生产企业的物品供应,通过采购行为,使物品从供货方流转到采购方形成了供应物流,它与生产物流的输入端相连接。

3. 销售物流(Distribution Logistics)

销售物流是指生产企业、流通企业在出售商品过程中所发生的物流活动,包括产品直销和间接销售两种形式。

以上所说的供应物流和销售物流是对同一个生产企业而言的。对不同的生产企业而言它们是统一的,供货企业的销售物流就是购货企业的供应物流。

4. 回收物流(Returned Logistics)

回收物流是指退货、返修物品和周转使用的包装容器等从需方返回供方所引发的物流活动。商品生产和流通过程中,可以回收利用的物品,经过储存、保转、加工和运输形成回收物流,如生产中的边角废料、金属屑等。另外还有退货形成的回收物流。

对许多企业而言,还需要管理回收物流渠道,该渠道可利用全部或部分前向物流渠道,或者需要进行单独设计。随着产品完成最终处理,物流管理才告结束。

5. 废弃物物流(Waste Material Logistics)

废弃物物流是指将经济活动中失去原有使用价值的物品,根据实际需要进行收集、分类、加工、包装、搬运、储存等,并分送到专门处理场所的物流活动。

五、物流的价值

物流的作用不只在于使物品发生物理位置的转移,更重要的是产生时间和空间价值的增长。它可以通过运输、储存、保管、装卸、搬运、包装、流通加工活动创造时间效用、空间效用、形质效用。

(一) 物流创造时间效用

时间价值是指"物"从供给者到需要者之间本来就存在有一段时间差,由于改变这一时间差创造的价值,称作"时间价值"。时间价值通过物流获得的形式有以下几种。

1. 缩短时间。缩短物流时间,可获得多方面的好处,如减少物流损失、降低物流消耗、加速物的周转、节约资金等。从全社会物流的总体来看,加快物流速度,缩短物流时间,是物流必须遵循的一条经济规律。

2. 弥补时间差。供给与需求之间存在时间差,是一种普通的客观存在,正是有了这个时间差,商品才能取得自身最高价值,才能获得十分理想的效益。物流便是以科学、系统的方法弥补,有时是改变这种时间差,以实现其"时间价值"。

3. 延长时间差。在某些具体物流中存在人为的能动地延长物流时间来创造价值的情况。例如,秋季集中产出的粮食、棉花等农作物,通过物流的储存、储备活动,有意识延长物流的时间,以均衡人们的需求。

（二）物流创造空间效用

"物"的供给者和需要者往往处于不同的场所,由于改变这一场所的差别而创造的效用,称作"场所效用",也称为"空间效用"。物流创造场所价值是由现代社会产业结构、社会分工所决定的,主要原因是供给和需求之间的空间差,商品在不同地理位置有不同的价值,通过物流将商品由低价值区转到高价值区,便可获得价值差,即"场所价值"。物流创造空间效用的形式有以下几种。

1. 从集中生产场所流入分散需求场所创造价值。现代化大生产通过集中的、大规模的生产以提高生产效率,降低成本。在一个小范围集中生产的产品可以覆盖大面积的需求地区,有时甚至可覆盖一个国家乃至若干国家。通过物流将产品从集中生产的低价位区转移到分散各处的高价值区有时可以获得很高的利益。

2. 从分散生产场所流入集中需求场所创造价值。和上面一种情况相反的情况在现代社会中也不少见,例如,粮食是在一亩地一亩地上分散生产出来的,而一个大城市的需求却相对集中,这也形成了分散生产和集中需求。

3. 在低价值地生产流入高价值地需求创造场所价值。现代社会中供应与需求的空间差十分普遍,现代人每日消费的物品几乎都是在相距一定距离的地方生产的。这么复杂交错的供给与需求的空间差都是靠物流来弥合的,物流也从中取得了利益。

在经济全球化的浪潮中,国际分工和全球供应链的构筑,一个基本选择是在成本最低的地区进行生产,通过有效的物流系统和全球供应链,在价值最高的地区销售。

（三）物流创造形质效用（加工附加价值）

加工是生产领域常用的手段,并不是物流的本来职能。但是,现代物流的一个重要特点就是根据自己的优势从事一定的补充性的加工活动,这种加工活动不是创造商品主要实体,形成商品主要功能和使用价值,而是带有完善、补充、增加性质的加工活动,这种活动必然会形成劳动对象的形质效用（加工附加价值）。

任务小结

物流是一个非常古老的话题,自从有了商品生产就产生了物流,随着商品生产和商品流通规模的扩大,物流也经历了由简单到高级、由传统到现代的发展过程。本任务介绍了物流的概念、基本特征,并介绍了它的构成部分和物流的分类、价值。

任务三　物流理论

任务介绍

物流学涉及到流通领域、生产领域、消费领域及军事国防领域中有关的各个科学领域，是一门内容相当广泛的学科。同时，物流学与其他科学一样，又具有自己的学科性质和价值、具有自己的理论体系和研究目的。因此，了解物流学的研究目的，并理解物流学的学科性质和物流学说是非常重要的。

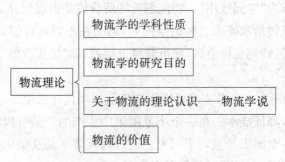

任务解析

在了解物流学的学科性质的基础上，让学生能掌握物流学的研究目的；清晰认识物流的理论，从而让学生掌握物流的价值。

相关知识

物流冰山说与物流费用

关于物流费用，有一种提法叫"物流冰山说"，其含义是说人们对物流费用的总体内容并不掌握，提起物流费用大家只看到露出海水上面的冰山的一角，而藏在海水里的整个冰山却看不见，海水中的冰山才是物流费用的主体部分。一般情况下，企业会计科目中，只把支付给外部运输、仓库企业的费用列入成本。其实这些费用在整个物流费用中确实犹如冰山的一角。因为，物流基础设施建设费和企业利用自己的车辆运输、利用自己的库房保管货物、由自己的工人进行包装、装卸等费用都没列入物流费用科目内。一般来说，企业向外部支付的物流费用是很小的一部分，真正的大头是企业内部发生的物流费。

任务实施

一、物流学的学科性质

根据物流学的研究内容，可以看出物流学是属于经济学、管理学、工学和理学等互相交叉的新兴学科。

（一）经济学属性

物流学研究大量的物流资源配置优化、物流市场的供给与需求、政府对物流的管理、物流的发展与增长等问题，而解决这些问题靠的是经济学理论在物流中的具体应用。物流涉及许多经济学类专业，如经济学、国际经济与贸易等。

（二）管理学属性

物流活动是由物流组织来完成的，而"管理是一切组织的根本"，企业的物流系统规划与设计、物流业务的具体运作、物流过程的控制、物流效益的考核与评估等都是管理，需要管理学理论的指导。物流与许多管理学类专业有关，如工程管理、工业工程、信息管理、工商管理、市场营销、会计学、财务管理等。

（三）工学属性

物流学涉及工学类的许多专业，如机械、建筑、电子、信息。现代物流是一个技术含量很高的产业。物流系统分析、设计和管理都涉及大量材料、交通运输等环节，如国外大型配送中心一般都有高度自动化的物流设施，建设前需要大量的工程技术人员进行分析和设计，建成后需要工程技术人员进行维护和管理。

（四）理学属性

物流的流体是商品，各种商品的物理、化学、生物特征不完全相同。照顾好顾客就要照顾好将要配送给顾客的商品，商品的检验、养护、鉴定、流通、加工等作业环节都需要诸如数学、物理、化学等学科的指导。

物流学学科还与其他许多学科有关，比如哲学、法学等，但就物流学学科整体而言，它是具有以上四种属性的新型交叉型学科，而且不能轻率地说物流学学科主要是属于哪一种属性。因为既然是交叉性学科，必然具有多学科属性，而不同的学科属性是从不同的侧面来分析的，当人们说以哪个属性为主的时候，人们一定是确定了一个讨论问题的侧重点。例如，从宏观管理的角度来讲，物流学学科的主要属性应该是经济学属性；从企业管理层面上来讲，物流学学科的主要属性应该是管理学属性；从运作层面来讲，物流学学科的主要属性应该是工学属性。

显然，侧重点一变，物流学学科的属性就变了，不能在没有前提条件的情况下说物流学学科主要属于哪个学科，应该将物流学学科的属性与研究的着重点联系起来讨论，这样才是比较科学的，才能体现物流学学科的多学科、交叉性、边缘性、综合性的特点。

二、物流学的研究目的

（一）促进物流学学科的发展

同其他学科的发展一样，物流学学科从提出到基本建立学科体系，再到学科的完善，要经过很长的历程。目前物流学的研究才刚刚起步，大量的问题还没有研究清楚，因此需要更多的人进行更多的研究，物流学学科需要大力发展，尤其在学科发展的初期，物流研究是最为重要的。

（二）促进物流学学科的人才培养

研究成果传播的最佳办法就是培养人才,从古至今都是如此。物流学学科的发展必然要以人才培养作为手段。因此,建立物流学学科,大力培养物流专业人才,使物流研究与物流人才培养互相促进,是我国经济发展的客观需要。

（三）促进物流产业的发展和竞争力的提高

具体而言,物流学学科研究对物流产业可以起到以下作用:提高物流系统的服务水平;降低物流系统的服务成本;充分利用物流系统的资源;实现企业、社会的长远发展目标;促进物流产业宏观管理水平的提高,进而促进物流产业的竞争力的提高,为我国国民经济的快速发展提供良好的物流支持。

三、关于物流的理论认识——物流学说

国外物流理论研究起始于20世纪30年代。研究的内容主要是物流概念研究,还没有深入地涉及到其他的理论问题。到了20世纪50年代,世界经济开始复苏,商品流通规模不断扩大,物流的影响和作用日趋明显,其在经济发展中的地位不断提高,人们对物流的认识和关切程度也逐渐深化,有关物流理论研究逐渐深入,研究的视角不断扩大,从而物流理论研究逐步形成了独立运动,并产生出了许多新的理论和新学说。归纳起来有以下几大理论和学说。

（一）成本中心学说

成本中心是指物流在整个企业战略中,只对企业营销活动的成本产生影响,物流是企业成本的重要产生点。因而,解决物流问题,重点并不在于物流的合理化和现代化,而应该主要通过物流管理的方式来控制和降低成本。所以,成本中心学说意味着物流既是主要的成本产生点,又是降低成本的关注点,"物流是降低成本的宝库"等说法正是这种认识的形象表达。

日本早稻田大学的西泽修教授提出了"物流成本的冰山说",其含义是说人们对物流费用的了解实际上是一片空白,甚至有很大的虚假性,物流费用就像冰山一样,人们所提到的物流费用仅仅是露出水面的冰山一角,而潜藏在水里的冰山却看不见,海水中的冰山才是物流费用的主体部分。也就是说,现行财务会计制度和会计核算方法都不能掌握物流费用的实际情况,财务报表只是把支付给外部运输、仓库企业的费用列入成本,而这只能反映物流成本的一部分犹如冰山的一角,因为物流基础设施建设费用和企业利用自己的车辆运输、利用自己的库房保管货物、由自己的工人进行包装、装卸等费用都没有列入物流费用科目内,而这一部分由企业内部发生的物流费用才是真正的物流费用大头。

物流的成本中心学说指出"物流是降低成本的宝库"或"冰山的水下部分"正是尚待开发的领域,是物流的潜力所在。这无疑激起了人们对物流成本的关注,推动了企业物流的发展。但是,成本中心学说过分地强调了物流的成本机能,认为改进物流的目标是降低成本,致使物流在企业发展战略中的主体地位没法得到认可,从而限制了物流本身的进一步发展。

（二）"黑暗大陆"学说

1962年4月,美国管理学家彼得·德鲁克在《财富》杂志上发表了题为《经济领域的黑暗

大陆》的文章。文章认为"我们对物流的认识就像拿破仑当年对非洲大陆的认识。我们知道它确实存在,而且很大,但除此之外,我们便一无所知",这篇文章被公认为首次明确提出物流领域的潜力,具有划时代的意义,从此标志着企业物流管理领域的正式启动。

"黑暗大陆"其原意是指未被认识和尚未了解的事物,属于未来学研究的范围。德鲁克用"黑暗大陆"来说明或形容物流,主要是指人们尚未认识和了解物流,其中包含着两层意思:其一是这个领域未知的东西很多,其理论和实践还不太成熟;其二是在该领域内有很多可供开发的东西。由于当时物流的"模糊性尤其突出",实践中可探索的东西更多,如果理论研究和实践探索照亮了这片"黑暗大陆",那么摆在人们面前的可能是一片不毛之地,也可能是一片宝藏。因此,我国有的学者认为,德鲁克提出的"黑暗大陆"说法实际上是对物流运动做出的理论评价。"黑暗大陆"学说对物流的评价至今仍不失其正确性,因为在物流领域中未知的东西确实存在且还很多,理论和实践都不够成熟。

(三)"第三利润源"学说

在商品经济开始走上成熟阶段以后,一些生产者为了获得更多的利润,曾先后采取过两种措施:一是依靠技术进步降低原材料消耗;二是依靠技术革新提高劳动生产率,进而降低人力消耗。前一种利润潜力被一些人称之为"第一利润源",后一种利润潜力则被人称之为"第二利润源"。进入 20 世纪中期以后,由于受客观条件的限制,上述依靠使用廉价原材料、燃料和动力等获取高额利润的传统方式开始面临挑战,在这种情况下,人们的注意力逐步转向了流通领域,随之提出了实现物流合理化和节约流通费用的主张。这一时期的物流合理化主要是改变以往将物流作为商品蓄水池或集散地的观念,进而又提出在物流领域内采取各种措施降低物流成本是增加利润的新源泉,从而在经营管理层次上强调要发挥物流的作用,这集中反映在物流利润学说中,即"物流到目前为止并没有进入管理范畴,从而成为流通过程的'黑暗大陆',阻碍因素很多,因此,只有驱除这些阻碍因素,才能实现成本降低,为利益增加做出贡献"。

在此期间,美国著名的营销学家帕尔曾预言:"物流是节约费用的广阔领域"。显然物流利润学说揭示了现代物流的本质,使物流能在战略和管理上统筹企业生产、经营的全过程,推动物流现代化发展。按时间顺序排列,物流的这一作用被表述为"第三利润源"。

"第三利润源"学说最初是由日本早稻田大学教授西泽修提出来的。1970 年,西泽修教授把其著作《流通费用》的副标题写作"不为人知的第三利润源泉",认为物流可以为企业提供大量直接或间接的利润,是形成企业经营利润的主要活动。非但如此,对国民经济而言,物流也是国民经济中创利的主要领域。同样的解释还反映在日本另一位物流学者谷本谷一先生编著的《现代日本物流问题》一书和日本物流管理协会编著的《物流管理手册》中。后来"第三利润源"才逐步在其他国家流传开。与"黑暗大陆"说法略有不同,"第三利润源"学说是对物流价值(或物流职能)的理论评价,它从一个侧面反映出当时人们重视物流管理和深化理论研究的实际情况。

在经历了 1973 年的石油危机之后,物流"第三利润源"的作用已经得到证实,物流在企业管理中的地位得到巩固。

(四)服务中心学说

服务中心学说代表了美国和欧洲一些学者对物流的认识,他们认为,物流活动的最大作用并不在于为企业节约了成本或增加了利润,而是在于提高了企业对用户的服务水平,进而提高了企业的竞争力。因此,他们在使用描述物流的词汇上选择了"后勤"一词,特别强调了物流的服务保障功能,借助于物流的服务保障作用,企业可以通过整体能力的加强来压缩成本、增加利润。

物流的服务中心学说起源于二战时期形成的"后勤工程说"。当时,为了保障军需品供应,美国对军火等物质的运输、补给等活动进行了全面管理,并随之把军事装备、军火等物资的供给、运输称之为"后勤",继而提出了"后勤工程"的概念。二战以后,经济形势发生了很大变化,企业管理日趋强化,后勤工程理论与管理方法的适用范围随即伸延到了生产领域和商业领域,随后又形成了诸如"后勤管理"、"商业后勤"等许多新概念。美国后勤工程学会在解释企业后勤概念时:企业后勤是"企业为了满足客户的要求,在使用原材料、半成品、成品和相关信息在原产地和消费地之间实现高效且经济的运输和储存过程中必须从事的计划、实施和控制等全部活动。"这可以看出,"后勤工程说"与前期的"实物分销"或"实物流通"的说法相比较,两者的本质是基本一致的,但两者的范围(或外延)却不尽相同。从某种意义上说,"后勤说"是建立在更广阔的领域基础上的一种理性认识,其外延不仅包含了企业产后的实物分销的营销领域,而且还包括了企业产前的供应领域。

鲍尔索克斯在其著作《物流管理——供应链过程的一体化》中指出"物流活动存在的唯一目的是要向内外顾客提供及时而又精确的产品递送。因此,顾客服务是发展物流战略的关键要素","当物流活动发展到顾客合作的程度时,就能以增值服务的形式开发更高水准的服务"。此外,还有其他学者持同样的观点,认为"物流活动的目的在于向顾客提供及时而又准确的产品递送服务,是一个广泛满足顾客的时间效用和空间效用需求的过程"、"物流管理工作必须树立以顾客为核心的战略服务观念"。

目前,在国内外有关物流的服务性功能的研究也是一个比较热的话题,有的从顾客满意度的角度,探讨物流服务的功能和作用以及衡量指标体系;也有的从客户关系角度,研究客户关系管理在物流企业中的应用价值和方法。

(五)"效益背反"学说

"效益背反"学说表明在物流系统中的功能要素之间存在着损益的矛盾,也即物流系统中的某一个功能要素的优化和利益发生的同时,必然会存在系统中的另一个或另几个功能要素的利益损失,这是一种此涨彼消、此盈彼亏的现象,往往导致整个物流系统效率的低下,最终会损害物流系统的功能要素的利益。例如,运输成本与库存成本,增大运输批量,可以降低运输成本,但会使库存水平增加,从而导致库存成本增加;包装成本与运输成本、库存成本之间,如果提高包装材料的强度,导致包装成本会增加,但能够降低运输和装卸过程中商品的破损率,从而降低运输和库存成本。

在认识到物流系统存在着"效益背反"的规律之后,物流科学也就迈出了认识物流功能要素,寻求解决和克服物流各功能要素效益背反现象这一步。系统科学的广泛应用为此提供了新的视野,人们不仅可以将物流系统细分成运输、储存、包装、装卸搬运、流通加工、物流信息处理等功能要素来认识,而且还可以将这些功能要素的有机联系寻找出来,作为一个整体来认识,进而有效地解决"效益背反",追求总体的效果。这种思想在不同的国家、不同的学者中有着不同的表述,如美国学者用"物流森林"的概念来表述物流的整体观点,指出对物流的认识不能只见树木不见森林,物流的总体效果是森林的效果,即使是和森林一样多的树木,如果各个孤立存在,那也不是物流的总体效果,这可以用一句话表述为:"物流是一片森林而非是一棵棵孤立的树木"。

(六)物流战略学说

"战略说"是当前非常盛行的说法,学术界和产业界已越来越多地认识到,物流更具有战略性。对企业而言,物流不仅是一项具体的操作性任务,还应该是发展战略的一部分。这一学说把物流提升到了相当高的位置,认为物流会影响到企业总体的生存与发展,而不是在哪一个或哪几个环节搞得合理一些,节省了多少费用的问题,应该站在战略的高度看待物流对企业长期发展所带来的深远影响。将物流与企业的生存和发展直接联系起来的观点,对促进物流的发展具有重要意义。

根据这一理论,企业不再刻意追求物流一时一事的效益,而是着眼于总体、着眼于长远。于是物流本身的战略性发展也被提上了议事日程。物流的战略整合是当前物流研究中的一个热点问题。鲍尔索克斯在《物流管理——供应链过程的一体化》中指出"物流的战略整合是一个企业成功的基础","为了实现领先优势,管理重点应从预估为基础转移到以反应为基础的运作理念上来。领先优势的地位成就通常意味着一个公司能够同时使用各种物流战略去满足特定的主要客户的要求"。马士华教授则从供应链管理的角度,提出物流管理战略全局化的观念,指出:在供应链管理环境下物流管理战略全局化一般包括有全局性战略(用户服务)、结构性战略(渠道设计、网络分析)、功能性战略(物料管理、运输、仓库管理)和基础性战略(组织、信息系统、政策与策略、设施),其中尤其以全局性战略为重。也有人从供应链的角度提出了"即时物流战略"、"一体化物流战略"、"网络化物流战略"和"物流战略联盟"等。美国物流管理协会在 1998 年与 2002 年的物流管理定义中把"物流"定义为"供应链过程的一部分(1998 年)"或"供应链运作的一部分(2002 年)"。

物流规划是物流发展(战略)理论的重要组成部分。从近期研究成果的情况来看,目前有关物流规划的方面研究主要集中在技术领域:一是引进和开发了部分物流规划的专项技术,如物流网点布局的模拟方法、物流中心的规划方法等;二是从发展物流产业的愿望出发,研究物流各功能要素的"整合"模型;三是以"供应链"思想为指导,研究"从物流小系统的局部优化转为物流大系统优化"的方法和模式;四是研究计算机技术在物流规划中的应用问题。此外,战略投资、战略技术开发也是近几年企业发展现代物流的重要内容。

任务小结

本任务着重介绍了物流管理的基本概念、物流学的研究目的,要求学生理解物流学说,学会在实际工作中发现和挖掘物流的价值和作用。

任务四　物流管理的概念与内容

任务介绍

随着科技发展,企业竞争焦点开始从生产领域转向非生产领域,转向过去那些分散、孤立的,被视为辅助环节而不被重视的,诸如运输、存储、包装、装卸、流通加工等物流活动领域。人们开始研究如何在这些领域里降低物流成本,提高服务质量,创造"第三个利润源泉",物流管理也越来越受重视。

任务解析

在了解物流管理的概念的基础上,让学生能掌握物流管理的内容、目标及物流管理发展的趋势;具备物流管理的相关理论知识,对我国的物流管理现状进行分析并提出解决措施的能力;熟悉物流管理的三个阶段。

相关知识

物流管理之北京世佳公司物畅其流

随着客户数量和业务范围的迅速扩张,世佳物流公司已从单一的物流配送中心逐渐转变成为为客户提供全方位物流服务的枢纽化、社会化、一体化的物流平台。随着业务模式的重新定位,需要一个健全的管理系统,保持企业信息流和物流的畅通。为此,世佳公司找到了专业的物流信息系统开发公司——杰合伟业,帮助他们设计并建立了一套完整的采用现代化技术手段的物流管理信息系统。

系统以世佳公司代理业务配送流程为基础,以方便快捷地完成配送工作、准确保存配送数据为目的,以分布式库存管理监控系统、运输优化调度系统为核心,同时通过第三方物流作业支持系统、客户关系管理与商业智能系统实现企业商业活动与物流系统的整合,帮助企业在经营过程中对相关物流过程进行全面的动态监控,切实提高运作水平。整个系统从逻辑上分为四个业务中心:客户联络中心(客联部)实现工作人员与客户进行联络、交互的功能;配送中心(物流管理部与运输管理部)是将计划任务分配给具体运力(承运人和承运工具)并提供实施的平台;仓储中心(物流管理部和仓储部)是一个多层次的管理系统;管理与营销中心(总部)汇聚了各部分的数据并以此对其他部分进行控制和监督,同时建立起市场开发、财务管理、绩效管理等辅助决策的支持系统。系统具有以下功能:仓储管理(WMS);调度和订单处理;客户关系管理(CRM);业务控制和订单管理;支持并提供数字化管理;货物的实时跟踪和定位(GIS/GPS);运输管理和绩效考核;准确的成本核算;网上物流服务;报表统计和辅助决策。

任务实施

一、物流管理的概念及发展

中华人民共和国国家标准《物流术语》(GB/T 18354—2006)对物流管理的定义是:"物流管理是指为达到既定的目标,对物流的全过程进行计划、组织、协调与控制。"

现代物流管理的目标就是要在尽可能低的总成本条件下实现既定的客户服务水平,即寻求服务优势和成本优势的一种平衡,并由此创造企业在竞争中的战略优势。根据这个目标,物流管理要解决的基本问题,简单地说,就是把合适的产品以合适的数量和合适的价格在合适的时间和合适的地点提供给客户。

从发达国家物流管理发展的历史来观察,物流管理经历了以下五个阶段。

(一)物流功能个别管理阶段

在这个阶段,真正意义上的物流管理意识还没有出现,降低成本不是以降低物流总成本为目标,而是分别停留在降低运输成本和保管成本等个别环节上。降低运输成本也是局限于要求降低运价或者寻找价格低的运输业者上。物流在企业中的位置,企业内对于物流的意识程度还很低。

(二)物流功能系统化管理阶段

物流功能系统化管理阶段的主要特征表现为:通过物流管理部门的设立,其管理对象已不仅是现场的作业活动,而是站在企业整体的立场上整合,各种物流合理化对策开始出现并付诸实施。

(三)物流管理领域扩大阶段

进入物流管理领域扩大阶段,物流管理部门可以出于物流合理化的目的向生产和销售部门提出自己的建议。但是,物流管理部门对于生产和销售部门提出的建议在具体实施上有一定限度,特别是在销售竞争非常激烈的情况下,物流服务一旦被当作竞争手段的时候,仅仅以物流合理化的观点来要求销售部门提供协助往往不被对方所接受。因为,这时候考虑问题的先后次序首先是销售,然后才是物流。

(四)企业内物流一体化管理阶段

企业内物流一体化管理是根据商品的市场销售动向决定商品的生产和采购,从而保证生产、采购和销售的一致性。企业内物流一体化管理受到关注的背景来自于市场的不透明化。

（五）供应链管理阶段

供应链管理是一个将交易关联的企业整合进来的系统，即将供应商、制造商、批发商、零售商和顾客等所有供应链上的关联企业和消费者作为一个整体看待的系统结构。基于供应链的顺利运行的物流管理使物流业为产品的实物空间位移提供时间和服务质量的保证，从而使物流管理进入了更为高级的阶段。

二、物流管理的内容

物流管理的对象包括：对物流活动诸要素的管理，如对运输、储运等环节的管理；对物流系统诸要素的管理，即对其中的人、财、物、设备、方法和信息等六大要素的管理；对物流活动中具体职能的管理，主要包括对物流的计划、质量、技术、经济等职能管理。

（一）物流活动诸要素的管理内容

从物流活动要素的角度出发，物流管理包括：运输管理、储存管理、装卸搬运管理、包装管理、流通加工管理、配送管理、物流信息管理、客户服务管理。

（二）物流系统诸要素的管理内容

根据物流系统诸要素的组成，物流管理包括：人的管理、物的管理、财的管理、设备管理、方法管理、信息管理。

（三）物流活动中具体职能的管理内容

从物流活动职能上划分，物流管理则包括物流计划管理、物流质量管理、物流技术管理、物流经济管理。

物流计划管理是指对物质生产、分配、交换、流通整个过程的计划管理，是物流管理工作的首要职能；物流质量管理包括：物流服务质量、工作质量、工程质量等的管理，是物流管理工作的中心问题；物流技术管理包括：物流硬技术和软技术的管理，硬技术即是对物流基础设施和物流设备的管理，软技术主要是物流各种专业技术的开发、推广和引进等；物流经济管理包括：物流费用的计算和控制，物流劳务价格的确定和管理，物流活动的经济核算、分析等。

三、物流管理的原则

（一）物流管理的总原则——物流合理化

物流管理的原则很多，但最根本的指导原则是保证物流合理化的实现。所谓物流合理化，就是对物流设备配置和物流活动组织进行调整改进，实现物流系统整体优化的过程。它具体表现在兼顾成本与服务上。即以尽可能低的物流成本，获得可以接受的物流服务，或以可以接受的物流成本达到尽可能高的服务水平。

（二）物流合理化的基本的思想

物流活动各种成本之间经常存在着此消彼长的关系，物流合理化的一个基本的思想就是"均衡"的思想,从物流总成本的角度权衡得失,不求极限,但求均衡,均衡造就合理。

(三)物流管理面临的新挑战

近年来,很多先进的信息技术的出现,极大地推动了物流行业的巨变。我们不能再以传统的观念来认识信息时代的物流,物流也不再是物流功能的简单组合运作,它现在已是一个网的概念。加强连通物流结点的效率,加强系统的管理效率已成为整个物流产业面临的关键问题。

四、物流管理的目标

(一)快速反应

快速反应是关系到一个企业能否及时满足顾客的服务需求的能力。信息技术的提高为企业创造了在最短时间内完成物流作业并尽快交付的条件。快速响应的能力把作业的重点从预测转移到以装运和装运方式对顾客的要求做出反应上来。

(二)最小变异

变异是指破坏物流系统表现的任何想象不到的事件,它可以产生于任何一个领域的物流作业。在充分发挥信息作用的前提下,采取积极的物流控制手段可以把这些风险减少到最低限度,作为经济上的结果可以提高物流的生产率。

(三)最低库存

保持最低库存的目标涉及到物资周转速度和资金占用问题。在企业物流系统中由于存货所占用的资金是企业物流作业最大的经济负担。在保证供应前提条件下提高周转率,意味着库存占用的资金得到了有效的利用。

因此,保持最低库存的目标是把库存减少到与顾客服务目标相一致的最低水平,以实现最低的物流总成本。"零库存"是企业物流的理想目标,物流设计必须把资金占用和库存周转速度当成重点控制和管理。

(四)物流质量

物流目标是要寻求持续不断地提高物流质量。全面质量管理要求企业物流无论是对产品质量,还是对物流服务质量,都要求做得更好。如果一个产品变得有缺陷,或者对各种的服务承诺没有履行,那么物流费用就会增加。因为物流费用一旦支出,便无法收回,甚至还要重新支出。物流本身必须履行所需要的质量标准,包括流转质量和业务质量标准,如对物流数量、质量、时间、地点的正确评价。随着物流全球化、信息技术化、物流自动化的水平的提高,物流管理所面临的是"零缺陷"的物流质量的高要求,物流在质量上的挑战强化了物流的作业目标。

(五)产品所处不同生命周期的不同物流管理目标

产品生命周期由引入、成长、成熟和完全衰退四个阶段组成,物流应做出怎样的对策?

在新产品引入阶段,要有高度的产品可得性和物流的灵活性。在制定新产品物流支持计划时,必须要考虑到顾客随时可以获得产品的及时性和企业迅速而准确的供货能力。在此关键期间,如果存货短缺或配送不稳定,就可能抵消营销战略所取得的成果。因此,此阶段的物流费用是比较高的。

在产品生命周期的成长阶段,产品取得了一定程度的市场认可,销售量骤增,物流活动的重点从不计代价提供所需服务转变为平衡的服务和成本绩效。处于成长周期的企业的具有较大的机会去设计物流作业并获取物流利润。此阶段销售利润渠道是按不断增长的销量来出售产品,只要顾客愿意照价付款,几乎任何水准的物流服务都可能实现。

成熟阶段具有激烈竞争的特点,物流活动会变得具有高度的选择性,而竞争对手这期间会调整自己的基本服务承诺,以提供独特的服务,取得顾客的青睐。为了能在产品周期的成熟阶段调整多重销售渠道,许多企业采用建立配送仓库网络的方法,以满足来自许多不同渠道各种服务需求。

在这种多渠道的物流条件下,递送任何一个地点的产品流量都比较小,并需要为特殊顾客提供特殊服务,可见成熟阶段的竞争状况增加了物流活动复杂性和作业要求的灵活性。当一种产品进入衰退阶段时,企业所面临的抉择是在低价出售产品或继续有限配送等可选择方案之间进行平衡。于是企业一方面将物流活动定位于继续相应的递送活动,另一方面要最大限度地降低物流风险。在两者中,后者显得更为重要。

五、物流管理的三个阶段

(一)物流计划管理

计划是行动的事先考虑。物流计划是为了实现物流预期目标所做的准备。物流计划,首先要确定物流所要达到的目标,以及为实现这个目标所进行的各项工作的先后次序;其次,要分析研究在物流目标实现的过程中可能发生的任何外界影响,尤其是不利因素,并确定对这些不利因素的对策;最后提出贯彻和指导实现物流目标的人力、物力、财力的具体措施。

(二)物流实施管理

物流计划确定以后,就是物流方案实施阶段。物流实施管理,就是管理物流实施过程中的各个阶段,以保证物流活动各个阶段的有效实施。它在物流各阶段的管理中具有突出的地位,因为在这个阶段中各项计划将通过具体的执行而受到检验。同时,它也把物流管理与物流各项具体活动紧密地结合起来了。具体来说,它对物流过程的影响主要集中在以下几个方面,如表1-1所示。

表1-1 物流实施管理对物流过程的影响

对物流活动的组织和指挥	为了使物流活动按物流计划所规定的目标正常地发展和运行,对物流的各项活动进行组织和指挥是必不可少的。物流的组织是指在物流活动中把各个相互关联的环节合理地结合起来,而形成一个有机的整体,以便充分发挥物流中的每个部门、每个物流工作者的作用。物流的指挥是指在物流过程中归各个物流环节、部门、机构进行的统一调度

续表

对物流活动的监督和检查	物流活动实施过程的结果,必须通过检查和监督才能得到充分的了解。监督的作用是考核物流执行部门或执行人员工作完成的情况,监督各项物流活动有无偏离物流既定目标。各级物流部门都有被监督和检查的义务,也有去监督、检查其他部门的责任。通过监督和检查了解物流的实施情况,揭露物流活动中的矛盾,找出存在的问题,分析问题发生的原因,提出克服的方法
对物流活动的调节	在执行物流计划的过程中,物流的各部门、各环节总会出现不平衡的情况。遇到上述问题,就需要根据物流的影响因素,对物流各部门、各个环节的能力做出新的综合平衡,重新布置实现物流目标的力量。这就是对物流活动的调节。通过物流调节可以解决各部门、各环节之间,上、下级之间,物流内部和物流外部之间的矛盾,从而使物流各部门、各环节协调一致,以便紧紧围绕物流总目标开展活动,从而保证物流计划的实现

(三) 物流反馈管理

在一定时期内,人们对物流实施后的结果与原计划的物流目标进行对照、分析,这便是对物流活动的反馈。通过对物流活动的全面剖析,人们可以确定物流计划的科学性、合理性,从而确认物流实施阶段的成果与不足,为今后制订新的计划、组织新的物流活动提供宝贵的经验和资料。

按照物流反馈范围的不同,物流反馈可分为专门性反馈和综合性反馈。专门性反馈是指对物流活动中的某一方面或某一具体活动作出的分析,如仓储中的物资吞吐量完成情况,运输中的吨公里完成情况,物流中的设备完好情况等。物流的综合性反馈是对物流活动在某一物流管理部门或机构全面衡量物流管理水平的综合性分析,如某仓库的全员劳动生产率,某运输部门的运输成本,某部门对物流各环节的综合性分析等。

按照物流各部门之间的关系,物流反馈又可分为物流纵向反馈和横向反馈。所谓纵向反馈是指上一级物流部门对下一级部门和机构的物流活动进行的分析结果,这种分析通常表现为本期完成情况与上期或历史完成情况的对比。所谓物流的横向反馈,是指执行某一相同物流业务的部门之间的各种物流结果的对比,它通常能表示出某物流部门在社会上所处的水平的高低。应当指出无论采取什么样的反馈方法,其手段都要借助于具体的指标。

▶任务小结▶

企业物流管理通过对企业物流功能的最佳组合,在保证一定服务水平的前提下,实现物流成本的最低化,这是企业不断追求的目标。本任务从物流管理的概念入手,详细介绍了物流管理的发展、物流管理的内容,说明了物流服务的原则和物流管理目标的三个阶段。

▶拓展提高▶

现代物流管理发展趋势

(一)物流管理从物的处理,提升到物的加值方案设计、解决和管理上。可以为客户提供度身订造式的,并带有个性化的服务,企业逐渐转向强调跨企业界限的整合,使得顾客关系的维护与管理变得越来越重要。

（二）由对立转向联合。传统商业通道中，企业间多半以自我为中心，追求自我利益，因此往往造成企业间对立的局面。然而在追求更大竞争力的驱动下，许多企业开始在各个商业流通机能上整合，通过联合规划与作业，形成高度整合的供应链通道关系，使通道整体成绩和效果大幅提升。

（三）由预测转向终测。传统的流通模式通过预测下游通道的资源来进行各项物流作业活动，不幸的是预测很少会准确的，因而浪费了许多自然及商业资源。新兴的物流管理趋势是强调通道成员的联合机制，成员间愿意互换营运及策略的信息，尤其是内部需求及生产的资料，使得上游的企业无需去预测，流通模式是逐渐由预测基础转向终测基础发展。

（四）由经验积累转向变迁策略。一直以来经验曲线是企业用来分析市场竞争趋势及发展对应策略的方法，并以企业长年积累的经验作为主要竞争武器，然而科技的突飞进步，企业固守既有经验反而成为企业发展的障碍，因此在调度变化的环境下，经验及现存通道基础结构反变为最难克服的障碍，成功的企业要建立对策略方向的嗅觉和持续变迁管理体系才能生存。

（五）由绝对价值转向相对价值。传统财务评价只看一些绝对数值，新的评估方法将着重在相对价值的创造，亦即在通道中提供加值服务，顾客所增加的价值中企业可占多少比例。

（六）由功能整合转向程序整合。在竞争渠道日趋激烈的环境中，企业必须更快响应上、下游顾客的需要，因而必须有效整合各部门的营运，并以程序式的操作系统来动作，物流作业与活动多半具有跨功能，跨企业的特性，故程序式整合是物流管理成功的重点。

（七）由垂直整合转向虚拟整合。在传统渠道中，一些大企业进行通道的垂直整合，以期对通道掌握有更大的力量，事实证明这并不成功，反而分散了企业的资源，并将主业削弱。今日企业经营的趋势是专注核心业务，将非核心业务委托给专业管理公司去做，形成虚拟企业整合体系，使主体企业提供更好的产品及服务。

（八）由信息保留转向信息分享。在供应链管理结构下，供应链内相关企业必须将供应链整合所需的信息与其他企业分享，否则，无法形成有效的供应链体系。

（九）由训练转向知识学习。在可预见的未来，任何物流程序均以人力来完成。然而，物流作业多半需要在各个物流据点和运输网络中进行，大约有90%的时间，物流主管无法亲自加以监控。全球化的发展趋势，也增加了物流人力资源管理的复杂度。物流主管必须将以个别人员技能训练的方式，转向知识基础的学习发展。

（十）由管理会计转向价值管理。未来许多企业愿意投入许多资源建立基本会计系统，着重在提供增值创造，跨企业的管理信息，以期能确认可创造价值的作业，而非仅在于收益增加，成本升降上。

复习思考

1. 简述物流的基本构成。
2. 简述物流管理的目标。
3. 从物流活动在企业中的地位角度，可将物流分为哪几类？
4. 简述美、日及中国物流的发展。

相关实训

一、社会调查指导书

调查题目：

(1) 调查所在地区物流活动与设施的发展历程与现状。

(2) 调查中国物流活动与设施的发展历程与现状。

(3) 调查国家、地区物流演变及发展趋势。

二、企业调查指导书

调查题目：

实地调查××企业的物流活动现状，分析其存在问题。

可以是制造企业、商品流通企业、物流企业、其他服务企业。如联邦快递、宝供、家乐福、珠江啤酒厂等企业物流成功模式、物流企业发展历程及核心业务。

三、要求

1. 同学任选一题，完成形式为调查报告。
2. 调查报告要求 3 000 字以上。
3. 报告要求史料真实、评价客观，文献标明来源，现场访问要求拍照。
4. 实地访问要求记入：访问时间、地点、被访问者基本情况，访问内容记录。

项目二　物流客户服务及其战略决策

学习目标

了解物流客户服务的定义；掌握物流客户服务的内容；明确物流客户服务对于企业生存和发展的重要性；理解物流客户服务细分与差异化的服务战略；学会确定优质客户群体，做出服务战略选择，适应客户不断发展变化需求。

情景写实

顺丰速运公司呼叫中心物流服务信息化

2004年，顺丰速运委托HOLLYCRM（合力金桥软件）公司为其用HollyC6呼叫中心解决方案部署其呼叫中心系统，该系统功能为：自助下单、查单；人工下单；信息查询服务；投诉处理；电话录音系统；传真应用；外拨应用，并达到以下特色及效益：

1. 提高了话务承接量及接通率：话务承接量比未上HollyC6呼叫中心系统前提高了75%，接通率也提高了50%，从而大大提高了呼叫中心的利润产出。

2. 统一的服务窗口：通过电话、传真、电子邮件、语音留言等多种渠道均可以为客户提供统一的服务，使得一站式的服务与支持真正加强销售管理，实现订购电话唯一、定单处理统一。

3. 强大的呼叫中心应用：良好的语音导航服务、提高服务质量；由IVR提供的自助下单、自助查单服务，节省了人工成本；电话接入后可自动定位客户，提高了座席的工作效率；可实现客户自动索取传真，节省人工成本并提高服务质量；座席可在线发送传真，实现无纸发送传真，节省时间并降低运营成本；增加了外拨调查问卷系统从而可提高客户满意度。

4. 完善的后台业务整合功能：与其他应用系统（定单管理、财务管理、运输管理）的集成，可以实现前、后台的数据共享，从而保障公司资金流、物流、信息流的统一。

5. 坚实的CRM数据基础：呼叫中心系统完整保留了"客户信息"和"服务记录"，以CRM理念业务建模的方式提供给企业丰富的统计报表数据支持运营管理，并支持企业以此为基础建设CRM经营分析系统。

思考：
顺丰速运公司的呼叫中心是如何实现企业竞争力提升的？

分析要点

成本竞争力：精细化管理的思路呼唤企业重视客户资源和信息资源；质量竞争力：统一于产业标准、服务水平，唯有"客户服务"才是相对持久稳定的优势；速度的竞争力：信息时代数据的及时、高效利用推动企业加速度发展;创新的竞争力:呼叫中心成为沟通客户与物流企业之间的窗口,为物流企业带来创新的源泉。这些构成了物流企业信息化时代的"竞争优势"。以"呼叫中心"为接入的信息交换平台,不仅可以提供本地区服务,而且还可以做到长距离的跨区域服务,有效地帮助物流企业解决客户信息的采集、传输、共享、决策,从而可以实现在满足客户需求的前提下,进行合理的库存、运输、配送方式给企业带来更多的效益。

任务一 物流客户服务的内涵

任务介绍

随着物流行业的快速发展,物流市场的竞争也越来越激烈,客户对企业所提供的服务水平的变化与对产品价格的变化一样敏感。通过为客户提供增值服务而获得竞争优势、增加销售收入的观点已经为大多数企业所接受并运用。

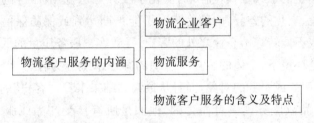

任务解析

了解客户、客户服务、物流服务及物流客户服务的含义;简述物流客户服务的含义及特点;理解物流客户服务构成要素;明确物流客户服务的作用及地位。

相关知识

80/20 法则

80/20 法则,是按事情的重要程度编排行事优先次序的准则,它是建立在"重要的少数与琐碎的多数"原理的基础上。这个原理是由 19 世纪末期与 20 世纪初期的意大利经济学家兼社会学家维弗利度·帕累托所提出的。它的大意是:在任何特定群体中,重要的因子通常只占少数,而不重要的因子则占多数,因此只要能控制具有重要性的少数因子即能控制全局。

任务实施

一、物流企业客户

(一)客户服务概述

一谈到客户服务,许多人都会认为只要面带微笑,礼貌热情就可以了,其实不然。不同的客户对服务有着不同的需求,一般说来,客户的需求包括情感层面和业务层面的需求。由于每一个企业所经营的产品形态、功能不同,其所面对的客户性质、特点也就不同。

1. 客户

客户,是企业的动力,是企业利润之源。对客户,通常的看法是:客户是购买产品或服务的个体,即消费者。

现代物流管理中的客户,其内涵已扩大化,营销学中客户、公司内部上流程与下流程的工作人员皆称客户。物流客户内涵的要点如下:

(1) 客户不一定是产品或服务的最终接受者。处于供应链下游的企业是上游企业的客户,他们可能是批发商、零售商和物流商,而最终的接受者是消费产品和服务的人或机构。

(2) 客户不一定是用户。处于供应链下游的批发商是生产商的客户,只有当他们消费这些产品和服务时,他们才是用户。

(3) 客户不一定在公司之外,内部客户日益引起重视,它使企业的服务无缝连接起来。因为人们习惯于为企业之外的客户服务,而把企业内的上、下流程中的工作人员和供应链中的上、下游企业看作是同事或合作伙伴,而淡化了服务意识,造成服务的内外脱节和不能落实。由于背景、地位、文化的差异,内部客户对不能预期达到或保质保值的服务通常不予正面抗议,而将责任或不便转嫁给企业之外的客户,导致客户服务质量的低下。

因此,在供应链环境下,个体的客户与组织的客户都统称为客户,因为无论是个体或是组织都是接受企业产品或服务的对象,而且从最终的结果来看,"客户"的下游还是客户。因此客户是相对于产品或服务提供者而言的,他们是所有接受产品或服务的组织和单位的统称。

2. 分类

(1) 从物流客户价值的角度来看,可分为以下三个层次:

第一个层次是常规客户或称为一般客户,企业主要通过让渡财务利益给客户,从而增加客户的满意度,而客户也主要希望从企业那里获得直接好处,获取满意的客户价值。他们是经济型客户,消费具有随机性,讲究实惠;看重价格优惠,是企业与客户关系的最主要部分,可以直接决定企业的短期现实收益。

第二层次是潜力客户或称合适客户,他们希望从与企业的关系中增加价值,从而获得附加的财务利益和社会利益。这类客户通常与企业建立一种伙伴关系或者"战略联盟",他们是物流中企业与客户关系的核心,是合适客户中的关键部分。

第三层次是头顶客户或关键客户。他们除了希望从企业那里获得直接的客户价值外,还希望从企业那里获得社会利益,如成为客户俱乐部的成员等,从而体现一定的精神满足。他们是企业比较稳定的客户,虽然人数不占多数,但对企业的贡献很高。

(2) 从物流服务的内容来看,物流客户又可分为:物流保管客户、物流运输客户、物流配送客户及供应链间客户。

(3) 从物流客户所处的位置来看,可分为内部客户和外部客户。内部客户是公司内部需要物流支持以便承担其指定的工作的组织单位。外部客户是组织之外的组织或个人,按产品接受的环节,外部客户可以分为中间客户与最终客户;按是否已经接受产品,可以分为现实客户与潜在客户。

任何一个企业的资源都是有限的,因此不可能为所有客户提供同等的满意的产品和服务。企业应当以有限的资源主要满足关键客户和合适客户的需要,求得最大化客户价值与最大化企业价值的平衡。

(二) 客户服务的内涵

在当今激烈的市场竞争环境中,企业只提供一种产品或是一项服务是不够的,现在的客户不同于以前的客户,他们很清楚应该怎样传递产品,也明白如果对自己得到的服务不满意,还有其他能提供更多更好服务的卖方可以选择。所以服务的重要性已经深入人心,优质的服务才是企业做大、做强、创立品牌的基石。

1. 客户服务的理念

客户服务是企业的一种观念,并自始至终贯穿企业的经营活动。客户服务的具体理念就是要系统全面地掌握客户的购买倾向或实际要求,从参与者角色转换为责任人的角色,即企业要实施"5A"战略。

(1) 了解客户(Acquainting)

对企业来说,研究客户的行为和消费习惯是相当必要的。企业想与之建立一对一的服务关系就必须从客户的记录、客户服务系统、客户数据库等方面了解客户群,有的还可以选择并利用来自客户群、分支机构、战略合作伙伴或者第三方的数据资料,Internet等技术使企业可获得更多的客户信息,从而了解客户。也就是企业与客户从"素昧平生"到"久仰大名"再到"相亲相爱"的一个全面的过程。无论采用哪种办法,都要获得客户的真实具体的身份,以便开展下一步的交流和互动。

(2) 赏识客户(Appreciating)

千万不要忘记对客户表示感谢和赏识,这种"欣赏"是企业修来的"福分","水能载舟,亦能覆舟",在今天被客户看中的优势,明天也许就消失或落后,客户是理性的,企业应不断努力来适应客户的不断变化。

(3) 答谢客户(Acknowledging)

通过答谢,让客户知道他们正在受到企业的重视,客户非常在意在这种精神上的满足,这是维系企业与客户感情的最好手段。关键客户名单、业务通讯记录、特殊折扣、礼貌的服务以及记住他们的名字都是向客户表示感谢的好办法。此外,要向他们传递一种积极的信息,要客户知道我们企业很高兴他们选择了与我们的合作。

(4) 分析客户(Analyzing)

客户的任何有关企业的言论和行为,哪怕只是一丝细微的行为,也会使企业获得极其有价值的信息。企业应不断分析客户的言论和行为,注意客户变化的动向,掌握他们的需求,由此更好地为客户服务。

(5) 为客户满意而行动(Acting)

密切掌握客户对企业服务的抱怨的原因,建立客户数据库,提供令客户满意的产品或服务,每一位客户都希望自己受到重视,得到优先的照顾,并期望在出现问题时及时得到帮助。承认最好的客户会要求专属的待遇,设计可以评估忠诚度活动计划所增加的业绩和获利率的方案,让客户满意度达到最大。如当出现问题时,客户期望企业能有所行动,许多企业设立了免费的客户求助热线,确立灵活的退货政策,在客户需要帮助时能马上提供服务。

2. 客户服务内涵

客户服务是指为了能够使企业与客户之间形成一种良好的互动,企业所能做的一切工作。

(1) 客户服务的宗旨

客户服务的宗旨是客户满意。客户满意是企业竞争取胜的最好手段,它可以使企业获得长期利润。

(2) 客户服务的内容

客户服务的内容是解决客户的问题。客户服务是存在于企业与客户之间的互通信息、解决问题的互动过程。它表现在客户不断向企业提出产品或服务上的问题和要求,而企业不断解决客户的难题,并深入探询、满足客户的新要求,以求得客户的满意。

(3) 优质的客户服务

优质的客户服务是企业对客户的情感投资。客户服务既是企业对客户的利益转让,更是一种付出诚信、诚意的商业情感的投资行为。因此,客户服务是商品交易中最具人性化的内容。没有情感的沟通与交流就没有客户服务的确切发生。

(4) 客户服务工作不局限于客户服务部门

客户服务工作不仅仅是由客户服务部门独立完成的,其服务内容、服务流程涉及整个企业,是企业各个部门能力合作的结果,客户需求驱动的对象是企业整体。客户服务部门只是一个窗口,通过它,企业和客户都可获得对方的信息。

二、物流服务

(一) 物流服务的内涵

物流的本质是服务,它本身并不创造商品的形质效用,而是产生空间效用和时间效用。因此物流服务是指物流企业为满足客户的物流需要,开展一系列物流活动的结果。

由于货主企业的物流需求是以商流为基础,伴随商流而发生变化。物流服务必须从属于货主企业物流系统,表现在流通货物的种类、流通时间、流通方式、提货配送方式都是由货主决定,物流业只是按照货主的需求,提高相应的物流服务。

(二) 物流服务的内容与质量

1. 物流服务的内容

物流服务的内容是满足货主需求,保障供给,并且在量上满足货主在适量性、多批次、广泛性上的需求;在质上满足货主在安全、准确、迅速、经济等方面的需求。

传统意义上的物流服务内容包括:运输与配送、保管、装卸搬运、包装、流通加工等与其关联的物流信息。而现代物流服务就必须以客户为中心,充分发挥自身优势,在运输、仓储、

配送等功能性服务上不断创新服务内容,为客户提供差异化、个性化物流服务。所以现代物流服务内容在传统服务的基础上延伸为:

增加便利性的服务;加快反应速度的服务;降低成本的服务;延伸服务流通加工服务;物流信息处理服务。

2. 物流服务的质量

物流服务要求企业经营管理思维和决策必须以服务为导向,把物流服务作为一个产品,重视物流服务的质量。物流服务质量是指物流活动满足客户需要的各种特征的总和。包括如下要素:订单查询及订单传递的便捷性;及时可靠的交货及沟通;准确、完整、无货损的交货及无差错单证;及时有效的售后支持;职能部门之间信息的传递与共享,与外界组织的互动。

三、物流客户服务的含义及特点

(一)物流客户服务的含义

物流客户服务是指物流企业为促进其产品或服务的销售,发生在货主企业与物流企业之间的活动。

对大多数企业来说,客户服务可以从三个角度来理解:①它是一项管理活动或职能,如订货处理、客户投诉的处理等;②它是通过某些参数而表现的实际业务绩效,如在 24 小时内实现 98% 的按订单完备送货率;③它是企业整体经营理念或经营哲学的一部分,而非简单的活动或绩效评价尺度。需要引起注意的是,如果企业把客户服务作为一种经营理念和哲学,那么它必将具备一个正式的客户服务职能部门以及完善的业务绩效评价体系。

(二)物流客户服务的特点

物流客户服务是驱动供应链物流的动力,也是整个物流体系设计和运作的必要组成部分,所以物流客户服务具有以下几方面特点:

1. 物流客户服务是为了满足客户需求所进行的一项特殊工作,并且是典型的客户服务活动。其内容包括:订单处理;技术培训;客户投诉处理;服务咨询。

2. 物流客户服务具有一整套业绩评价。它包含以下内容:产品可得性评价;存货的百分比;无货损百分比;订货周期和可靠性评价;从客户订货到送货的时间;仓库备货时间;仓库收到的订单与发货的百分比;仓库在规定的时间内把订货送达客户的百分比;最低订货数量;服务系统的灵活性评价;特快发货或延迟发货的可能性;订货的方便和灵活性等。

(三)物流客户服务的要素及作用

1. 物流客户服务要素

从物流服务的过程来看,物流客户服务可分为交易前要素、交易中要素和交易后要素。

(1)交易前要素

交易前要素是指在将产品从供应方向客户实际运送过程前的各种服务要素。如制订服务指南,宣传客户服务政策,完善客户服务组织(使之能够按客户的要求提供各种形式的帮助),客户保证声明,系统灵活性及技术服务说明等。

(2) 交易中要素

交易中要素是指将产品从供应方向客户实际运送过程中的各项服务要素。这些服务与客户有着直接的关系，是制订客户服务目标的基础。因此，这些服务对客户满意度具有重要影响。其中包括存货水平、订货信息、订货周期、快速装运、运输、系统准确性、订货方便性以及产品替代等。

(3) 交易后要素

交易后要素是指产品销售和运送后，根据客户要求所提供的后续服务的各项要素。如变更维修部件、产品质量追踪、收集客户意见、处理客户投诉、产品包装、维修中产品替代等服务活动。

2. 物流客户服务的作用

物流客户服务主要是围绕着客户所期待的货品服务，所期望的传递时间以及所期望的质量而展开的，在企业经营中有相当重要的作用，特别是随着网络的发展，企业间的竞争已淡化了地域的限制，其竞争的中心是物流服务竞争。物流客户服务的作用具体体现在：

(1) 提高客户满意度

根据市场营销学可知，物流企业核心产品(物流服务)功效的提高源于客户对服务的感受，形式产品多样化(订制服务)的发展来自于客户个性化的需求，附加产品(增值服务)的丰富和完善依靠具体的客户服务活动来实现。

物流企业对外提供无实物形态的服务产品，客户服务质量成为鉴定物流服务质量的直接依据。要提高客户服务质量和客户满意度，为客户提供产品的质量保证、运送、安装、维修以及咨询服务、交货安排等各种附加服务不容忽视。

(2) 留住客户

客户满意是物流企业客户"回头"的秘诀。优质的客户服务能令客户心满意足，并忠实于企业；而当客户对企业提供的服务不满意时，他们很容易被竞争对手所获得。过去很多企业将工作重点放在新客户的开发上，而忽略了对现有客户的挽留，所谓"东方不亮西方亮"。

最近研究表明留住客户的战略越来越重要，老客户与公司利润率之间有着非常高的相关性，这是因为开发新客户的成本要远远高于维系老客户的支出；满意的客户会自愿提供业务中介，并愿意支付溢价。所以很多企业对客户服务提出"让第一次接受服务的客户成为你的永久客户"的要求，在处理维系老客户和开发新客户的矛盾时坚持"东方亮了再亮西方"的观点，即先做好老客户的服务，再开发新客户。因此，留住客户已成为企业的战略问题，在物流行业中的高水平的客户服务能够吸引客户并留住客户。因为，从客户角度上来讲，频繁地改变供应源会增加其物流成本及风险。

(3) 增加销售收入

客户的稳定是销售收入稳定的基石。现代客户服务的目标可以表现为客户满意、客户信任、客户忠诚和客户幸福等层次。客户服务质量越高，现实客户越稳定，潜在客户会转化为现实客户的频率会越快。客户的不断成长壮大，销售收入自然会不断增长。

项目二　物流客户服务及其战略决策

任务小结

本任务介绍了客户的概念及其分类,并对物流客户管理进行了简单分析,重点阐述了客户服务的内涵、基本要素及其理念,并提出了物流服务的概念、内容及质量,最后指出了物流客户服务的含义及特点。

任务二　物流客户服务细分与差异化的服务战略

任务介绍

客户的重要性对企业来说不言而喻,企业之间争夺客户的竞争正在日趋加剧。如何选择差异化的物流客户服务战略,提高客户的满意度,从而提高客户的忠诚度,成了企业经营成败的关键。

```
物流客户服务细分与　┬─ 物流客户服务的重要性
差异化的服务战略　　├─ 物流客户服务分类
                    └─ 物流客户服务战略
```

任务解析

全面理解物流客户服务;明确其在企业经营管理过程中的重要性;熟悉物流客户服务细分及差异化战略系统的制订。

相关知识

客户服务水平的确定

确定客户服务水平的一个流行方法是将竞争对手的服务水平作为标杆。但是仅仅参照竞争对手的水平是不够的,因为很难判断对方是否很好地把握了客户的需求并集中力量于正确的客户服务要素?这种不足可以通过结合详尽的客户调查来弥补。后者能够揭示各种客户服务要素的重要性,有助于消除客户需求与企业运营状况之间的差距。

确定客户服务战略有多种方法,以下四种最具参考价值:(1)与企业战略相匹配;(2)成本—收益权衡;(3)ABC分类法;(4)客户服务监控。

任务实施

一、物流客户服务的重要性

(一)物流客户服务是企业差别化营销战略的重要组成部分

在市场竞争异常激烈的今天,企业总是在想方设法争取并留住客户。对于企业来说,如何使客户在众多和自己生产相同或相似产品的企业之间选择自己是一个关系到自己生存与发展的大问题。

物流客户服务作为企业差别化市场营销的重要组成部分,是随着市场结构的转变以及市场竞争的加剧而逐渐形成的。市场结构的转变主要是指从卖方市场向买方市场的转变。在卖方市场的大环境下,企业的根本任务就是生产,只要能够生产出合格的产品就一定能够销售出去,在这种情况下市场营销的观念很淡薄,而作为市场营销组成部分之一的物流服务更是被企业当作是生产环节的辅助环节而不被重视。这种情况在传统大批量订货和销售的情况下是可以理解的。卖方市场需大于供,企业订货量一般都很大,订货周期也比较长,企业对于货物运输的及时性与可靠性要求不是很高。这种物流的运作模式已经不能满足现在高速运转企业的需求。在全球经济一体化的今天,由于诸多国际化标准的实施,市场上竞争性企业的产品性能与价格都相差不大。在这种条件下,包括物流在内的客户服务就成为企业实施其差异化营销战略的重要组成部分。也就是说,当企业产品的性能与价格等特性与竞争性企业相比没有明显优势的情况下,客户服务就成为最终决定性的因素。在市场竞争逐渐纵深的今天,企业除了要保证提供客户满意的产品外,还要提供满足客户特定需求的物流服务,只有这样才能够最终使客户满意。

(二)物流客户服务对企业经营效益的影响

物流客户服务对企业经营效益的影响体现在两个方面:

一是对企业销售收入的影响。企业的销售收入与其所提供的物流服务水平之间存在一定的正相关关系。这一点已经得到了很多营销学家的实证分析,尤其是当企业的产品价格与质量与竞争企业相比没有明显优势的情况下。只有当物流客户服务水平达到甚至超过竞争对手的服务水平之后,企业的业务量才会有较大增长。这种业务量的增加在很大程度上来自于客户服务水平的提高。

二是体现在经营成本上。在这里我们是从企业整体角度来考虑,经营成本不仅包括生产成本,营销成本等能够实际测算的成本,还应该包括机会成本,即企业由于丧失某种机会而产生的一种潜在的成本或者损失。首先我们应该明确的是,开发一个新客户的成本要远远大于保留住一个老客户的成本。因为除了要投入大量的公关费用外,企业与新客户之间由于初次接触,还会有很多的摩擦成本。因此,如何在保留住现有客户的基础上不断发展新客户,是企业必须重视的问题。一些企业通过不断完善客户服务的方法来提高客户的忠诚度,这种做法是很可行的。虽然,这在短期看来可能会增加客户服务的成本,但是从长期角度来看,却能够避免由于原有客户的流失而产生的损失。这里的损失包括伴随着客户的损失而导致的业务量的减少,也包括由于开发新客户而产生的大量费用。由此可见,无论从哪个角度,为了提高企业的经营效益,对物流客户服务进行适当的投入是很有必要,也是很有成效的。

(三)物流信息系统的建立促进了企业间的战略联盟

随着全球经济的飞速发展,企业所面临的生产和经营环境发生了巨大的变化。越来越多的企业意识到,单凭自身的实力很难在激烈的竞争中生存。于是合作协议在各个企业之间不断涌现,企业与客户之间不再是以前单纯的买卖关系,更多地加入了合作的因素。合作的内容也越来越多样化,由初期简单的生产环节的分工合作,到现在的供应链战略联盟。

要实现企业与客户之间的战略联盟,进而实现供应链之间的战略联盟,需要有高度发达的物流信息网络。而高度发达的信息共享正是高水平物流客户服务的体现。从客户发出订单开始到货物被运送到客户所在地为止的这段时间内,无时无刻不伴随着信息流的传递。发达的物流信息系统能够实现企业与客户间信息的共享,极大地缩短订单周转时间,并且能够有效应对突发事件的发生,从而在最大程度上提高企业与客户之间联盟的竞争力。

二、物流客户服务分类

(一) 基本物流服务

基本物流服务,顾名思义就是指向所有客户提供支持的最低的服务水准,是厂商建立其最基本业务关系的客户服务方案,所有客户在特定的层次上予以同等对待,以全面保持忠诚。基本物流服务的内容应包括以下几点:

1. 运输与配送功能

运输是物流服务的中心环节。物流的主要目的就是要满足客户在时间和地点两个条件下对一定货物的要求,时间的变换和地点的转移是实现物流价值的基本因素。它的作用就在于克服商品生产者(或供给者)与消费者(或需求者)之间的空间距离,完成了商品在空间的实体转移,创造商品的空间效应。企业既可以通过拥有自己车辆的方式自己设计运输系统,也可将这项物流业务外包给第三方专业物流公司。具有竞争优势的专业的物流公司一般拥有或掌握有一定规模的运输工具,还具有一个四通八达、畅通无阻的运输线路网系统作为支持。

配送是运输的一种特殊形式,即短距离、小批量的运输。它实质是一种送货到户的服务性供应,目的是要做到收发货经济,运输过程更为完善,保持合理库存,为客户提供方便,可以降低缺货的危险,减少订发货费用。

2. 保管功能

保管是物流服务的一项重要内容,它实现了物流的时间价值,也就是将商品的使用价值和价值保存起来,克服商品生产与消费在时间上的差异,从而创造了商品的时间效用。对于企业来说,保管功能是通过一定的库存来实现的。与运输一样,企业既可以构建自己的仓库,或租用仓库,来对产品进行管理,也可交给第三方物流来完成这项功能。在产品销售集中地区所设置的,作为商品聚集和分散基地和进行短期保管的流通仓库就是配送中心。

3. 装卸搬运功能

装卸搬运是伴随运输和保管而附带产生的物流服务活动,是为了加快商品的流通速度必须具备的功能。在企业生产过程中,材料、零部件、产成品等在各仓库、车间、工序之间的传递也属于物料搬运范畴。为了提高装卸搬运作业的效率,应配备一定的装卸搬运设备。

4. 包装功能

商品包装不是要改变商品的销售包装,而是为便利销售和运输保管将商品分装为一定的包装单位,并保护商品在流通过程中不受毁损,保持完好。

5. 流通加工功能

这是在流通过程中为方便生产或销售,专业化的物流中心适应用户需要进行的必要加工,如制作并粘贴条形码、切割、平整、套裁、配套等。

6. 物流信息功能

伴随着物流服务的进行,产生了大量的、反映物流服务过程的信息流,利用电子计算机进行物流服务数据的收集、传递、储存、处理和分析,提供迅速、正确和完备的物流服务信息,有利于及时了解和掌握物流服务进程,正确决策,协调各业务环节,有效地计划和组织物资的实物流通。

(二) 增值服务

增值服务是为了满足首选客户的要求,向这些客户提供超出基本服务水平的额外承诺。增值服务表现为零缺陷承诺的各种可选方案,作为厂商与客户荣辱与共的一种方式。下面的例子用来说明由仓储人员所承担的一种延伸的增值服务。

仓库作业人员同意重新将泡沫树胶和英式足球包装成一种捆绑在一起的促销包装。这个任务表面上看起来好像很简单。然而,所要考虑的步骤却涉及以下一些内容:

从一个散装的纸板箱中称出三磅重的泡沫树胶并进行包装;给英式足球充气;将泡沫树胶袋放进英式足球盒里;将英式足球放在盒子的顶部;缩小英式足球的包裹层和盒子的腰箍;将六个完成的单元放进一个大箱里,贴标签和封条。

上述例子说明,增值服务的最终结果,独特地创造了客户定制化的销售点促销包装,以支持客户的产品营销战略,而仓库服务则能够按低于两家主要配料供应商的成本提供增值活动。

增值服务的范围涉及大量刺激性的业务活动。承担增值服务的专业人员可以分别在以下五个主要的领域中完成。

1. 以客户为核心的服务

以客户为核心的服务是向买卖双方提供的,利用第三方专业人员来配送产品的各种可供选择的方式。这些增值活动的内容包括:处理客户向制造商的订货、直接送货到商店或客户家,以及按照零售店货架储备所需的明细货品规格持续提供配送服务。这类专业化的增值服务可以被有效地用来支持新产品的引入,以及基于当地市场的季节性配送。

2. 以促销为核心的服务

以促销为核心的服务是为刺激销售而配置独特的销售点、展销台以及其他范围更广的各种服务。销售点展销可以包含来自不同供应商的多种产品,组合成一个多结点的展销单元,以便于适合特定的零售商店。在许多情况下,以促销为核心的服务包括销售点广告宣传和促销材料的物流支持等。在有选择的情况下,还对储备产品的样品提供特别的介绍,甚至进行直接邮寄促销。

3. 以制造为核心的服务

以制造为核心的服务是通过独特的产品分类和配送来支持制造活动的。既然每一位客户的实际设施和制造设备都是独特的,那么,从理想上来说,配送和引入内向流动的材料和部件应进行客户定制化。例如,某家仓储公司使用多达 6 种不同的纸箱重新包装一种普通消费者洗碗盘用的肥皂,以支持各种促销方案和各种等级的贸易需求。又如,某厂商将外科手术的成套器具按需要进行装配以满足特定医师的独特要求。这些活动在物流渠道中都是由专业人员承担的,他们能够把产品的最后定型一直推迟到接受客户定制化定单时止。因此,以制造为核心的服务,与其说是在预测基础上生产独特的产品,倒不如说是对基本产品进行了修正,以适应特定的客户需求,其结果改善了服务。

4. 以时间为核心的服务

以时间为核心的服务涉及专业人员在配送以前对存货进行分类、组合和排序。它的一种流行形式就是准时化配给仓库。在准时化概念下,供应商向位于装配工厂附近的配给仓库进行日常的递送。一旦某时某地产生了需要,配给仓库就会对多家买主的零部件进行精确的分类、排序,然后递送到装配线上去。其目的是要在总量上最低限度地减少在装配工厂的搬运次数和检验次数。以时间为核心的服务其主要的一个特征就是排除不必要的仓库设施和重复劳动,以期最大限度地提高服务速度。基于时间的物流战略,是竞争优势的一种主要形式。

5. 基本服务

除了独特的或传统的增值服务形式外,专业人员还可以被用来执行厂商全部或部分的基本服务方案。各种范围很广的服务都可以通过专业人员来提供,以支持任何的或所有的物流需求。例如有许多公司不仅承担运输服务和仓储服务,而且还提供一系列附加的创新服务和独特服务,诸如存货管理、订货处理、开票和回收商品处理等。

增值服务一般用于满足客户的特定需求,所以其安排也是独特的。增值服务可以直接由业务关系的参与者承担或由服务专业人员来承担。这种由外援机构负责的增值服务,正趋向于不断得到强化,已成为物流服务行业发展背后的一种主要动力。

三、物流客户服务战略

(一)与企业战略相匹配

物流系统战略就是要确定原材料的获取和运输,产品的制造或服务的提供,以及产品配送和售后服务的方式与特点。其客户服务系统即是在满足企业竞争战略基础上的物流服务水平的确定。因此,物流系统的客户服务系统需要与企业的竞争战略目标相一致。一般可以通过以下几个步骤来制订客户服务系统。

1. 理解客户的需求

在物流系统中进行客户细分是保证市场营销成功的基础。因此,在确定其客户服务系统时,首先应确定整个供应链上的客户及其需求。

客户的需求通常可以用包装的容量、所期望的订货、所需产品的种类、要求的服务水平、产品的价格等加以描述。

2. 客户服务系统类型

在了解了客户之后,就需要回答什么样的物流系统才能满足企业的需求。对于物流系统的客户服务系统从总体上可以将其分为两类,即反应能力型和降低成本型。

物流系统的反应能力可以用以下指标来描述:

对大幅度变动的需求的需求量的反应;满足较短供货期的要求;提供多品种的产品;生产具有高度创新性的产品;满足特别高的服务水平的要求。

一般来说,物流系统对上述要求的满足能力越强,则其反应能力就越强。当然,要获得反应能力强的物流系统是要付出高成本的。例如,为了提高大幅度变动的需求量的反应能力,就必须提高物流系统的安全库存,这将会导致成本随之增加。

3. 确定客户服务系统

不同的客户对于缺货的反应不同。对于客户愿意等待或愿意转换购买地点去购买的产品,企业应该在客户能购买产品的地点保持较高的服务水平,即客户服务水平在此地点应该以反应能力型为主。

如果客户购买商品是出于节约成本的考虑,则企业可以通过替代产品或高的库存可得性来满足客户。因此,该物流系统应该提供替代产品的库存可得性,或者采用降低成本型的客户服务战略。

如果客户在缺货时才会想到该品牌,则该物流系统需要增强反应能力来保留客户。因此,应该以反应能力作为其物流系统的主要衡量指标。

(二)成本—收益权衡

物流系统为实现客户服务目标而支出的成本包括运输成本、仓储成本和管理成本。为了能给企业带来最大的盈利,在确定具体客户服务水平时,必须降低物流成本,以最低的物流成本实现其客户服务目标。因此,确定客户服务水平时应满足以下两个条件:最大化,即保证企业盈利水平;约束条件,即满足客户服务水平指标。

企业通过对不同客户服务水平所付出的成本及由此带来的收益进行分析。进而能够确定盈利水平最优的客户服务水平。

(三)ABC 分类法

ABC 分类法又称为帕累托分析法,即通常所说的"80/20"规则。它是根据事物在技术或经济方面的主要特征,进行分类排队,分清重点和一般,从而有区别地确定管理方式的一种分析方法。由于它将被分析的对象分成 A、B、C 三类,所以又称 ABC 分析法。

在 ABC 分类法中,将累计品目百分数为 5%~15%,而平均资金占用额累计百分数为 60%~80%的几种物品,确定为 A 类;将累计品目百分数为 20%~30%,而平均资金占用额也为 20%~30%的物品,确定为 B 类;其余为 C 类,C 类情况正好和 A 类相反,其累计品目百分数为 60%~80%,而平均资金占用额仅为 5%~15%。

在制订客户服务政策时,可以根据以上原则对客户、产品或事件进行 ABC 分类。并在此基础上,确定产品、客户或事件的优先级,如表 2-1 所示。

表 2-1 客户—产品贡献矩阵

客户类别	产品类别		
	A	B	C
A	1	2	6
B	3	4	7
C	5	8	9

确定了优先级后,企业可根据自身的情况及实力对不同优先级的客户实行不同的客户服务政策,如表 2-2 所示。

表 2-2 客户—产品服务策略

优先级范围	在库标准	交付标准	订单完整性
1~3	100%	21h	99%
4~6	95%	72h	95%
7~9	90%	96h	90%

此外,利用 ABC 分类法还可以对产品或服务的盈利性进行分类,进而淘汰一些盈利性差或无盈利性的产品或客户。

（四）客户服务监控

客户服务监控是评估企业客户服务水平的一种方法,也是企业对其客户服务政策进行调整时产生影响的评价标尺。监控的目标是:识别关键的客户服务要素;识别这些要素的控制机制;评估内部信息系统的质量和能力。

客户服务监控包括以下四个阶段:

1. 外部客户服务监控

外部客户服务监控是整个客户服务监控的起点,其主要目标是:①识别客户在做购买决策时认为重要的客户服务要素;②确定本企业与主要的竞争对手为客户提供服务的市场比例。

(1) 确定客户真正重视的客户服务要素

外部客户服务监控的主要工作是对客户进行调查与访谈。在外部客户服务监控阶段,有必要邀请市场部门的人员参与工作。这有三个方面的益处:

①客户服务从属于整个市场组合,而市场部门在市场组合的费用预算决策中是最有权威和发言权的部门;

②市场营销部门的研究人员是调查问卷设计和分析的专业人员,而问卷工作是外部客户服务监控的重要一环;

③可以提高调查结果的可信度,从而有利于客户服务战略的成功实施。

(2) 对有代表性和统计有效的客户群体进行问卷调查

问卷调查可以确定客户服务要素及其他市场组合要素的相对重要性,评估客户对企业主要竞争对手各方面服务绩效的满意程度及客户的购买倾向。根据调查的结果,企业必须加强客户重视的服务要素,在考虑竞争对手的强势和不足的同时,发展对应于客户分类的战略。此外,问卷还能反映出客户对关键服务要素的服务水平的期望值。

问卷调查的结果能帮助管理层发现潜在的问题和市场机会。对大多数行业来说,下面这些服务要素都是最为重要的:按承诺日期送货的能力、按订单完备送货率、对送货延迟的提前通知、稳定的提前期(订货周期的稳定性)、送货信息、产品的质量价格比、有竞争力的价格、促销活动等。

企业在把握各服务要素重要性的同时,也要关注客户对本企业及竞争对手提供的各项服务的横向比较。企业和客户对服务有各自的评价标准,但在市场竞争中,只有客户是永远正确的。

有时候客户尚未认识到企业某方面服务的能力,企业就有必要通过与客户的交流来引导和告知客户。

2. 内部客户服务监控

内部客户服务监控是指审查企业当前的服务运作状况,为评估客户服务水平发生变化所产生的影响确立一个衡量标尺。为此,内部客户服务监督检查的项目应包括下列几项:

企业内部当前是如何评估客户服务的;评估指标有哪些;绩效标准或目标是什么;目前达到了什么水平;这些指标的数据是从哪儿得到的;企业的每个职能部门如何看待客户服务;在信息和控制方面,这些职能部门之间的关系是什么。

内部监控的目的在于识别企业管理与客户期望之间的差距。

3. 识别潜在的改进方法

外部监控可以协助管理者找出公司客户服务和企业战略之间存在的问题,将外部监控和内部监控结合起来使用,有助于企业根据细分市场调整客户服务战略,从而提高企业的盈利水平。

如果企业希望利用此工具来开发最优盈利的客户服务和企业战略,就需要利用这些数据与竞争对手进行基准比较。

在企业使用客户服务监控方法对其客户服务水平进行改善时,需要充分考虑企业本身的客户服务政策和所涉及的成本。

4. 确定客户服务水平

客户服务监控的最后一步工作是制订服务业绩标准和考核方法。管理层必须为各个细分领域(如不同客户类型、不同的地理区域、不同的分销渠道和产品)详细确定目标服务水平,并将之切实传达到所有的相关部门与员工,同时辅之以必要的激励政策以激励员工努力实现企业的客户服务目标。

管理层必须定期按上述步骤进行客户服务监控,以确保企业的客户服务政策与运作满足当前客户的需求。收集客户信息是企业战略管理最重要的基石。

(五)客户服务政策的种类

客户服务政策是物流系统与客户之间的一种协议,它明确指出了物流系统的服务目标和方向。客户服务政策为每一步物流操作如库存控制、运输、仓储等都规定了相应的服务目标。

客户服务政策反映一个公司的企业文化和物流系统的成熟程度,一般可以分为以下几类。

1. 特例

没有客户服务政策。例如,可以满足任何客户提出的任何要求。

2. 没有定量指标

对客户服务进行考核,实质上等于没有客户服务政策。例如,"我们会尽量为客户做得更好"、"我们会彻底为客户服务"等。

3. 没有客户细分

这是有详细的量化指标的客户服务政策,但却没有针对性。例如,"我们的服务是使任何客户都能100%地得到满足"。一般来说,企业的客户对利润的贡献不同,对企业的服务水平要求也不尽相同,企业只有区别对待才能获得更大的盈利。

4. 成熟的客户服务政策

这类客户服务政策针对不同的客户和产品类型,有详细的量化指标。它主要包括为针对不同的客户和产品分别制订服务政策,为每一项服务要素建立量化的绩效指标,为每一项服务要素评估实际的绩效水平,分析实际服务水平与标准水平之间的差异,根据需要采取纠正措施等。如表2-3所示。

表2-3 客户服务政策模板

服务区域	客户—产品类别	订单满足率	反应时间	退货政策	增值服务	最小订单量	合并送货
Ⅰ	A—A	99%	24	100%	定制	无	定制
Ⅱ	A—B	95%	24	100%	定制	无	定制
Ⅲ	A—C	85%	48	100%	定制	无	定制
Ⅳ	B—A	97%	24	50%	有限	1 000+	部分
Ⅴ	B—B	90%	48	50%	有限	500+	部分
Ⅵ	B—C	80%	72	0%	无	100+	部分
Ⅶ	C—A	90%	48	50%	无	5 000+	部分
Ⅷ	C—B	75%	72	0%	无	1 000+	部分
Ⅸ	C—C	50%	96	0%	无	500+	部分

任务小结

本任务开篇就指出了物流客户服务的重要性,并对物流客户服务进行了细分,且针对特殊要求提出了增值服务的概念及其具体内容,最后,就三种物流客户服务战略选择所导致的企业客户服务水平提出了客户服务监控手段。

任务三 最优物流客户服务水准决策

▎任务介绍▶

客户的需求并不是一成不变的,当客户的需求发生改变时,企业所提供的客户服务也应该随之改变。最优的客户服务水平能以最低的服务成本为企业留住最有价值的客户。

▎任务解析▶

明确物流客户服务水准;熟悉影响物流服务质量构建的要素;掌握最优物流客户服务水准决策。

▎相关知识▶

"7R"客户服务标准

1. 合适的时间(Right Time)

客户需要是一定时间的需要,要能够在客户最需要的时候满足客户需要。只有这样,才能真正达到物流服务的目的。

2. 合适的场合(Right Place)

物流公司如果在客户需要的地方、合适的情景中为客户提供服务,往往能起到事半功倍的效果。

3. 合适的价格(Right Price)

应该在一定程度上符合客户的愿望,不是越高越好,更不是越低越好,而应该是在考虑双方共同利益的前提下,寻找到客户与企业的最佳契合点。

4. 合适的渠道(Right Channel)

即开展服务的渠道或方式要适合客户的客观情况和满足客户的要求。

5. 合适的客户(Right Customer)

即不是所有的客户都是企业客户。企业必须对客户进行必要的筛选,提供有区别的服务,包括一般客户的基本服务、潜力客户的完善服务、关键客户的完美服务、有害客户的防御服务。

6. 合适的产品或服务(Right Product or Service)

即产品为客户所真正需要,企业按照客户的要求开展有特色的服务。

7. 适合需求(Right Wants)

即客户的需求有不同种类、不同层次,企业寻找合适的客户之后还应该找准客户的需求,不同的产品或服务应该有相对集中的需求对象和需求点。

任务实施

一、物流客户服务水准

物流服务的目标是使客户满意,然而客户的服务要求是千差万别的,一个物流企业不可能同时满足所有客户的所有要求。因此要确定适宜的客户服务标准。但是,现实中还是有不少物流企业对市场不加区分地作出一般性承诺,如"客户需要什么服务就提供什么样的服务"。这实际上是客户服务无标准化。

客户服务标准是不是越高越好?就企业的层面来看,有一个企业服务资源的能力限制问题;就市场的层面来看,有一个企业竞争战略定位的问题;就客户的层面来看,有一个服务质量的可信度的问题。服务的不足和过剩都会影响物流企业的健康发展,所以必须首先弄清楚客户的真正需要是什么,确定适宜的物流服务标准。在确定客户服务标准时,同样存在战略选择的问题。一旦确定了客户服务的战略重点,服务资源的配置就应当向这些重点集中。

二、物流客户服务水准的构建

美国的管理专家Paras、Zeithaml、Berry等利用集深访问法,得出决定服务品质的要素,共有10种,所以在构建物流服务质量时应该满足以下10个要素:

(1) 可靠性。包括绩效和可信性的一致,如公司第一次服务要及时、准确地完成;准确结账,保持好的记录;在指定时间内完成服务。

(2) 响应。雇员乐意或随时提供服务,如及时服务;即刻办理邮购;迅速回复消费者打来的电话;提供恰当的服务。

(3) 能力。掌握所需技能和知识的努力,如与客户接触的雇员所具备的知识和技能;操作支援人员的知识和技能;组织的研究能力。

(4) 接近客户。包括易于接触和方便的联系,如通过电话很容易联系到服务;接受服务所等待的时间不长;运营的时间便利;服务设备安置地点便利。

(5) 礼貌。包括客气、尊重、周到和友善,如考虑消费者的利益;公共接触人员外表的干净、整洁。

(6) 交流。用消费者听得懂的语言表达和耐心倾听消费者的陈述,如介绍服务本身的内容;介绍所提供服务的费用;介绍服务与费用的替换;向消费者保证能解决问题。

(7) 可信度。要真实、信任、诚实和心中想着消费者的利益,如公司名称,公司声誉,接触客户人员的个人特征,还包括在相互作用中的推销难易程度。

(8) 安全性。摆脱危险、冒险、疑惑的自由度,如生命上的安全,财产上的安全,信任程度。

(9) 理解。尽力去了解消费者的需求,如了解消费者的特殊需求;提供个别关心。

(10) 有形的东西。包括服务的实物方面,如实物设施,人员形象,提供服务时所使用的工具和设备,服务的实物表征,服务设施中的其他东西。

三、最优物流客户服务水准决策

物流活动具有悠久的历史,人类社会有产品交换的行为就存在物流活动,社会生产力发展状况决定了物流活动的服务要求。随着流通业界大规模零售企业的成长、生产企业产品市场的日益开拓以及消费市场的成熟化,迎来了流通产业构造及物流管理活动的变革,即通过整体的有效控制和管理,以实现产品供应链全过程的价值和经营行为的最优化。同时,这种变革使得多频度、少量化配送成为对物流服务的要求,也使得现代物流不仅仅是一种管理商品运输、保管的事务性活动,而是为了适应全球制造业的迅猛发展和社会需求多元化的一种新型的流通产业。同时,经济的全球化、社会分工的专业化和电子商务的普及都对物流服务提出了更高的要求。

(一) 经济全球化对物流服务提出更高的要求

目前很多大型制造业、零售业跨国公司为了节约生产成本和获取更大的市场,形成了跨国生产和供应链跨国整合的战略。要满足客户对产品的质量、价格、供应时间和到达地点等的要求,使得物流服务也变成企业供应链管理全过程的不可或缺的一环,要求物流服务具备整合和控制物流资源的能力、有管理和操作的能力、有网络信息服务的能力。

(二) 电子商务的发展对物流服务提出新的要求

电子商务是网络技术应用和发展的成果,互联网本身所具有的开放性、全球化、低成本、高效率的特点,已成为电子商务的内在特征,并大大超越了作为一般贸易手段的内在价值,对社会经济生活发生了深刻影响。电子商务活动实现了商品价值的交易过程,但商品的使用价值的交换必须通过现代物流活动才能实现。电子商务的特征决定了与之配套的物流服务必须形成物流运作系统化、物流服务网络化、物流管理信息化、物流经营全球化。

(三) 社会化专业分工需要现代物流服务

在企业资源理论和核心能力理论等新型管理理念的影响下,各企业为增强市场竞争力,而将企业的资金、人力、物力投入到其核心业务上去,寻求社会化分工协作带来的效率和效益的最大化。专业化分工的结果导致生产经营企业将物流业务委托给第三方专业物流公司负责。同时生产经营企业的供应链、虚拟企业等一系列强调外部协调和合作的新型管理理念,增加了物流活动的复杂性,对物流活动提出了零库存、准时制、快速反应、有效的客户反应等更高的要求。

现代物流服务的特征是向客户提供准确、快速、可视、低成本的物流服务。现代物流服务是一场物流服务的革命,是一种全新的服务概念,已经成为生产企业的战略联盟。物流服务作为核心竞争手段,首先必须超出同行业的其他公司。

它不应是防御型的物流服务,即不能只是与别的公司处在同一水平线上;而应是进攻型

的物流服务,即超过其他公司水平的物流服务。今后,企业要想确立最优物流客户服务水准,保持竞争优势,必须注意以下各点:

1. 物流部门应定期对物流服务进行评估。

检查销售部门或客户有没有索赔、有没有索赔、晚配、事故、破损等。通过征求客户意见等办法了解服务水平是否已经达到标准;成本的合理化达到何种程度,是否有更合理的办法等。

2. 弄清都有哪些服务项目。

3. 通过问卷调查、专访和座谈,收集有关物流服务的信息。

了解客户提出的服务要素是否重要,他们是否满意,与竞争对手相比是否具有优势等。

4. 根据客户不同的需求,归纳成为不同的类型。

由于客户特点不同,需要也不同,进行分类时以什么样的特点作基准,十分重要。因此,首先要找出那些影响核心服务的特点,并要考虑能否做得到,而且还必须考虑对本公司效益的贡献程度,以及客户的潜在能力等企业经济原则。

5. 按客户的类型确定物流服务形式。

首先应依据客户的不同类型制订基本方针。在制订方针时首先要对那些重要的客户,重点地给予照顾,同时要作盈亏分析。且不要忘记分析:在物流服务水平变更时成本会发生什么样的变化。

6. 分析物流服务的满意程度。

分析客户对各个不同的服务项目是否满意。

7. 分析与相互竞争的其他公司相比本公司的情况如何。

了解本公司和竞争对手在物流需要上的满意程度一般称为基准点分析。所谓基准点分析,就是把本公司产品、服务以及这些产品和服务在市场上的供给活动与最强的竞争对手或一流公司的活动与成绩连续地进行比较评估。

8. 建立物流机制。

即为实现上述整套物流服务项目的机制。

9. 对物流机制进行追踪调查。

定期检查已实施的物流服务的效果。

10. 物流服务水平依据市场形势、竞争对手情况、商品特性和季节等时时刻刻都有变化。物流部门应有掌握这种变化的情报系统。在美国物流服务包括在对客户的服务之中,负责这方面工作的部门和系统十分完备。日本现在也已具备条件建立提高物流服务质量,向客户提供满意的物流服务的管理机构和负责体制。

任务小结

如何确定企业的物流服务水平,在保证客户满意的基础上使服务成本降到最低,是企业物流管理的首要工作。本任务指出了物流客户服务水准及其构建时应考虑的 10 个要素,并分析了最优物流客户服务水准决策的影响因素。

任务四　物流客户服务战略决策

任务介绍

"企业80%的利润来自20%的客户"。少量的客户为企业创造了大量的利润,由此可见,每个客户对企业的贡献率是不同的,这就决定物流企业不应将营销努力平均分摊在每一个客户身上,而应该充分关注少数重要客户,将有限的营销资源用在能为企业创造80%利润的关键客户身上,高度重视老客户以及某些关键客户。

```
                          ┌── 物流客户服务战略
物流客户服务战略决策 ──────┼── 物流企业在选择客户服务战略时考虑的因素
                          └── 客户服务战略策划基本程序
```

任务解析

理解物流客户服务战略的含义;熟悉物流企业在选择客户服务战略时考虑的因素;明确客户服务战略策划基本程序。

相关知识

中外运的物流客户服务战略

近年来,中外运敏锐地意识到世界经济环境正在不断发生变化,随着经济全球化和信息技术的不断发展,客户对物流服务越来越"挑剔"。原有的物流方式已不能满足客户的需要,物流服务提供商需要为其提供更高层次、更个性化的服务。2000年初,经过集团内外广泛而深入地论证,中外运制订并实施了适合21世纪的企业发展战略,即从传统的外贸运输企业转变为由多个物流主体构成的,按照统一的服务标准流程以及规范体系运作的,国际化、综合性的大型物流企业集团。

随后,中外运成立了物流发展部,把食品饮料、电子通讯产品、电子消费产品三大行业设定为主要目标市场,为用户提供全新的物流服务。中外运以客户为中心,以降低客户成本为服务目标,以伙伴式双赢策略为基准,为客户提供完善的物流解决方案和全方位的物流服务。如今,中外运已经为夏普、卡夫、柯达、联想、明基、爱立信、飞利浦、摩托罗拉等一批跨国公司提供产品的库存管理、分拨和配送等服务,不断扩充自己的市场份额。

任务实施

一、物流客户服务战略

物流客户服务战略是指物流企业在客户服务竞争中制定的面向物流客户的发展战略。

二、物流企业在选择客户服务战略时考虑的因素

物流企业在选择客户服务战略时应考虑的因素主要有:物流客户服务政策;物流客户服务的组织结构;应急服务;增值服务;交易过程要素控制;售后服务。

三、客户服务战略策划基本程序

企业中部门的个别经营活动和战略关系经常产生矛盾,各种经营活动的收益最大化与企业整体利益最大化之间往往会有所不一致,因此,各部门在制定经营战略时必须要考虑到企业的整体战略,从企业整体利益出发,进行个别经营活动。

(一)物流服务战略规划

物流服务战略规划的目的是通过对物流企业所处的宏观环境与微观环境、企业自身与竞争者的分析,找出自身的优势与劣势、环境的机会与威胁,进而制订系统的宗旨和目标,选择和实施适当的战略行为,并且不断通过战略绩效的评价和控制保证正确的战略方向,最终实现物流企业目标的动态性、战略性物流管理活动。

物流服务战略规划的步骤主要有物流环境分析和物流战略类型选择,其步骤如下:

步骤一:物流环境分析

1. 宏观环境分析

企业的宏观外部环境间接地或潜在地对企业发生作用和影响。这些因素主要有政治因素、法律因素、经济因素、技术因素及人文因素等。

(1)政治因素

政局是否安定;政策是否稳定;对外关系等。

(2)法律因素

土地取得的限制;经营项目的限制;土地分区使用的限制;设立物流服务中心或仓库申请的限制;相关税法的规定;安全法规与标准;国际物流相关法律法规。

(3)经济因素

①宏观经济状况

国民生产总值增长率;政府赤字水平;中央银行货币供应量;国民个人年均收入;利率水平;消费者收入水平;失业率;通货膨胀率;经济预测;政府经济发展计划等。

②经济及产业政策

③国际经济状况

关税种类及水平;国际贸易支付方式;东道国政府对利润的控制;东道国税收制度等。

④产业竞争状况

(4)技术因素

物流技术能力;咨询管理技术能力;通讯技术能力等。

(5)人文因素

人口特征;文化环境;价值观念;消费习惯等。

2. 微观环境分析

微观环境分析又称产业竞争性分析,主要是分析本行业中的企业竞争格局以及本行业和其他行业的关系。根据迈克尔·波特教授的观点,行业竞争存在着五种基本的竞争力量,现有竞争者之间的竞争程度、潜在的竞争者、替代产品、购买商和供应商,这五种力量的状况及综合强度,决定着行业的竞争激烈程度,从而决定着行业中获利的最终潜力。

3. 企业内部环境分析

企业内部环境是指企业能够加以控制的内部因素,对内部环境进行分析的目的在于掌握企业目前的状况,明确企业具有的优势和劣势,以便有效利用资源,制定能够发挥企业优势的物流战略,实现确定的战略目标。内部环境分析是物流运作的基础,是制定物流服务战略的出发点和依据。

一般说来,企业内部环境分析包括以下几个方面:

(1) 管理状况。

(2) 财务状况。

(3) 产品线及竞争地位。

本企业服务的优势与劣势;本企业的市场占有率;本企业产品与服务的稳定程度;客户对本企业产品和服务的评价。

(4) 生产设备状况。

(5) 市场营销能力。

(6) 组织结构。

根据宏观环境分析、微观环境分析和企业内部环境分析,企业就可以规划出适合本企业的物流服务战略。

步骤二:物流客户服务战略类型选择

物流服务战略主要分为以下几种:

1. 成本最低战略

成本最低战略是追求物流系统的固定成本与可变成本最低的战略。实施成本最低战略必须将目标确定为满足较为集中的客户需求,向客户集中的地区提供快速服务,通过储运资源和库存政策的合理搭配使物流成本达到最小化。一般来说,物流系统的基本服务能力受到系统中仓库的数目、工作周期、运营速度或协调性、安全库存政策等诸多因素的影响,为满足客户的基本需求,要按照有效库存和系统目标对物流系统进行整合,以求在成本最低的条件下达到最佳的服务水平。

2. 服务最优战略

服务最优战略是物流系统的有效性和运输绩效最高,服务水平最佳的战略。实施服务最优战略必须充分利用服务设施,认真规划线路布局,尽量缩短运输的时间,为客户提供最优的服务。当然提供最优服务的同时也必须能够得到与之相适应的收益,否则,这种战略就得不偿失。同时,什么是最优的服务对不同的客户来说也是不同的,这就要求企业必须认真分析客户的需求,针对客户的不同需求进行差别化的优质服务,从而构筑起企业的差别竞争优势。

3. 利润最高战略

利润最高战略是物流系统的利润达到最大化的战略。这种战略是大多数物流系统希望通过战略规划达到的最终目标。实施利润最高战略需要对每一种物流设施所带来的利润进行认真的分析,构建起能够以最低成本得到最高利润的物流系统。

4. 竞争力最强战略

竞争力最强战略是力争达到整体的竞争力最强,寻求最大的竞争优势的战略。这种优势可以采用针对性的服务改进和合理的市场定位两种方法来获得。

要使竞争力增强,必须保证最能为企业带来利润的客户能得到最好的服务,如果发现有重要的客户没有接受到卓越的服务,就必须改进服务水平或增加服务能力来适应这些客户。另一种获得竞争优势的方法是确立更加合理的市场定位,在物流服务能力上进行重要投资去占领本地市场,提供个性化的服务。

5. 资产占用最少战略

资产占用最少战略是整个物流系统占用的资产达到最少的战略。这种战略的好处是降低物流系统的风险,增加总体的灵活性,更有利于企业集中优质资产开展主业经营。

物流企业在选择客户服务战略时,主要应考虑以下几方面的要素:

(1) 物流客户服务政策

通过向客户提供书面的声明,使客户对企业的服务有正确的认识。客户服务政策的声明应当基于客户需求,有明确的服务标准,同时应当是能够被实施的。

(2) 物流客户服务的组织结构

为保证客户服务政策的顺利实施,公司应当选择一种有利于职能部门之间沟通与合作的组织结构形式,并且明确各职能部门的权责范围。优化物流系统设计和行政管理,可以使物流系统提供最优的服务同时又能将成本降到最低。

(3) 应急服务

在管理人员规划控制物流系统高效运作的同时,还要准备处理由于可能的意外事件导致的系统瘫痪或系统运行在短时间内剧烈变化的情况。

(4) 增值服务

增值服务是企业提高竞争力的重要武器。客户服务的增值服务可以有很多形式,比如计划一项用来帮助客户提高库存管理水平的培训活动,就是客户服务增值的一种体现。

(5) 交易过程要素控制

①缺货水平。当物流企业出现缺货时,首先通过加速发货或者安排合适的替代产品来维持与客户的良好关系。继而找出引起缺货问题的环节,缺货情况应当根据产品和客户来进行登记。

②订货周期。控制和管理好组成订货周期的订单传递、输入、处理、分拣、包装和交付等每一个组成部分,用来把握订货周期的总体时间,对于客户服务来说是非常重要的。

③订货信息。及时处理订货信息,并建立相应的订单处理程序。

④加急发货。加急发货会提高发货成本,反之则可能导致客户的流失。在考虑客户服务战略时应当权衡两者的利弊。

(6) 售后服务

售后服务是物流客户服务中最能提升客户价值却也最容易被忽略的要素。客户服务政策应当规定如何进行索赔、投诉和退货的处理方法。同时,在设计物流系统时,售后服务所形成的逆向物流也是需要特别引起重视的。

(二)物流系统分析

所谓物流系统分析是指从物流系统的整体利益出发,根据系统的目标要求运用科学的分析工具和计算方法,对系统目标、功能、环境、费用和效益进行充分的调研、收集、比较、分析和数据处理,以建立若干备选方案和必要的模型,进行系统仿真实验,比较分析和评价实验结果,寻找实现系统目标的最佳途径。

1. 物流系统分析的目的

物流系统分析作为一种决策的工具,其主要目的在于为决策者提供直接判断和决定最优方案的信息和资料。它把任何研究对象均视为系统,以系统的整体最优化为工作目标,并力求建立数量化的目标函数。

2. 物流系统分析的基本要求

进行物流系统分析时,应遵循以下几个要求:外部条件与内部条件相结合;当前利益与长远利益相结合;子系统与整个系统相结合;定量分析与定性分析相结合;静态分析与动态分析相结合。

3. 物流系统分析的步骤

物流系统分析研究的问题主要是如何使物流系统的整体效应达到最大化。因此,系统分析必须包含以下几个步骤:提出问题;明确目标;收集资料;分析问题;系统定位等。

(1) 提出问题

进行物流系统分析,首先要对实际部门进行调查,确定存在的问题或者需要改进的地方,明确问题的性质。只有明确了系统问题的性质、范围和边界,分析才有可靠的出发点,才能得到清晰的分析研究结果。

(2) 明确目标

为了解决问题,要确定具体的目标,系统目标是通过某些指标来表达的,标准是衡量指标达到目标的程度。系统分析是针对物流系统所提出的目标展开的。因此必须对提出的问题或需要改进的地方按照重要程度进行排队整理,根据物流系统的合理化、效率化等目标确定研究范围,明确改善的目标。当然由于实现系统目的是通过多层次、多方面努力达到的,物流系统目标也可分为若干层次,多目标系统需要考虑目标的整体性、协调性、独立性、可行性、社会性和经济性。

(3) 收集资料

收集资料是物流系统分析的很重要的一步。因为,正确的决策,离不开收集的数据的精确性。一般来讲,必须完全掌握以下四个方面的信息:

①产品信息

产品信息是指对现有生产线和新产品趋向进行透彻的分析,对于每种产品必须掌握年销售量、区域销售量、运输方式、包装状况、原材料状况、产品制造的畅通性、仓储地点等方面的信息。

②设施信息

设施信息包括厂址和生产能力、储存仓库和配送中心的地点和能力、订货处理职能部门的地点,以及运输方式的利用等信息。

③客户信息

客户是物流系统的服务对象,是系统分析的重要信息。客户信息包括现有客户和潜在客户的位置、客户所需的产品、订货时间、客户服务的重要性和客户要求的特殊服务等。

④竞争对手信息

竞争对手信息是对公司销售所处的竞争环境的描述,包括竞争对手订货传递方式、订货处理的速度和精度、运输工具的速度和可靠性等。

相关资料可通过调研来收集,通常采用的方式有实地调查、实验、观察、记录等。目前各种计算机网络所提供的信息服务对收集整理第二手资料效果很好,就应尽可能优先考虑采用。

(4)分析问题

资料收集之后,结合需要设计的物流系统的实际情况如满足高层次物流需求、满足激烈竞争的要求、满足可持续发展的要求,进行具体分析并得出本物流企业的物流服务目标市场。

(5)系统定位

通过对收集的资料进行分析,确定物流系统的具体定位,以实现物流系统的整体效应达到最大化。

(三)确定物流服务战略

1. 确定物流服务战略

确定客户服务标准是物流战略的关键。管理层常陷入对客户服务承诺过分乐观的陷阱,结果可能是随着过高的客户期望,接下来的却是变化无常的绩效。这种过分的承诺,部分是由于对支持无缺点服务所需的总成本缺少理解所致。

建立战略的最后一步在于评估以抵消收益为条件而增加服务的成本。对增加服务的市场策划建议接受或拒绝是战略定位的选择。物流提供任何完成公司总客户服务战略要求的方法。一旦采纳后,政策的改变将影响物流系统设计。为了将物流政策定案,管理层通常要考虑一系列战略方案,除最小总成本外,至少还有四个其他战略可以使用:最优的服务、利润最大化、竞争最强优势和资产占用最小。每个战略通常要求独特的物流系统设计。

(1)最优的服务

最优服务战略很难实施,一个意在提供最佳物流服务水平的系统设计重点从成本转移到可用性和发送绩效。对于最大服务,每个设施服务面积的极限取决于所要求发送的能力,受运输线路布局的影响。

服务于同一个客户的最小成本和最大服务系统之间的总成本变化是相当大的。要为客户提供最优服务就必须充分利用服务设施,认真规划线路布局,尽量缩短运输时间,从而构筑起企业的差别竞争优势。

(2) 利润最大化

利润最大化是大多数物流系统希望通过战略规划达到的最终目标。如果客户得到改进的服务,客户有可能购买更多的由本公司提供的产品类别。概念上,附加的服务将被引入到边际生成收益等于边际成本上。在这一理论的平衡点上,没有附加的服务被认为是合理的。附加的服务可以是由于增加仓库数目而来的,但也可以不是。需要的服务最好是由利用直接或双重分销的补发系统提供。理论上的利润最大化位置陈述起来比实际衡量起来容易。

(3) 竞争最强优势

竞争力最强战略不是用纯追求某一方面最优,而是力争达到整体竞争力最强,要求最大的竞争优势,这种优势可以通过选择性的服务改进和合理的市场定位两种方法来获得。这里列举的两种方法可用来阐明战略考虑。

① 选择性的服务改进

最小成本设计之所以需要修正,通常是由于要通过改进服务,防止客户被竞争者夺取。管理层需要关注关键客户的期望是如何得到满足的。

例如,假设一个公司是一个典型的大规模的市场占有者,20%的客户购买其80%的产品,进一步假设,这组关键客户分别位于75个不同的发送目的地。战略定位的关键在于决定75%的关键客户的目的地是否被包括在接受24小时送货的42%的所有客户中。期望在相等客户地理分布条件下,一个单独客户被包括在42%内的概率约为50%。

一旦核心客户位置被分隔,确认这些客户将收到的服务是一个相当简单的过程,将核心客户作为关键发送认定,即可对预期的标准服务进行评估。下表所示的是从这样一个评估过程所得出的结果。在这个例子中,接受24小时发送服务的核心客户的实际数目是53。这样,虽然所有的客户中42%接受24小时服务,而核心客户中76%能接受到这项服务。

另外,重复以上分析过程,可确认有核心客户未接受到卓越的在这个分析中,两个关键的客户得到的是60小时的送货。

表2-4 核心客户探问结果

全部核心客户	每相应间隔小时接受服务的核心客户数目			
	24	36	48	60
75	53	16	4	2

系统的改善可类似于列举的核心客户那样进行评估。管理层希望得到最有利润的客户,可以就客户或者最具成长潜力的非客户进行评估。另外也可能希望评估由于向主要竞争对手的最好客户提供卓越服务而增加的成本。虽然,所有这种改善可能要增加总成本并减少短期利润,但是从长期看将会改善竞争地位。

②合理的市场定位

另一项为获得竞争优势而适用的设计改进是高成本仓库的经济合理性。这种情况特别适合较小的物流企业。大公司在广大的地理市场上出售产品倾向于忽视当地市场上的独特成本与需求情况,而且它们几乎不可能调节市场营销和物流系统去适应这种机会。较小公司的灵活性使他们能在物流能力上利用重要的投资去吸引本地的市场。

在与主要竞争对手保持一定距离的较小市场内设置小规模工厂或仓库,可以建立起一个或多或少与竞争隔离的地区的服务能力。这种特殊情况是在对影响设施设置的诸多因素的一般讨论中发展起来的。

这里强调一点即大多数公司就这些独特机会通常遵循一个或两个政策。第一,一个大型的企业能够选择避免这种当地化的情景。这种集中于主要市场的政策对于更高成本的较小的竞争对手是一个机会。第二,主要的生产商为了服务于当地需求而引进较小规模的设施或制定直接物流系统。遵循第一项政策将会导致一个接近最小成本安排的系统。第二项政策要求以较高的成本和较低的短期利润对物流系统进行重大改善。

(4) 资产占用最少

资产占用最少战略是追求以最少的资产投入物流系统,以此降低物流系统的风险、增加总体的灵活件。一个要保持最大灵活性的公司可以使用可变成本物流要素,诸如公共仓库和租用运输。这种战略也许会比投入资产以得到规模经济的战略的总的物流成本更高。然而,战略的风险将会更小,并可增加总体的灵活性。

总之,支持总体企业运作的物流战略的整合要求精确对客户的服务承诺。从设计一个物流系统的角度看,总的最小成本及相关的起点服务为执行成本/服务敏感度分析提供了理想的舞台。

2. 设计物流服务战略

企业在设计物流系统战略目标的过程中,应当注意:突出关键性、全局性问题;既有可行性,又有先进性;目标必须定量化,具有可衡量性,以便检查和评价;目标组合中的各分目标之间、战略目标和战术目标之间以及战略经营单位和职能部门之间的目标应相互协调,相互支持,形成系统;目标必须相对稳定,如果经营环境变化必须调整战略目标,则所有经营单位及职能部门的分目标也要及时做出相应调整。

(1) 控制成本

控制成本是要设计一个固定成本与可变成本最低的物流系统。控制成本必须将目标确定为满足较为集中的客户需求,向客户集中的地区提供快速服务,通过储运资源和库存政策的合理搭配使物流成本达到最小化。物流系统的基本服务能力受到系统中仓库的数目、工作周期、运营速度或协调性、安全库存政策等诸多因素的影响,其中安全库存政策和仓库与客户的距离标准对物流系统进行整合,以求在成本最低的条件下达到最佳的服务水平。

控制成本是为了设计一个最低固定费用与可变费用的物流系统。这种设计纯粹是由成本对成本利益互换所决定的。最低成本物流设计相关的客户服务水平,是由安全存货政策与仓库邻近客户的程度决定的。与任何最小总成本系统相关的客户服务水平被称为"起点服务水平"。

(2) 起点服务分析

建立一个起点服务水平,必须根据期望的库存可用性与能力绩效政策对物流系统进行系统重组。具体操作方法如下:在现有的订单进入和处理系统的客户服务能力;在现有设施的标准订货完成时间上进行仓库运用;在最小运输方法的能力上确定运输发送时间。给定这些假设,现有的周期速度与协作事务被当作衡量客户服务绩效能力的初始尺度。

通常在一般可接受的供应率水平上设定客户服务可用性分析,而行业标准往往作为第一个近似值使用。给定初始假设,每一个客户按最小总成本分配装运点。在多种产品的情况下,对于每个设施服务区域的选择取决于在每一库内库存的产品和客户对集运的要求程度上。设定服务区域的大小和方位时,要根据地域的差异进行调整。在最小成本系统里,从客户订单的安排到发送货物所需的时间,预期要比改进总体服务绩效而修正过的其他网络所达到的平均数要长些。与系统设计不同的是,在所有客户里,与仓库设施邻近的客户们都会得到快速的发送。由于最小成本的定位是向需求集中的地区倾斜的,因此。相当数目的客户会被置于获得快速发送的位置。

当物流企业确定了期望的订货周期时间,管理层就要对基本客户做出承诺,陈述政策可如下述,"在地区 A,订货工作在仓库设施地收到订单后 5 日内发货。在 5 天期限内所有订单的 90%,都可得到满足。"这些服务标准被一贯完成的程度可以用来衡量物流的实际绩效。对所涉及的变量定量化设定后,与最小总成本系统有关的起点服务就为发展一个公司的基本舞台提供了出发点。政策制定的下一步是测试客户对起点服务水平的合适性,对于偏离客户实际需要的起点服务水平应及时给予修正和改进。

(3) 服务敏感度分析

服务敏感度分析是由最小物流成本设计及起点服务水平为基础导出的。系统的基本服务能力可由各种方法予以增加或减少,诸如:系统中仓库数目的变化;改变工作周期以增加运作的速度或一致性;改变安全库存政策等。

下面较简短介绍每种修正起点服务形式及预期对总成本的影响。

①选址的修正

在不改变工作周期和安全库存政策的情况下,可以建立物流系统仓库结构。但是,必须注意到仓库设立的数目与由此而生的服务时间的关系,有几个要注意之点说明如下:

第一,增加的服务是一个递减函数。例如,由 3 个仓库向 38% 的客户提供 2 天工作,若是客户由 38% 增加到 76%,则需要再增加 5 个仓库才能完成任务。

第二,更长一些的工作周期,较之短期间隔可更快取得等级的服务。

第三,物流成本会随仓库数量的增加而急剧增加。这样当由于增加仓库而获得的服务增加量减少时,与每一个新的仓库有关的成本要增加,于是,每一个新设施所获得的服务回报的增加会很少。

②工作周期的修正

采用计算机联机订货和议价运输,可以使服务的速度与一致性按一定的市场或客户进行变动。地理上的接近和仓库的数目并不直接等于快速的或一致的发送。通过采取增加工作周期来增加服务的决策,通常会增加可变成本,而通过增加仓库使服务改进,则会提高固定成本并导致总体系统缺乏灵活性。因此在选择缩短工作周期及增加可变成本之间,要按照企业的物流战略寻找一个平衡点。使用溢价运输对最小总成本系统的影响有两个方面:首先运输成本上移将导致更高的运输费用;其次库存费用下降引起平均库存的减少。在几乎所有的情况中,这些成本修正的净值是总费用增加。如果改进服务能增加收入,则减少物流系统总成本的调整通常被视为可行的。

③安全库存的修正

增加或减少置于一个或多个仓库中的安全存货量是改进物流服务最直接的方法。总系统中增加安全库存将使平均库存上升,并增加客户服务可用性。服务增加时,为取得每一个相应增加的可用性所需的安全库存也将增加。

(四)物流服务战略的实施与控制

1. 物流战略实施的一般原则

(1)战略协同原则:系统使命、战略目标、战略优势、战略类型的设计与选择要形成战略协同效应。

(2)系统优化原则:从物流系统及经济圈发展需要寻求资源优化配置,并以此作为战略规划与评价的基本准则。

(3)寻求优势原则:即寻求、创立、维持和发展相对的、有差别的竞争优势。

(4)区域平衡原则:物流链管理的要素资源要在区域范围内尽可能寻求平衡。

(5)有限合理原则:战略没有最优只有较优,只要符合系统宗旨和目标,环境没有质的变化,原则上就可以组织实施,在实施中再进行调整和完善。

(6)阶段发展原则:物流战略的规划与实施要针对具体情况分阶段进行。实施物流战略规划的运营与管理,应将这六项原则当作一个完整的体系来执行。

2. 物流战略的实施

物流战略的实施回答战略如何实施的具体问题。根据所考虑时间长短不同可以分成三个层面:战略层面、策略层面和执行层面。战略计划层面考虑长期的计划制订,时间在1年以上;策略计划层面考虑1年内的实施计划;执行计划层面是考虑短期的行动,经常需要作出每天甚至每小时的决策。

不同层面的计划需要处理不同的数据和信息。如物流战略层面中的实施决策包括选址、运输、订货流程、客户服务、仓库、采购;战略层面包含设施数目、地点及规模、运输方式、设计订单流程系统、设计客户服务水平、布局和地点选择、政策制定;物流策略层面包含库存分布决策、季节性服务、客户的优惠待遇、季节性的空间变换、合同管理和供应商选择;执行层面包括路线及路线上产品的分配、数量及时间安排、执行订单流程、订单履行、订单送出。

(1)影响物流决策实施的因素

由于物流策略层物流作业层的计划涉及很多具体问题,所以这里我们主要介绍物流战略层面上的计划即如何设计整个物流系统。物流服务战略主要包括4个方面的问题:顾客服务水平、物流设施分布、库存和运输、设计物流服务战略时应该时刻记住这4个方面是不可分割的整体。

物流系统的顾客服务水平是较其他因素更要引起高度关注的方面。若将物流服务水平定在较低的水平,企业则可使用较便宜的运输方式和在较少的地方设置库存;若较高的服务水平,则要求运输和库存都有足够的保障。要设计合适的客户服务水平,应当权衡付出与回报的比值。

库存战略指的是货物的库存采取何种管理方式。其中,是将总的存货分配到指定的分销地点还是通过持续供货的方法管理库存是两种不同的存货方式。采取的库存战略管理方式决定了物流设施的分布决策。

运输所涉及的问题包括运输的战略、运输方式的选择、运输路线、运输批量和日程安排,这些决策受物流设施分布的影响,同时在作物流分布决策时也应考虑到运输的问题,库存水平的大小也与运输批量有关。

物流设施分布包括产品从工厂、分销商或中间库存到客户整个商品供应的活动和相应的费用。存货和分销地点的地理分布构成了物流系统的骨架,选择何种分布方式直接影响到物流的费用。于是,物流设施分布要解决的问题就是找到费用最小或获利最大的商品分销方式。

(2) 物流服务战略实施的管理

物流战略的制定是建立在一系列可变的内外部因素的基础之上,所以物流战略是不断变动的。在一个组织内部,有目标变动、雇员变动、产品变动、计划变动、业务流程变动、成本变动、供应商变动、客户变动等。通过物流战略设计、战略实施、战略评价与控制等环节,调节物流资源、组织结构等,并且最终实现物流系统宗旨和战略目标等一系列动态过程的总和。

在企业的战略设计、战略实施、战略评价与控制中,物流战略形成是物流战略管理的首要环节,它是在对物流所处环境和自身的竞争优势进行了充分的分析后所形成的一套区别于其他企业的措施,它指导并决定了整个物流战略系统的运行。

随着战略的演进,整个物流作业都必须调整和发展。新的实践将影响每个人,迫使人们放弃旧的熟悉的东西,去学习新技术新方法。物流战略管理产生了。产品(服务)创新、市场创新、技术创新、组织创新和管理创新等内容,其中,技术创新是最核心的内容,包括新构思的产生与形成、研究与开发、应用与扩散三个紧密联系的基本环节。新技术经常会使整个行业获得突飞猛进的发展。

(3) 物流服务战略实施的控制

进行物流管理需要制定和实施物流战略计划,但仅仅如此并不能保证预定目标的实现,控制过程就是将实际履行的情况与计划实施情况相比较的过程。

在物流系统中,管理者根据客户服务和成本对计划中的物流活动(运输、存储、库存、物料搬运和订单处理)进行控制。

①输入信息、流程和输出信息

战略实施控制系统的核心就是需要控制的过程。这一流程可能是某一单项活动,如进行订单、补足库存,也可能包括物流部门涉及的所有活动。输入信息以计划的方式流入流程,而计划又指明了流程设计的方法。根据控制系统的目标不同,设计的内容可能是应当采取何种运输方式、保持多少安全库存量、如何设计订单处理系统,或是包括所有这些内容。

②标准

战略实施控制过程需要有一个参照标准,以便比较物流活动的执行情况。而管理者、顾问或计算机都为实施绩效符合该标准付出了劳动。一般而言,参照标准可以是成本预算、客户服务目标水平或对利润的贡献等。

除了公司计划和公司政策中所设定的标准外,许多企业还向外部标准看齐。客户对于质量的高度重视导致了众多企业将标准定得很高,以便参与各种奖项的角逐。对物流管理者来说,质量可能意味着准时履行订单、很少发生短货或不按时交付产品。物流企业都在尽力达到认证标准,客户也希望他们的供应商是获得认证的企业,因为这将保证客户得到的产品或服务与他们的期望一致。所以,对于产品或服务的提供者来说,这些质量奖或国际ISO认证系列可能就是物流管理的目标。

③监控

监控是战略实施控制系统的神经中枢。监控包括收取有关执行情况的信息,参与目标进行对比,并负责启动修正措施。监控者得到的信息基本上采取定期报告和审计的形式,通常是有关库存状况、资源利用情况、管理成本及客户服务水平等方面的报告。

系统中的监控者包括管理者、监察顾问或信息编辑员。监控者解读报告,并将实施绩效与目标进行比较。监控者还必须判断实施结果是否失控,并采取适当的步骤使实施结果与目标相符。修正措施的精确程度取决于失控的程度,以及管理者希望修正措施持续的时间。如果实际执行情况与预期的"偏差"在可接受的范围内,有可能不进行修正。相反,如果偏差超出可接受的范围,管理者将启动及时、可行的临时操作方案来减少偏差,或者他会通过战略性规划来改变系统设计。

┤任务小结├

本任务指出了物流客户服务战略及其影响因素,并详细阐述了客户服务战略策划的4个基本程序:物流服务战略规划、物流系统分析、确定物流服务战略、物流服务战略的实施与控制。

┤拓展提高├

客户服务战略的基本思想

1. 了解客户,将客户资料、客户信息看作战略性资源,做到和客户"共享钱包"。从某种意义上说,简单的营销配送,只是低水平的改进,还不是经营理念的创新,真正的创新,必须是以客户为导向的服务。

2. 保证货源供应。无论是网上配货,还是电话营销、电子结算,其实质还在于如何改善货源供应,把适应消费和引导消费结合起来。以市场为导向,不断提高适销对路水平,使客户能充分感受到企业的服务带给他们的激励,使客户愿意并继续保持这种关系。

3. 发挥价格杠杆的作用。价格杠杆无论是在效益分配、确保利益均衡上,还是在促销增量、提高市场占有率方面都起着重要作用。建立高效的价格信息渠道,灵活的价格调节机制对实现客户服务战略功不可没。

4. 调整结构,既适应市场,又引导消费。效益的增加,毛利率的提高,都要立足于品牌引导、结构调整,这也是增销增效的主要措施。

复习思考

1. 请指出物流客户内涵的要点。
2. 请指出物流客户服务的重要性。
3. 构建物流服务质量时应考虑哪些因素?
4. 客户服务战略策划的基本程序是什么?

相关实训

◎目的

调查物流企业经营的理念,通过观察物流各环节的操作规程和要求,分析客户服务的内容及其重要作用。

◎人员

①实训指导:任课老师。

②实训编组:学生按 8~10 人分成若干组,每组选组长及记录员各一人。

◎时间:3~5 天。

◎步骤

①由教师在校内组织安全教育。

②与实训企业相关部门取得联系,并组织学生集体去该企业参观。

③邀请物流企业各业务部主管介绍本部门客户服务内容。

④分组查看企业客户服务相关资料,并做好记录。

⑤撰写调查文档。

⑥实训小结。

◎要求

利用业余时间,根据具体情况选择有一定代表性的物流企业,了解其物流作业规程。通过作业规程的要求分析其目的,从中看到企业对客户的重视;通过调查企业的各职能部门,了解各职能部门客户服务的内容,并认识其重要作用。

◎认识

作为未来物流企业员工,领悟企业客户服务内容,对我们在未来的工作中树立一切从客户出发的观念,做好本职工作是有很大帮助的。

项目三　供应链物流管理与物流成本管理

学习目标

要全面理解供应链的含义;了解供应链管理的内容;熟悉供应链物流管理的研究内容与理论方法;掌握物流成本管理与控制系统的基本内容;学会几种常用的物流成本核算方法;掌握物流成本日常控制的原则和内容。

情景写实

海尔物流管理在供应链中的作用

作为中国最大的家电制造业集团,海尔集团近年面临国内与国际同行业的激烈竞争。以前,海尔集团在计划推动模式下建立并运行了国内一流的采购、营销和制造系统。但近年来该系统的竞争和利润已接近尽头,集团不得不在战略上寻求新的、更有利的营销途径。海尔自1999年10月份实施国际化战略以来,在全集团范围内以现代物流革命为突破口,对原来的业务流程进行了重新设计和再造。

海尔集团将原来的金字塔式组织结构改革为扁平化的组织结构,成立了物流推进本部,统一采购、统一原材料配送、统一成品配送,使内部资源得以整合,外部资源得以优化,使采购、生产支持和物资配送实现战略一体化。

海尔集团对物流系统进行改造取得的成果包括:采购成本下降、库存和运转成本大为降低、成本分拨率提高、付款效率改善等方面。

思考:
1. 如何从海尔集团物流管理中,进一步理解供应链管理的概念?
2. 从海尔集团的物流管理案例中,请指出物流管理和供应链管理的区别?

分析要点

供应链管理就是指在满足一定的客户服务水平的条件下,为了使整个供应链系统成本达到最小而把供应商、制造商、仓库、配送中心和渠道商等有效地组织在一起来进行的产品制造、转运、分销及销售的管理方法。供应链管理包括计划、采购、制造、配送、退货五大基本内容。海尔集团把所有的资源进行整合,通过协调与协同,提高了公司内部运作的整体效率,突出了物流管理只是供应链管理的一个环节,并非全部。供应链管理应该从整个供应链的角度出发,去寻求供应链物流成本与客户服务之间的平衡。以往的物流管理是从"节省物流成本来获取利润"的角度出发,这样会造成服务质量的下降,同时也是效益背反的体现。

任务一 供应链概述

任务介绍

供应链涵盖了从供应商的供应商到客户的客户之间有关最终产品或服务的形成和交付的一切业务活动。在一个组织内部,供应链涵盖了实现客户需求的所有职能,包括新产品开发、采购、生产、分销、财务和客户服务等。

任务解析

全面理解供应链的含义;掌握供应链的类型;熟悉供应链的体系结构。

相关知识

供应链的理解

美国学者史迪文斯(Stevens)认为:"通过增值过程和分销渠道控制从供应商的供应商到用户的用户的流就是供应链,它开始于供应的源头,结束于消费的终点。"

全球供应链论坛(Global Supply Chain Forum,GSCF)认为:"供应链是为消费者带来有价值的产品、服务以及信息,从源头供应商到最终消费者的集成业务流程。"

美国生产与库存控制协会(American Production and Inventory Control Society,APICS)认为:"供应链是来自原材料供应直至最终产品消费,联系跨越供应商与客户的整个流程;供应链涵盖企业内部和外部的各项功能,这些功能形成了向消费者提供产品或服务的价值链。"

任务实施

一、供应链的概念与特征

(一)供应链的概念

"供应链"一词源于英文的"Supply Chain",最早由侯里瀚(Houlihan)于1985年提出,也有的称其为"供需链"。在早期,它被认为是生产企业的一个内部过程,是指将采购的原材料和零部件,通过生产转换和销售等活动,再传递到生产企业用户的一个过程。早期的供应链概念局限于企业的内部操作层面,注重企业自身资源的利用和自身的利益目标。后来,供应链的理念注意了本企业与其他企业的联系,注意了供应链的外部环境。这种理念得到了研究合作关系、JIT(Just In Time)关系、精细供应、供应商行为评估和用户满意度等问题的学者的重视,他们偏向于将供应链定义为一个通过链中不同企业的制造、组装、分销、零售等活动将原材料转换成产品,再到最终用户的过程。

英国学者哈里森(Harrision)将供应链定义为:"供应链是执行采购原材料,将它们转换为中间产品和成品,并将成品销售到用户的功能网链。"

2001年我国发布实施的国家标准《物流术语》对供应链的定义为:"生产及流通过程中,为了将产品或服务交付给最终用户,由上游与下游企业共同建立的网链状组织。"2006年修订后的国家标准《物流术语》中仍使用这个供应链定义。

我国学者马士华认为:"供应链是围绕核心企业,通过对信息流、物流、资金流的控制,从采购原材料开始,到制成中间产品以及最终产品,最后由销售网络把产品送到消费者手中的将供应商、制造商、分销商、零售商直至最终用户连成一个整体的功能网链结构模式。它是一个范围更广的企业结构模式,它包含所有加盟的节点企业,从原材料的供应开始,经过链中不同企业的制造、加工、组装、分销等过程直到最终用户。它不仅是一条连接供应商到用户的物料链、信息链、资金链,而且是一条增值链,物料在供应链上因加工、包装、运输等过程而增加其价值,给相关企业都带来收益。"

尽管上述定义不尽相同,表述也不尽一致,但我们还是能够从中理解供应链的基本内容和实质。从广义上来讲,供应链涉及企业的生产、流通,并连接到批发、零售和最终用户,既是一个社会再生产的过程,又是一个社会再流通的过程。狭义地讲,供应链是企业从原材料采购开始,经过生产、制造,到销售直至终端用户的全过程。这些过程的设计、管理、协调、调整、组合、优化是供应链的主体;通过信息和网络手段使其系统化、协调化和最优化是供应链的内涵;运用供应链管理实现生产、流通、消费的最低成本、最高效率和最大效益是供应链的目标。供应链是由各种实体构成的网络,网络上包括物流、资金流和信息流。这些实体包括一些子公司、制造商、仓库、供应商、运输公司、配送中心、零售商和用户。一个完整的供应链始于原材料的供应商,止于最终用户。

(二) 供应链的特征

供应链作为习惯称呼,并非只是单一链状结构,而是交错链状的网络结构树。一般来说,供应链具有以下基本特征。

1. 层次性

供应链由不同的企业组成,由于各企业在供应链中的地位不同,其作用也各不相同。按照企业在供应链中地位的重要性,各节点企业分为核心主体企业、非核心主体企业和非主体企业。主体企业一般是行业中实力较强的企业,它拥有决定性资源,在供应链管理中起主导作用,它的进入和退出直接影响供应链的存在状态。在一个供应链中,居于中心位置的是核心主体企业,它是供应链运作的关键。一个供应链中可能存在一个主体企业,也可能存在多个主体企业,但核心主体企业是唯一的。核心主体企业以外的主体企业就是非核心主体企业。它们虽然实力较强,但在供应链中,只是主动响应核心主体企业,对其他企业的带动作用并不突出。其他在供应链上处于被动响应地位的企业则是非主体企业,按照它们与主体企业的关系可以分为紧密层企业和非紧密层企业。紧密层企业通常与主体企业直接相连,形成与主体企业的上下游关系,它们与主体企业通过契约形成相对稳定的关系。非紧密层企业构成供应链的外围,它们对供应链没有特殊意义,与主体企业或紧密层企业存在一定的交易关系,它们在供应链上是不稳定的,经常处于变动的游离状态,一旦有机会就充当供应链的成员。

2. 复杂性

一条供应链往往由多个不同类型的企业构成,有生产制造型的,有服务型的。这些企业在供应链中的位置不同,所处层次不同,它们之间的关系错综复杂,关系往来和交易多。因此,供应链结构较单个企业结构更为复杂。

3. 动态性

供应链的动态性主要表现为成员的不稳定性和成员之间关系的不稳定性。供应链因企业战略和适应市场需求变化的需要,应由供应链成员企业动态地更新和调整。同时,由于供应链成员之间既合作又竞争,一旦成员企业经济实力发生改变,它在网络中的地位也将随之发生变化,从而造成成员间关系的变动。这就使得供应链具有明显的动态性。

4. 用户需求性

供应链的形成、存在、重构,都是基于一定的市场需求而发生的,并且在供应链的运作过程中,用户的需求是拉动供应链中物流、信息流、资金流运作的驱动源。这就使得供应链呈现出明显的用户需求性。

5. 交叉性

供应链由不同的节点企业连接起来,形成相互交叉的网络结构。但某个节点企业可以是这个供应链的成员,同时也可以是另外一个供应链的成员。供应链的这种交叉性增加了供应链协调管理的难度。

6. 创新性

供应链扩展了原有的单个企业的物流渠道,充分考虑了整个物流过程以及影响此过程的各个环节和因素。它向着物流、信息流、资金流各个方向同时发展形成了一套相对独立而完整的体系,因而具有创新性。

7. 风险性。

供应链的需求匹配是一个持续性的难题,供应链上的消费需求和生产供应,始终存在着时间差和空间分割。通常,在实现产品销售的数周或数月之前,制造商必须先确定产品的款式和数量,这一决策直接影响到供应链系统的生产、仓储、配送等功能的容量设定,以及相关成本的构成。因此,供应链上供需匹配隐含着巨大的财务风险和供应风险。

此外,供应链的特征还表现在其是增值的和有利可图的,否则就没有存在的必要。所有的生产运营系统都是将一些资源进行转换和组合,增加适当的价值,然后把产品"分送"到那些在产品的各递送阶段可能考虑到也可能被忽视的顾客手中。

二、供应链的类型与体系结构

(一) 供应链的类型

由于供应链是一个复杂系统,存在产品、功能、导向、涉及的范围、结构形态等方面的差异,因而从不同的角度考察,供应链表现为不同的类型。

1. 根据供应链产品特性划分

根据产品的生命周期、需求稳定程度及可预测程度等可将产品分为两大类,即功能性产品(Functional Products)和创新型产品(Innovative Products)。

（1）功能型供应链

对于功能型产品,由于市场需求比较稳定,比较容易实现供求平衡,对各成员来说最重要的是如何利用供应链上的信息协调他们之间的活动以使整个供应链的费用降到最低,从而提高效率。因此,重点在于降低其生产、运输、库存等方面的费用,即以最低的成本将原材料转化成产品。

（2）创新型供应链

对创新型的产品而言,市场的不确定性是问题的关键。因而,为了避免供大于求造成的损失,或供小于求而失去的机会收益,管理者应该将其注意力集中在市场调节及其费用上,既需要利用供应链中的信息,又要特别关注来自市场的信息。这类产品的供应链应该考虑的是供应链的响应速度和柔性,只有响应速度快、柔性程度高的供应链才能适应多变的市场需求,而实现速度和柔性的费用则退为其次。

2. 根据供应链主要功能划分

按照供应链的主要功能(物理功能和市场功能)分为效率性供应链(Efficient Supply Chain)和响应性供应链(Responsive Supply Chain)。

3. 根据供应链运作导向划分

根据供应链运作导向可以划分为"推式"供应链与"拉式"供应链两种类型。

"推式"供应链是以企业自身产品为导向的供应链,有时也称为"产品导向"或"库存导向"。这种供应链起始于企业对市场的预测,然后制造所预测的产品,并推向市场。

"拉式"供应链是以企业获得订单为前提的。企业根据所获得的订单来进行生产,所以又称为"客户导向"或"订单导向"。这种供应链起始于企业收到客户的订单,并以此引发一系列供应链运作,这是"以销定产"的模式。所以,重点是"拉"到客户,以客户需求为导向进行生产、采购原料、组织货源、外包业务等。

4. 根据供应链经营主体划分

经营主体一般包括生产商、批发商、零售商和各种形式的物流服务提供商。不同的供应链中,各种经营主体处于不同的地位,影响着供应链的模式。根据供应链核心企业的经营主体不同,可以将供应链分为以生产商、批发商、零售商和第三方物流商为主体的供应链模式。

（二）供应链体系结构

供应链体系结构是为指导和帮助供应链系统的设计、实施和运行而提供的结构化、多功能模型和方法的集合。供应链体系结构的研究是近几年才开始的,研究时间虽短,却已经取得非常丰硕的成果。来自不同领域的研究人员都得到了非常一致的企业供应链体系结构模型。下面介绍两个重要的结构模型。

1. 链状体系结构

在链状体系结构中,供应链系统可以根据定义简化成供应商、制造商、客户等各节点。如图3-1所示。假设节点A为供应商,节点B为制造商,节点C为客户,整个供应链的物流方向除了退货等的逆向物流外,是由节点A流向节点C方向。相对于节点B来说,节点A为一级供应商,节点C为一级客户。当然,这种关系也不是一成不变的,对于节点A来说,它也有供应商,即供应商的供应商(二级供应商、三级供应商……),最终可以递归到大自然。这时,相对于节点A的供应商来说,节点A可以看作制造商,此时的节点B可以看作节点A的客户;同样,对于节点C来说,它的下游也有客户,即客户的客户(二级客户、三级客户……),最终可以递归到最终用户。在图3-1中,分别向两端延伸的省略符号表示各自的上游供应商和下游客户。

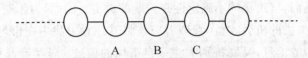

图3-1 链状体系结构模型

对于某个确定的供应链来说,当确定了核心企业后,就可以把链状体系结构简化成图3-1所示的模型。此时的节点B就是核心企业,节点A和节点C分别是核心企业的直接供应商和直接用户。相对而言,这种模型只是一种简单的静态模型,而在实际中,节点B的供应商往往不止一个,节点B的客户也往往不止一个;如果从动态的角度来考虑,节点B也往往不止一个。结合这种实际建模,就得出了另一种更加符合实际的供应链体系结构模型——网状体系结构。

2. 网状体系结构

网状体系结构模型如图3-2所示。

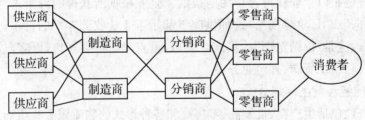

图3-2 网状体系结构模型

这种模型更加符合实际,节点B的供应商可能不止一个,可以有节点$A_1,A_2,\cdots,A_n$。在动态环境下,节点B也可以有节点$B_1,B_2,\cdots,B_n$。客户也可以有节点$C_1,C_2,\cdots,C_n$。这些节点企业通过相互间的物流、信息流和资金流交织在一起,就构成了网状体系结构供应链。

> **任务小结**
>
> 通过本任务的学习,同学们能够掌握供应链的概念与特征、供应链的类型等知识点。

项目三 供应链物流管理与物流成本管理

任务二 供应链管理概述

任务介绍

供应链管理改变了企业竞争方式,将单个企业竞争转变为由核心企业、供应商、制造商、批发商、零售商及客户所形成的供应链联盟的竞争,是企业赢得竞争优势的重要源泉。

供应链管理概述
- 供应链管理的基本概念与特点
- 供应链管理的内容
- 供应链的管理方法

任务解析

简述供应链管理的含义及特点;了解供应链管理的内容;掌握常用的供应链管理方法。

相关知识

供应链管理(SCM)的理解

美国 Willian C. Copacino 将 SCM 定义为:"管理从物料供应者一直到产品消费者之间的物料和产品的流动的技术。"管理科学到目前为止将主要的注意力放在业务流程内各个环节的改进上,但是 SCM 强调的是将注意力放在从物料供应一直到产品交付的整个业务流程的流动和相互连接上。

1996 年成立于美国的供应链协会将 SCM 定义为:"SCM 是为了生产和提供最终产品,包括从供应商的供应商到顾客的顾客的一切努力。"该定义表明 SCM 是一种跨企业、跨企业多种职能、多个部门的管理活动。

任务实施

一、供应链管理的基本概念与特点

(一)供应链管理的基本概念

供应链管理是一种集成的管理思想和方法,《中华人民共和国国家标准物流术语》中将供应链管理的概念定义为:"利用计算机网络技术全面规划供应链中的商流、物流、信息流、资金流等,并进行计划、组织、协调与控制。"作为一种新的管理方法,供应链管理的目的是通过优化,提高所有相关的过程的速度和确定性,使所有相关过程的净增加值最大化,从根本上提高供应链组织的运作效率和效益。供应链中的物流是指从供应商到顾客手中的物质产品流;供应链中的信息流包括产品需求、订单的传递、交货状态及库存信息;供应链中的资金流包括信用条件、支付方式以及委托与所有权契约等。

供应链管理的概念包含了供应链组织所有的合作商。其整合发展演化的过程包括四个阶：第一阶段，每个商业功能都是独立的；第二阶段，临近的功能之间进行整合；第三阶段，建立和实施一种整合后的功能，加强"端—端"衔接的计划框架；第四阶段，突破功能上的联系，实现真正的供应链整合，将供应链活动的上游延伸至供应商，下游延伸至客户，建立供应链合作商、客户全方位的合作。这就是物流管理与供应链管理最关键的差别所在。

(二) 供应链管理的基本特点

1. 新型合作竞争理念

供应链管理的合作竞争理念把供应链视为一个完整的系统，将每一个成员企业视为子系统，组成动态联盟，共同开拓市场，追求系统效益的最大化。它不仅考虑核心企业内部的管理，更注重供应链中各个环节、各个企业之间资源的利用和合作，让各企业之间进行合作，实现"共赢"。

2. 以顾客满意为核心

顾客满意的实质是让顾客获得产品价格以上的那部分"价值"的升值。例如，由供应商直接将原料或配件送给制造商，由制造商直接将产品运送给销售商，就大大削减了其中采购、销售、包装和管理等各项成本。

3. 以现代网络信息技术为支撑

SCM战略是现代网络信息技术与战略联盟思想的结晶，高度集成的网络信息系统是其运行的技术基础，ERP(企业资源计划)就是供应链管理广泛使用的信息技术。ERP综合应用了多项网络信息产业的成果，集企业管理理念、业务流程、基础数据、企业资源、计算机软硬件于一体，通过信息流、物流、资金流的管理，把供应链上所有企业的制造场所、营销系统、财务系统紧密地结合在一起，实现了需方驱动的生产模式运营，体现了按用户需求制造的思想。

二、供应链管理的内容

(一) 供应链管理涉及的领域

供应链管理覆盖了从供应商的供应商到客户的客户的全过程。我国著名的供应链学者马士华教授认为供应链管理主要涉及供应、生产计划、物流和需求四个领域，包括战略性供应商和客户合作伙伴关系管理，供应链产品的需求预测和计划，供应链设计(节点企业、材料来源、生产设计、分销系统与能力设计、管理信息系统和物流系统设计等)，企业内部和企业之间的物料供应与需求管理，基于供应链的客户服务和物理(运输、库存、包装)，企业间资金管理，基于Internet/Intranet的供应链交互信息管理。

(二) 供应链管理中的业务流程

业务流程是指为了生产针对特定客户和市场的产品而设计的一系列有组织的投入产出加工服务活动。通常来说，供应链的业务流程包括客户关系管理、客户服务管理、需求管理、订单处理、制造流程管理、采购、产品开发与推广、企业间资金流管理(汇率、成本)等内容。

（三）供应链管理涉及的核心系统

在供应链管理战略的实施过程中，信息、客户需求、企业间关系是导致供应链管理发展的主要动因。与此相对应，在供应链管理系统中，围绕上述主要动因形成了3个重要子系统，即：供应链信息管理系统、供应链库存管理系统、供应链关系管理系统。

1. 供应链信息管理系统。

信息管理系统是在电子数据交换系统（EDI）、电子资金划转（EFT）、条形码等技术的支持下建立的，它是一个能覆盖整个供应链中的所有职能和组织的信息系统，对供应链管理起着至关重要的作用。

2. 供应链库存管理系统。

库存管理系统是为适应市场环境对企业快速反应能力和产品配送时间的要求而建立的供应链内部核心管理系统。市场竞争要求供应链以战略的眼光定位库存，做到不仅能对市场的需求快速反应，而且又能使整个供应链的库存量降低。这就要求一个高效管理的一体化供应链必须拥有一个高效的库存管理系统，使其能在客户需要的时候，以适当的数量、适当的价格满足客户，不断加快库存在各成员的流转，从而减少成本、提高效率、增加利润。

3. 供应链关系管理系统。

供应链关系管理是供应链管理中最具难度而又最重要的组成部分。信息技术是使供应链各节点连接得以形成的基本技术因素。库存周期的缩短也使许多不同企业中获得了成功和发展。然而，这一切都要求供应链内部必须建立一种和谐、密切、高度配合的合作共赢机制，如果没有有效的供应链组织间的关系作为基础，供应链中所有信息及库存管理方面的努力都可能付之东流。

在与供应链管理相关的这3个基本子系统中，关系管理系统最脆弱，也最容易失败。供应链中任何一个环节的关系不顺都可能导致对所有供应链成员不利的后果。为避免这些问题的发生，供应链各企业必须加强沟通，更好地了解合作伙伴的业务程序以及供应商的质量和配送表现，从而找出为其客户服务的更好途径。

三、供应链的管理方法

（一）快速反应

1. 快速反应的含义

快速反应（Quick Response，QR）是从美国纺织服装业发展起来的一种供应链管理方法，它是由美国零售商、服装制造商以及纺织品供应商开发的整体业务概念。QR是指在供应链中，为了实现共同的目标，零售商和制造商建立战略伙伴关系，利用电子数据交换（Electronic Data Interchange，EDI）等信息技术，进行销售时点的信息交换及订货补充等其他经营信息的交换，用多频度、小数量配送补充商品，以实现缩短交货周期，减少库存，提高客户服务水平和企业竞争力的供应链管理方法。其最终目的是减少从原材料到销售点的时间和整个供应链中的库存，最大限度地提高供应链管理的运作效率。

2. 快速反应的实施条件

美国学者 Black Bum 在对美国纺织服装业研究的基础上,认为供应链中的企业成功实施 QR 必须具备以下 5 个条件。

（1）改变传统的经营方式、经营意识和组织结构

企业不能局限于依靠本企业独自的力量来提高经营效率的传统经营意识,要树立通过与供应链成员建立合作伙伴关系,努力利用成员的资源来提高经营效率的现代经营意识。零售商在 QR 系统中起主导作用,是 QR 系统的起始点。在 QR 系统内部,通过 POS 数据等销售信息和成本信息的相互公开和交换,来提高各个企业的经营效率。在明确了 QR 系统内各个企业之间的分工协作范围和形式的基础上,才能消除重复作业,建立有效的分工协作框架。企业还必须通过利用信息技术实现事务作业的无纸化和自动化,改变传统的事务作业的方式。

（2）开发和应用现代信息处理技术

企业可以采用的信息技术包括条码技术、电子订货系统（Electronic Ordering System, EOS）、POS 系统、EDI 系统、供应商管理库存（Vendor Managed Inventory, VMI）、连续补货（Continuous Replenishment Program, CRP）等。

（3）与供应链成员建立合作伙伴关系

企业与供应链其他成员建立合作伙伴关系时,首先要积极寻找和发现战略合作伙伴,然后在合作伙伴之间建立分工和协作关系。合作的目标是为了削减库存,避免缺货现象的发生,从而降低商品风险,避免大幅度降价现象发生,还可以减少作业人员和简化事务性作业等。

（4）实现信息的充分共享

企业需要将自身的销售信息、库存信息、生产信息、成本信息等与合作伙伴进行交流与共享,并与合作伙伴一起发现问题、分析问题和解决问题。

（5）缩短生产周期并降低商品库存

供应链中的供应商企业应该缩短商品的生产周期,进行多品种、少批量的生产和多频度、少数量的配送,降低零售商的库存水平,提高顾客服务水平。同时还可以采用准时化方式组织生产,减少供应商自身的库存水平。

（二）高效客户响应

1. 高效客户响应的含义

高效客户响应（Efficient Consumer Response, ECR）是以满足顾客要求和最大限度降低物流过程费用为原则,能及时作出准确反应,使提供的物品供应或服务流程最佳化的一种供应链管理方法。

运用 ECR 方法的最终目标是建立一个具有高效反应能力和以客户需求为基础的系统,使零售商及供应商以合作伙伴的方式进行合作,提高整个供应链的效率,而不是单个环节的效率,从而大大降低整个系统的成本、库存和物资储备,同时为客户提供更好的服务。其优点在于,供应链各方为了提高消费者满意这个共同的目标进行合作,同时分享信息。

2. 高效客户响应的实施原则

实施 ECR 的总体原则是以较低的成本,不断致力于向供应链提供更优的产品、更高的质量、更好的分类、更好的库存服务以及更多的便利服务,具体体现在以下 3 个方面。

(1) 必须由相关的商业带头人启动,用代表共同利益的商业联盟取代旧式的贸易关系,而达到获利的目的。

(2) 必须利用准确、适时的信息以支持有效的市场、生产及后勤决策。这些信息将以 EDI 的方式在贸易伙伴间自由流动,它将影响以计算机信息为基础的系统信息的有效利用。

(3) 必须建立共同遵循的成果评价体系。该体系需要注重对整个系统的有效性(即通过降低成本与库存以及更好的资产利用,实现更高的价值)的评价,清晰地标识出潜在的回报(即增加的总值和利润),促进对回报的公平分享。

任务小结

本任务主要讲述了供应链管理的相关知识,包括供应链管理的概念、特点、内容、典型的供应链管理方法。通过本任务学习,能充分体会到供应链管理在物流中的重要作用。

任务三　供应链物流管理

任务介绍

进入 21 世纪,物流作为供应链中不可分割的重要部分,与信息流、资金流共同组成了供应链生存和发展的纽带,供应链管理思想的普及也使物流管理的思想得到了极大的改变,分别体现在物流管理理念的提升、物流管理职能的扩大、物流运作模式的创新和物流技术的进步上。

任务解析

了解供应链物流管理的含义;熟悉供应链物流管理的任务;掌握供应链物流管理的研究内容与理论方法。

相关知识

第四方物流

第四方物流(Fourth Party Logistics)是 1998 年美国埃森哲咨询公司率先提出的,专门为第一方、第二方和第三方提供物流规划、咨询、物流信息系统、供应链管理等活动。第四方并不实际承担具体的物流运作活动。它是一条供应链的集成商,一般情况下政府为促进地区物流产业发展,领头搭建第四方物流平台,提供共享及发布信息服务。它也不是物流的利益方,而是通过拥有的IT、整合能力以及其他资源提供一套完整的供应链解决方案,以此获取一定的利润。它可以帮助企业实现降低成本和有效整合资源,并且依靠优秀的第三方物流供应商、技术供应商、管理咨询以及其他增值服务商,为客户提供独特的和广泛的供应链解决方案。

任务实施

一、供应链物流管理的任务

研究供应链物流管理的任务,首先要明晰供应链物流的结构。在供应链运作流程的每一个环节,物流无处不在,而且各环节有其不同的物流个性和不同的管理侧重点。由此可以将供应链物流结构划分为供应链物流、生产物流和销售物流。

严格来讲,供应链物流管理可分解为三个层次。第一个层次为狭义物流,即物品在各环节业务运作中的时间和地理范围上的流动。第二个层次为物流能力,即企业对物品时空流动所具的成本控制、操作控制、灵活应变、无缝对接、完善服务等的综合能力。第三个层次为物流管理,即利用先进的管理理念和管理技术,以现代信息技术为支撑,对物品在生产过程各环节运作中的时空综合移动进行有效管理,使其物流能力得以充分发挥。

简单地说,供应链物流管理的任务,就是解决沿着供应链渠道进行流通的物流全过程高效率和低成本的运作问题,实现供应链伙伴多边共赢的目标。它着力解决供应链物流系统合理化问题、一体化物流管理问题、消费者满意度管理问题。

(一) 供应链物流系统合理化

供应链物流系统合理化包括物流系统安排合理化和管理理念的现代化。

在管理理念上,把供应链物流管理纳入企业发展战略一体化范围。企业的有机运转,靠商流、物流、信息流和经营管理4个"轮子"的协调,并以物流为主导。物流系统与生产、销售、财务系统一起,被称为企业的四大支柱。物流是生产、销售系统的支持系统,供应链物流系统的合理化,对整个供应链运作影响深刻,同时,物流的时间、空间、数量、形态等结构,又受供应链计划安排、产品设计、销售策略和财务状况等因素的制约。供应链物流系统的合理化,就需要将物流管理和其他系统有机结合成一个整体,作为企业发展战略的一个重要构成要素。用先进的管理理念和管理方法,研究与管理物流的活动过程,提高物流计划与控制的系统性和科学性,由各部分的分散管理向集中管理转化,由操作性管理向决策性管理转化,由封闭型管理向开放型管理转化,用先进的物流信息技术支持系统的高效运作。

供应链物流系统中的运输、仓储、包装、装卸搬运、流通加工、配送及物流信息等各种职能因素,相互关联、相互制约、相互影响。因而,供应链物流系统的结构安排应建立在低成本、高效率、高效益的基础上。

(二) 一体化供应链物流管理

供应链物流管理的目的旨在使供应链各环节的运作实现无缝对接,提升客户满意度,保持物流运作的恰当成本。这就要求对供应链运作的全过程进行一体化的物流管理。供应链物流发生在供应、生产、销售各环节,在决策制定上要考虑供应链模块的关联性,分析其各模块职能对其他职能运作成本的影响,在此基础上,才能安排好供应链全过程的一体化物流,保持供应链系统的协同运作。

(三) 客户满意度管理

供应链物流运作的最终目标,是为了满足客户的期望和要求,不断提升供应链的竞争优势,使供应链上的各合作伙伴实现共赢。对于物流服务提供者而言,无论是本企业内部还是企业外部,凡是接受物流服务者,都是其客户。接受服务的客户是制定物流运作要求的中心和驱动因素。在制定物流战略时,要充分认识到物流服务必须满足各种客户的需求,同时,要时刻关注对客户满意度的管理。客户满意度强调的是客户、客户期望以及他们对物流运作绩效的认同。了解客户的期望,提升操作标准,减少工作失误,以不断提高物流运作绩效,则会提升客户的满意度。

(四) 物流运作的三边关系管理

对客户满意度的管理是一项需要持续改进的长期任务,市场的动态竞争,使得客户期望也在日益增加。事实上,现代供应链物流运作不仅仅涉及整个链条的一体化物流动态管理、对服务对象的关系管理,还涉及出现物流外包时对第三方物流的管理,同时,现代物流又面临着跨国物流的竞争。

现代供应链物流管理是一项极富有挑战性的工作,市场竞争结果决定了物流运作要以客户为中心,以各种方式满足客户的个性化物流需求,企业要在满足需求和成本平衡之间权衡。供应链系统运作涉及多个合作伙伴的多个合作过程,要管理好整个供应网链上的全部物流活动,形成一体化物流系统,保证企业供应链上的全部物流活动形成整体协同运作过程,保证整个供应链的协同运作。企业供应链上的物流活动,越来越明显地呈现出外包趋势,对第三方物流管理的任务日渐突出。而跨国物流的出现,对供应链物流管理提出了挑战。集成先进的管理理念和物流技术,挑战未来的物流管理,是现代供应链物流管理面临的一项艰巨任务。

二、供应链物流管理的研究内容和理论方法

(一) 供应链物流管理的研究内容

在这里,我们是立足于企业微观层面,着重研究围绕企业生产构成的供应链上的物流系统管理。供应链物流管理的任务决定了其要侧重的研究内容。如图 3-3 所示。

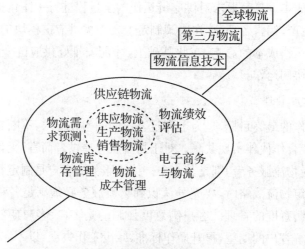

图 3-3 供应链物流管理的研究内容

(二)供应链物流管理的研究理论和方法

1. 复杂科学的相关理论作为研究的指导理论

复杂科学与管理结合形成了新时期的管理思想——复杂科学管理思想,其内涵是"组织是一个能进行系统思维的大脑"。复杂科学管理的研究对象是社会层面上的复杂系统,供应链系统正是这样一个具有思维能力的人介入其中的复杂系统。

(1)供应链复杂系统界定

援引复杂科学的管理思想,可以给供应链物流复杂系统作如下界定。

①供应链物流复杂系统既含有定性因素,也含有定量因素,且定性与定量相互影响。在物流需求预测中,这种相互影响关系更为明显。

②系统中的某子系统或元素,具有随机性、不确定性和非线性。供应链物流系统一旦建立,其目标是明确的,但在实际运作中,由于市场的多变,整个系统的运作充满了诸多不确定性,从而引起系统涨落。

③供应链物流系统中某些组成成分具有智能。物流系统是有人参与的,人的经验、智慧、思维等因素,都直接影响着物流系统的运作。也正是因为人的智能可以对未来进行一定的预测,才有可能抑制和衰减不确定性引起的涨落。

④供应链物流复杂系统具有多层次结构,每一个层次上的行为主体具有独立的经济利益,通常并不一致,需要协调。协同论是研究复杂系统如何协同工作的理论,它是研究供应链物流复杂系统的重要理论基础。

⑤供应链物流系统受环境影响,随环境的变化而变化,各子系统之间相互影响,不断进化。供应链系统是一个动态的、开放的复杂系统,与环境联系密切。任何内外部环境变化,如系统外经济发展速度、质量,新技术应用引起的商业模式改变,物流系统内各模块相互关联、影响等,都会使物流系统受到影响。而外部环境的改善,先进的信息技术和人的智能作用,可使系统得以不断优化。

(2) 供应链物流复杂系统的特性

①自组织与被组织的融合性。自组织(Self-Organization)是系统在无任何外部指令或外力干预的情况下自发地形成一定结构和功能的过程和现象。或者说自组织是无外界特定干预的自然演化,而被组织(Organized)是在外界特定干预下的演化。物流供应链各合作伙伴基于"共赢"的目标,自愿加入物流系统网链,形成具有特定功能的有序的组织结构,并共同制定游戏规则,自觉遵循规则的行为和贡献等,都是在没有特定干预下的自组织现象。在实际运作过程中,共同遵守的规则是对各伙伴行为的约束,由于物流系统不同层次具有独立的经济利益,当行为与规则悖逆时,就需要通过管理达成协同。这就是一种被组织现象。因而,在整个物流系统中,存在着自组织和被组织的协调和相互作用。管理的目的,就是希望通过认识并遵循自组织规律,以被组织方式对其实施动态调节,通过被组织手段,实现自组织目标,使物流系统朝着优化方向发展。

②自适应性(Self-Adaptation)。自适应性是指复杂系统能应对环境的变化进行自我调整,并能在调整中积极地将环境中所发生的事件转化成对系统及管理有利的方面。供应链物流系统充满了人的活动方式,系统在与环境的交换中,人可以运用自己的智慧,通过改变环境或改变自己的行为来增强对环境的适应性。正是这种"改变"扩大了"适应",反过来,"适应"的扩大又促进了"改变"的深化。供应链物流系统中的这种"改变"和"适应"具有非线性反馈的作用,使得一些不利的因素被衰减和同化,而一些有利因素则得以增长和发展。供应链物流系统中的行为主体对环境的这种能动性的"适应"和"选择",推动物流管理不断创新,实现系统能适应环境变迁的协同运作。

③动态性。供应链物流系统总是在不断发展、变化过程中。任何外力作用,或者系统中子系统与整体的作用,都有可能引起系统整体发生改变,甚至系统中某一微小因素的微小变化,都可能导致某一子系统或整体惊人的变化。

复杂科学的相关理论,指导我们清晰地认识供应链物流系统的特征,这些有助于我们在对供应链物流系统分析研究时,把握其一般特性和规律,是研究的理论支点。

2. 系统思维作为研究的视角

系统思维是将不同的事物汇聚,逐一考虑发掘当中的关系及互动的影响。它是将科学与艺术相融合的一种思维方式,它包括研究问题的思考方式、观察问题的角度、思维模式、思维过程等。

研究问题的思考方式是一种系统思考,即以整体观念为核心的系统思考,把系统中的各种机能和智慧整合在一起,使系统成为有竞争力的整体,其间,整合、搭配极其重要,整合、搭配不同,结果也会大不相同。这一点对构建供应链物流系统是一种很重要的思维方式。

系统思维观察问题的角度是从环状看因果,即在观察一连串的变化过程时,是看因果的互动,而不是单向只看因果关系。比如,在诊断物流系统绩效时,我们会看到最终的结果,也会发现一些问题,问题是导致结果的原因。从环状看因果,就是要找出问题之间的关联性,关联性是如何导致结果产生的,关联性的关键节点在哪里。如果改变结果,反过来对现行的问题又会产生哪些影响,这些问题会发生哪些变化,它们又将会产生什么样的关联性,对这些关联性的关键点如何控制,然后又会产生什么样的结果。从环状看因果更有利于看清问题的来龙去脉,为决策提供有力的支持。

系统思维的思维模式是以探索图为工具的视觉思考。即视觉思考是通过绘制探索图的思维图来实现的。探索图是通过你对整个供应链系统内外环境的观察,基于你的知识结构、你掌握的所有信息,加上充分的想像力,立足于从更大环境考虑问题的观点,对影响系统协同运作的各因素及其互动、层次关系进行描绘的一张图。该图展示了所有会影响或者可能会影响你研究问题的因素,有些甚至是风马牛不相及的。探索图以图画的思考方式,将对现实世界的直观感觉与其智力理解连接在一起;将想像的创造力与直觉的技巧和分析能力整合在一起,帮助我们观察并了解我们面临的复杂问题。比如,我们在寻找影响物流系统协同运作的序参量时,探索图不失为一种科学的具有可操作性的视角思维工具。

系统思维的思维过程是一种结构化、模块化的思维过程。从整体的角度,将系统中的各组成部件划分为若干个模块,找出因果互动关系,辨认何种重要或不重要,哪些事情应该关注或不必太重视,最后达成整体搭配的最佳平衡点。在研究供应链物流这样一个复杂系统时,通常需要这种结构化、模块化的思维过程。比如,我们把物流运作过程结构化,再把这些结构模块化(如把一体化物流模块化),通过视角思维工具,就较容易地找出因果互动关系,从而通过改进整体搭配,促使物流系统达成均衡。

系统思维就是要充分发挥人的智慧,激发人的创造性思维,得出管理问题的最佳方案。它具有全方位整体性、时空统一性、协同性等特点。

3. 定性与定量结合作为其研究方法

定性研究是对质的研究,对质的理论思辨。"质"是一事物区别于其他事物的内部规定性。定性研究的主要功能是"解释",主要方法有历史研究、文献研究、观察研究、逻辑分析、内容分析、实地考察、个案研究等。定量研究是在理论思辨的基础上,对事物现象内外部关系进行"量"的分析和考察,寻找有决策意义的结论。供应链物流系统定性与定量分析的要件差异见表3-1所示。

表3-1 供应链物流系统定性与定量分析的要件差异

要件	定性分析	定量分析
目的	对潜在的理由和动机求得定性理解	将数据定量表示,并将结果从样本推广到所研究的总体
样本	由无代表性的个案组成的小样本	由有代表性的个案组成的大样本
数据收集	无结构	有结构
数据分析	非数学方法	数学方法
结果	获取初步理解	建议最后行动路线

供应链物流定性与定量研究分类,如图3-4所示。

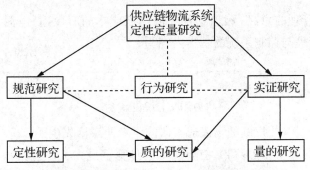

图 3-4　供应链物流系统定性与定量研究分类

定量研究是要寻求将数据定量表示的方法,并采用一些数学分析的形式。定量研究之前常常都要以适当的定性研究开路,有时候定性研究也用于解释由定量分析所得的结果。

供应链物流系统是社会层面的复杂系统,由于具有思维的人参加,系统思维是定性与定量结合的理论框架基础,定性与定量相结合的研究方法,是构建供应链物流系统理论研究框架的出发点。运用定性与定量相结合的策略、方法和技术,对物流系统各子系统或各项指标、因素进行量化和综合,最后得到一个综合考虑的各子系统或各项指标、因素的价值指数,是供应链物流系统实现均衡的科学决策依据。

任务小结

通过本任务的学习,使我们对供应链物流管理的任务以及供应链物流管理的研究内容和理论方法有一定程度的了解。

任务四　物流成本管理与控制概述

任务介绍

随着经济全球化趋势的增强,企业面临的竞争环境日益激烈,传统的生产管理模式已经很难适应市场的需求;与此同时,产业分化不断细化、产业链条逐渐拉长,物流时间和物流成本在产品总时间和总成本所占的比例显著提高。

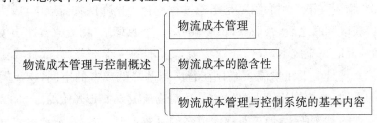

任务解析

理解物流成本管理的意义；熟悉企业降低物流成本的有效途径；简述物流成本的隐含性；掌握物流成本管理与控制系统的基本内容。

相关知识

物流冰山说的深究

日本早稻田大学教授、权威的物流成本研究学者西泽修先生于1970年首先提出来的物流成本冰山说成立的3个原因：(1)物流成本的计算范围太大。包括：原材料物流、工厂内物流、从工厂到仓库和配送中心的物流、从配送中心到商店的物流等。这么大的范围，涉及的单位非常多，牵涉的面也很广，很容易漏掉其中的某一部分，计算哪部分、漏掉哪部分造成物流费用的大小相距甚远。(2)运输、保管、包装、装卸以及信息等各物流环节中，以哪几种环节作为物流成本的计算对象问题，如果只计运输和保管费用，不计其他费用，与运输、保管、装卸、包装以及信息等费用全部计算，两者的费用结果差别相当大。(3)选择哪几种费用列入物流成本中的问题。比如，向外部支付的运输费、保管费、装卸费等费用一般都容易列入物流成本，可是本企业内部发生的物流费用，如与物流相关的人工费、物流设施建设费、设备购置费，以及折旧费、维修费、电费、燃料费等是否也列入物流成本中，没有明确的规定，执行的弹性比较大。

任务实施

一、物流成本管理

（一）物流成本管理的意义

物流成本是指伴随着物流活动而发生的各种费用，是物流活动中所消耗的物化劳动和活劳动的货币表现。物流成本由三部分构成：(1)伴随着物资的物理性流通活动发生的费用以及从事这些活动所必需的设备、设施费用；(2)完成物流信息的传送和处理活动所发生的费用以及从事这些活动所必需的设备和设施费用；(3)对上述活动进行综合管理所发生的费用。

物流成本管理在物流管理中占有重要的位置，"物流是经济的黑暗大陆"、"物流是第三利润源"以及"物流成本冰山说"等观点都说明了物流成本问题是物流管理初期人们关心的主要问题。所谓"物流是第三利润源"，是指通过物流合理化降低物流成本，成为继降低制造成本和扩大销售获取利润之后，企业获取利润的第三个源泉。"物流成本冰山说"告诉我们，通常，企业明确掌握的物流成本，只占企业物流总成本的一小部分，大部分物流成本并没有为管理者所认识。正是由于在物流领域存在着广阔的降低成本的空间，物流问题才引起企业经营管理者的重视，企业物流管理可以说是从对物流成本关心开始的。

物流成本管理的意义在于，通过对物流成本的有效把握，利用物流要素之间的效益背反关系，科学、合理地组织物流活动，加强对物流活动过程中费用支出的有效控制，降低物流活动中的物化劳动和活劳动的消耗,从而达到降低物流总成本,提高企业和社会经济效益的目的。也就是说,物流成本管理不应该理解为管理物流成本,而是通过对物流成本的把握和分析去发现物流系统中需要重点改进的环节,达到改善物流系统的目的。

(二)企业降低物流成本的途径

1. 树立现代物流理念,健全企业物流管理体制

企业降低物流成本首先要从健全物流管理体制入手,从企业组织上保证物流管理的有效进行,要有专司物流管理的部门,实现物流管理的专门化。树立现代物流理念,重新审视企业的物流系统和物流运作方式,吸收先进的物流管理方法,结合企业自身实际,寻找改善物流管理、降低物流成本的切入点。

2. 树立物流总成本观念,增强全员的物流成本意识

现代物流的一个显著特征是追求物流总成本的最小化。这一点对于企业构筑和优化物流系统,寻找降低物流成本的空间和途径具有特别重要的意义。随着物流管理意识的增强和来自降低成本的压力,不少企业开始把降低成本的眼光转向物流领域,这无疑是值得肯定的。但是,在实践中发现,不少企业把降低物流成本的努力只是停留在某一项功能活动上,而忽视了对物流活动的整合。其结果,一是由于忽视了物流功能要素之间存在着的效益背反关系,虽然在某一项物流活动上支付的费用降低了,但总体物流成本并没有因此下降,甚至反而出现增加;二是将降低物流成本的努力变成只是利用市场的供求关系,向物流服务提供商提出降低某项服务收费标准的要求,如果物流服务供应商无法承受而又可以拒绝的话,降低物流成本的努力便无功而返。

3. 加强物流成本的核算,建立成本考核制度

物流成本核算的基础是物流成本的计算,物流成本计算的难点在于缺乏充分反映物流成本的数据,物流成本数据很难从财务会计的数据中剥离出来。因此,要准确计算物流成本,首先要做好基础数据的整理工作。

4. 优化企业物流系统,寻找降低成本的有效途径

对企业的物流系统进行优化,就是要结合企业的经营现状寻找一个恰当的物流运作方式。物流系统优化是关系到企业的竞争能力、影响到企业盈利水平的重大问题,应该得到企业上层领导的高度重视,从战略的高度规划企业的物流系统。同时,要协调各部门之间的关系,使各个部门在优化物流系统的过程中相互配合。

二、物流成本的隐含性

无论采用什么样的物流技术与管理模式,最终目的都不是在于这种技术与模式本身,而是为了实现企业物流的合理化。也就是通过对物流系统目标、物流设施设备和物流活动、组织等进行改进与调整,实现物流系统的整体最优化,其最终目标都是要在保证一定物流服务水平的前提下实现物流成本的降低。可以说,整个物流技术和物流管理的发展过程就是不断追求物流成本降低的过程。换句话说,"供应链管理"也好,"第三方物流"也好,都仅仅是实现物流现代化、降低物流成本的手段与工具,其最终目的还是为了追求物流系统的投入与

产出(物流总成本与物流服务水平)之间的优化。

目前,我国在物流总成本与物流服务水平的研究方面还处于起步阶段,尤其是对物流成本的研究更是贫乏。一是对物流成本的构成认识不清,"只见树木,不见森林"。目前我国企业现行的财务会计制度中,没有单独的科目来核算物流成本,一般所有的成本都列在费用一栏中,无法分离。这使得许多企业仅将向外部的运输企业支付的运输费用和向外部仓库支付的仓储费用作为企业的物流成本。这种计算方式使得大量的物流成本,如企业内与物流活动相关的人工费、设备折旧费等不为人所知。企业连自己的物流总成本都无法说清,这种情况下无论采用什么先进的物流管理模式和技术,都不可能真正实现企业物流系统的合理化。二是物流成本的计算与控制由各企业分散进行,缺乏相应的权威统计数据。我国的企业是根据自己对物流成本的理解来进行计算与控制的,缺乏统一的统计口径,全国甚至各个行业都没有有关物流成本的统计数据。目前一些发达国家可以根据自己的统计数据计算出其物流成本占 GDP 的比重,而我国却做不到这一点,只有一些由世界银行等国际组织估算出来的数字。此外,由于企业计算标准的不同,我国各行业的平均物流成本水平也无法计算得出。

从微观上看,物流成本统计数据的缺乏,会给企业的物流成本管理与控制带来困难。同时,由于计算口径不同,相同行业或类型相似的企业之间的物流成本水平无法比较,这对于评估企业物流绩效,促进企业的物流合理化也是很不利的。从宏观上看,也会造成区域物流中心与物流园区建设的盲目性。例如:对于某一个地区来说,缺乏该地区确切的物流成本数据,就会导致对于未来该地区物流需求总量与物流需求类型预计不准确,从而产生建成的物流中心或物流园区不适应当地物流需求的结果,造成资金的浪费。此外,物流中心或物流园区建立后能否有效地提高物流效率(保证一定物流服务水平的前提下,切实降低物流成本)也不得而知。

关于物流成本的隐含性,日本早稻田大学的物流成本学权威西泽修教授将其描述为"物流冰山"。"物流成本冰山说"认为人们对物流成本的总体内容并不掌握,提起物流成本,大家只看到露出海水上面的冰山的一角,而潜藏在海水里的整个冰山却看不见,海水中的冰山才是物流成本的主体部分。一般情况下,在企业的财务统计数据中,只能看到支付给外部运输和仓库企业的委托物流费用,而实际上,这些委托物流费用在整个物流费用中确实犹如冰山的一角。因为物流基础设施的折旧费,企业利用自己的车辆运输,利用自己的库房保管货物,由自己的工人进行包装、装卸等自家物流费用都计入了原材料、生产成本(制造费用)、管理费用和销售费用等科目中。一般来说,企业向外部支付的物流费用是很小的一部分,真正的大头是企业内部发生的物流费用。其中,整个冰山可以视同为该企业的整个物流成本部分,露在水面之上的部分是委托的物流费用,这部分物流成本是企业可以统计出来的,而隐藏在水面之下的大部分物流成本却不能通过当前的会计核算得到统计。

三、物流成本管理与控制系统的基本内容

物流成本的管理与控制由两个部分组成。一是物流成本管理系统。物流成本是一个经济范畴,实施物流成本管理与控制,必须遵循经济规律,尤其是价值规律的要求。这就要求

在物流成本管理中,要广泛地利用价格、利息、奖金等经济杠杆,利用定额、资金、利润等经济范畴,以及经济仲裁、责任结算、业绩考核等经济手段或措施对物流成本实施有效的管理。这里所说的物流成本管理系统,就是指在进行物流成本核算的基础上,运用专业的预测、计划、核算、分析和考核等经济管理方法来进行物流成本的管理,具体包括物流成本预算、物流成本性态分析以及物流责任成本管理、物流成本效益分析等。二是物流成本的日常控制系统。物流管理又是一项技术性很强的管理工作,要降低物流成本,必须从物流技术上下工夫。物流成本的日常控制系统就是指在物流运营过程中,通过物流技术的改善和物流管理水平的提高来降低和控制物流成本。具体地说,物流成本控制的技术措施主要包括提高物流服务的机械化、集装箱化和托盘化;改善物流途径,缩短运输距离;扩大运输批量,减少运输次数,提高共同运输;维护合理库存,管好库存物资,减少物资毁损等。

(一)物流成本管理系统的基本内容

物流成本管理系统由以下三个层次构成。

1. 物流成本核算层

物流成本核算层的主要工作包括如下三个方面。

(1)明确物流成本的构成内容。物流成本的各项目之间存在此消彼长的关系,某一项目成本的下降将会带来其他项目成本的上升。因此,在达到一定服务标准的前提下,不明确物流总成本的全部构成,仅仅对其中的某一部分或某几部分进行调整和优化,未必会带来全部物流成本的最优。所以明确物流成本的构成,将全部物流成本从原有的会计资料中分离出来是十分必要的。在此基础上,才能进行有效的物流成本核算、物流成本管理以及物流成本的比较分析。

(2)对物流总成本按一定标准进行分配与归集核算。物流总成本可以按照不同的标准进行归集。较常用的方式有:根据不同的产品、不同的顾客或不同的地区等成本核算对象来进行归集,也可以根据装卸费用、包装费用、运输费用、信息费用等物流职能来进行归集,还可以按照材料费、人工费等费用支付形式来进行归集。这些归集方法与目前的财务会计核算口径是一致的。现在,越来越多的企业在推行作业成本(Activity—Based Costing,简称ABC)法,这也是进行物流成本归集核算的一种有效方法。

(3)明确物流成本核算的目的。在进行物流成本有效核算的基础上,可以开展多种形式的物流成本管理。因此,在进行企业物流成本核算时,要明确物流成本核算的目的,使得整个核算过程不仅仅停留在会计核算层面上,而且能够充分运用这些成本信息。这样对企业的用途和意义将会更大。

2. 物流成本管理层

物流成本管理层是指在物流成本核算的基础上,采用各种成本管理与管理会计方法,来进行物流成本的管理与控制。结合物流成本的特征,可以采用的成本管理方法主要包括:物流标准成本管理、物流成本性态及盈亏平衡分析、物流成本预算管理、物流责任中心和物流责任成本管理等。在本项目中将重点介绍这些成本管理方法。

3. 物流成本效益评估层

这是指在物流成本核算的基础上,再进行物流系统对企业收益贡献程度的评价,并进行物流系统经济效益的评估。在此基础上,对物流系统的变化或改革做出模拟模型,寻求最佳物流系统的设计。

按照日本著名物流学者菊池康也的分析,目前日本的物流成本管理多处于前两个层次上,还没有达到第三个层次,对企业物流部门的成本管理还落后于销售和生产部门。而在我国,对物流成本的管理仍更多地停留在第二个层次上。

(二) 物流成本日常控制系统的主要内容

物流成本的日常控制,是指在日常物流运营的每个作业环节,依据现代物流运营理论,采用先进的物流技术与方法,来降低整个物流成本的一系列措施。

物流成本控制是物流成本管理的中心环节。根据现代成本管理与控制理论,企业物流成本管理系统是由物流成本的预测、决策、计划、核算、控制、分析和考核等多个环节组成的一个有机整体。物流成本管理的诸环节相互联系、相互作用,通过其不断循环构成物流成本管理控制体系。而这一体系的中心环节便是物流成本的日常控制。物流成本的预测、计划、核算、分析等成本管理技术,最终都要通过日常控制环节以实现物流成本的降低。而对物流成本的日常控制过程,同时也是推动企业创新物流技术和方法、提高物流管理水平的过程。可以说,物流成本的有效管理与控制也推动着物流技术的更新、物流管理水平的提高。

可从不同的角度分析物流成本控制的对象,在实际工作中,物流成本的控制一般可以分为以下三种主要形式。

(1) 以物流成本的不同阶段作为控制对象。以制造企业为例,就是以供应物流成本、生产物流成本、销售物流成本以及废弃物物流成本作为成本控制的对象。也就是说,从供应物流、生产物流、销售物流以及废弃物物流的不同阶段上,寻求物流技术的改善和物流管理水平的提高,控制和降低各个阶段的物流成本。

(2) 以物流服务的不同功能作为控制对象。这要从仓储、运输、包装、装卸、流通加工等各个物流作业或物流功能的角度来寻求物流管理水平的提高和物流技术的创新,控制和降低物流成本。

(3) 以物流成本的不同项目作为控制对象。这要以材料费、人工费、燃油费、差旅费、办公费、折旧费、利息费、委托物流费及其他物流费等物流成本项目为控制对象,通过对各项费用项目的控制节约,谋求物流总成本的降低。

当然,企业在进行物流成本日常控制过程中,这三种物流成本的控制形式并非孤立的,而是结合在一起,相互影响。

(三) 物流成本的综合管理与控制

物流成本管理系统对物流成本进行预测和编制计划,并通过会计系统进行物流成本的归集和核算,对本年度物流成本进行分析,对相关物流成本责任部门进行考核,并把相关信息反馈给相关作业与管理部门,便于他们依据这些成本信息来充分挖掘降低物流成本的潜力,寻求降低物流成本的有关技术经济措施。同时,进行物流成本决策和再预测,进入下一个物流成本管理循环。因此,可以说,物流成本管理系统是由物流成本的预测、计划、成本计算、成本分析、成本信息反馈、成本决策和再预测等环节构成的。一个预测管理期连着下一个预测管理期,不断循环提高。成本管理的预测计划循环按时间标准进行划分,可以是短期计划(一个月或一个季度)、中期计划(半年或一年)和长期计划。

物流成本控制系统主要是通过物流技术的改善、物流管理水平的提高来实现物流过程的优化和物流成本的降低。物流过程是一个创造时间性和空间性价值的经济活动过程,为使其能提供最佳的价值效能,就必须保证物流各个环节的合理化和物流过程的迅速、通畅。物流系统各个环节的优化技术与方法很多。例如:运用线性规划、非线性规划制订最优运输计划,实现物品运输优化;运用系统分析技术,选择货物最佳的配比和配送线路实现货物配送优化;运用存储理论确定经济合理的库存量,实现物资存储优化;运用模拟技术对整个物流系统进行研究,实现物流系统的最优化等。

物流成本的综合管理与控制,就是要将物流成本管理系统与日常控制系统结合起来,形成一个不断优化的物流系统的循环。通过一次次循环、计算、评价,不断优化整个物流系统,最终找出总成本最低的最佳方案。

▶任务小结▶

本任务开篇就从宏观、微观两方面阐述了物流成本管理的意义,随后对物流成本的隐含性、物流成本管理与控制系统的基本内容等相关知识点进行了介绍。

任务五 物流成本的内容及其核算

▶任务介绍▶

企业降低物流成本已经成为当务之急。而降低物流成本的前提就是核算物流成本,只有将企业的物流成本现状揭示出来,才能充分挖掘物流成本节约的潜力,这是有效进行物流成本管理、降低物流成本的基础。

▶任务解析▶

明确物流成本的内容;理解物流成本的核算目的;认识物流成本的核算对象;掌握物流

成本的核算方法。

相关知识

物流成本核算

一、物流成本核算需遵循的原则

客观性;相关性;一贯性;可比性;及时性;权责发生制;历史成本;重要性原则。

二、物流成本核算过程中可能存在的问题

物流成本核算的目的不明确;物流成本的会计核算方法不明确;物流成本核算与管理没有超出财务会计的范围;物流成本核算的标准不统一;缺乏懂得物流知识的财务会计与管理会计人员。

任务实施

一、物流成本的内容

（一）商品流通企业物流成本的构成

商品流通企业主要是指商业批发企业、商业零售企业、连锁经营企业等。流通企业物流成本是指在组织商品的购进、运输、仓储、销售等一系列活动中所消耗的人力、物力、财力的货币表现,其具体构成如下:

(1) 人工费用,包括与物流活动相关职工的工资、奖金、津贴以及福利费等。

(2) 运营费用,如物流运营中的能源消耗、运杂费、折旧费、办公费、差旅费、保险费等。

(3) 财务费用,指经营活动中发生的存货资金使用成本支出,如利息、手续费等。

(4) 其他费用,如与物流相关的税金、资产损耗、信息费等。

（二）制造企业物流成本的构成

制造企业的物流一般包括采购供应物流、生产物流、产品销售物流以及回收和废弃物流等。制造企业的物流成本是指企业在进行供应、生产、销售、回收等过程中所发生的运输、包装、仓储、配送、回收方面发生的费用。与商品流通企业相比,制造企业的物流成本大多体现在所生产的产品成本中,与产品成本不可分割。制造企业的物流成本一般包括以下内容:

(1) 供应、仓储、搬运和销售物流环节的职工工资、奖金、津贴以及福利费等。

(2) 生产材料的采购费用,包括运杂费、保险费、合理损耗成本等。

(3) 产品销售过程中的物流费用,如运输费、物流信息费、外包物流费用等。

(4) 仓储保管费,如原材料和产成品仓库的维护费、搬运费、合理损耗等。

(5) 有关设备和仓库的折旧费、维修费、保养费等。

(6) 营运费用,如物流相关的能源消耗费、物料消耗费、办公费、差旅费、保险费、劳动保护费等。

(7) 财务费用,如仓储原材料、在产品和半成品、产成品等所占用的资金利息。

(8) 回收废品发生的物流成本等。

（三）物流企业的物流成本

物流企业是为货主企业提供专业物流服务的,它可以包括一体化的第三方物流服务企业,也包括提供功能性物流服务的企业,如仓储公司、运输公司、货代公司等。

物流服务企业通过专业化的物流服务,降低货主企业物流运营的成本,并从中获得利润。可以说,物流企业的整个运营成本和费用实际上就是货主企业物流成本的转移。物流企业的全部运营成本费用都可以被看作广义上的物流成本。

二、物流成本的核算目的以及核算对象

（一）物流成本核算的目的

物流成本核算的基本目的,是要促进企业加强物流管理,提高管理水平,创新物流技术,提高物流效益。具体地说,物流成本核算的目的可以体现在以下几个方面:

(1) 通过对企业物流成本的全面计算,弄清物流成本的大小,提高企业内部对物流重要性的认识。

(2) 通过对某一具体物流活动的成本计算,弄清物流活动中存在的问题,为物流运营决策提供依据。

(3) 按不同的物流部门组织计算,计算各物流部门的责任成本,评价各物流部门的业绩。

(4) 通过对某一物流设备或机械(如单台运输卡车)的成本计算,弄清其消耗情况,谋求提高设备效率、降低物流成本的途径。

(5) 通过对每个客户物流成本的分解核算,为物流服务收费水平的制定以及有效的客户管理提供决策依据。

(6) 通过对某一成本项目的计算,确定本期物流成本与上年同期成本的差异,查明成本超、降的原因。

(7) 按照物流成本计算的口径计算本期物流实际成本,评价物流成本预算的执行情况。

（二）物流成本的核算对象

物流成本的核算对象应根据物流成本计算的目的及企业物流活动的特点予以决定。一般说来,物流成本核算的对象有如下几种。

(1) 以某种物流功能为对象。即根据需要,以包装、运输、储存等物流功能为对象进行计算。这种核算方式对于加强每个物流功能环节的管理、提高每个环节作业水平具有重要的意义。

(2) 以某一物流部门为对象,如以仓库、运输队、装配车间等部门为对象进行计算。这种核算对加强责任中心管理,开展责任成本管理方法以及部门的绩效考核是十分有利的。

(3) 以某一服务客户作为核算对象。这种核算方式对于加强客户服务管理、制定有竞争力且有盈利性的收费价格是很有必要的。特别是对于物流服务企业来说,在为大客户提供物流服务时,应认真分别核算对各个大客户提供服务时所发生的实际成本。

(4) 以某一产品作为核算对象。这主要是指货主企业在进行物流成本核算时,以每种

产品作为核算对象,计算为组织该产品的生产和销售所花费的物流成本。据此可进一步了解各产品的物流费用开支情况,以便进行重点管理。

(5) 以企业生产的某一过程如供应、生产、销售、退货等为对象进行计算。它的主要任务是:从材料采购费及企业管理费中抽出供应物流费,如材料采购账户中的外地运输费、企业管理费中的市内运杂费、原材料仓库的折旧修理费、保管人员的工资等;从基本生产车间和辅助生产车间的生产成本、制造费用以及企业管理费等账户中抽出生产物流费,如人工费部分按物流人员比例或物流工时比例确定计入,折旧费、大修费按物流固定资产占用资金比例确定计入等;从销售费用中抽出销售物流费,如销售过程中发生的运输、包装、装卸、保管、流通加工等费用和委托物流费等。这样就可以得出物流费用的总额,可使企业经营者一目了然地概观各范围(领域)物流费用的全貌,并据此进行比较分析。

(6) 以某一物流成本项目为对象。把一定时期的物流成本,从财务会计的计算项目中抽出,按照成本费用项目进行分类计算。它可以将企业的物流成本分为企业自家物流费、委托物流费和外企业代垫物流费等项目分别进行计算。其中,企业自家物流费包括按相应的分摊标准和方法计算的为组织物流活动而发生的材料费、人工费、燃料费、办公费、维护费、利息费、折旧费等,委托物流费包括企业为组织物流向外单位支付的包装费、保管费、装卸费等,外企业代垫物流费包括在组织原材料(商品)采购和商品销售过程中由外单位(企业)代垫的物流费用。

(7) 以某一地区为对象,计算在该地区组织供应和销售所花费的物流成本,据此可进一步了解各地区的物流费用开支情况,以便进行重点管理。

(8) 以某一物流设备和工具为对象,如以某一运输车辆为对象进行计算。

(9) 以企业全部物流活动为对象进行计算,确定企业为组织物流活动所花费的全部物流成本支出。

三、物流成本的核算方法

(一) 会计方式的物流成本核算

会计方式的物流成本核算,是要通过凭证、账户、报表的完整体系,对物流耗费予以连续、系统、全面的记录的计算方法。这种核算方法又可分为以下三种具体形式。

1. 独立的物流成本核算体系

它是把物流成本核算与财务会计核算体系截然分开,单独建立起物流成本的凭证、账户和报表体系。具体做法是,对于每项物流业务,均由车间成本员或者基层核算员根据原始凭证编制物流成本记账凭证一式两份,一份连同原始凭证转交财务科,据以登记财务会计账户,另一份留基层成本员据以登记物流成本账户。这种计算模式的优点是提供的成本信息比较系统、全面、连续、准确、真实。同时,两套计算体系分别按不同要求进行,向不同的信息要求者提供各自需要的信息,对现行成本计算的干扰不大。但这个计算模式的工作量较大,在目前财会人员数量不多、素质有限的情况下容易引起核算人员的不满。另外,基层核算员财务核算知识的缺乏也会影响物流成本核算的准确性。

2. 结合财务会计体系的物流成本计算

它是把物流成本核算与企业财务会计和成本核算结合起来进行,即在产品成本计算的基础上增设一个"物流成本"科目,并按物流领域、物流功能分别设置二级、三级明细账,按费用形态设置专栏。当费用发生时,借记"物流成本"及有关明细账,月末按照会计制度规定,根据各项费用的性质再还原分配到有关的成本科目中去。这种计算模式,所提供的成本信息比较全面、系统、连续。且由于与产品成本计算结合,从一套账表中提供两类不同的信息,可以减少一定的工作量。其缺点是:为了实现资料数据的共享,需要对现有的产品成本计算体系进行较大的甚至是彻底的调整;为了保证产品成本计算的真实性和正确性,需要划分现实物流成本、观念物流成本(如物流利息)的界限,划分应否计入产品成本的界限;责任成本、质量成本等管理成本都要与产品成本相结合,再将物流成本与之结合,其难度更大。

3. 物流成本二级账户(或辅助账户)核算形式

这是指在不影响当前财务会计核算流程的前提下,通过在相应的成本费用账户下设置物流成本二级账户,进行独立的物流成本二级核算统计。这里以制造企业为例,提出在当前财务会计系统下,进行货主物流成本核算的二级账户核算方法。流通企业的物流成本核算与制造企业相比相对更加容易,可以参照本方法来设计执行。

在制造企业的各级含有物流成本的一级科目下设供应物流成本、生产物流成本、销售物流成本等二级科目或增设费用项目,或者在编制记账凭证时设置"物流成本"辅助账户,在各二级账户或辅助账户下按物流功能设置运输费、保管费、装卸费、包装费、流通加工费、物流信息费和物流管理费等三级账户,并按费用支付形态(如人工费、材料费等)设置专栏。在按照财务会计制度的要求编制凭证、登记账簿,进行正常的财务会计成本核算的同时,根据记账凭证上的二级科目或辅助账户,登记有关的物流成本辅助账户及其明细账,进行账外的物流成本计算。将各种物流成本归入二级账户或辅助账户中,最后将各物流成本的二级科目分类汇总即可求得总物流费用。

这些物流成本账户不纳入现行成本计算的账户体系,是一种账外计算,具有辅助账户记录的性质。这种计算模式的优点是:物流成本在账外进行计算,既不需要对现行成本计算的账表体系进行调整,又能提供比较全面、系统的物流成本资料;其计算方法也较简单,易为财会人员所掌握。

制造企业的物流成本一般包括的内容及下设的二级科目如下:

(1) 销售人员的工资及福利费,一般计入营业费用,故可在营业费用中下设销售物流费用的二级科目,将其归入其中。

(2) 生产要素的采购费用,包括运输费、保险费,一般计入材料采购,只需在材料采购下设供应物流费用的二级科目将其归入其中。

(3) 企业内部仓库保管费,如维护费、搬运费,一般归入管理费用,可下设供应物流成本的二级科目进行归集。

(4) 采购人员的工资、差旅费、办公费等,一般计入管理费用,应在管理费用科目下设供应物流成本二级科目,将其归入其中。

(5)生产过程中的搬运费等,一般计入制造费用,可以在制造费用科目下设生产物流成本二级科目,归集生产过程中的物流成本。

(6)有关设备、仓库的折旧费,按其不同属性,分别归入供应物流费用、生产物流费用、销售物流费用和废弃物物流费用二级科目中。

(7)物流信息费按照归属,在摊销时计入相应的物流成本二级科目中。

(8)存货资金占用贷款利息,在财务费用下设二级科目,分别归入相应物流成本二级科目中。

(9)回收废弃物发生的物流费,计入相应的物流支出的二级科目等。

通过以上二级科目或辅助账户的应用,可以有效地核算和归集出货主企业的物流成本,并在此基础上实施有效的管理和控制。

(二)统计方法的物流成本核算

统计方法的物流成本核算,是在不影响当前财务会计核算体系的基础上,通过对有关物流业务的原始凭证和单据进行再次的归类整理,对现行成本核算资料进行解剖分析,从中抽出物流成本的部分,然后再按物流管理的要求对上述费用按不同的物流成本核算对象进行重新归类、分配、汇总,整理成物流管理所需的成本信息。

由于统计计算不需要对物流成本作全面、系统和连续的反映,所以运用起来比较简单、灵活和方便。但是由于不能对物流成本进行连续、系统和全面的追踪反映,所以得到的信息的精确程度受到很大影响,而且易于流于形式,使人认为物流成本管理是权宜之计,容易削弱物流管理的意识。另外,在期末一次性地进行物流成本的归类统计,花费的时间也较多,对于财务会计人员来说,一次性工作量较大。如果在日常会计处理过程中没有做相应的基础工作,按不同物流成本核算对象进行成本归集时,有时也无法确定某项成本的具体归属。

任务小结

本任务首先从不同企业类型分别阐述了物流成本的构成,随后介绍了物流成本的核算目的以及核算对象,最后重点介绍了物流成本的核算方法。

任务六 物流成本性态分析与日常控制

任务介绍

随着我国物流业的不断发展,以及企业物流管理意识的不断增强,企业对物流成本分析与控制越来越重视。

项目三　供应链物流管理与物流成本管理

```
                        ┌─ 物流成本性态
物流成本性态分析与日常控制 ─┼─ 物流系统本量利分析
                        └─ 物流成本日常控制的原则和内容
```

任务解析

了解物流成本性态的相关内容；掌握物流系统本量利分析；熟悉物流成本日常控制的原则和内容。

相关知识

成本性态分析程序

一、多步骤分析程序

多步骤分析程序又称分步分析程序，属于先定性分析后定量分析的程序。首先将总成本按其性态分为变动成本、固定成本和混合成本三部分；然后再采用一定的技术方法分解混合成本为变动成本和固定成本，在此基础上，分别将它们与固定成本和变动成本合并，最后建立相关的总成本性态分析模型。

二、单步骤分析程序

单步骤分析程序又称同步分析程序，属于定性分析与定量分析同步进行的程序。该程序将总成本直接一次性地区分为变动成本和固定成本两部分，并建立有关的总成本性态分析模型。

这种程序不考虑混合成本的根据是：第一，按照一元线性假定，无论是总成本还是混合成本都是一个业务量 x 的函数，因此，按分步分析程序与同步分析程序的进行成本性态分析的结果应当是相同的；第二，在混合成本本身的数额较少，前后期变动幅度较小，对企业影响十分有限的情况下，可以将其视为固定成本，以便简化分析过程。

任务实施

一、物流成本性态

成本性态也称为成本习性，是指成本总额与业务总量之间的依存关系。成本总额与业务总量之间的关系是客观存在的，而且具有一定的规律性。

在物流系统的生产经营活动中，发生的资源消耗与业务量之间的关系可以分为两类。一类是随着业务量的变化而变化的成本，例如材料的消耗、燃料消耗、工人的工资等。这类成本的特征是业务量高，成本的发生额也高，业务量低，成本的发生额也低，成本的发生额与业务量近似成正比关系。另一类是在一定的业务量范围内，与业务量的增减变化无关的成本，例如固定资产折旧费、管理部门的办公费等。这类成本的特征是在物流系统正常经营的条件下,这些成本是必定要发生的,而且在一定的业务量范围内基本保持稳定。这两类不同性质的成本,前者称为变动成本,后者称为固定成本。

二、物流系统本量利分析

本量利分析包括盈亏平衡分析和盈利条件下的本量利分析。我们知道,只有当物流系统所实现的边际贡献大于固定成本时才能实现利润,否则物流系统将会出现亏损。而当边际贡献正好等于固定成本总额时,物流系统不盈不亏。所谓盈亏平衡点,又称为保本点,是指企业或物流系统的经营规模(业务量)刚好使利润等于零,即出现不盈不亏的状况。盈亏平衡分析就是根据成本、营业收入、利润等因素之间的函数关系,预测企业或物流系统在怎样的情况下可以达到不盈不亏的状态。而盈利条件下的本量利分析主要考虑在特定利润要求情况下应达到的业务量,以及在一定业务量情况下企业或物流系统的利润以及安全边际情况。

本量利分析的应用十分广泛,它与物流经营分析相联系,可促使物流系统降低经营风险;与预测技术相结合,可进行物流系统保本预测,确定目标利润实现的最少业务量预测等;与决策融为一体,物流系统能据此进行作业决策、定价决策和投资不确定性分析;此外,它还可以应用于物流的全面预算、成本控制和责任会计。

(一)单项物流服务项目的本量利分析

单项物流服务项目的本量利分析也包括保本分析和盈利条件下的本量利分析。

单项物流服务项目保本点是指能使物流达到保本状态的单项业务量的总称,即在该业务量水平上,该项物流业务收入与变动成本之差刚好与固定成本持平。稍微增加一点业务量,就有盈利;反之,就会导致亏损发生。单项物流服务项目的保本点有两种表现形式:一是保本点业务量,一是保本点营业收入。它们都是标志达到收支平衡实现保本的物流业务量指标。保本点的确定就是计算保本点业务量和保本点营业收入额的过程。在物流多项作业条件下,虽然也可以按具体品种计算各自的保本业务量,但由于不同服务的业务量不能直接相加,因而往往只能确定它们总的保本点营业收入,而不能确定总保本点业务量。下面以汽车运输企业的运输业务为例来说明单项物流服务项目的本量利分析方法。

汽车运输企业的运输收入同运输成本的数量关系,不外乎以下三种情况:①运输收入>运输成本;②运输收入<运输成本;③运输收入=运输成本。在以上三种情况中,只有运输收入同运输成本相等时企业才处于不盈不亏状态,也就是盈亏平衡状态。因此盈亏平衡点就是企业的运输收入同汽车运输成本相等的点,在这一点以上就是盈利,在这一点以下就是亏损。

运输业务量越大,企业所实现的盈利就越多或亏损越少。运输企业保本点运输周转量的计算式如下:

$$\text{保本点运输周转量} = \frac{\text{固定成本总额}}{\text{单位运价} \times (1-\text{营业税率}) - \text{单位变动成本}}$$

其中,单位变动成本也可以用下面的公式计算:

$$单位变动成本 = \frac{车·千米变动成本}{载运系数} + 吨·千米变动成本$$

例如,某运输公司依据历史数据分析,确定单位变动成本为 150 元/(千吨·千米),固定成本总额为 20 万元,营业税率为 3%。本月预计货物周转量 5 000 千吨·千米,单位运价为 200 元/千吨·千米,请对该公司进行运输业务的本量利分析。

首先计算该公司的保本点运输周转量。依据本题条件可知,固定成本为 200 000 元,单位运价为 200 元,营业税率为 3%,单位变动成本为 150 元。则可以计算保本点货物运输周转量为:

$$保本点运输周转量 = \frac{固定成本额}{单位运价 \times (1 - 营业税率) - 单位变动成本}$$

保本点运输营业收入 = 保本点运输周转量 × 单位运价
$$= 4\ 545.45 \times 200/1\ 000 = 90.909(万元)$$

在本例中,如果单位变动成本为未知,但其车·千米变动成本为 0.2 元/车·千米,吨·千米变动成本为 0.05 元/吨·千米,载运系数为 2 吨,则其单位变动成本可以计算为:

$$单位变动成本 = \frac{0.2 \times 1\ 000}{2} + 0.05 \times 1\ 000 = 150$$

同样可以计算出其保本点运输周转量及保本点运输营业收入。同时,在这种情况下,也可以计算该运输公司的预计安全边际和安全边际率,以分析企业所面临的经营风险大小。安全边际和安全边际率的计算公式如下:

安全边际量 = 实际或预计业务量 − 保本点业务量
安全边际额 = 实际或预计营业收入额 − 保本点营业收入额

$$安全边际率 = \frac{安全边际量}{实际或预计营业收入}$$

在本例中,该公司的安全边际量为 5 000 − 4 545.45 = 454.55 千吨·千米,安全边际额为 100 − 90.909 = 9.091 万元,安全边际率为 9.09%。

安全边际量与安全边际率都是正指标,即越大越好。在欧美企业一般用安全边际率来评价物流经营的安全程度。表 3-2 列示了安全边际率与评价物流系统经营安全程度的一般标准。

表 3-2 物流系统经营安全性检验标准

安全边际率	10%以下	10%—20%	20%—30%	30%—40%	40%以上
安全程度	危险	值得注意	较安全	安全	很安全

企业或物流系统可以通过降低单位变动成本、降低固定成本、扩大业务量或提高价格等方式来提高安全边际率,降低经营风险。

盈亏平衡分析是比较特殊的本量利分析,它以利润为零、物流系统不盈不亏为前提条件。从现实的角度看,物流系统不但要保本,还要有盈利。因此,只有在考虑到盈利存在的条件下才能充分揭示成本、业务量和利润之间正常的关系。除了进行盈亏平衡分析之外,还可以进行有盈利条件下的本量利分析。

在既定单价和成本水平条件下,企业或物流系统为了实现一定目标利润,就需要达到一定的业务量或营业收入,这可以称为实现目标利润的业务量或营业收入,也可以成为保利点业务量或营业收入。保利点业务量和保利点营业收入的计算公式为:

$$保利点业务量 = \frac{固定成本总额 + 目标利润}{单位价格 - 单位变动成本} = \frac{固定成本总额 + 目标利润}{单位边际贡献}$$

$$保利点营业收入 = \frac{固定成本总额 + 目标利润}{边际贡献率}$$

如果考虑所得税因素,需要确定实现目标净利润条件下的业务量和营业收入,则上述公式可以演变为:

$$保利点业务量 = \frac{固定成本总额 + \frac{目标净利润}{1 - 所得税税率}}{单位价格 - 单位变动成本} = \frac{固定成本总额 + \frac{目标净利润}{1 - 所得税税率}}{单位边际贡献}$$

$$保利点营业收入 = \frac{固定成本总额 + \frac{目标净利润}{1 - 所得税税率}}{边际贡献率}$$

(二) 有关因素变动对本量利指标的影响

上述的本量利分析中,诸因素均是已知和固定的,但实际这种静态平衡是不可能维持长久的,当有关因素发生变动时,各项相关指标也会发生变化。掌握各因素和各指标之间的变化规律,对物流成本控制实践是很有帮助的。

1. 相关因素的变动对保本点和保利点的影响

如果其他因素保持不变,而单价单独变动时,会引起单位边际贡献或边际贡献率向相同方向变动,从而会改变保本点和保利点。当单价上涨时,会使单位边际贡献和边际贡献率上升,相应会降低保本点和保利点,使物流经营状况向好的方向发展;单价下降时,情况刚好相反。

单位变动成本单独变动,会引起单位边际贡献或边际贡献率向相反方向变动,因而影响到保本点和保利点。单位变动成本上升,会提高保本点和保利点,使物流经营状况向不利的方向发展;反之则相反。

固定成本单独变动,也会影响到保本点和保利点业务量。显然,固定成本增加会使保本点和保利点提高,使物流成本向不利方向发展;反之则相反。如果要求的目标利润单独变动,显然,目标利润的变动,只会影响到保利点,但不会改变保本点。

营业量的变动不会影响保本点和保利点的计算。

2. 相关因素变动对安全边际的影响

当单价单独变动时,由于单价变动会引起保本点向反方向变动,因而在营业业务量既定的条件下,会使安全边际向相同方向变化。

单位变动成本单独变动,会导致保本点向同方向变动,从而在营业业务量既定的条件下,会使安全边际向反方向变动。固定成本单独变动对安全边际的影响与之类似。预计营业量单独变动,会使安全边际向同方向变动。

3. 相关因素变动对利润的影响

单价的变动可通过改变营业收入而从正方向影响利润,单位变动成本的变动可通过改变变动成本总额而从反方向影响利润,固定成本的变动直接会从反方向改变利润,营业量的变动可通过改变边际贡献总额而从正方向影响利润。

上述关系是企业或物流系统进行利润敏感性分析的重要前提。

(三) 多项物流服务项目的本量利分析

一般来说,物流系统提供的物流服务项目往往不止一项,在这种情况下,由于每项物流服务的业务量计量单位都不同,给本量利分析带来了一定的困难。例如,仓储服务业务量的计量单位可能是托盘数、吨等,而运输服务业务量的计量单位可能为吨·千米。这种情况下的本量利分析可以从以下角度进行考虑。

首先,如果在物流成本的核算中可以按照不同的服务项目分别进行固定成本和变动成本的核算,那么就可以分别按照单项物流服务的本量利分析原理进行分析。

其次,如果物流系统提供的多种服务项目中,有一种是主要项目,它所提供的边际贡献占整个物流系统的边际贡献比例很大,而其他服务项目所提供的边际贡献很小或者发展余地不大,则也可以按照主要服务项目的有关资料进行本量利分析。

如果各种服务项目在物流系统中都占有一定的比重,且没有分项目进行物流成本的核算,根据前面的分析,可以知道无法进行保本点业务量和保利点业务量的计算,而只能计算保本点和保利点的营业收入。其计算公式分别为:

$$保本点营业收入 = \frac{固定成本总额}{综合边际贡献率}$$

$$保利点营业收入 = \frac{固定成本总额 + 目标利润}{综合边际贡献率}$$

$$安全边际率 = \frac{安全边际额}{实际或预计营业收入}$$

应当指出的是,在本量利分析的实际应用中,应该结合企业实际需求以及物流成本核算基础工作的完成情况,物流成本的核算是进行本量利分析的前提,离开了物流成本的核算,本量利分析就会成为一句空话。而结合实际需要进行本量利分析可以使该项工作发挥更大的效用。例如,如果物流企业针对大客户提供多项物流服务,则可以按照客户的不同进行本量利分析,这可以为物流企业的客户关系管理提供非常有用的信息。

三、物流成本日常控制的原则和内容

(一) 物流成本日常控制的原则

除了通过预算管理、本量利分析、责任中心管理等成本控制技术进行物流成本管理之外,在日常的物流运营过程中,也需要通过各种物流管理技术和方法的应用,来提高物流效率,达到物流成本降低的目的。物流成本的日常控制要遵循以下基本原则。

1. 成本控制与服务质量控制相结合的原则

物流成本控制的目的在于加强物流管理、促进物流合理化。物流是否合理,取决于两个

方面,一是对客户的服务质量水平,另一个是物流费用的水平。如果只重视物流成本的降低,有可能会影响到客户服务质量,这是行不通的。一般说来,提高服务质量水平与降低物流成本之间存在着一种"效益背反"的矛盾关系。也就是说,要想降低物流成本,物流服务质量水平就有可能会下降;反之,如要提高服务质量水平,物流成本又可能会上升。因此,在进行物流成本控制时,必须做好服务质量控制与物流成本控制的结合。要正确处理降低成本与提高质量的关系,从二者的最佳组合上,谋求物流效益的提高。

2. 局部控制与整体控制相结合的原则

这里所说的局部控制是指对某一物流功能或环节所耗成本的控制,而系统控制是指对全部物流成本的整体控制。物流成本控制最重要的原则,是对总成本进行控制。物流是整个系统的优化,这就要求将整个系统及各个辅助系统有机地结合起来进行整体控制。比如,航空运输比其他运输手段的运费高,但航空运输可以减少包装费,保管费几乎为零,而且没有时间上的损失。因此,从总成本的角度看,不应单看运输费用的削减与否。从一定意义上说,采用总成本控制比局部物流功能的成本控制更为合适。再比如,采取接受小批量订货、小批量发送的方针,交易额能够增加,销售费用也较便宜。但是,小批量会使发货次数增加,运输费用也会随之增加。因此,总成本的系统控制是物流现代化成败的决定性因素,物流成本控制应以降低物流总成本作为目标。

3. 全面控制和重点控制相结合的原则

物流系统是一个多环节、多领域、多功能所构成的全方位的开放系统。物流系统的这一特点也从根本上要求我们在进行成本控制时必须遵循全面控制的原则。

首先,无论产品设计、工艺准备、采购供应,还是生产制造、产品销售,抑或售后服务各项工作都会直接或间接地引起物流成本的升降变化。为此,要求对整个生产经营活动实施全过程的控制。其次,物流成本的发生直接受制于企业供、产、销各部门的工作,为此要求实施物流成本的全部门和全员控制。再次,物流成本是各物流功能成本所构成的统一整体,各功能成本的高低直接影响到物流总成本的升降。为此,还要求实施全功能的物流成本控制。最后,从构成物流成本的经济内容来看,物流成本主要由材料费、人工费、折旧费、委托物流费等因素所构成。为此,要求实施物流成本的全因素控制。

需要指出的是,强调物流成本的全面控制,并非要将影响成本升降的所有因素事无巨细、一律平等地控制起来,而应按照例外管理的原则,实施重点控制。

4. 经济控制与技术控制相结合的原则

这就是要求把物流成本日常控制系统与物流成本经济管理系统结合起来,进行物流成本的综合管理与控制。物流成本是一个经济范畴,实施物流成本管理,必须遵循经济规律,广泛地利用利息、奖金、定额、利润等经济范畴和责任结算、业绩考核等经济手段。同时,物流管理又是一项技术性很强的管理工作。要降低物流成本,必须从物流技术的改善和物流管理水平的提高上下工夫。通过物流作业的机械化和自动化,以及运输管理、库存管理、配送管理等技术的充分应用,来提高物流效率,降低物流成本。

5. 专业控制与全员控制相结合的原则

与物流成本形成有关的部门（单位）进行物流成本控制是必要的，这也是这些部门（单位）的基本职责之一。如运输部门对运输费用的控制，仓储部门对保管费用的控制，财会部门对所有费用的控制等。有了专业部门的物流成本控制，就能对物流成本的形成过程进行连续、全面的控制，这也是进行物流成本控制的一项必要工作。

有了全员的成本控制，形成严密的物流成本控制网络，从而可以有效地把握物流成本形成过程的各个环节和各个方面，厉行节约、杜绝浪费、降低物流成本，保证物流合理化措施的顺利进行。

（二）物流成本日常控制的内容

在实际工作中，物流成本的日常控制可以按照不同的对象进行。一般来说，物流成本的日常控制对象可以分为以下几种主要形式。

（1）以物流成本的形成过程为控制对象。即从物流系统（或企业）投资建立、产品设计（包括包装设计）、材料物资采购和存储、产品制成入库和销售，一直到售后服务，凡是发生物流成本费用的各个环节，都要通过各种物流技术和物流管理方法，实施有效的成本控制。

（2）以包装、运输、储存、装卸、配送等物流功能作为控制对象，也就是通过对构成物流活动的各项功能进行技术改善和有效管理，从而降低其所消耗的物流成本费用。

除了以上两种成本控制对象划分形式之外，物流系统还可以按照各责任中心（运输车队、装卸班组、仓库等）、各成本发生项目（人工费、水电气费、折旧费、利息费、委托物流费等）等进行日常的成本控制，而这些成本日常控制的方式往往是建立在前面所述的物流成本管理系统的各种方法基础上的，需要与物流成本的经济管理技术有效结合起来运用。

▶任务小结◀

本任务首先对物流成本性态的相关知识点作了简单介绍，随后重点介绍了物流系统本量利分析的计算方法，最后阐述了物流成本日常控制的原则和内容。

▶拓展提高◀

准时制库存概念

人们越来越重视准时制（JIT）库存管理制度，许多专家将这种管理制度称为"看板"管理。它是利用卡片作为传递作业指示的一种控制工具，使生产、存储的各个环节按照卡片作业的指示，相互协调一致地进行无缝配合，有效组织输入、输出物流，满足用户需要，从而使整个物流过程实现准时化和库存储备最小化，即所谓零库存。

准时制库存管理的主要优点：

（1）降低库存水平。随着库存存储费用的上升，减少库存就成为降低成本的重要方面，准时制管理由后续环节向上一个环节提出供需要求，这样，可以实现根据客户需求量来完成库存调度，从而实现零库存，大大地降低库存成本。

（2）强化质量控制。准时制管理要求所有的环节按照准时制要求提供服务，因此，准时制管理不仅局限在企业内部的管理上,还要求整个供应链上的所有供货商、服务商按照准时制要求及时提供产品和服务。准时制管理提高了对外部供应商的管理水平,加强了供应链的一体化,从而保证整个流程的质量,达到客户满意。

复习思考

1. 试举例比较传统物流管理与供应链物流管理的特点。
2. 简述供应链的特征。
3. 进行物流成本管理有何意义?
4. 企业降低物流成本有哪些途径?

相关实训

1. 要求:产品由4个以上的零部件所组成,其中有两个零部件至少有两个以上的供应商;一个客户至少有两个零售商进行选择;其中的一个零售商至少有两个制造商进行选择;有关物流运作需在两个第三方物流企业中进行选择,按供应链管理软件内容设计实验。

2. 目的:了解供应链管理思想。

3. 完成以下内容。

(1) 设计供应链。

(2) 供应链各个节点企业的运营内容。

(3) 建立合作伙伴关系。

(4) 供应链上的竞争机制。

(5) 物流业务。

(6) 团队合作精神。

项目四　商品运输与物流标准化

学习目标

了解运输在经济活动中的地位和不合理的运输现象；理解商品运输的概念、特征和作用；掌握各种运输方式的特点；了解标准与标准化的概念，掌握物流标准与标准化的概念；熟悉物流标准的种类与贯彻实施标准的程序；掌握物流标准化的内容和方法。

情景写实

小花的暑期旅行

小花家住上海市浦东新区，是上海市某中学的高三学生。为了鼓励小花积极备战高考，在高考前父母答应她，这个暑假爸妈会带着她，全家人一起从上海出发，去海南三亚旅游。但是在选择什么样的交通运输工具上，一家人各抒己见，出现了分歧。小花父亲认为坐飞机去，飞机快，服务好，节省时间；小花母亲认为一家人坐飞机太贵，不划算，坐火车又经济又实惠，还可以沿路欣赏风景；小花则认为，最好能坐轮船去，因为她从来没有坐过船，没有见过真正的大海，特别想感受一下大海的魅力，欣赏美丽的海上日出。正在他们讨论热烈的时候，小花的表哥来了，表哥是个旅游专家，去过好多地方，一听他们要去海南三亚旅游，直接建议他们组团自驾出游，因为这种方式比较机动、灵活、方便，随时可以停歇下来欣赏沿途美景，品尝当地美食文化，是现在外出旅游的新方式。听到表哥这样一说，小花有所心动，一家人的讨论更加热烈了！

思考：
1. 分析运输在人们生活中的地位和作用。
2. 比较哪种交通运输方式最为经济、合理。

分析要点

1. 运输的概念和社会地位。人们的生活离不开运输，运输是指人和物通过运力在空间的移动。

2. 不同交通运输工具的优缺点比较。虽然上述四种交通运输工具都可以把我们从上海带到海南三亚，但是选择哪种交通运输工具最经济、最合理，就要考虑不同交通运输工具的优点和缺点。我们按照不同的评价标准对上述的四种交通工具进行简单的比较和排列，结果如下：

按价格从高到低：飞机——汽车——火车——轮船；

按运输速度从快到慢：飞机——火车——汽车——轮船；

按运输量从大到小:轮船——火车——汽车——飞机;
按运输距离从远到近:轮船、飞机——火车——汽车;
受天气影响程度从大到小:轮船——飞机——汽车——火车;
运输灵活、机动度最大:汽车。

任务一　运输概述

任务介绍

整个物流过程的实现,则始终离不开商品运输这一核心环节。不论是企业的输入物流还是输出物流,或者流通领域的销售物流都必须依靠运输来实现商品的空间转移。可以这样说,没有运输就没有物流。

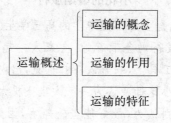

任务解析

了解运输、商品运输的含义;简述运输与搬运、配送的区别;理解运输在社会经济中的地位和作用;理解商品运输的特征。

相关知识

物　流　成　本

物流成本(Logistics Cost)是指物品在空间移动或时间占有中所耗费的各种活劳动和物化劳动的货币表现。具体来说,它是物品在实物运动过程中,如包装、装卸、运输、储存、流通加工等各个活动中所支出的人力、财力和物力的总和。物流成本主要包括运输成本、仓储成本、流通加工成本、包装成本、装卸与搬运成本和物流信息和管理费用等。其中运输成本主要包括人工费用,如运输人员工资、福利等;营运费用,如营运车辆燃料费、折旧、公路运输管理费等等;其他费用,如差旅费等。

任务实施

一、运输的概念

广义的运输是指人和物通过运力在空间的移动,其具体活动是人和物的载运及输送。物流领域的运输专指物品的载运及输送,是指通过各种运输手段(如火车、汽车、轮船、飞机等交通工具),在不同的地域范围内(如两个城市、两个工厂或两个物流结点之间),以改变"物品"的空间位置为目的,实现物流的空间效应。其具体活动中包括集货、分配、搬运、中转、装入、卸下、分散等一系列操作。它具有扩大市场,稳定价格,促进社会分工,扩大流通范围等社会经济功能;对发展经济、提高国民生活水平有着十分巨大的影响;现代的生产和消费,就是靠运输事业的发展来实现的。

商品运输是指商品借助于动力在地区之间的位置转移。它是生产过程在流通领域的继续,是商品流通过程中的一个重要环节,是商业企业联接生产和消费、联接城乡、联接购销、发挥桥梁和纽带作用的重要组成部分。组织商品运输应坚持"及时、准确、安全、经济"的原则,做到尽量缩短商品运转时间,及时满足市场供应的需要;防止差错事故;保持商品的完整无损;以最少的人力、物力、财力节约地完成运输任务。

二、运输的作用

(一)运输是物流的主要功能要素之一

按照物流的概念,物流是物品实体的物理性运动,它包含着物品的时间状态和空间状态的改变。运输是改变空间状态的主要手段,运输再配以搬运、配送等活动,就能圆满完成改变空间状态的全部任务。在现代物流观念未诞生之前,甚至就在今天,仍有不少人将运输等同于物流,其原因是物流中很大一部分责任是由运输承担的,运输是物流的主要功能之一。

(二)运输是社会物质生产的必要条件之一

运输是国民经济的基础和先行。马克思将运输称之为"第四个物质生产部门"是将运输看成是生产过程的继续,这个"继续"虽然以生产过程为前提,但如果没有它,生产过程则不能最后完成。所以虽然运输这种生产活动和一般生产活动不同,它不创造新的物质产品,不增加社会产品数量,不赋予产品以新的使用价值,而只变动其所在的空间位置,但这一变动则使生产能继续下去,使社会再生产不断推进,并且是一个价值不断增值的过程,所以将其看成一种物质生产部门。

运输作为社会物质生产的必要条件,主要表现在两方面:一是在生产过程中,运输是生产的直接组成部分,没有运输,生产内部的各环节就无法联接;二是在社会上,运输是生产过程的继续,这一活动联接生产与再生产、生产与消费的环节,联接国民经济各部门、各企业,联接着城乡,联接着不同国家和地区。

(三)运输可以创造"场所效用"

由于空间场所不同,同种"物"的使用价值的实现程度则不同。如在沿海地区很廉价的海产品,在内陆价格很高。由于改变场所而最大发挥使用价值,最大限度提高了产出投入比,这就称之为"场所效用"。通过运输,将物品运到场所效用最高的地方,就能发挥物品的潜力,实现资源的优化配置。从这个意义来讲,也相当于通过运输提高了物的使用价值。

(四)运输是"第三个利润源"的主要源泉

首先,运输是运动中的活动,它和静止的保管不同,它要靠大量的动力消耗才能实现。

运输承担大跨度空间转移任务,时间长、距离长、消耗也大。消耗的绝对数量大,其节约的潜力也就大。其次,从运费来看,它在物流总成本中占据最大的比例,一般综合分析计算社会物流费用,运输费在其中占接近50%的比例,有些产品运费高于产品的生产费,所以节约的潜力是非常大的。另外,由于运输总里程大,运输总量巨大,通过体制改革和运输合理化可大大缩短运输吨公里数,从而获得比较大的"利润"。

(五)合理的运输能降低物流费用,节约物流成本

运输费用是构成物流费用的主要组成部分,在物流费用中占着很大的比例。如表 4-1 反映了美国、加拿大公司 2001 年物流成本的构成情况:

表 4-1 美国、加拿大公司 2001 年物流成本构成情况

成本内容	美国公司(%)	加拿大公司(%)
客房服务/订单清关	8	8
仓储	25	25
运输	37	36
管理	9	8
库存搬运	21	23

从美国、加拿大公司 2001 年的物流成本构成情况来看,运输成本超过物流总成本的 1/3。因此,通过合理的组织运输,缩短运输里程,提高运输工具的运用效率,从而降低运输费用,进而达到降低物流费用,节约物流成本的目的。

(六)合理的运输能加快资金周转速度,降低资金占用时间

从宏观的角度讲,合理的运输能促使物流建设的加快,减少物品的库存量,加快资金的周转,节约资金的占用,从而提高了社会产品的使用效率,提高物流的经济效益和社会效益。

三、运输的特征

运输是一种特殊的物质生产活动,它具有很强的服务性。在社会再生产中的地位、运输生产过程和产品的属性等方面,运输和工农业生产相比,又有很大的差别。认真研究运输的基本特点,是物流规划、运输合理布局和运输决策的前提条件,在此基础上才能为实现物流管理目标提供最佳的运输服务。

(一)运输联系的广泛性

运输生产是一切经济部门生产过程的延续,通过各种运输方式,可以把原材料、燃料等送达生产地,又能把产品运往消费地,它贯穿于整个社会再生产过程。因而,运输和其他活动的联系要比生产活动更为广泛,它几乎和所有的生产经营活动都发生直接或间接的联系。运输线路是否畅通,对企业的连续生产,充分发挥生产资金的作用以及加速商品流通等方面,都具有极其重要的影响。

(二)运输不创造新的产品

在正常条件下,运输生产的产品只是货物在空间上的位移。其他生产活动是通过物理、

化学或生物作用过程,改变劳动对象的数量和质量,从而得到新的产品,以满足人们的需要。运输生产则与此不同,它虽然也创造价值,但不创造新的产品,它创造的是一种特殊的产品。它把价值追加到被运输的货物上,实现货物场所的变更。基于这一点,在满足运输需要的前提下考虑节省运输能力、降低运输成本,就具有极其重要的意义。

(三) 运输生产的非实体性

运输产品是看不见、摸不着的,和被运输的实体产品结合在一起的产品,它只是实现空间的位移。因此,运输产品的生产和消费是同一过程,它不能脱离生产过程而单独存在。也就是说,运输过程对从业者来说是生产过程,而对用户来说是对运输能力的消费过程。因此,运输的产品既不能储存,做到以丰补歉,又不能调拨,在地区间调剂余缺,只能通过调整运输能力来满足运量的波动和特殊的需要。

由于运输生产是在广大空间范围内进行的活动,各种运输线路和港站集散能力一旦形成,也就形成了该地区的运输能力。因此,对这种运输能力在地域上的布局应力求与货物的分布相适应。

另外,运输生产不需要原料,因而运输部门也就不需要原料储备和半成品、成品储备,与工业部门相比,在生产资金构成中,它的固定资产所占的比重较大,这就决定了运输部门的生产资金和运输成本具有特殊的构成,燃料费、折旧费在运输成本中占有很大的比重。因此,充分发挥运输设备及工具的作用,对降低运输成本和节省运输费用具有重要意义。

(四) 运输生产的连续性

运输生产是在一个固定的线路上完成的,它的空间范围极为广阔,好像是一个大的"露天工厂"。而且货物运输往往要由几种运输方式共同完成,而不像工农业生产那样在一定范围内即可完成其生产任务。因此,在物流规划中,如何保证运输生产的连续性以及根据运输需求,按地区和货流形成综合运输能力,具有重要意义。也正是由于这一特点,物流规划必须充分重视自然条件,运用有利因素,克服不利因素,提高物流活动中的运输效率和经济效益。

(五) 各种运输方式产品的同一性

各种运输方式虽然在线路、运输工具以及技术装备上各不相同,但生产的是同一种产品,即货物在空间上的位移,对社会具有同样的效用。而工农业生产各部门,由于生产工艺不同,产品规格有很大差别。产品的同一性是运输生产的又一特征。在物流规划中必须研究各种运输方式在运输网中的地位和作用,促使各种运输方式合理分工与综合利用,形成综合运输网。

(六) 各种运输方式之间的代替性较强

实现货物的位移,往往可采用不同的运输方式。由于各种运输方式下的同一个产品都产生相同的"位移",因此,某种运输方式都有可能被另一种运输方式所代替。这种运输需求在运输方式之间转移的可能性产生了各种运输方式之间一定的替代和竞争关系,而各生产部门以及它们内部相互之间的生产一般是不能代替的。例如,工业内部的冶金、机械不能代替纺织、食品加工等。运输方式的这种代替性,使得有可能通过调节不同运输方式的供求关系,使运量在各种运输方式之间合理分配,形成较为科学的综合运输体系。作为运输的需求者,可以根据货物运输的具体要求,合理选择适当的运输方式。当然,由于各种运输方式的经济、技术特征不同,在完成同一运输任务时的经济效益存在差异。所以,对运输生产者来说,应该在满足用户的运输需要的前提下,形成适应性较强的服务能力,以提高运输产品的竞争力。

任务小结

本任务主要介绍运输和商品运输的概念,分析运输与搬运、配送的区别,重点阐述运输在社会经济中的地位和作用,详细分析了商品运输的特征。

任务二 现代运输方式

任务介绍

通过学习各种交通运输工具,了解运输线路,我们就可以根据实际需要去选择利用不同的运输方式,降低运输成本,提高运输效益。

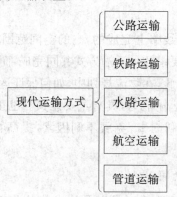

任务解析

了解各种运输方式的划分;熟悉各种运输方式的特征和优缺点;理解影响运输方式选择的因素;根据不同要求选择合理的运输方式;掌握各种运输方式的运输业务及应该注意的问题;知晓各种运输方式适合的运输范围。

相关知识

水 路 运 输

水路运输的营运方式主要是班轮运输(Liner Transport)与租船运输(Chartering Transport)。

班轮运输是指在固定的航线上,以既定的港口顺序,按照事先公布的船期表航行的水上运输方式。班轮运输的主要特点是"四固定一负责"。其中,"四固定",即是固定航线、固定港口、固定船期和相对固定的费率。"一负责"即是承运人负责装和卸,承托双方不计滞期费和速遣费;承运人对货物负责的时段是从货物装上船起,到货物卸下船止,即"船舷至船舷"(Rail to Reil)或"钩至钩"(Tackle to Tackle)。班轮运输适合于货流稳定、货种多、批量小、价值相对较高(工业、食品、工艺)的杂货运输。旅客运输一般采用班轮运输。

租船运输是指船东向承租人提供船舶的全部或者部分舱位装运约定货物(船舶租赁公司与轮船承运人)的一种运输方式。租船运输基本是按照货主要求或是按照"租船合同"来组织运输,因此其主要特点是"四不固定",即不定的航线、不定的船期、不定的港口和不定的运费率。租船运输主要适用于大宗货物运输,有关航线和港口、运输货物的种类以及航行的时间等,都按照承租人的要求,由船舶所有人确认。租船人与出租人之间的权利义务以双方签订的租船合同确定。

任务实施

根据不同的标准,可以将运输方式分成不同的类别。例如按运输线路及运输范围分类,可以将运输分为干线运输、支线运输、城市内运输和厂内运输;按照运输作用,可以将运输分为集货运输和配送运输;按照运输的协作程度,可以将运输分为一般运输、联合运输和多式联运等。但最常见的分类标准是,按照运输设备及运输工具的不同,可以将运输分为公路运输、铁路运输、水上运输、航空运输和管道运输等五种基本运输方式。下面就这五种最基本的运输方式进行详细解说。

一、公路运输

(一)公路运输的概念

公路运输(Highway Transportation)是指利用一定的载运工具(汽车、拖拉机、畜力车、人力车等)沿公路实现旅客或货物空间位移的过程。现代公路运输所用运输工具主要是汽车,因此,现代物流运输中的公路运输专指汽车运输。汽车运输主要承担短途客货运输。在地势崎岖、人烟稀少、铁路和水运不发达的边远和经济落后地区,也有使用其他车辆(如人、畜力车)在公路上进行货客运输的方式,此种情况下,公路为主要运输方式,起着运输干线作用。

(二)公路运输的特点

公路运输主要承担近距离、小批量的货运和水运、铁路运输难以到达地区的长途、大批量货运及铁路、水运优势难以发挥的短途运输。由于公路运输具有很强的灵活性,能提供更为灵活和多样的服务,多用于价高量小的货物的门对门服务,其经济里程一般在200公里以内。

1. 公路运输的优点

(1)公路运输可以实现"门到门"的直接运送,可靠性高,对产品损伤较少。由于汽车体积较小,中途一般也不需要换装,除了可沿分布较广的公路网运行外,还可离开公路网深入到工厂企业、农村田间、城市居民住宅等地,即可以把旅客和货物从始发地门口直接运送到目的地门口,实现"门到门"直达运输。这是其他运输方式无法与公路运输比拟的特点之一。

(2) 运送速度较快。在中、短途运输中,由于公路运输可以实现"门到门"直达运输,中途不需要倒运、转乘就可以直接将客货运达目的地,因此,与其他运输方式相比,其客货在途时间较短,运送速度较快。

(3) 汽车可以作为自行运输的工具,时间上的自由性大,机动性高。可以选择不同的行车路线,灵活制定营运时间表,所以服务便利,能提供门到门服务,市场覆盖率高。

(4) 原始投资少,资金周转速度快。因为运输企业不需要拥有公路,所以其固定成本很低,所需固定设施简单,车辆购置费用一般也比较低,因此,公路运输投资兴办容易,投资回收期短,经济效益高。据有关资料表明,在正常经营情况下,公路运输的投资每年可周转1～3次,而铁路运输则需要3～4年才能周转一次。

(5) 操作人员容易培训。与火车司机或飞机驾驶员的培训要求相比,汽车驾驶技术比较容易掌握,对驾驶员的各方面素质要求相对也比较低。

2. 公路运输的缺点

(1) 运输能力较小。受容积限制,使它不能像铁路运输一样运输大量不同品种和大件的货物。

(2) 持续性差。据有关统计资料表明,在各种现代运输方式中,公路的平均运距是最短的,运行持续性较差。

(3) 安全性低。据历史记载,自汽车诞生以来,已经吞吃掉3000多万人的生命,特别是20世纪90年代开始,死于汽车交通事故的人数急剧增加,平均每年达50多万。这个数字超过了艾滋病、战争和结核病人每年的死亡人数。

(4) 运输成本比铁路和水运成本相对较高。公路的建设和维修费经常是以税和收费的形式向承运人征收的。

(5) 运输能耗很高,劳动生产率低。环境污染比其他运输方式严重得多,汽车所排出的尾气和引起的噪声也严重威胁着人类的健康,是大城市环境污染的最大污染源之一。

(三) 公路运输的方式

1. 按货物托运批量大小的不同划分

按货物托运批量大小的不同可分为整车运输(Vehicle Logistics,VL)和零担运输(Less-Than-Carload Freight)。

整车运输是指托运人一次托运的货物在3吨(含3吨)以上,或虽不足3吨,但其性质、体积、形状需要一辆3吨以上的公路货物运输的形式。整车货运的货物通常有煤炭、粮食、木材、钢材、矿石、建筑材料等,这些一般都是大宗货物,货源的构成、流量、流向、装卸地点都比较稳定。凡托运方一次托运托运货物不足3吨者为零担运输。

零担运输非常适合商品流通中品种繁杂、量小批多、价高贵重、时间紧迫、到达站点分散等特殊情况下的运输,弥补了整车运输和其他运输方式在运输零星货物方面的不足,并便利了乘客旅行。但要注意零担运输货物的单件体积不得小于 0.01 立方米（单件重量超过 10 公斤的除外），不大于 1.5 立方米；单件重量不超过 200 千克；货物长度、宽度、高度分别不超过 3.5 米、1.5 米和 1.3 米；且每批货物的件数不得超过 300 件。

2. 按运送速度的不同划分

按运送速度的不同划分为一般货物运输、快件运输和特快专运。

一般货物运输即普通速度运输或称为慢运；快件货物运输的速度从货物受理当日 15 时起算，运距在 300 公里内的 24 小时运达，运距在 1000 公里内的 48 小时运达，运距在 2000 公里内的 72 小时运达；特快专运是指按托运人要求在约定时间内运达。

3. 按运送距离的不同划分

按运送距离的不同，可分为长途运输与短途运输。

公路运输按照交通部规定，运距在 25 公里以上为长途运输；25 公里及 25 公里以下为短途运输，各地根据具体情况都有不同的划分标准。

长途运输是在各种类型和不同等级的公路上进行的运输。与铁路货运相比较，长途公路运输具有迅速、简便、直达的特点；与短途公路运输比较，它具有运输距离长、周转时间长、行驶线路较固定等特点。短途公路货运则具有运输距离短、装卸次数多，车辆利用效率低；点多面广，时间要求紧迫；货物零星，种类复杂，数量忽多忽少等特点。

4. 按货物的性质及对运输条件的要求不同划分

按货物的性质及对运输条件的要求不同，可分为普通货物运输和特种货物运输。

普通货物运输是指被运输的货物本身的性质普通，在装卸、运送、保管过程中没有特殊要求。

特种货物运输是指在物流过程中需要采取特殊条件、设备和手段的物流过程。特种货物一般涉及危险货物、超大超重货物、贵重货物、鲜活易腐物品、骨灰和尸体、菌种和毒种、生物制品、动植物产品、枪械弹药、潮湿货等，因此特种货物一般需要以大型汽车或罐车、冷藏车、保温车等车辆运输，以保证货物的完整无损及安全运输。

5. 按运输的组织特征不同划分

按运输的组织特征不同，可分为集装化运输与联合运输（Combined Trasport）。

集装化运输也称为规格化运输，它是以集装单元作为运输单位，保证货物在整个运输过程中不致损失，而且便于使用机械装卸、搬运的一种货运形式。集装化运输最主要的形式是托盘运输和集装箱运输。集装化运输促进了各种运输方式之间的联合运输，构成了直达运输集装化的运输体系，它是一种有效的、快速的运送形式。

联合运输就是两个或两个以上的运输企业，根据同一运输计划，遵守共同的联运规章或签订的协议，使用共同的运输票据或通过代办业务，组织两种或两种以上的运输工具，相互接力，联合实现货物的全程运输。联合运输是按照社会化大生产客观要求组织运输的一种方法，用以谋求最佳经济效益，它对于充分发挥各种运输方式的优势，组织全程运输中各环节的协调配合，充分利用运输设备，加快车船周转，提高运输效率，缩短货物运达期限，简化托运手续，方便货主，提高社会经济效益，都有显著的实效。

（四）公路运输的适用范围

公路运输主要适用于以下作业：(1) 独立担负经济运距内的运输，主要是中短途运输（我国规定 25 公里以内为短途运输，200 公里以内为中途运输）。由于高速公路的兴建，汽车运输从短途逐渐形成短、中、远程运输并举的局面，将是一个不可逆转的趋势。(2) 补充和衔接其他运输方式。所谓的补充和衔接，即当其他运输方式担负主要运输时，由汽车担负起点和终点处的短途集散运输，完成其他运输方式到达不了的地区的运输任务。

二、铁路运输

（一）铁路运输的概念

铁路运输（Railway Transportation）是指利用铁路列车运送客货的一种运输方式。铁路运输是现代运输主要方式之一，也是构成陆上货物运输的两个基本运输方式之一。它主要承担长距离、大数量的货运，在没有水运条件地区，几乎所有大批量货物都是依靠铁路，是在干线运输中起主力运输作用的运输形式。

（二）铁路运输的特点

1. 铁路运输的优点

(1) 运输能力大。铁路运输能够承担巨大的运输量，铁路的一列货物列车一般能运送 3 000—5 000 吨货物，适合大批量低值商品的长距离运输，运输成本较低。

(2) 单车装载量大。加上有多种类型的车辆，使它几乎能承运任何商品，几乎可以不受重量和体积的限制。

(3) 车速较高。在实际运行中一般铁路时速为 80~150 公里，高速铁路运行时速可达 220~275 公里；平均车速在五种基本运输方式中排第二位，仅次于航空运输。

(4) 轨道运输，安全系数大，计划性强，在运输的准时性方面占有优势。

(5) 铁路运输受气候和自然条件影响较小，在运输的经常性方面占有优势。

(6) 全国铁路网四通八达，可满足远距离运输的需要。

(7) 铁路运输可以方便地实现驼背运输、集装箱运输及多式联运。

(8) 铁路运输环保节能，环境污染程度小。单位功率所能牵引的货物重量大约比汽车高 10 倍。铁路货运对空气和地面的污染低于公路及航空运输。

2. 铁路运输的缺点

(1) 固定成本很高。铁路运输基础设施建设投资较大，需要消耗大量钢材、木材等，修路、架桥、开凿隧道工程量较大，建设周期较长。

(2) 运输时间较长。在运输过程中需要有列车的编组、解体和中转改编等作业环节，占用时间较长，因而增加了货物的运输时间。

(3) 灵活性差。由于铁路车站固定，不能随处停车，只能在固定线路上实现运输。

(4) 铁路运输中的货损率比较高。由于装卸次数多，货物毁损或丢失事故通常比其他运输方式多。

(5) 不能实现"门到门"运输。通常需要依靠其他运输手段相配合和衔接，才能完成运输任务。

（三）铁路运输的方式

1. 按运输条件的不同划分

铁路货物运输按照运输条件的不同，分为按普通运输条件办理的货物运输和按特殊运输条件办理的货物运输两种。

普通货物运输是指在铁路运送过程中，按一般条件办理的货物，如煤、粮食、木材、钢材、矿建材料；按特殊条件运送的货物是指由于货物的性质、体积、状态等需要在运输过程中使用特别的车辆装运或需要采取特殊运输条件和措施，才能保证货物完整和行车安全的货物，如超长、超重、超限的货物、危险有毒的货物和鲜活易腐的货物等。

2. 按运输速度的不同划分

按照运输速度的不同分为按普通货物列车办理的货物运输、按快运货物列车办理的货物运输和按"班列"办理的货物运输三种。"五定班列"是指定点（装车站和卸车站固定）、定线（运输线固定）、定车次（班列车次固定）、定时（货物发到时间固定）、定价（全程运输价格固定）。"五定班列"办理整车、集装箱和零担（仅限一站直达）货物，但不办理水陆联运、军运后付、超限、限速运行货物和运输途中需加水或装运途中需加冰、加油的冷藏车的货物。

3. 按货物的装载形式不同划分

铁路运输按照货物的装载形式分为车皮运输和集装箱运输两种。

车皮运输是指租用适合货物数量和形状的车皮所进行的铁路运输方式。这种方式适合运送大宗货物，主要用来运送煤炭、水泥、石灰等无需承担高额运费的大宗货物。但车皮难以往返利用，运输效率较低，运费亏损集中，而且通常是经专用铁路通往收发货地点，需要有专用搬运机械。

铁路集装箱运输是铁路和公路联运的一种复合型直达运输，其特征是送货到门，可以由托运人的工厂或仓库直达收货人的工厂或仓库，适合于化工产品、食品、农产品等多种货物的运输。铁路集装箱，按箱型可分为：1吨箱、5吨箱、6吨箱、10吨箱、20英尺箱、40英尺箱。其中，20英尺以上的箱型称为大型集装箱。按箱主可分为：铁路集装箱、自备集装箱。按类型可分为：通用集装箱、专用集装箱。

（四）铁路运输的适用范围

针对铁路运输的上述特点，铁路运输一般适用于大宗低值货物的中、长距离（经济里程一般在200公里以上）运输；也比较适合散装货物（如煤炭、金属、矿石、谷物等）、罐装货物（如化工产品、石油产品等）的运输，还适用于大量货物的一次高效率运输。但是，铁路运输不适宜短距离货运，因为运费昂贵，也不适宜于紧急运输。

三、水路运输

（一）水路运输的概念

水上运输是指利用船舶、排筏和其他浮运工具，在江、河、湖泊、人工水道以及海洋上运送旅客和货物的一种运输方式。

（二）水路运输的特点

1. 水路运输的优点

（1）低成本。水路运输可以利用天然水道，线路投资少，且节省土地资源。

（2）大批量。船舶沿水道运行，可实现大吨位运输，降低运输成本。

（3）远距离。江、河、湖、海之间相互贯通，沿水道可以实现长距离运输。

2. 水路运输的缺点

（1）船舶平均航速较低。

（2）船舶航行受港口、水位、季节、气候条件影响较大，如在冬季存在断航之虞。断航将使水运用户的存货成本上升，这决定了水运主要承载低值商品。

（3）可达性较差。如果托运人或收货人不在航道上，就要依靠汽车或铁路运输进行转运。

（4）同其他运输方式相比，水运（尤其海洋运输）对货物的载运和搬运有更高的要求。

（三）水路运输的方式

水路运输包括内河运输、海上运输。

内河运输是指使用船舶在陆地内的江、河、湖、川等水道进行运输的一种方式，主要使用中、小型船舶。

海上运输，简称海运，是指使用船舶通过海上航道在不同国家和地区的港口之间运送货物和旅客的一种运输方式，它在国际货物运输中使用最广泛。目前，国际贸易总运量中的2/3以上，中国进出口货运总量的约90%都是利用海上运输。由于海上运输利用天然海洋通道，船舶吨位一般不受限制，具有运量大、成本低等优点；但海运受地理条件限制，有时也受季节影响。

海上运输又可分为沿海运输、近海运输和远洋运输三种形式。

（1）沿海运输。它是指使用船舶通过大陆附近沿海航道运送客货的一种方式，一般使用中、小型船舶。

（2）近海运输。它是指使用船舶通过大陆邻近国家海上航道运送客货的一种运输形式，视航程可使用中型船舶，也可使用小型船舶。

（3）远洋运输。它是指使用船舶跨大洋的长途运输形式，主要依靠运量大的大型船舶。

（四）水路运输的适用范围

根据水上运输的特点，水路运输主要适用于大批量、低成本、廉价货物的长距离运输，是在干线运输中起主力作用的运输形式。因此，水路运输的主要功能是：（1）承担大批量货物，特别是散装货物的运输；（2）承担原料、半成品等低价货物运输，如建材、石油、煤炭、矿石、粮食等；（3）承担国际贸易运输，系国际商品贸易的主要运输工具之一。在内河及沿海，水运也常作为小型运输工具使用，担任补充及衔接大批量干线运输的任务。

四、航空运输

(一) 航空运输的概念

航空运输简称空运,是使用飞机或其他航空器进行客货运输的一种方式。航空货物运输的运价要远远高于其他运输手段,因此,在过去除了紧急或特殊场合外,一般都不使用飞机运送货物。但是,现今航空货物运输已经在商业上普遍使用,在发达国家,甚至来自一般家庭的礼品赠送、搬家等也开始使用航空运输。

(二) 航空运输的特点

1. 航空运输的优点

(1) 运送速度快。

(2) 机动性大,不受地形的限制。

(3) 对货物的包装要求较低。

(4) 运送的货物破损少。

(5) 运输途中舒适、安全。

(6) 适用于运费承担能力大的商品和需要中、长距离运输的商品。

2. 航空运输的缺点

(1) 运输费用偏高。

(2) 受重量限制,运载能力小。

(3) 可达性差。

(4) 受气候条件限制比较大等。

(三) 航空运输的方式

1. 班机运输

所谓班机运输是指在固定航线上定期航行的航班。班机运输一般有固定的始发站、到达站和经停站。按照业务对象的不同,班机运输可分为客运航班和货运航班。

2. 包机运输

由于班机运输形式下货物舱位有限,因此当货物批量较大时,包机运输就成为重要方式。分段包机运输通常可分为整机包机和部分包机。所谓整机包机是指航空公司或包机代理公司按照合同中双方事先约定的条件和运价将整架飞机租给租机人(类似远洋运输中的航次租船),从一个或几个航空港装运货物至指定目的地的运输方式。部分包机则是指由几家航空货运代理公司或发货人联合包租一架飞机,或者是由包机公司把一架飞机的舱位分别卖给几家航空货运代理公司的货物运输形式。

3. 集中托运

集中托运是指集中托运人(Consolidator)将若干批单独发运的货物组成一整批,向航空公司办理托运,采用一份航空总运单(Master Airway Bill)集中发运到同一目的站,由集中托运人在目的地指定的代理收货,再根据集中托运人签发的航空分运单(House Airway Bill)分拨给各实际收货人的运输方式,也是航空货物运输中开展最为普遍的一种运输方式,是航空货运代理的主要业务之一。

集中托运的优势主要有：(1) 由于航空运费的费率随托运货物数量增加而降低，所以当集中托运人将若干个小批量货物组成一大批出运时，能够争取到更为低廉的费率。(2) 集中托运人的专业性服务也会使托运人受益，这包括完善的地面服务网络，拓宽了的服务项目，以及更高的服务质量。(3) 因为航空公司的主运单与集中托运人的分运单效力相同，集中托运形式下托运人结汇的时间提前，资金的周转加快。

集中托运的局限性主要表现在：(1) 贵重物品、活动物、危险品、外交信袋等，根据航空公司的规定不得采用集中托运的形式。(2) 由于集中托运的情况下，货物的出运时间不能确定，所以不适合易腐烂变质的货物、紧急货物或其他对时间要求高的货物的运输。(3) 对于能够享受航空公司特种货物运价和等级货物运价的部分货物来讲，采用集中托运的方式不仅不能够享受到运费的节省，而且有可能导致托运人的负担加重。

4. 航空快递

所谓航空快递是指具有独立法人资格的企业将进出境的货物或物品从发件人所在地通过自身或代理的网络运达收件人的一种快速运输方式。航空快递的主要业务形式有：(1) 门/桌到门/桌(Door/Desk to Door/Desk)。(2) 门/桌到机场(Door/Desk to Airport)。

航空快递的主要特点有：(1) 收件的范围不同。航空快递的收件范围主要有文件和包裹两大类。其中文件主要是指商业文件和各种印刷品，对于包裹一般要求毛重不超过 32 公斤（含 32 公斤）或外包装单边不超过 102 厘米，三边相加不超过 175 厘米。(2) 经营者不同。经营国际航空快递的大多为跨国公司，这些公司以独资或合资的形式将业务深入世界各地，建立起全球网络。航空快件的传送基本都是在跨国公司内部完成。而国际邮政业务则通过万国邮政联盟的形式在世界上大多数国家的邮政机构之间取得合作，邮件通过两个以上国家邮政当局的合作完成传送。(3) 经营者内部的组织形式不同。邮政运输的传统操作理论是接力式传送。航空快递公司则大多都采用中心分拨理论或称转盘分拨理论组织起全球的网络。(4) 使用的单据不同。航空货运使用的是航空运单，邮政使用的是包裹单，航空快递业也有自己的独特的运输单据——交付凭证。(5) 航空快递的服务质量更高。

（四）航空运输的适用范围

航空运输的速度快、效率高，因此，航空运输已成为国际运输的重要工具。航空运输主要适合运载的货物一般有两类：一类是高附加值、低重量、小体积的物品运输，如贵重设备的零部件、高档产品等；另一类是紧急需要的物资，如救灾抢险物资等。另外，在火车、汽车都达不到的地区也可依靠航空运输，因而航空运输在社会经济生活中有着极其重要的作用。

五、管道运输

（一）管道运输的概念

管道运输(Pipeline Transport)是利用管道输送气体、液体和粉状固体的一种运输方式。其运输形式是靠物体在管道内顺着压力方向循序移动实现的，和其他运输方式重要区别在于，管道设备是静止不动的。

项目四 商品运输与物流标准化

(二)管道运输的特点

管道运输由于采用密封设备,在运输过程中可避免散失、丢失等损失,也不存在其他运输设备本身在运输过程中消耗动力所形成的无效运输问题。因此,管道运输的主要优点有:(1) 运输量大,运输快捷,效率高;(2) 占地少、建设周期短、费用低;(3) 不受气候影响,运行稳定性强;(4) 耗能少,成本低,便于运行控制;(5) 安全可靠、连续性强;(6) 管道运输有利于环境保护。

但是管道运输也有其缺点,如灵活性差,承运的货物种类比较单一等。管道运输不如其他运输方式(如汽车运输)灵活,除承运的货物比较单一外,它也不容随便扩展管线,实现"门到门"的运输服务。对一般用户来说,管道运输常常要与铁路运输或汽车运输、水路运输配合才能完成全程输送。此外,若运输量出现明显不足时,运输成本会显著地增大。

(三)管道运输的方式

管道运输是随着石油的生产而产生和发展的一种特殊的运输方式,它是运输通道和运输工具合二为一的一种专门运输方式。现代管道不仅可以输送原油、各种石油成品、化学品、天然气等液体和气体物品,而且可以输送矿砂、碎煤浆等。因此,管道运输按照运输对象可划分为原油管道运输、成品油管道运输、天然气管道运输以及煤浆管道运输等。

(四)管道运输的适用范围

根据管道运输的特点,管道运输主要担负单向、定点、量大且连续不断的流体状货物的运输。

▶任务小结

本任务主要介绍了常见的5种运输方式,即公路运输、铁路运输、水路运输、航空运输和管道运输。通过介绍每种运输方式的概念、特点、运输形式和适用范围,使我们对这5种运输方式有了简单的认知。为了便于大家真正掌握各种运输方式的特点,下面列表对常见的五种运输方式从各个方面进行了简单的比较,如表4-2所示。

表4-2 5种运输方式的比较

运输方式	效率	运价	运量	运距	受气候影响
公路运输	灵活、较快,可做门到门服务	比水路和铁路运价高	比水路、铁路和管道运输运量小	最适合于短距离运输	一般
铁路运输	时间较快有保障	比水路运价高,比公路和航空运价低	运量较大	适合于中长距离运输	一般
水路运输	时间慢,很难做到门到门服务	十分便宜	运量大	最适合于长距离,如远洋运输	较大
航空运输	时间最快	高	运量小	适合于长中短距离	很大
管道运输	较高	便宜	运量大	最适合于长中距离	不大

任务三 运输决策

任务介绍

通过学习各种交通运输工具,了解运输线路,我们就可以根据实际需要去选择利用不同的运输方式,降低运输成本,提高运输效益。

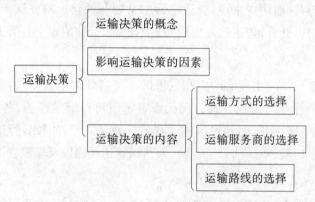

任务解析

了解运输决策的概念;熟悉运输决策的内容;掌握运输决策的技巧;掌握影响运输决策的因素。

相关知识

不合理运输

不合理运输是指在现有条件下可以达到的运输水平而未达到,从而造成了运力浪费、运输时间增加、运费超支等问题的运输形式。目前,我国存在的主要不合理运输形式有:①空驶运输,即返程或起程的空车行驶;②对流运输或相向运输;③迂回运输,舍近求远的一种运输;④倒流运输;⑤重复运输;⑥过远运输;⑦运力选择不当,常见的形式有:弃水走陆、铁路及大型船舶的过近运输、运输工具承载能力选择不当等;⑧托运方式选择不当。

任务实施

一、运输决策的概念

运输决策是物流管理体系中的最基本决策,主要包含运输路线、配送频率、配载量等决策。企业参与运输决策对于物流成本的控制、运输效率的高低都有重要的影响,有效的运输决策往往能提高企业效益,也能在最短时间完成客户需要的服务。因此,不管什么类型的企业,无论企业规模的大小,其运输决策的出发点都是为了企业最大限度地"节流"和"开源"服务的,而运输决策也必将在企业运营中扮演着越来越重要的角色。

二、影响运输决策的主要因素

运输决策在物流决策中具有十分重要的地位,因为运输成本要占物流总成本的35%~50%,对许多商品来说,运输成本要占商品价格的4%~10%,也就是说,运输成本占物流总成本的比重比其他物流活动都大。因此,在进行运输决策时,需要综合考虑以下各方面的因素。

(一)运输成本

这包括为将货物从生产者手中运送到零售商手中而向不同承运人支付的总费用。这项成本主要取决于不同的承运人的报价,以及托运人选择的运输方式,即选择廉价但较慢的运输方式,还是选择高价但较快的运输方式。当承运人独立于托运人时,运输成本就是可变的。

(二)库存成本

这是指在托运人的供应链网络中保管库存货物所耗费的成本。库存成本在短期运输决策中是不变的,而在设计运输网络或制定运营策略时,这项成本则是变化的。

(三)设施成本

这是指托运人供应链网络中的各种设施的成本。设施成本只有供应链管理者在做出战略规划决策时才是可变的,而在进行其他运输决策时均被视为固定的。

(四)作业成本

这是进行货物装卸及其他与运输相关的作业所带来的成本。在所有的运输决策中,此项成本都被视为可变的。

(五)服务水平成本

这是在没有完成货物运送义务时所承担的费用。在某些情况下,这项费用可能在合同中详细列明,而在其他情况中,则表现为客户的满意程度。在进行战略规划和运营决策时都应当考虑此项成本。

(六)所需交货日期

当采购商选择运输方式时,所需交货日期是最重要的影响因素,它的作用是第二位影响因素——运输服务成本作用的两倍。

三、运输决策的内容

运输决策在物流决策中具有十分重要的地位,因此,运输决策的范围很广,其主要内容是运输方式的选择,运输服务商的选择,运输路线的选择,运输计划的编制及运输能力配备等问题。

(一)运输方式的选择

一个现代化的综合运输体系是由五种运输方式以及各种相应的配套设施组成的,这五种运输方式是:铁路运输、公路运输、水路运输、航空运输及管道运输。其中,管道运输是由上世纪五十年代石油大量开采并成为世界主要能源后发展起来的一种运输方式,主要用于运输石油、天然气。

在商品生产的市场经济体制下,各种运输方式之间不可避免地进行着激烈的竞争。因此,在进行运输方式选择的过程中,不仅要考虑各种运输方式本身固有的技术经济特征及相应的竞争优势,还要考虑各种运输方式之间的合理分工与协调,更重要的是对各种影响运输方式选择的因素进行认真分析,主要表现在运输量、距离、空间位置、运输速度等方面。企业可根据对送货速度、频率、可靠性、运载能力和运输成本的考虑以及不同运输方式的可用性做出选择。

1. 各种运输方式的技术经济特征

各种运输方式的技术经济特征主要包括运输速度、运输工具的容量及线路的运输能力、运输成本、经济里程、环境保护。如表4-3则是各种运输方式技术经济特征的比较。

表4-3 各种运输方式的技术经济特征

运输方式	技术经济特征	运输对象
铁路	初始投资大,运输容量大,成本低廉,占用的土地多,连续性强,可靠性好	适合大宗货物、杂货等的中长途运输
公路	机动灵活,适应性强,短途运输速度快,能源消耗大,成本高,空气污染严重,占用的土地多	适合于短途、零担运输,门到门的运输
水路	运输能力大,成本低廉,速度慢,连续性差,能源消耗及土地占用都较少	适合于中长途大宗货物运输,海运,国际货物运输
航空	速度快,成本高,空气和噪声污染重	中长途及贵重货物运输,保鲜货物运输
管道	运输能力大,占用土地少,成本低廉,连续输送	适合于长期稳定的流体、气体及浆化固体物运输

(1) 运输速度

决定各种运输方式运输速度的一个主要因素是各种运输方式载体能达到的最高技术速度。运输载体的最高技术速度一般受到载体运动的阻力、载体的推动技术、载体材料对速度的承受能力以及与环境有关的可操纵性等因素的制约。各种运输方式由于经济原因而采用的技术速度一般要低于最高技术速度,尤其是水路运输方面,船舶一般都是采用经济航速营运的。

目前,我国各种运输方式的技术速度分别是:铁路80～160公里/小时,海运10～25节,河运8～20公里/小时,公路80～120公里/小时,航空900～1000公里/小时。就运输速度而言,航空速度最快,铁路次之,水路最慢。但在短距离的运输中,公路运输具有灵活、快捷、方便的绝对优势。

(2) 运输工具的容量及线路的运输能力

由于技术及经济的原因,各种运输方式的运载工具都有其适当的容量范围,从而决定了运输线路的运输能力。公路运输由于道路的制约,其运载工具的容量最小,通常载重量是5—10吨。我国一般铁路的载重量是3000吨。水路运输的载重能力最大,从几千吨到几十万吨的船舶都有。

(3) 运输成本

物流运输成本主要由四项内容构成:基础设施成本,转运设备成本,营运成本和作业成本。以上四项成本在各种运输方式之间存在较大的差异。铁路方面基础设施及运转设备方面的成本比重较大。评价各种运输方式的成本水平要考察多种因素。

(4) 经济里程

运输的经济性与运输距离有紧密的关系。不同的运输方式的运输距离与成本之间的关系有一定的差异。如铁路的运输距离增加的幅度要大于成本上升的幅度,而公路则相反。从国际惯例来看,300公里以内被称为短距离运输,该距离内的客货量应该尽量分流给公路运输。一般认为,运输在300公里内主要选择公路运输,300~500公里内主要选择铁路运输,500公里以上则选择水路运输。

(5) 环境保护

运输业是污染环境的主要产业部门,运输业产生环境污染的原因主要来自于运输工具的空间位置的移动、交通设施的建设和载运的客体。

2. 各种运输方式的合理分工与协调

(1) 货物流向及流量和运输路线的协调

在考虑运输方式分工时,首先必须研究国民经济对运输需求的总运量同运输通道上总运输能力是否协调。其次,要研究具体货物的流向及流量同运输方式及运输路径是否协调。最后,对运输网络通道上能承担运量的不同运输方式应该进行技术经济比较,既要对几种可能承担的运输方式从适应需要方向进行比较,又要从不同运输方式的物资消耗及建设投资、营运费用、货物在途时间及损耗方面进行比较。

(2) 各种运输方式设备能力的协调

每种运输方式都有自己的设备特色,如铁路有编组站、线路、机车、车辆、通信设备等,水运有港口、船舶、装卸设备、堆场、仓库等。这些设备除了内部协同合作外,还要保证不同的运输方式之间的设备最大可能的协调。

(3) 各种运输方式组织工作的协调

不同的运输方式,运输组织工作是不同的。运输组织工作对运输分工和运输方式选择有很大的影响。两种或者两种以上的运输工具(方式)联合完成全程运输任务时,要加强组织工作。如多式联运中各种运输方式的合理协调就非常重要。

(4) 运价和运输费用的协调

运价和运输费用对货主选择运输方式方面占有很重要的地位。当各种运输方式的运输能力都能够满足需求时,货主将从本身需要出发,如从运输速度、安全、方便、及时、运价和运输费用等方面综合考虑选择何种运输方式承运。

3. 各种影响运输方式选择的因素分析

在各种运输方式中,如何选择适当的运输方式是物流合理化的重要问题。一般来讲,应根据物流系统要求的服务水平和可以接受的物流成本来决定,可以选择一种运输方式也可以选择使用联运的方式。决定运输方式,可以在考虑具体条件的基础上,对下列五要素作认真分析。

(1) 货物品种。关于货物品种及性质、形状,应在包装项目中加以说明,选择适合这些货物特性和形状的运输方式。

(2) 运输期限。运输期限必须与交货日期相联系,保证及时运输。必须调查各种运输工具需要的运输时间,根据运输时间来选择运输工具。运输时间的快慢顺序一般情况下依次为航空运输、汽车运输、铁路运输、船舶运输。

(3) 运输成本。运输成本因货物的种类、重量、容积、运距不同而不同。而且,运输工具不同,运输成本也会发生变化。在考虑运输成本时,必须考虑运输费用与其他物流子系统之间存在着互为利弊的关系,不能单从运输费用出发来决定运输方式,而要从全部的总成本出发来考虑。

(4) 运输距离。从运输距离看,一般情况下可以依照以下原则:300 公里以内用汽车运输;300~500 公里的范围内用铁路运输;500 公里以上用船舶运输。

(5) 运输批量。因为大批量运输成本低,应尽可能使商品集中到最终消费者附近,选择合适的运输工具进行运输是降低成本的好方法。

因为各种运输方式和运输工具都有各自的特点,而不同特性的物资对运输的要求也不一样,所以要制定一个选择运输方式的统一标准是很困难的,也没有必要这样做。但是,根据物流运输的总目标,确定一个带有普遍性的原则是可以的。在选择运输方式时,保证运输的安全性是选择的首要条件,它包括人身、设备和被运货物的安全等。为了保证被运输货物的安全,首先应了解被运物资的特性,如重量、体积、贵重程度、内部结构及其他物理化学特性(易燃、易碎、危险性),然后选择安全可靠的运输方式。其次,物资运输的在途时间和到货的准时性是衡量运输效果的一个重要指标。运输时间的长短和到货的准确性不仅决定着物资周转的快慢,而且对社会再生产的顺利进行影响较大,由于运输不及时,有时会给国民经济造成巨大的损失。最后,运输费用是衡量运输效果的综合标准,也是影响物流系统经济效益的主要因素。一般说来,运输费用和运输时间是一对矛盾体,速度快的运输方式一般费用较高,与此相反,运输费用低的运输方式速度较慢。

综上所述,选择运输方式时,通常是在保证运输安全的前提下在衡量运输时间和运输费用,当到货时间得到满足时再考虑费用低的运输方式。当然,计算运输费用不能单凭运输单价的高低,而应对运输过程中发生的各种费用以及对其他环节费用的影响进行综合分析。在选择运输方式时,不能仅从费用考虑,还应该考虑到发送方式。不同的发送方式不仅运输费用相差较大,而且运输的安全程度和在途的时间差别也很大。如铁路运输有整列、成组、整车、零担、包裹等发送方式,成组、整车运输由于配车编组,在途停滞时间长,而零担、包裹运输费用则较高。

(二) 运输服务商的选择

只要运输业没有垄断存在,对于同一种运输方式,托运人或货主就有机会面临不同的运输服务商,而托运人或货主甚至是供应商在确定运输方式后,就需要对选择哪个具体的运输服务商作出决策。当然,不同的客户会有不同的决策标准和偏好,但总体而言,可以从以下几个角度来考虑。

1. 服务质量比较法

客户在付出同等运费的情况下,总是希望得到好的服务,因此,服务质量往往成为客户选择不同运输服务商的首要标准。评价服务质量,主要考虑以下几个因素:

(1) 运输质量

运输所体现的价值是把货物从一个地方运送到另一个地方,完成地理上的位移,而无需对货物本身进行任何加工。但如果运输保管不当,就会对货物的质量产生影响。因此,客户在选择运输服务商时会将其运输质量作为一个重要的因素来考虑。

以海运为例,客户通常从这几个方面来考虑:

①该航运公司提供的运输工具状况,如船舶的船龄、船舶状态、集装箱新旧程度等。

②该公司所雇佣的装卸公司的服务质量。货物在装卸过程中是比较容易造成货损货差的,因此装卸工人的服务质量会直接影响到货物的运输质量。

③该公司所雇佣的船员的经验及工作责任心。船员丰富的经验及高超的船艺是保证货物安全运输的首要条件,而这可由该公司的安全航行率来反映,船员除了完成航行任务外,还承担着照料货物的责任,因此从船员在货物到船舱后的绑扎,航行途中根据货物的性质和运输要求进行通风或温度控制,到卸货时的照料都影响着货物的运输质量。

④该公司的货物运输控制流程,良好的运输控制流程将保证货物及时准确的发运、转运和卸载,减少货物的灭失、错卸、短卸和溢卸以及错误交付等,从而保证运输质量。

(2) 服务理念

随着各服务商运输质量的提高,客户对运输服务的要求也越来越高,于是客户在选择不同的运输服务商时还会考虑其其他的服务理念,如:

①运输的准班率。较高的准班率可以方便客户对货物的库存和发运进行控制,也为安排其接运等提供了便利。

②航班的时间间隔、船舶的发船密度、铁路运输的发车间隔等,合理的间隔将方便客户选择托运的时间及发货的密度等。

③单证的准确率。

④信息查询的方便程度。如价格查询、航班查询以及货物跟踪等服务。

⑤货运纠纷的处理。无论服务商如何提高运输质量,改进服务水平,但货运纠纷难免会发生,发生后如何及时圆满地处理是客户所关心的。

由于运输技术及运输工具的发展,目前各运输服务商之间的运输质量差异正在缩小,而为了吸引客户,服务商不断更新服务理念,以求与其他服务商有服务差异,为客户提供高附加值的服务,从而稳定自己的市场份额,增强竞争力。这也就为客户选择不同的服务商提供了更多空间,客户可以根据自己的需求确定选择目标。

2. 运输价格比较法

各运输服务商为了稳定自己的市场份额,都会努力提高服务质量,而随着竞争的日趋激烈,对于某些货物来说不同的运输服务商所提供的服务质量已近乎相同,因此运价很容易成为各服务商的最后竞争手段。于是客户在选择时,如面对几乎相同的服务质量,或有些客户对服务质量要求不高时,运输价格成为了另一个重要的决策准则。

3. 综合选择法

当然会有更多的客户在选择运输服务商时会同时考虑多种因素,如同时考虑服务质量和运输价格,以及服务商的品牌、服务商的经济实力、服务商的服务网点数量等。如果用公式来表示,则如下:

$S = K_1 Q + K_2 P + K_3 B + K_4 C + K_5 N + \cdots + K_n O$

其中:S——综合因素;K_n——不同因素的权数,$n=1, 2, 3, \cdots$

Q——服务质量;P——运输价格;B——运输服务商的品牌;

C——运输服务商的总资产状况;N——运输服务商的网点数;

O——其他因素。

客户则可以根据自己的需要,调整不同因素的权数,然后作出决策。

(三)运输路线的选择

运输路线的选择影响到运输设备和人员的利用,关系着物资能否及时运到指定地点,正确地确定合理的运输路线可以降低运输成本,提高运输效果。因此,运输路线的确定是运输决策的一个重要领域。选择运输路线的原则为:一是应保证把货物运抵顾客处的时间最短;二是应能减少总的运输里程;三是应首先保证重要用户得到较好的服务。具体确定运输路线时常常运用线性规划等数学方法。下面就介绍几种常见的运输路线选择问题。

1. 最短路线问题

对分离的、单个始发点和终点的网络运输路线选择问题,最简单和直观的方法是最短路线法。网络由节点和线组成,点与点之间由线连接,线代表点与点之间运行的成本(距离、时间或时间和距离加权的组合)。初始,除始发点外,所有节点都被认为是未解的,即均未确定是否在选定的运输路线上。始发点作为已解的点,计算从原点开始。计算方法是:

(1)第 n 次迭代的目标。寻求第 n 次最近始发点的节点,重复 $n=1, 2, \cdots$,直到最近的节点是终点为止。

(2)第 n 次迭代的输入值。$n-1$ 个最近始发点的节点是由以前的迭代根据离始发点最短路线和距离计算而得的。这些节点以及始发点称为已解的节点,其余的节点是尚未解的点。

(3)第 n 个最近节点的候选点。每个已解的节点由线路分支通向一个或多个尚未解的节点,这些未解的节点中有一个以最短路线分支连接的是候选点。

(4)第 n 个最近的节点的计算。将每个已解节点及其候选点之间的距离和从始发点到该已解节点之间的距离加起来,总距离最短的候选点即是第 n 个最近的节点。也就是始发点到达该点最短距离的路径。

尽管以上过程看起来有些复杂,但举个例子就可以具体说明是怎样计算的。

2. 起讫点重合问题

物流管理人员经常遇到的一个路线选择问题是始发点就是终点的路线选择。这类问题通常在运输工具是私人所有的情况下发生的。例如,配送车辆从仓库送货至零售点,然后返回仓库,再重新装货;当地的配送车辆从零售店送货至顾客,再返回;接送孩子上学的学校巴士的运行路线;送报车辆的运行路线;垃圾收集车辆的运行路线等。这类问题求解的目标是寻求访问各点的次序,以求运行时间或距离的最小化。始发点和终点相合的路线选择问题通常被称为"旅行推销员"问题,对这类问题应用经验试探法比较有效。

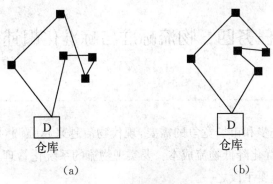

图 4-1 运输路线示意图

经验告诉我们,当运行线路不发生交叉时,经过各停留点的次序是合理的,同时,如有可能应尽量使运行路线形成泪滴状。图 4-1 所示是通过各点的运行路线示意图,其中图4-1(a)是不合理的运行路线,4-2(b)是合理的运行路线。根据上述两项原则,物流人员可以很快画出一张线路图,而如用电子计算机计算反而需要花费好几个小时。当然如果点与点之间的空间关系并不真正代表其运行时间或距离(如有路障,单行道路,交通拥挤等),则使用电子计算机寻求路线上的停留点的合理次序更为方便。

3. 产销运输问题

销售商在组织某一产品销售时,需要从多个厂家或产地采购,运输到其他不同的销售部门,而厂家或产地提供的产品数量和运价各不相同,如何组织运输才能使总运输费用最低?或生产厂家从多个地方采购原材料时,各地原料可供数量和运价不同,如何确定各地原料的调拨量,才能使得总的运输费用最低?这就是我们所谓的产销运输问题,可分为产销平衡问题和产销不平衡问题。

(1) 产销平衡的运输问题

总产量等于总需求量的运输问题称为产销平衡的运输问题,可直接采用表上作业法求最优运输方案。表上作业法实际上是单纯形法的改进,比单纯形法要简单,专门用于求解产销平衡的运输问题。

(2) 产销不平衡的运输问题

前面讨论的运输问题的理论和方法,都是以产销平衡,即 $\sum_{i=1}^{m} a_i = \sum_{i=1}^{n} b_i$ 为前提的。但是在实际问题中产销往往是不平衡的。对于产销不平衡的运输问题,可以把它们先转化成产销平衡问题,然后再用表上作业法求解。

▶任务小结◀

本任务详细讲述了运输决策的概念,影响运输决策的因素,重点介绍了运输决策的内容和方法。尤其是运输方式的选择和运输路线的选择决策,从数量经济的角度出发,为了更好地学习本节知识,需要补充相关的数学知识。

任务四 物流标准与标准化概述

▶任务介绍◀

随着物流技术的进步和市场竞争的需要,现代物流越来越强调对物流过程的系统化管理,以通过物流系统的优化降低物流成本。要实现物流的系统化管理,物流标准化是实现现代物流系统化管理的重要手段之一。

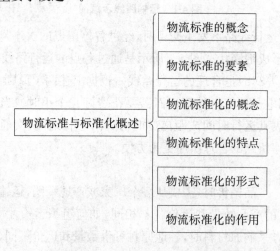

▶任务解析◀

了解标准与标准化的概念;掌握物流标准与标准化的概念;理解物流标准的要素;理解物流标准与物流制度的区别;掌握物流标准化的特点和形式;熟悉物流标准化的作用。

▶相关知识◀

物流标准与物流制度的区别

一是物流标准有明确的目标值,质、量、期的要求,而物流制度一般没有明确的目标值,只提定性、定向的要求;二是物流标准是物流活动的法规,具有一定的强制性,并有严密的审批颁布程序,而物流制度不一定具有强制性;三是物流标准有具体考核的条件和办法,有实践性和约束性,语言简练、准确,而物流制度一般没有很具体的考核内容和办法。总之,物流标准是在物流制度的基础上形成的,是物流制度的升华和发展,物流制度是物流标准的初级形式。

任务实施

物流标准是物流活动的基本依据,是物流活动能力的综合反映,是获得物流秩序与效益的重要条件。物流标准化是实现物流现代化的基础。抓好物流标准化是物流业发展的百年大计,具有重大的现实意义和深远的历史意义。

一、物流标准的概念

目前,我国还没有对物流标准概念的界定做出统一的规定。物流标准一般是指在物流领域内为获得最佳秩序和效益,对物流活动或其结果所做的统一规定。

由于物流本身是一个大系统,所涉及的要素及其广泛。例如,从活动范围来看,既有区域性物流,又有全国性物流以及国际物流;从物流环节和功能来看,有包装、装卸搬运、运输、储存、配送和流通加工、信息管理等各功能环节;从物流作业活动运作过程来看,完成物流活动,需要使用各种各样的机械设备和器具等,所以物流标准所包含的内容极其丰富,涉及范围也极其广泛。

二、物流标准的要素

物流标准是物流活动的基本依据,是物流活动能力的综合反映,是获得物流秩序与效益的重要条件。要制定、贯彻执行物流标准,必须正确理解物流标准的要素。物流标准的要素是构成物流标准内容的必要因素,它能完全体现物流标准的本质。根据物流标准的定义,构成物流标准的要素主要有以下几种。

(一)适用范围

任何物流标准都有自己的适用范围,超出适用范围,物流标准的效力就不存在。它是物流标准存在的空间要求。

(二)有效时间

它是物流标准存在的时间要素,表明物流标准在什么时间开始生效、什么时候终止。任何一个物流标准都不可能是永远适用的,都有终止时间。有效时间又称作有效期或标龄。

(三)规定内容

它是物流标准规定的具体内容,规定了应该如何、不允许如何等,体现了物流标准的约束性,物流标准的效力也是通过此要素发挥作用的。

(四)确认形式

它是物流标准区别于其他规范的特有的要素。物流标准生效的关键之处就在于有关部门的批准与发布。

物流标准的要素不仅有助于对物流标准结构的全面认识和深刻理解,而且,对物流标准的制订有着积极意义。要使物流标准很好地实施,必须在物流标准的内容与形式上体现其要素。

三、物流标准化的概念

为在一定的范围内获得最佳秩序,对实际的或潜在的问题制定共同的和重复使用的规则的活动,称为标准化。它包括制订、发布及实施标准的过程。标准化是国民经济中的一项重要技术基础工作,它对于改进产品、过程和服务的适用性,防止技术性贸易壁垒,促进技术合作,建立正常的社会生活秩序,提高社会效益等都具有重要的意义。

物流标准化是指以物流系统为对象,围绕包装、装卸搬运、运输、储存、配送、流通加工以及物流信息管理等物流活动制订、发布和实施的各类物流标准,并按有关物流标准的配合性要求,统一整个物流系统标准的活动过程,以获得物流系统的最佳秩序和社会效益。物流标准化包括以下三个方面的含义:

(1) 从物流系统的整体出发,制定其各子系统的设施、设备、专用工具等的技术标准,以及业务工作标准。

(2) 研究各子系统技术标准和业务工作标准的配合性,按照配合性要求,统一整个物流系统的标准。

(3) 研究物流系统与相关其他系统的配合性,谋求物流大系统的统一标准。

以上三个方面是分别从不同的物流层次上考虑将物流实现标准化。要实现物流系统与其他相关系统的沟通和交流,在物流系统和其他系统之间建立通用的标准,首先要在物流系统内部建立物流系统自身的标准,而整个物流系统标准的建立又必然包括物流各个子系统的标准。因此,物流要实现最终的标准化必然要实现以上三个方面的标准化。

四、物流标准化的特点

物流标准化的主要特点表现在以下几个方面。

(一) 广泛性

物流系统标准化涉及面比一般的标准化系统更加广泛,其对象更为复杂,包括了机电、建筑、工具、作业方法等许多种类。虽然这些种类的标准处于一个大系统中,但缺乏共性,从而造成标准种类繁多,标准内容复杂,也给标准的统一及相互配合带来很大困难。

(二) 起点高,属于二次系统,或称后标准化系统

由于物流管理思想与物流诞生较晚,组成物流大系统的各个分系统,在没有归入物流大系统之前,就已分别实现了本系统的标准化,并且经多年的应用,不断发展和巩固,很难改变。所以要在各个分系统标准化基础上建立物流标准化系统,必须有一个适应及协调的过程,而不可能全部创新。

(三) 科学性、民主性和经济性——称为标准的"三性"

科学性是指物流标准化要体现现代科技的综合成果,并与物流现代化相适应,与物流大系统相适应。即使单项技术标准化水平高,也要与系统相协调,否则起不到应有的作用。所以,这种科学性不但要反映本身的科学技术水平,还表现在协调与适应的能力方面,使综合的科技水平最优。

民主性是指物流标准的制订,采用协商一致的办法,广泛考虑各种现实条件,广泛听取有关部门的意见,使各分系统都能采纳接受,从而使物流标准更具权威性,减少阻力,更易于贯彻执行。

经济性是决定物流标准生命力的关键因素。由于物流过程不像深加工那样引起产品的大幅度增值,但是,物流过程又必须大量投入消耗,如不注重标准的经济性,片面强调反映现代科技水平,过分顺从物流习惯及现状,就可能引起物流成本的增加,自然会使标准失去生命力。

(四) 国际性

由于全球经济一体化进程的加快,国际交往大幅度地增加,而所有的国际贸易又最终要靠国际物流来完成。因此,各个国家都很重视本国物流标准与国际物流标准体系的一致性,否则,将会加大国际交往的技术难度,增加国际贸易的成本,造成相应的效益损失。可见,国际化是物流标准化的重要特点之一。

(五) 安全性、可靠性

物流在保证生产经营活动顺利进行以及提供高效、快捷、方便的服务的同时,也带来了不安全因素,如交通事故的伤害;货物对人的碰撞伤害;危险品的爆炸、腐蚀、毒害的伤害;物流机械设备由于本身的机械能作用,可能产生倾倒、跌落、砸伤、夹挤、剪切、缠绕、坠落、触电等伤害。所以,在物流标准化活动中,非常重视制定安全性、可靠性方面的物流标准,以保证物流活动的安全和质量。

五、物流标准化的形式

制定物流标准化要通过以下的形式。

(一) 简洁化

简洁化是指在一定范围内缩减物流标准化对象的类型数目,使之在一定时间内满足一般需要。如果对产品生产的多样化趋势不加限制地任其发展,就会出现多余、无用和低功能产品品种,造成社会资源和生产力的极大浪费。

(二) 统一化

统一化是指把同类事物的若干表现形式归并为一种或限定在一个范围内。统一化的目的是消除混乱。物流标准化要求对各种编码、符号、代号、标志、名称、单位、包装运输中机具的品种规格系列和使用特性等实现统一。

(三) 系列化

系列化是指按照用途和结构把同类型产品归并在一起,使产品品种典型化;又把同类型的产品的主要参数、尺寸,按优先数理论合理分级,以协调同类产品和配套产品及包装之间的关系。系列化是使某一类产品的系统结构、功能标准化形成最佳形式。系列化是改善物流、促进物流技术发展最为明智而有效的方法。比如按 ISO 标准制造的集装箱系列,可广泛适用于各类货物,大大提高了运输能力,还为计算船舶载运量、港口码头吞吐量和公路与桥梁的载荷能力等提供了依据。

(四) 通用化

通用化是指在互相独立的系统中,选择与确定具有功能互换性或尺寸互换性的子系统或功能单元的标准化形式,互换性是通用化的前提。通用程度越高,对市场的适应性越强。

(五)组合化

组合化是按照标准化原则,设计制造若干组通用性较强的单元,再根据需要进行合并的标准化形式。对于物品编码系统和相应的计算机程序同样可通过组合化使之更加合理。

六、物流标准化的作用

物流标准化对于提高物流作业效率,加快流通速度,保证物流质量,减少物流环节,提高物流管理效率,降低物流成本,促进物流系统与国际接轨,推动物流技术的发展都具有巨大的促进作用。物流标准化的重要作用具体表现在:

1. 物流标准化是实现物流管理现代化、科学化的重要基础

物料从厂商的原料供应,产品生产,经市场流通到消费环节,再到回收再生,是一个综合的大系统。由于社会分工日益细化,物流系统的高度社会化显得更加重要。为了实现整个物流系统的高度协调统一,提高物流系统管理水平,必须在物流系统的各个环节制定标准,并严格贯彻执行。在我国,以往同一物品在生产领域和流通领域的名称和计算方法互不统一,严重影响了我国的物资流通,国家标准《全国工农业产品(商品、物资)分类与代码》的发布,使全国物品名称及其标识代码有了统一依据和标准,有利于建立全国性的经济联系,为物流系统的信息交换提供了便利条件。2001年出版发行《物流术语》一书,这是国内物流的第一个基础性的标准。

2. 物流标准化是保证物流质量的重要手段

物流活动的根本任务是将工厂生产的合格产品保质保量并及时地送到用户手中。物流标准化对运输、保管、配送、包装、装卸等各个子系统都制定了相应标准,形成了物流质量保证体系,只要严格执行这些标准,就能将合格的物品送到用户手中。

3. 物流标准化是降低物流成本、提高物流效益的有效措施

物流的高度标准化可以加快物流过程中运输、装卸的速度,降低保管费用,减少中间损失,提高工作效率,因而可获得直接或间接的物流效益,否则就会造成经济损失。我国铁路与公路在使用集装箱统一标准之前,运输转换时要"倒箱",全国"倒箱"数量很高,为此损失巨大。

4. 物流标准化是消除贸易壁垒、促进国际贸易发展的重要保障

在国际经济交往中,各国或地区标准不一是重要的技术贸易壁垒,严重影响国家进出口贸易的发展。因此,要使国际贸易更快发展,必须在运输、保管、配送、包装、装卸、信息,甚至资金结算等方面采用国际标准,实现国际物流标准统一化。

5. 物流标准化是我国物流企业进军国际物流市场的通行证

物流标准化已是全球物流企业提高国际竞争力的有力武器。我国物流企业在物流标准化方面仍十分落后,面临加入WTO带来的物流国际化挑战,实现物流标准的国际化已成为我国物流企业开展国际竞争的必备资格和条件。

项目四　商品运输与物流标准化

┨任务小结┠

通过本任务的学习,我们对标准与标准化、物流标准与物流标准化的概念有了明确的认知,能够正确理解物流标准的要素,掌握物流标准化的特点和形式,区分物流标准与物流制度,熟知物流标准化对现代物流管理的巨大推进作用。

任务五　物流标准化内容

┨任务介绍┠

物流标准化是一个制定物流标准、贯彻物流标准、实施物流标准进而修订物流标准的活动过程,也是一个不断循环、螺旋式上升的运动过程。物流标准化活动主要是通过制定和实施物流标准来体现的,所以物流标准化的基本任务和主要内容就是制订、修订和实施物流标准。

┨任务解析┠

熟悉物流标准的种类;了解物流标准制订和修订的基本原则;了解物流标准制订与修订的程序;了解物流标准贯彻和实施的程序以及注意事项;掌握物流标准化的方法。

┨相关知识┠

物流标准分类

根据物流系统的构成要素及功能,物流标准大致可分为三大类:

1. 物流系统标准。物流作为一个整体系统,其间的配合应有统一的标准。
这些标准主要有:专业计量单位标准;物流基础模数尺寸标准;物流建筑基础模数尺寸;集装模数尺寸;物流专业名词标准;物流核算、统计标准等。

2. 物流子系统标准。物流大系统又分为许多子系统,子系统中也要制定一定的技术标准。主要有:运输车船标准;作业车辆(指叉车、台车、手车等)标准;传输机具(如起重机、传送机、提升机等)标准;仓库技术标准;站场技术标准;包装、托盘、集装箱标准;货架、储罐标准等。

3. 工作标准及作业规范。它是指对各项工作制定的统一要求及规范化规定。其内容很多,如岗位责任及权限范围,岗位交接程序及作业流程,车船运行时刻表,物流设施、建筑等的检查验收规范等。

任务实施

近年来,随着我国国民经济的持续、快速、健康、协调发展,物流产业得到了快速发展,在经济建设中发挥着不可磨灭的作用。现代物流业的发展,离不开物流标准化,可以说没有标准化就没有现代物流。物流标准化工作是一项复杂的系统工程,为了实现物流标准化的基本任务,做好物流标准化管理工作,必须掌握物流标准的种类。

一、物流标准的种类

目前,物流标准最常用的分类方法是按照物流标准的性质和应用范围分类,大致可分为以下三大类物流标准。

(一)物流技术标准

物流技术标准是指对物流标准化领域中需要协调统一的技术事项所制订的标准。它是从事物流活动的一种共同遵守的技术依据。物流技术标准的种类很多,按其标准化对象特征和作用,主要分为以下几种。

1. 物流基础标准

它是指在一定范围内作为其他物流标准的基础并普遍使用,具有广泛指导意义的标准。主要包括:

(1)物流专业计量单位标准。它是指对物流系统中独特的专业计量单位所制订的标准,它是对国家发布的统一计量标准的补充,更具有专业性。它的制订要在国家的统一计量标准的基础上,考虑到许多专业的计量问题和与国际计量标准的接轨问题。物流专业计量单位的标准化,是物流作业定量化的基础。

(2)物流基础模数尺寸标准。模数是指某系统的设计、计算和布局中普遍重复地应用的一种基准尺寸。物流基础模数尺寸是指物流标准化的共同单位尺寸,或物流系统各标准尺寸的最小公约数尺寸。在基础模数尺寸确定后,各个具体的尺寸标准都要以基础模数为依据,选取其整数倍数为规定的尺寸标准。物流基础模数尺寸标准是物流系统中各种设施建设和设备制造的尺寸依据,在此基础上可以确定出集装基础模数尺寸,进而确定物流的模数体系。

(3)集装基础模数尺寸标准。集装基础模数尺寸是最小的集装尺寸,它是在物流基础模数尺寸的基础上,按倍数推导出来的各种集装设备的基础尺寸。在物流系统中,由于集装尺寸必须与各环节的物流设施、设备、机具相配合,因此,整个物流系统设计时,往往以集装尺寸为核心,然后在满足其他要求的前提下决定各设计尺寸。所以,集装基础模数决定和影响着其他物流环节的标准化。

(4)物流建筑模数尺寸标准。物流建筑模数尺寸是指物流系统中各种建筑物所使用的基础模数尺寸。该尺寸是设计建筑物长、宽、高等尺寸以及门窗尺寸、建筑物柱间距、跨度、深度等尺寸的依据。

（5）物流专业名词术语标准。它是指对物流专业名词的统一化、专业名词定义的统一解释所作的规定。它是实现信息快速准确传递、避免物流工作混乱的基础条件。如《物流术语》GB/T18354—2006等。

（6）物流标志、图示与识别基础标准。它是指为便于识别和区分物流中的物品、工具、机具而作的统一规定。如识别标记、储运标记、危险货物标记等。

（7）物流基础编码标准。它是指对物流对象进行编码，并按物流过程的要求，转化成条形码，实现物流大系统有效衔接、配合的最基本的标准。它是采用信息技术对物流进行组织、控制的基础标准，主要是物流实体的编码（即标识代码）技术标准以及这些编码的数据库结构标准。如物品分类编码标准、储运单元条码标准、物流单元条码标准、托盘编码技术标准、集装箱编码技术标准及其数据库结构标准等。

（8）物流单据、票据标准。它是指对物流活动中的所有单据、票据所作的规定。它是应用计算机和通信网络进行数据交换和传递的基础标准，例如EDI单证标准。

2. 物流分系统技术标准

它是针对物流分系统的各个环节所制订的技术标准，对物流分系统的规范发展具有很强的指导意义。物流分系统技术标准主要有：

（1）运输车船标准。它主要是对火车、卡车、货船、拖挂车等运输设备制定的车厢尺寸、船舱尺寸、载重能力、运输环境条件等标准。

（2）仓库技术标准。它主要是指对仓库形式、规格、尺寸、性能、建筑面积、设计通用规则、建设设计要求、防震防火以及安全等事项所制订的技术标准。

（3）包装标准。它主要是指对包装尺寸、包装材料、质量要求、包装标志以及包装的技术要求所制订的标准。

（4）装卸搬运标准。它主要是指对装卸搬运设备、装卸搬运车辆、传输机具、装卸搬运质量要求、装卸搬运的技术要求等所制订的标准。

（5）站台技术标准。它主要是指对站台高度、站台设计要求等事项所制订的标准。

（6）集装箱、托盘标准。它主要是指对托盘系列尺寸、集装箱系列尺寸、托盘技术要求和标记、集装箱技术要求和标记、荷重、集装箱材料等所制订的标准。

（7）货架、储罐标准。它主要是指对货架的技术要求、货架结构形式与净空间、货架载重能力、储罐的技术要求、储罐的结构形式、储罐的容积尺寸等所制订的标准。

3. 物流作业标准

它是指为保证物流活动顺利进行，对物流作业中的作业工艺要素、作业程序和方法等所制订的标准。其主要内容包括：作业工艺文件格式、作业工艺要素、作业工艺程序、一般物流作业要求、典型物流作业工艺等。物流作业标准是物流技术标准的主要内容之一，是实现物流作业规范化、效率化以及保证物流作业质量的重要基础。

4. 物流信息应用标准

它主要是指自动识别与分拣跟踪技术标准和电子数据交换标准。

自动识别与分拣跟踪技术主要有条码技术、扫描技术和射频技术。条码技术标准主要包括码制标准和条码标识标准。其中,码制标准主要有:128码制、交叉二五码制、三九码制等;条码标识标准主要有:商品条码标准、128条码标准、贸易单元128条码标准、交叉二五条码标准、三九条码标准、库德巴条码标准等一维条码标准以及PDF417条码、QR矩阵码等二维条码标准。在物流管理中与射频相关的标准和规范有:物流射频标签技术规范,物流射频识别读写器应用规范和射频识别过程通讯规范等。

电子数据交换标准主要包括电子数据交换语法标准和电子数据交换报文标准。国际上电子数据交换的语法标准由联合国欧洲经济委员会第四工作组制定。EANCOM是流通领域电子数据交换规范,到目前有47个报文,分为:主数据类、商业交易类、报告和计划类、运输类、财务类以及通用报文类。

5. 能源、环保、安全和卫生标准

它是指为保护物流环境、有利于生态平衡、保证人和货物的健康与安全,对物流系统以及物流活动涉及的能源、环保、安全和卫生要求所制订的标准。

(二) 物流管理标准

物流管理标准是指对物流标准化领域中需要协调统一的物流管理事项所制订的标准。制订物流管理标准的目的是为合理组织物流工作,科学地行使计划、监督、指挥、协调和控制等物流管理职能。

物流管理标准的一般内容主要有:物流管理工作应达到的质量要求;物流管理程序与方法;物流统计与核算方法;物流管理有关资料、报表和原始记录的要求;物流工作任务完成情况的凭证编制要求等。

随着物流管理逐步向科学化、现代化发展,物流管理标准将越来越多地在物流管理中发挥有效的作用。为了便于制订、贯彻和实施物流管理标准,常按管理对象把物流管理标准划分为物流技术管理标准、物流组织管理标准、物流经济管理标准、物流质量管理标准、物流设备管理标准、物流劳动组织管理标准和物流行政管理标准等七大类。

(三) 物流工作标准

物流工作标准是指物流工作的内容、方法、程序和质量要求所制订的标准。它是对各项物流工作制订的统一要求,其内容主要包括:各岗位的职责和任务;每项任务的数量、质量要求及完成期限;完成各项任务的程序和方法;与相关岗位的协调、信息传递方式;工作人员的考核与奖励方法等。

此外,根据《中华人民共和国标准化法》的规定,我国标准分为国家标准、行业标准、地方标准和企业标准等四类。这四类标准主要是适用范围不同,而不是标准技术水平的分级,它同样也适合物流标准的分类。

二、物流标准的制订与修订

物流标准的制订与修订是物流标准化工作中的关键环节,只有制订了先进合理的物流

标准,并在实施过程中不断修订、不断完善和发展,才能发挥其应有的作用,带来巨大的物流效益。

国家标准、行业标准、地方标准一般由有关标准化机构或有关物流标准化机构、协会组织编写,而企业标准由企业自己组织制订。在物流标准化领域中凡已有国家标准、行业标准、地方标准的,原则上企业不必制订企业标准,一般只要贯彻即可。当上级标准的适用面广,企业可根据具体的物流要求制订企业标准,其指标不得低于上级标准,也不得与上级标准抵触;为保证上级标准的贯彻,提高物流能力和竞争能力,可以制订各项指标优于上级标准的企业标准。

物流标准的制订与修订是一项政策性、技术性和经济性都很强的工作,为了做好这项工作,必须结合物流系统的特点,合理选择制定标准对象,按照规定的程序和方法,遵循制定标准的原则,才能保证标准的质量。

(一)物流标准制订与修订的基本原则

1. 技术先进性原则

技术先进性是指物流标准中各项规定能够反映当前科学技术的先进成果与物流实践的先进经验。只有技术先进的标准,才能起到指导和促进物流系统健康发展的作用。当然,标准的先进性,绝不是不顾现实条件,盲目地追求高指标、高水平,而是从现有的技术水平与物流活动实际出发,将标准制定在国内可以达到的先进水平上。

2. 经济合理性原则

经济合理性原则是指在制定先进物流标准的同时,还必须进行全面的技术经济分析和论证,寻求其经济上的合理性,把提高物流质量和技术水平的投入同其带来的经济效益结合起来,力争取得最佳的经济效果。

3. 协调统一原则

协调统一是指相互关联的物流标准要协调一致、衔接配套,并符合物流标准体系的需要。物流标准是一个系统,各个物流标准之间有着密切的关系,相互之间必须协调一致。如集装与包装之间的配合性,集装与装卸搬运设备及机具之间的配合性,集装与仓库站台、货架、仓储设施之间的配合性,集装与保管条件、工具、操作方式之间的配合性,集装与运输设备、设施之间的配合性等。制定协调统一的标准有利于物流活动获得更好的系统效应。

4. 适应性原则

适应性是指物流标准中规定的技术内容应充分满足使用要求,具有很强的适应性。

5. 规范化原则

规范化是指物流标准的内容表达、编写格式、编写方法要规范。物流标准是一种具有特定形式的法规性文件,在制定物流标准时,不但要强调内容的先进、经济合理,同时要强调编写格式、方法的规范化。

(二)物流标准制订与修订的程序

1. 组织工作组

制订与修订物流标准的对象确定之后,有关部门要根据工作量的大小和难易程度组成一个人数适宜的标准制订、修订工作组。工作组的成员应经全国物流标委会或归口的分标委会审查通过,全国物流标委会备案。工作组的成员主要由四方面的人员组成:① 物流标委会或分标委会成员(1名);② 标准制订与修订专家(1名);③主起草单位;④起草小组专家(标准应用领域中3—5家企业的技术人员、其他物流专家若干)。

2. 编制标准征求意见稿

在进行广泛的调查研究、收集资料和充分的试验验证基础上,工作组对所得的数据进行统计分析和综合研究,编制标准征求意见稿和标准编制说明。

3. 广泛征求意见,确定标准送审稿和标准编制说明

集思广益,广泛听取有关部门和人员意见,并对各方面意见进行分析研究,积极采纳合理的意见,协商调整,最后确定标准送审稿和标准编制说明。

4. 审查标准送审稿,编制标准报批

有关主管部门组织对标准送审稿进行全面审查,通过后,工作组根据审查意见,编写标准报批稿。

5. 标准批准和发布

标准报批稿和报批各种文件准备好后,应根据标准的级别,按规定的审批权限,报送相应的标准化机构审批备案、编号、发布,并明确标准的实施日期。

6. 标准的修改、补充和定期复审

为适应科学技术与物流的快速发展,后继需要对标准进行修改、补充和复审。修改程序和制订程序相同。国家标准的复审周期一般不超过5年。

三、物流标准的贯彻和实施

物流标准的贯彻和实施,是物流标准化活动中最基本的工作,它贯穿于物流管理的始终。制订的物流标准只有认真贯彻与实施,才能发挥其应有的作用。

(一)物流标准的实施程序

1. 计划

在贯彻和实施物流标准之前,有关部门和企业要拟定标准实施方案,对实施标准的各项工作做出科学安排。

2. 准备

为保证物流标准的顺利实施,必须认真细致地做好准备工作。准备工作主要包括思想准备、组织准备、技术准备和物资准备。

3. 实施

实施标准就是把标准规定的内容应用于物流活动的具体实践中,贯彻与实施标准的方式主要有:(1)直接贯彻。就是对标准的条文不作任何压缩和补充,原原本本地执行。

(2)压缩贯彻。就是在标准贯彻时,对标准的内容进行压缩与部分选用。(3)补充贯彻。就是当标准的内容比较概括、标准中的指标不能满足需要时,在不违背标准的基本原则下,对标准内容做一些必要的补充后贯彻。(4)配套贯彻。就是在贯彻一些标准时,要制订这些标准的配套标准以及这些标准的使用方法等指导性技术文件一并贯彻。这样,有利于更全面、更有效地贯彻标准。

4. 检查

通过检查验收,找出标准实施中存在的各种问题,采取相应措施,继续贯彻实施。如此反复检查几次,就可促进标准的全面贯彻。

5. 总结

包括技术上、方法上的总结,以及文件、资料的归纳、整理、立卷、归档,还包括对标准贯彻实施中所发现问题和意见的整理、分析、归类工作。通过总结提出下一步工作意见和建议,为标准进一步修订、补充做好准备。

(二)企业实施物流标准的注意事项

1. 强化标准化意识,充分发挥员工积极性

物流标准化管理与物流管理之间有着千丝万缕的内在联系,为此,应根据企业实际情况,科学、合理编制企业物流标准化计划,做好物流标准贯彻实施方案,并加强学习和培训,让有关人员掌握和熟悉标准的内容,不断强化有关人员物流标准化意识。在思想上要变被动贯彻为主动贯彻,增强关心标准贯彻实施的自觉性,充分发挥有关人员的积极性和主动性。要做到人人尽心尽力,人人尽职尽责,从而形成强大的内在动力,提高企业标准化程度。

2. 一切按标准执行,一切照程序办事

物流业务活动中有关物流基础性标准和涉及安全、卫生的标准是强制性标准,它也是物流标准实施的重点。一方面国家采取政策、法律措施强制推行;另一方面,所有物流企业在运输、包装、搬运中必须严格执行,不得擅自更改或降低标准,否则将负法律责任。

3. 重视物流标准的配套标准的贯彻,充分发挥标准的综合功能

没有标准,就没有控制,没有控制的人、事、物就难于管理,管理的依据是标准,管理的过程就是标准化。物流技术标准的有效实施,需要一系列配套标准来保证,同时也要靠人来实施,而规范人的行为准则和工作质量也要靠一系列标准来保证。所以在贯彻物流技术标准的同时,要特别重视配套标准的贯彻,以形成有机的联系,充分发挥标准的综合功能。

4. 组织制订和实施企业标准,完善物流标准体系

企业在贯彻上级标准以及采用国际标准、国外先进标准的同时,也可根据需要,制订和贯彻企业标准,以促进企业物流能力的提高。企业标准在企业中具有强制力,企业应制定经济责任制,使标准的贯彻实施与职工的经济利益挂钩,以保证物流标准的顺利实施。

5. 加强监督检查,巩固贯彻实施的成果。

企业应建立有效的标准化监督检查体系,加大监督检查力度,对违背标准或不按标准进行操作的行为要严厉处理,不断巩固标准贯彻实施的成果,并通过检查发现问题,为进一步修改标准提供强有力的依据。

四、物流标准化的方法

物流标准化的重点在于通过制订物流标准规格尺寸来实现物流系统的顺畅衔接,以达到提高物流系统效率的目的。因此,物流标准化的方法,主要是制订物流标准的规格尺寸的方法。主要步骤如下。

(一)确定物流的基础模数尺寸

物流标准化的基础是物流基础模数尺寸,基础模数尺寸一旦确定以后,物流系统中设备的制造、设施的建设、物流系统中各环节的配合协调、物流系统与其他系统的配合就有了依据。目前,国际标准化组织(ISO)制订的物流基础模数尺寸的标准主要有:物流系统的基础模数尺寸为600毫米×400毫米;物流集装基础模数尺寸为1200毫米×1000毫米,但也允许1200毫米×800毫米,1200毫米×1100毫米。

在确定物流基础模数尺寸时,主要考虑对物流系统影响最大而又最难改变的输送设备,采用"逆推法",由输送设备的尺寸来推算最佳的基础模数,当然也要考虑到现在已通行的包装模数和已使用的集装设备,以及人体可能操作的最大尺寸等因素。

(二)确定物流模数

由于物流标准化的基点是建立在集装基础之上的,为此,应确定物流模数,即确定集装基础模数尺寸。

集装单元基础模数尺寸可以从600毫米×400毫米按倍数系列推导出来,也可以在满足600毫米×400毫米的基础模数的前提下,从卡车或大型集装箱的分割系列推导出来。

(三)以分割与组合的方法确定物流系列尺寸

物流模数是物流系统各环节标准化的核心,是形成系列化的基础。物流系统某一环节的标准系列的确定过程是:依据物流模数确定有关系列的大小及尺寸,再从中选择全部或部分确定为定型的生产制造尺寸,这样就完成了某一环节标准系列的确定。

根据物流模数体系,可以确定出各环节的系列尺寸,其推导关系如图4-2所示。和其他领域不同,我国的物流尚处于起步阶段,还没有形成为全国习惯接受的标准化体系。

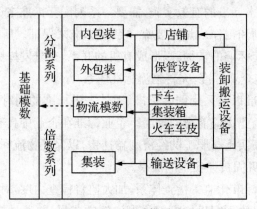

图4-2 系列尺寸推导关系

任务小结

通过本任务的学习,我们熟悉了物流标准化的主要内容,认识了物流标准的种类,了解了物流标准制订与修订的基本原则和程序,懂得了物流标准贯彻和实施的程序与注意事项,掌握了物流标准化的主要方法。

拓展提高

实现运输合理化的途径

1. 提高运输的实载率。提高运输的实载率是指在现有的运输条件下,尽可能达到合理运输的规模。它有两层含义:一是单车实际载重运距乘积和标定载重量与行驶里程乘积的比率;二是车船的统计指标,即一定时期内车船实际完成的货物运输周转量占车船载重量与行驶里程乘积的比率。

2. 减少动力投入,增加运输能力。这种合理化的特点是少投入、多产出,走高效益之路。

3. 大力发展社会化运输体系。社会化运输是指为实现运输的综合优势而将各种运力综合起来,将各个生产单位的运输任务尽量交给专业物流企业来做,以充分利用各种运输手段的优势,尽量做到综合考虑,能够统一安排运输工具,避免对流、倒流、空驶等不合理运输的出现,从而提高物流运输绩效水平。

4. 开展中短距离铁路公路分流,"以公代铁"的运输。

5. 分区产销平衡合理运输。

6. 尽量发展直达运输。

7. 合装整车运输或配载运输。

8. 发展特殊运输技术和运输工具。

9. "四就"直拨运输。"四就"直拨运输是指就厂直拨、就车站、码头直拨、就仓库直拨和就车、船过载等。

10. 通过流通加工,使运输合理化。

复习思考

1. 简述运输的特征。
2. 比较五种常见运输方式的优缺点。
3. 影响运输决策的主要因素有哪些?
4. 物流标准化具有哪些作用?

相关实训

◎目的

通过实地参观和考察不同种类的物流运输企业,使学生掌握各种运输方式的特点,熟悉不同运输工具的基本作业流程,熟悉运输票据的填写规则和要求,从而巩固学生所学的运输知识,提升学生的实际工作能力和专业水平。

◎人员

①实训指导:任课老师。

②实训编组:学生按 8~10 人分成若干组,每组选组长及记录员各一人。

◎时间:3~5 天。

◎内容:

1. 了解各种运输方式的特点——通过实地观察,熟悉各种运输方式的优缺点和适用范围。

2. 熟悉各种运输方式的作业流程——通过实地调查,整理不同运输方式的作业流程。

3. 掌握运输票据的填写要求及规则——通过课堂学习和主管讲解,掌握运输票据的用途和填写要求。

◎步骤

①由教师在校内组织安全教育和小组分工。

②与实训企业相关部门取得联系,并组织学生集体去参观。

③邀请运输企业的部门主管介绍本部门的运输作业内容和相关运输票据的情况。

④各小组根据主管介绍分别绘制不同货物运输方式的作业流程图,并注明所涉及的相关运输票据的填写规则和要求。

⑤根据调查记录,撰写调查报告。

⑥实训小结。

◎要求

利用课余时间,根据具体情况选择有一定代表性的运输企业,了解其不同运输方式的作业流程。通过对运输作业流程的分析,可以看到企业对运输环节和运输决策的重视。

◎认识

通过本项目的学习,作为物流企业未来的员工,领悟运输在物流企业中的重要地位和巨大作用,对我们树立一切从实际出发,提高物流企业经济效益,降低运输成本,做好运输合理化工作,促进物流企业快速发展,有着举足轻重的作用。

项目五　商品包装与集装化

学习目标

　　掌握商品包装的概念和功能；了解商品包装的分类方法及各种包装材料的特点；了解商品包装的各种标志及包装容器的选用；了解商品包装的一般技法和特殊技法；掌握商品集装化和商品集合包装的概念；掌握商品集装化的作用及在集合运输中的作用。

情景写实

台湾人间蜂味蜂制产品包装

　　台湾太平市农会推出的人间蜂味的设计成品，完成设计需要下很大的功夫，抛开市场调研（这也是做包装设计必须做的），首先你要根据产品特性选择包装材料。人间蜂味产品系列中有固体产品和液态产品两类，固体产品你要考虑到包装材料要具有防潮、防外界气体侵入、防变质等功能，液态产品具有流动性，材料选择时要考虑密封性能好的材料，这样可以防止产品自身的挥发，这是就实用性上来讲的。从审美价值上来说，产品本身的色泽诱人，固体产品形体简单、自然、大方，因此可以考虑用玻璃和可降解塑料等具有较好透明度给人以清新、通透感的包装材料，这样可以直接展示产品特色，同时这些材料的密封性能也极好。选用卡纸做包装盒，卡纸光滑细腻，颜色印上去光亮、诱人；牛皮纸做包装袋质朴、自然、憨厚，两种材料的结合形成对比，同时色彩图片的调和，又达到了完美的统一。在造型上和视觉形象设计上追求统一中的变化，对比与协调的统一，多边形与圆柱体的对比与统一，直线与弧线的对比与统一，当然图形、文字与色彩的选用也是从产品所要传达的理念中抽取出来的。

　　思考：
　　包装材料的选择是如何体现商品的特性和实现实用价值的？

分析要点

　　不同商品的包装一定要根据具体商品的特性选择包装材料，而作为产品表现形式的视觉形象设计和造型设计也应该最大空间的巧妙地利用包装材料的特殊之处，创作出新颖、独特的包装，形成某种特殊风格，以更多地吸引消费者。

任务一 包装的类型与功能

任务介绍

包装是生产的终点,同时又是物流的起点。物流系统的所有构成因素均与包装有关,同时物流也受包装的制约。因此应根据生产后的物流系统情况来考虑包装的各种类型及功能。

任务解析

了解包装的概念;熟悉并掌握包装的含义以及包装的类型。

相关知识

包装色彩的对比效果会产生的心理和知觉反应

冷暖感:不同的色彩会改变人们温度冷暖的感觉,在色相环上红橙色是暖色,蓝绿色是冷色,其他色彩的冷暖倾向,是在相互比较中产生的,暖色让人感觉温暖、兴奋、热烈、柔和,冷色也会带来冷静、坚硬、稳定的心理感受。

重感:色相的饱和度是产生色彩轻重感的主要因素,而明度冷暖也会影响这种感受,饱和度高显得生,暖色和明度低的色彩也感觉较重,相反,冷色、明度高而纯度低的色彩偏轻。

远近感:色彩的对比效果会产生视觉上距离感的错觉,即在同一平面上的色彩,有的感觉向前,而有些后退。一般来说与画面背景色的明度差越大,这种色彩就越向前,如在黑色背景中的红黄蓝色,其中黄色在最前,蓝色其次,红色则退在最后。同时,这种远近感也和冷暖有关,偏冷的色彩感觉较远,而偏暖色则感觉较近。

朴素与华丽感:色相偏暖而纯度较高的色彩显得华丽,如大红、金黄色,而偏冷纯度低的色彩显得较朴素,如蓝灰、淡绿色。这主要与日常的视觉经验有关,在无彩色中的金和银色也是表现华丽的色彩。

任务实施

一、包装的概念与功能

(一)包装的概念

从广义的角度讲,一切事物的外部形式都是包装。就如陈磊在其所著的《走进包装设计的世界》一书中提到的木乃伊,利用药物及必要的"包装"(亚麻布条)来使物体保持长久的行为,也是包装功能的一种体现。

我国国家标准GB/T 4122.1—1996中规定,包装的定义是:"为在流通过程中保护产品、方便贮运、促进销售,按一定技术方法而采用的容器、材料及辅助物等的总体名称。也指为了达到上述目的而采用容器、材料和辅助物的过程中施加一定技术方法等的操作活动。"这个概念中我们不难看出,包装与产品之间是无法分离的,任何产品很难不经过包装就达到被消费的目的。这是因为产品本身的保护需求造成的。例如:在产品输送过程中产生的震动或外力冲击;在保管过程中所受到的压缩荷重;在不同环境因素下所受到的影响,如气候、微生物等。这个概念同时强调,包装是连接生产和销售之间的纽带,是一种融合科学技术的行为。这里所指的是,在产品本身的保护需求的前提下所进行的缓冲设计、外包装设计、防护设计以及视觉设计过程,是一个完整的包装工程体系。

(二)包装的功能

已经知道商品包装的由来和发展,再来看看包装的功能。商品包装的主要功能有保护功能、容纳功能、便利功能、促销功能和增值功能。

1. 保护功能

保护产品是包装最重要的功能之一。产品在流通过程中,可能受到各种外界因素的影响,引起产品污染、破损、渗漏或变质,使产品降低或失去使用价值。科学合理的包装,能使产品抵抗各种外界因素的破坏,从而保护产品的性能,保证产品质量和数量的完好。产品由生产者手中转移到消费者手中要经历许多环节,如装卸、运输、储存、销售等。在此过程中不可避免地要受到挤压、碰撞、跌落以及风吹、日晒、氧化、污染等,要避免和尽量减轻这些因素对产品质量的影响,就需要适当的包装来保护产品。保护功能在大多数的包装实例中都有具体体现。如冰箱、洗衣机、空调等家电包装,都需要在商品的周围以泡沫包装,泡沫包装的功能就是保护作用,保护商品在运输销售过程中的避免碰撞等造成的损坏。

2. 容纳功能

容纳功能是商品包装最基本的功能。许多商品本身没有一定的集合形态,如液体、气体和粉状商品,依靠包装的容纳具有特定的商品形态,没有包装就无法运输和销售。包装的容纳不仅有利于商品的流通和销售,而且还能提高商品的价值。对于一般结构的商品,包装的容纳增加了商品的保护层,有利于商品质量稳定;对于食品、药品、化妆品、消毒品、卫生用品等商品,包装的容纳还能保证商品卫生;对于复杂结构的商品,包装的容纳能使其外形整齐划一,便于组合成大型包装;对于质地疏松的商品,包装的容纳结合合理地压缩,可充分利用包装容积,节约包装费用,节省储运空间。集合化功能是容纳的延伸,它是指包装能把许多个体或个别的包装物统一集合起来,化零为整,化分散为集中,这种集合的容纳不仅有利于商品运输,同时也可以减少流通费用。

3. 便利功能

包装为产品提供了基本条件和便利。将产品按一定的规格、形状、数量、大小及不同的容器进行包装,而且包装外面都印有各种标志,反映被包装物的规格、品名、数量、颜色以及整体包装的净重、毛重、体积、厂名、厂址及运输中的注意事项等。包装极大地影响着产品的流通效率。根据有关资料表明,机械工业每吨产品的搬运费用约占产品成本的三分之一左右,流通效率低下严重制约着企业的发展。因此在产品设计开发之初就应该考虑使产品的尺寸、形状、重量单元化、标准化,以便于标准化包装,促进装卸作业机械化,提高运输工人的运输能力。可口可乐碳酸饮料,瓶口为圆形,带有螺纹,有利于生产线上的流通填充封口,也有利于消费者的购买饮用;瓶身大体为圆柱形,利于放置运输;成品体积不大,利于消费者的携带;包装设计模型有利于超市货架的陈列和销售。由此可见,包装便于运输和装卸,便于保管与储藏,便于携带与使用,便于回收与废弃处理。

4. 促销功能

设计精美的产品包装,可起到宣传产品、美化产品和促进销售的作用,即销售作用。包装既能提高产品的市场竞争力,又能以其新颖独特的艺术魅力吸引顾客、指导顾客,成为促进消费者购买的主导因素,是产品的无声推销员。优质包装在提高出口产品竞销力,扩大出口,促进对外贸易的发展等方面均有重要意义。销售功能是包装设计最主要的功能之一。在超市中,标准化生产的产品云集在货架上,不同厂家的商品只有依靠产品的包装展现自己的特色,这些包装都以精巧的造型、醒目的商标、得体的文字和明快的色彩等艺术语言宣传自己。促销功能以美感为基础,现代包装要求将"美化"的内涵具体化。包装的形象不仅体现出生产企业的性质与经营特点,而且体现出商品的内在品质,能够反映不同消费者的审美情趣,满足他们的心理与生理的需求。如统一鲜橙多饮料,瓶身塑料颜色为透明,可以让消费者,清晰的看到商品的特征;瓶身附有一张塑料纸,介绍说明统一鲜橙多的相关资料,消费者可以了解产品的组分、产地、生产日期等信息;塑料纸上的背景颜色为橙黄色,并印有橙子图案,与产品的性能(橙子口味)有相连之处,可以引导消费者购买。

从各方面收集到的知识,我们可以得知包装对商品的重要作用。包装不止具有以上四项功能,还具有节约费用、增强社会功能等作用。包装材料和容器选择、包装设计、包装技术与方法等多种因素都与包装的具体功能有直接联系。设计一个包装需要从多角度分析,最后才能确定一个包装件。随着社会的发展,包装业也会有一个很大的发展,新包装理念的形成也将是时代的必然产物。

二、包装的类型

包装分类是根据一定目的,满足某种需要而进行的。商品包装在生产、流通和消费领域中的作用不同,不同部门和行业对包装分类的要求也不同,分类的目的也不一样。包装工业部门、包装使用部门、商业部门、包装研究部门根据自己行业特点和要求,采用不同的分类标志和分类方法,对包装进行分类。一般来讲,包装工业部门多按包装技法、包装适用范围、包装材料等进行分类;包装使用部门多按包装的防护性能和适用性进行分类;商业部门多按商品经营范围和包装机理分类;运输部门则按不同的运输方式、方法进行分类。由于包装种类繁多,选用分类标志不同,分类方法也多种多样。根据选用的分类标志,常见商品包装分类方法有以下几种。

(一) 按包装在流通中的作用分类

商品总是和一定的包装联系在一起的,有些包装已成为商品的一个组成部分。以包装在商品流通中的作用作为分类标志,可分为工业包装和商业包装。

1. 工业包装

又称运输包装或称为外包装,从包装的程序看,还可称为第三次包装。运输包装是以运输储存为主要目的的包装,其主要作用是保护商品、方便储运和节省费用。商品在运输过程中,不一定都需要包装。随着运输装卸技术的进步,越来越多的大宗颗粒状或液态商品,如粮食、水泥、石油等,都采用散装方式,即直接装入运输工具内运送,配合机械化装卸工作,既降低了成本,又加快了速度。另外有一类可以自行成件的商品,在运输过程中,只需加以捆扎即可,这种方式称为裸装,如车辆、钢材、木材等。但绝大多数商品,在长途运输过程中,需要进行运输包装,按其包装方式,可分成单件包装和集合包装。

(1) 单件包装,是指货物在运输过程中作为一个计件单位的包装。常用的有箱、包、桶、袋、篓、罐等。

(2) 集合包装,是在单件包装的基础上,把若干单件组合成一件大包装,以适应港口机械化作业的要求。集合包装能更好地保护商品,提高装卸效率,节省运输费用。常见的集合包装方式有托盘、集装袋和集装箱。

2. 商业包装

又称销售包装、小包装或称为个装。成组的小包装称为中包装,或称为内包装(如:10包装的香烟即一条香烟,称为中包装)。从包装的程序来看,个装可以称为第一次包装,内装可以称为第二次包装。销售包装是以销售功能为主要目的,与内装物一起到达消费者手中的包装。主要作用是保护商品、方便使用、促进销售,并应符合销售地国家的法律和法规。

(二) 按包装材料分类

以包装材料作为分类标志,一般可分为纸板、木材、金属、塑料、玻璃和陶瓷、纤维织品、复合材料等包装。

1. 纸制包装

它是以纸与纸板为原料制成的包装。它包括纸箱、瓦楞纸箱、纸盒、纸袋、纸管、纸桶等。在现代商品包装中,纸制包装仍占有很重要的地位。从环境保护和资源回收利用的观点来看,纸制包装有广阔的发展前景。

2. 木制包装

它是以木材、木材制品和人造板材(如胶合板、纤维板等)制成的包装。主要有:木箱、木桶、胶合板箱、纤维板箱和桶、木制托盘等。

3. 金属包装

金属包装是指以黑铁皮、白铁皮、马口铁、铝箔、铝合金等制成的各种包装。这类包装主要有：金属桶、金属盒、马口铁及铝罐头盒、油罐、钢瓶等。

4. 塑料包装

塑料包装是指以人工合成树脂为主要原料的高分子材料制成的包装。主要的塑料包装材料有聚乙烯(PE)、聚氯乙烯(PVC)、聚丙烯(PP)、聚苯乙烯(PS)、聚酯(PET)等。塑料包装主要有：全塑箱、钙塑箱、塑料桶、塑料盒、塑料瓶、塑料袋、塑料编织袋等。从环境保护的观点来看，应注意塑料薄膜袋、泡沫塑料盒造成的白色污染问题。

5. 玻璃与陶瓷包装

玻璃与陶瓷包装是指以硅酸盐材料玻璃与陶瓷制成的包装。这类包装主要有：玻璃瓶、玻璃罐、陶瓷罐、陶瓷瓶、陶瓷坛、陶瓷缸等。

6. 纤维制品包装

纤维制品包装是指以棉、麻、丝、毛等天然纤维和以人造纤维、合成纤维的织品制成的包装。这类包装主要有麻袋、布袋、编织袋等。

7. 复合材料包装

复合材料包装是指以两种或两种以上材料粘合制成的包装，亦称为复合包装。这类包装主要有纸与塑料、塑料与铝箔和纸、塑料与铝箔、塑料与木材、塑料与玻璃等材料制成的包装。

（三）商品包装按销售市场分类

商品包装可按销售市场不同而划分为内销商品包装和出口商品包装。

内销商品包装和出口商品包装所起的作用基本是相同的，但因国内外物流环境和销售市场不相同，它们之间会存在差别。内销商品包装必须与国内物流环境和国内销售市场相适应，要符合我国的国情。出口商品包装则必须与国外物流环境和国外销售市场相适应，满足出口所在国的不同要求。

（四）商品包装按商品种类分类

商品包装可按商品种类不同而区分成建材商品包装、农牧水产品商品包装、食品和饮料商品包装、轻工日用品商品包装、纺织品和服装商品包装、化工商品包装、医药商品包装、机电商品包装、电子商品包装、兵器包装等。

各类商品的价值高低、用途特点、保护要求都不相同，它们所需要的运输包装和销售包装都会有明显的差异。

（五）以包装的内容物分类

1. 食品包装：糖果、饮料、罐头、烟、酒等。
2. 农牧水产品的包装：蔬菜、水果、粮、油、肉类、禽类、蛋类、水产品等。
3. 百货包装：日用品、服装、鞋帽、化妆品、钟表、文具、工艺品、玩具等。

4. 其他：药品包装、化工产品包装、电子产品包装、机械仪表包装、建材包装、钢材包装、兵器包装等。

三、包装的效用

（一）商品运输包装在物流系统中的效用

1. 商品运输包装在运输活动中的效用

在运输活动中，运输包装件不仅与运输设备有关，还与运输时间有关。在这些关系中，运输包装件有提高装载率、提供保护和缩短运输时间等三个方面的效用。

（1）提高装载率。在运输活动中，与运输设备容积利用率有关的运输包装件因素有两个，一是尺寸，二是结构和材料。商品运输包装的尺寸主要是指底面尺寸。如果它能与运输设备间有模数配合，就能大大提高设备容积利用率。以火车车皮为例：假设它的长、宽、高三个方向上的装载率都只有90%，那么车皮装载效率仅为 $0.9 \times 0.9 \times 0.9 = 0.729$，即只有72.9%。这说明有27.1%的装载空间未被利用。采用标准模数的集合包装，较易解决提高设备利用率的问题。运输包装件的结构和材料也能提高运输设备容积的利用率。例如有内部支撑件的运输包装件，就堆码得高一些，能提高运输设备容积利用率。当然这要增大包装的费用，只有在提高装载率和增加包装费用两方面进行权衡，才能进行决策。

（2）对内装货物提供保护。运输包装件在空间转移中往往受到冲击力和振动力而受到损伤。一般来说，铁路运输中冲撞振动的机会较多，运输时间也长，损坏的可能性最大，汽车运输次之，航空运输的损坏率最小。在实际工作中，三种运输方式的费用是不同的，铁路运输的费用最低，汽车费用次之，航空费用最高。对于运输包装来说，其保护效用的好坏必然与包装费用的高低成正比关系。因此，合理运输包装的采用应权衡包装费用与运输方式之间的关系。一般来讲，极易损坏的和价格昂贵的商品，不宜增加包装费用，而宜采用空运。

在运输活动中，运输包装的保护效用还体现在满足运输途中和运输目的地的气候自然环境所提出的要求。例如在北方要注意防寒，到南方要注意防热、防潮、防雨等。

（3）缩短运输时间。例如采用集合包装有利于运输活动的有效管理，减少差错，大大缩短运输时间。

2. 商品运输包装在装卸活动中的效用

在装卸活动中，运输包装件不仅与装卸过程所受到的物理作用有关，也与装卸效率有关。

在装卸过程中，不管是机械装卸，还是人力装卸，有时会出现跌落的情况。一般来说，机械装卸比人工装卸跌落的次数少，跌落的高度也较低。实际经验表明，为避免损伤而提供的包装保护，对于机械装卸要简单一些，而对于人力装卸要困难一些，因为人力搬运所造成的货物损伤，有不少出于搬运工人的体力上和精神上的原因，以致装卸中发生的索赔事件大部分是由于搬运失误而造成的。以人力进行换装时，包装必须将单件毛重控制在能为人力所搬动的限度内，还要求包装的外形尺寸适合于人工操作。包装物过大，人工操作感到困难；包装物过轻过小，则人工装卸搬运的操作频率增加，也容易引起疲劳和降低效率。在适应人力装卸上,为了有效提高效率,运输包装件一般不超过 25 公斤,包装件的宽度不宜超过肩宽,包装件应装有把手,方便抓拿,以保证人力装卸的效率。为了提高装卸效率,运输包装件的集装化是一个必然趋势。集装能减少货物单位的总件数,由此可缩短装卸时间,提高效率。如果运输过程中全部使用叉车式装卸车进行装卸搬运,单件毛重就没有必要过小,可以在交易约定的限度内,采用较大的包装。

3. 商品运输包装在保管活动中的效用

在保管活动中,运输包装件不仅与保管设备有关,而且与和时间有关的物理作用有关,还与仓库的自动化管理有关。保管中仓库的高堆垛和高密度储存可节省建筑费用和占地面积,但高堆垛超过一定限度就会因包装压坏而造成损失。

如一件 20 公斤重的纸箱包装货物,它的耐压能力为 8 层高重 160 公斤,那么,在堆放 8 层后,即使距仓库顶部还有富余空间,也不能再堆放第九层。因此,如果运输包装以其尺寸标准化来适应保管设备,以其足够的抗压强度来适应保管中所受到的静压力,那就一方面能有效利用仓库的容积,另一方面能减少包装压坏而造成的损失。

一般来说,要提高包装件的抗压强度,就需要增加包装费用。而立体仓库的出现就能做到在不增加包装费用的前提下充分利用仓库容积。伴随立体仓库而来的仓库管理自动化,还可通过随机储存而提高空间利用率,也可减少货物损失。

(二) 运输包装与商品特性配合中的效用

从商品包装的从属性和商品包装的系统观可知,商品的特性也是影响包装效用的要素,特别是包装的保护和提高物流效率两个效用,在多数情况下,必须充分注意商品的特性,否则便无法实现。商品的特性对包装的影响如下:

1. 产品的物态不同,需要不同的容器。产品除适合直接装箱的固态刚性体和软性体外,还有粉状、粒状、油状、胶状、液体、气体等物态,这就需要各种袋、桶等不同形状的包装容器。

2. 这些容器必须注意密封,要严防渗漏。

3. 产品有不同的外形,有方形、球形、多面形、锥形、细长形等。这就要求具有固定良好、体积小且方便搬运的包装。

4. 产品有不同的比重、容量,有轻重之分。对于重量轻的松泡产品如羽绒服等产品应设法压缩体积,设计的包装要保证在堆放中不被压坏,跌落中不破损。对于重量大的产品如小五金等,则其包装要注意强度,要保证在搬运中不会被破损。

5. 产品有不同的强度,有的易损坏,有的不易损坏,对于容易受冲击或震动损坏的产品如仪器、家用电器等,一定要采用不同形式的缓冲包装。

6. 有些商品有怕潮怕霉怕锈的特点,其包装必须采取防潮、防霉、防锈等措施。有的产品如皮毛、纺织品有怕虫蛀的特点,则要注意防虫。

7. 有些产品有怕异味的特点,如一些食品和药品。异味可能来自包装,也可能来自周围其他商品,在设计包装和流通管理中要注意这一点。

8. 有些产品有易腐败变质的特点,这就要求采用冷冻包装或采用真空包装、充气包装等包装形式来防止产品变质。

9. 有些产品有易燃易爆的特点,如黄磷易燃、双氧水易爆等,必须采取有效措施来防护,并且要有明显的说明、特殊的标志和注意事项。

10. 有些产品有易死亡的特点。这主要指活鱼、活鸡等商品,这就需要采取特殊的包装来防止或减少其死亡。

11. 有些产品具有有毒性的特点,这就要求设计严密不漏的包装,与外界隔绝,严防渗漏,并有明显标志。

任务小结

本任务首先从了解包装概念入手,进而对包装类型与功能进行分析,最后介绍包装的效用。

任务二　包装材料和标志

任务介绍

包装材料在产品包装中占有重要的地位,是发展包装技术、提高包装质量和降低包装成本的重要基础。为了对产品进行必要的说明,在包装物上常常注有包装标记和标志,以提醒人们对产品的销售、流通等活动中应注意事宜的重视。

任务解析

理解商品包装材料的定义及要求;掌握包装材料的内容及运用的标准。

相关知识

瓦楞纸箱管理系统 Easy Stak

SCA 包装公司的新型瓦楞纸箱管理系统 Easy Stak 问世,并迅速占领了相关市场的某些相关领域。由于农产品来自于不同的种植者和市场,一般运往零售商的水果和蔬菜是由不同大小与样式的纸箱混合装载的,极易导致产品的损坏,这对于每一个供应商来说都是一个头疼问题,而 Easy Stak 系统则实现了纸箱规格的标准化。Easy Stak 系统允许有一系列开口式瓦楞纸箱,但只存在两种基本尺寸——600 毫米×400 毫米和 400 毫米×300 毫米。这意味着一对较小的单元可以跟一个或更多的较大单元相互连接,进行混合装载。

Easy Stak用国际标准来规范瓦楞纸箱两个关键的指标——堆码能力和混装配载性能。它不仅适用于水果、蔬菜,而且可以广泛应用于包括酸牛奶在内的保鲜农产品,另外,甜品和冷冻食品也将从中受益。Easy Stak系统已经在英国、西班牙和意大利试运行,并得到了瓦楞纸箱包装协会(CPA)和食品杂货流通学会(IGD)的大力支持和推广。

任务实施

一、包装材料的性能

从现代包装功能来看,包装材料应具有以下几个方面性能。

(一) 保护性能

包装材料应具有一定机械强度,适应气温变化,能够防潮、防水、防腐蚀、防紫外线穿透、耐热、耐寒、耐光、耐油等,而自身应无异味、无毒、无臭,能保护内装物的质量完好。

(二) 操作性能

包装材料应具有一定的刚性、热合性和防静电性,有一定的光洁度以及可塑性、可焊性、易开口性、易加工、易充填、易分合等,适合自动包装机械操作,生产效率高等。

(三) 附加价值性能

包装增加了商品的附加值,良好的包装使商品的价值及使用价值大大提高。尤其是作为销售包装材料,要求透明度好,表面光泽,使造型和色彩美观,产生陈列效果,以便提高商品价值和消费者的购买欲望。

(四) 方便使用性能

无论用何种材料包装商品,基本要求是便于开启和提取内装物,便于再封闭,开启性能好,不易破裂和损坏。

(五) 降低费用性能

包装落后既增加成本又达不到预期效果,故不可取。实际应用中选择何种包装材料及方法时,除了考虑上述几种要求外,还应考虑节省包装材料费用及包装机械设备费用、劳务费用等,要使用最合适材料,采取最合理包装方法,取得最佳效果。

(六) 与商品性质相适应性

商品包装,必须同商品的性质相适应。如丝绸匹头,有的是在商店与顾客直接见面,有的则是进厂加工整理或制成衣服,其包装应该有所不同,前者应搞得考究些,以突出绸缎质量特点,后者则要求货平整不皱,启封方便,以利厂方加工。又如聚氨酯现场发泡衬垫技术,是较新的科技成果,使用它可以提高商品身价,保护商品安全,但使用这种包装需逐一成型,费用高,又花费时间,故目前只用于包装名贵的雕刻品及仿古瓷器等贵重的工艺品,而一般的工艺品,如木雕、摆件等则使用聚乙烯塑料和气泡薄膜包装已足够。

二、包装材料的选用原则

包装材料的主要作用是保护产品,使其完好地到达消费者手中,除此以外,它还需考虑经济性等因素。因此,在具体选用时,一般应遵循以下原则:

1. 对等性原则

在选择包装材料时,首先应区分被包装物的品性,即把它们分为高、中、低三档。对于高档产品,如仪器、仪表等,本身价格较高,为确保安全流通,就应选用性能优良的包装材料。对于出口商品和化妆品,虽都不是高档商品,但为了满足消费者的心理要求,往往也需要采用高档包装材料。对于中档产品,除考虑美观外,还要多考虑经济性,其包装材料应与之对等。对于低档产品(一般是指人们消费量最大的一类),则应着眼于降低包装材料费和包装作业费,便于开箱作业,以经济性为第一考虑原则,可选用低档包装规格和包装材料。

2. 适应性原则

包装材料是用来包装产品的,产品必须通过流通才能到达消费者手中,而各种产品的流通条件并不相同,包装材料的选用应与流通条件相适应。流通条件包括气候、运输方式、流通对象与流通周期等。气候条件是指包装材料应适应流通区域的温度、湿度、温差等。对于气候条件恶劣的环境,包装材料的选用更需倍加注意。运输方式包括人力、汽车、火车、船舶、飞机等,它们对包装材料的性能要求不尽相同,如温湿条件、震动大小条件大不相同,因此包装材料必须适应各种运输方式的不同要求。流通对象是指包装产品的接受者,由于国家、地区、民族的不同,对包装材料的规格、色彩、图案等均有不同要求,必须使之相适应。流通周期是指商品到达消费者手中的预定期限,有些商品,如食品的保质期很短,有的可以较长,如日用品、服装等,其包装材料都要相应满足这些要求。

3. 协调性原则

包装材料应与该包装所承担的功能相协调。产品的包装一般分为个包装、中包装和外包装,它们对产品在流通中的作用各不相同。个包装也称小包装,它直接与商品接触,主要是保护商品的质量,多用软包装材料,如塑料薄膜、纸张、铝箔等。中包装是指将单个商品或个包装组成一个小的整体,它需满足装潢与缓冲双重功能,主要采用纸板、加工纸等半硬性材料,并适应于印刷和装潢等。外包装也称大包装,是集中包装于一体的容器,主要是保护商品在流通过程中的安全,便于装卸、运输,其包装材料首先应满足防震功能,并兼顾装潢的需要,多采用瓦楞纸板、木板、胶合板等硬性包装材料。

4. 美学性原则

产品的包装是否符合美学,在很大程度上决定一个产品的命运。从包装材料的选用来说,主要是考虑材料的颜色、透明度、挺度、种类等。颜色不同,效果大不一样。当然所用颜色还要符合销售对象的传统习惯。材料透明度好,使人一目了然,心情舒畅。挺度好,给人以美观大方之感,陈列效果好。材料种类不同,其美感差异甚大,如用玻璃纸和蜡纸包装糖果,其效果就大不一样。

三、包装材料的选择

包装设计所用材料是十分广泛的,从天然材料到运用高新科技不断发展出来的合成材料，从单一材料到复合材料，在多样化的同时，更趋复杂化。选择包装材料的一般原则是以经济性、品质划一的工业材料为主。近些年来人们对于包装认识的逐步加深以及企业追求产品的差异化等一系列原因，包装的材料已经变得极其广泛，甚至如陶瓷、皮革、木材、丝绸等都可以用于包装。当然，其中最为常用的包括纸、塑料、金属和玻璃等几类。

选用包装材料应具体考虑下列因素：

1. 产品特性：产品材质、形状、大小、重量、表面处理、理化性能、抗压力、防震力、易碎性。

2. 储运情况、运输形式（航空、海运、铁路、公路）装卸形式（人工、机械）及储存地区的自然环境、条件、温度、湿度、季节、气候。

3. 成本合理、材料价格、加工费用、搬运储备。

4. 成型工艺、机械加工的适合性成型的便利性、重量、尺寸单位的标准化规格，消费过程中是否便于开封后的保存。

5. 材料品质与印刷性能的关系：材料表面的光滑度、均匀性、油墨吸收性、透明感、光泽感、尺寸稳定性等因素，构成达到设计表面效果。

6. 材料肌理和结构美感、各种材料的质感与容器融合一体的设计关系及展示效果，触觉效果。

7. 材料的再利用与处理、材料的回收复用，作为废弃物的处理。

四、物流包装标记和标志

（一）物流包装标记

物流包装标记是根据物品的自身的特性用文字、图形、表格等按有关规定标明的记号，通常要标明物品的名称、数量、质量、规格尺寸、出厂时间等，进口物品还要标明进口单位、商品类别、贸易国及进口港等。物流包装标记分为以下几类：

1. 一般标记

一般包装标记也称为包装袋基本标记。它是指在包装上写明物资的名称，规格，型号，计量单位，数量（毛重、净重、皮重），长、宽、高尺寸，出厂时间、地址等说明。对于时效性较强的物品还要写明成分、保质期等。

2. 运输标记（也称唛头）

运输标记主要标明汽运、到达地址、收货单位等。对于进口物品，由外贸主管部门统一编制国外订货的代号，主要作用是加强保密性，有利于物品的安全，减少签订合同和运输过程中的翻译工作，减少错发、错运等事故。

3. 牌号标记

牌号标记一般只标明物品的名称，不提供有关物品的其他信息，应印制在包装的显著位置。

4. 等级标记

等级标记是用来说明物品质量等级的记号，常用"一等品""优质品""获××奖产品"等字样来表示。

（二）物流包装标志

为了便于商品的流通、销售、选购和使用，在商品包装上通常都印有某种特定的文字或图形，用以表示商品的性能、储运注意事项、质量水平等含义，这些具有特定含义的图形和文字称为商品包装标志。它的主要作用是便于识别商品，便于准确迅速地运输货物，避免差错、加速流转等。它分为以下几种：

1. 识别标志

也称运输包装收发标志，包括分类标志（也称唛头）、供货号、体积、收发地点及单位、运输号、件数等。

2. 指示标志

也称包装储运图示标志、安全标志或注意标志。它是根据商品的不同性能和特殊要求，采用图案或简易文字来表示的用以提示人们在装卸、运输和储存过程中应注意的事项的标志。如对一些易碎、易潮、易残损或变质的商品，在装卸、运输和保管中提出的要求和注意事项。如小心轻放、切勿倒置、禁用手钩、怕热、重心点、堆码限度等。此标志的图形、颜色、形式、位置、尺寸等在《包装储运图示标志》(GB 191—2008)中有明确规定。

3. 运输标志

运输标志又称唛头，是一种识别标志。按国际标准化组织(ISO)的建议，包括四项内容：①收货人名称的英文缩写或简称；②参考号，如定单、发票或运单号码；③目的地；④件号。

例如：ABCCO 收货人名称

SC9750 合同号码

LONDON 目的港

No. 4—20 件号（顺序号和总件数）

商品以集装箱方式运输时，运输标志可被集装箱号码和封口号码取代。

在制作设计唛头时应该注意以下几点：

(1) 每行不得超过 17 个字符；

(2) 目的港有重名的应注明国家；

(3) 参考号可以是发票号、信用证号、运单号；

(4) 件号如 NO.1—200，1 表示该件商品顺序号，200 表示总的运输包装件数。

4. 警告性标志

又称危险品标志，是用来标明对人体和财产安全有严重威胁的货物的专用标志。由图形、文字和数字组成。我国国家标准《危险货物分类和品名编号》(GB 6944—2012)把危险货物分为九类：爆炸品、压缩气体和液化气体、易燃液体、易燃固体、氧化剂和有机过氧化物、毒害品和感染性物品、腐蚀品、杂品。不同类别的危险品，应使用不同的危险品标志。此标志的图形、颜色、形式、位置、尺寸等《危险货物包装标志》(GB 190—2009)中均有明确规定。

警告性标志，必须严格遵照国内和国际的规定办理，稍有疏忽，就会造成意外事故。因此,要保证标志清晰,并在货物储运保存期内不脱落。

图 5-1　警告性标志

5. 国际通用装卸货指示标志和国际海运危险品标志

联合国海事协商组织对国际海运货物规定了国际通用装卸货指示标志和国际海运危险品标志。我国出口商品包装可以同时使用两套标志。

(二) 包装标记及标志的要求

1. 包装标记、标志中使用的文字、符号、图形等必须按国家有关规定,不能随意改动。
2. 必须简明清晰、易于辨认。
3. 涂刷、栓挂、粘贴的标志与标记的部位要适当。
4. 选用适应的色彩制作标识和标志。
5. 栓挂的标志要选择合适的规格尺寸。
6. 中国出口危险品,除刷制中国的危险标志外,还应刷制联合国海事协商组织规定的国际海运危险标志中的符号,否则到达国港不准靠岸。

▎任务小结▎

在本任务中,我们要熟悉商品包装材料的种类,要理解商品包装标志的具体图形,并能进行正确的识别。

任务三　商品包装容器的设计与选用

▎任务介绍▎

理解包装容器的概念,掌握产品对包装容器设计的要求,能有效地根据不同的产品选择适合的包装容器。

┤任务解析┝

了解包装容器结构设计的概念;了解包装容器结构设计的原则;知道包装容器结构的制作工具和材料;知道包装容器结构的设计内容;知道包装容器结构设计需要注意的问题。

┤相关知识┝

被包装产品的性能

被包装产品的性能,主要包括产品的物态、外形、强度、重量、结构、价值、危险性等,这是进行包装时首先应考虑的问题。

1. 产品物态。主要有固态、液态、气态、混合等,不同的物态,其包装容器也不同。

2. 产品外形。主要有方形、圆柱形、多角形、异形等,其包装要根据产品外形特点进行设计,要求包装体积小、固定良好、存放稳定且符合标准化要求。

3. 产品强度。对于强度低、易受损伤的产品,要充分考虑包装的防护性能,在包装外面应有明显的标记。

4. 产品重量。对于重量大的产品,要特别注意包装的强度,确保在流通中不受损坏。

5. 产品结构。不同产品,往往结构不同,有的不耐压,有的怕冲击等。只有对产品结构充分地了解,才能对不同产品进行合适的包装。

6. 产品价值。不同产品,价值差异很大,对价值高者应重点考虑。

7. 产品危险性。对易燃、易爆、有毒等具有危险性产品,要确保安全,在包装外面应有注意事项和特定标记。

┤任务实施┝

一、商品包装容器的设计要求

包装容器是指在商品流通过程中,按一定技术规范而用的包装器具、材料及其他辅助物的总体名称。包装容器分运输包装容器和销售包装容器两大类,它们与商品价值、用途、性能、形状、运输存储条件和销售对象等都有着密切的联系。因此,包装容器的设计应遵循"科学、安全、经济、适用、美观"的原则,以达到保护商品,方便储存,利于运输,促进销售,防止环境污染和预防安全事故的目的。

（一）合理选择包装材料

包装容器对保护商品关系极大。因此,要根据商品性能来选择不同材料制作包装容器。例如,易碎、怕震的商品,应选用富有弹性的缓冲材料制作容器的内衬;机械产品由于重量大,应采用抗压力强的木箱或铁木结构箱包装;液体和胶体商品应选用不渗漏的材料作为包装容器。除此之外,还要考虑保证包装容器在储运和销售过程中不致损坏。另外,还要注意包装的经济效益及表现效果,在不影响保证质量的前提下,应选用价格便宜的材料;在满足强度要求前提下,选用重量较轻的材料,并注意节省材料等。出口商品的包装材料,还要符合销售国家的法令与合同规定。

(二)包装容器造型结构要科学

产品在设计包装容器的造型结构时,要根据内装物的性质、形状和运输储存条件,注意产品在包装容器中的合理排列,尽量缩小容器的体积,还要根据包装设计的艺术形态和科学结构,根据力学原理设计抗压力强、缓冲与防震性能好的结构造型。包装容器的规格尺寸应符合标准化的要求,应考虑集装化运输的需要,应与集装箱、托盘、运输工具和货架等的尺寸成模数关系。同时,还要适应销售国家或地区的自然条件和环境。

(三)包装容器质量要符合标准

要保证包装容器的规格整齐,厚薄均匀,美观适用,防止变形、变质、漏气等现象。同时容器应有明显的标志,以便与储运、装卸等部门识别、交换和妥善进行搬运作业。

(四)包装容器应符合产品销售的需要

包装容器应有利于产品陈列展销,包装容器要便于商品置放、堆列或张挂。在产品陈列展销中,包装容器要能突出商品的特点,要有利于消费者识别商品和引起注意,在造型结构上应设计消费者容易接受的信号,以符合消费者的心理并吸引消费者购买。另外,包装的造型结构应便于消费者携带、开启和使用。反对过分包装,包装与内装产品的价值应相称。

二、商品包装容器的功能

(一)实用功能

包装容器必须具备容纳和保护产品的实用价值,这是包装容器的最根本的功能。在进行产品包装容器造型设计之前,需要以适当的材料、准确结构和严谨的造型来达到保护功能,以防止外界因素导致产品的损坏。

(二)认知功能

包装容器的认知功能是指容器的造型能协助消费者了解产品的性能或者特性。消费者对产品的第一印象就是其包装的大概轮廓,设计师应该通过包装容器的造型来传递一些产品的信息给消费者。

(三)审美功能

包装容器的审美功能是通过产品的形态特征给人以赏心悦目的感受,唤起人们的生活情趣和价值体验,刺激人们的购买欲望,使得产品对人具有亲和力。如今随着人们生活水平的提高,对商品的要求也不断在改变,人们对商品的要求不仅满足于价廉,还希望自己选择的商品包装美观。

三、商品包装容器的主要类型

包装容器是包装材料和造型相结合的产物,包括包装袋、包装盒、包装瓶、包装罐和包装箱等。列入现代物流包装行列的包装箱主要有瓦楞纸箱、木箱、托盘集合包装、集装箱和塑料周转箱,它们在满足商品运输包装功能方面各具特点,必须根据实际需要合理地加以选择和使用。

项目五 商品包装与集装化

(一)包装袋

包装袋是柔性包装中的重要技术,包装袋的材料是挠性材料,有较高的韧性、抗拉强度和耐磨性。一般包装袋的结构是筒管状结构,一端预先封死,在包装结束后再封装另一端,包装操作一般采用充填操作。包装袋广泛适用于运输包装、商业包装、内装、外装,因而使用较为广泛。包装袋一般分成以下三种类型:

1. 集装袋。这是一种大容积的运输包装袋,盛装重量在 1 吨以上。集装袋的顶部一般装有金属吊架或吊环等,便于铲车或起重机的吊装、搬运;卸货时打开位于底部的卸货孔,卸货很方便。集装袋适于装运颗粒状、粉状的货物。集装袋一般多用聚丙烯、聚乙烯等聚酯纤维纺织而成。由于集装袋装卸货物、搬运都很方便,装卸效率高,近年来发展很快。

2. 一般运输包装袋。这类包装袋的盛装重量是 0.5~100 公斤,大部分是由植物纤维或合成树脂纤维纺织而成的织物袋,或者是由数层挠性材料构成的多层材料制成的包装袋。例如麻袋、草袋、水泥袋等。其主要用于包装粉状、粒状和个体小的货物。

3. 小型包装袋(或称普通包装袋)。这类包装袋盛装重量较轻,通常用单层材料或双层材料制成。对某些具有特殊要求的包装袋也有用多层不同材料复合而成。包装范围较广,液状、粉状、块状和异型物等可采用这种包装。上述几种包装袋中,集装袋适于运输包装,一般运输包装袋适于外包装及运输包装,小型包装袋适于内装、个体包装及商业包装。

(二)包装盒

包装盒是介于刚性和柔性包装两者之间的包装技术。包装材料具有一定的挠性,不易变形,有较高的抗压强度,刚性高于袋装材料。包装结构是规则几何形状的立方体,也可以裁制成其他形状,如圆盒状、尖角状等形状,包装盒一般容量较小,有开闭装置。包装盒一般包装操作采用码入式或装填式,然后将开闭装置闭合。包装盒整体强度不大,包装量也不大,不适合做运输包装,适合做商业包装、内包装、适合包装块状及各种异形物品。

(三)包装箱

包装箱是刚性包装技术中的重要一类。包装材料为刚性或半刚性材料,强度较高且不易变形。包装结构和包装盒相同,只是容积、外形都大于包装盒,两者通常以 10 升为分界。包装操作主要为码放,然后将开闭装置闭合或将一端固定封死。包装箱整体强度较高,抗变形能力强,包装量也较大,适合做运输包装、外包装,包装范围较广,主要用于固体杂货包装。

(四)包装瓶

包装瓶是瓶颈尺寸有较大差别的小型容器,是刚性包装中的一种,包装材料有较高的抗变形能力,刚性、韧性要求一般也较高,个别包装瓶介于刚性与柔性材料之间,瓶的形状在受外力时虽可发生一定程度变形,外力一旦撤除,仍可恢复原来的瓶形。包装瓶结构是瓶颈口径远小于瓶身,且在瓶颈顶部开口;包装操作先采用填灌操作,再将瓶口用瓶盖封闭。包装瓶包装量一般不大,易于美化、装潢设计,主要做商业包装、内包装使用。主要包装液体、粉状物品。包装瓶按外形可分为圆瓶、方瓶、高瓶、矮瓶、异形瓶等若干种。瓶口与瓶盖的封盖方式有螺纹式、凸耳式、齿冠式、包封式等。

（五）包装罐（筒）

包装罐是罐身各处横截面形状大致相同，罐颈短，罐颈内径比罐身内颈稍小或无罐颈的一种包装容器，是刚性包装的一种。包装材料强度较高，罐体抗变形能力强。包装操作是装填操作，然后将罐口封闭，可做运输包装、外包装，也可做商业包装、内包装用。包装罐（筒）主要有三种：

1. 小型包装罐。这是典型的罐体，用金属材料或非金属材料制造，容量不大，一般是做销售包装、内包装，罐体可采用各种方式装潢美化。

2. 中型包装罐。外型也是典型罐体，容量较大，一般做化工原材料、土特产的外包装，起运输包装作用。

3. 集装罐。这是一种大型罐体，外形有圆柱形、圆球形、椭球形等，卧式、立式都有，其罐体大而罐颈小，采取灌填式作业，灌进作业和排出作业往往不在同一罐口进行，另外设有卸货出口，集装罐是典型的运输包装，适合包装液状、粉状及颗粒状货物。

（六）托盘集合包装

托盘集合包装是把若干件货物集中在一起，堆叠在运载托盘上，构成一件大型货物的包装形式。托盘包装是为了适应装卸和搬运作业机械化而产生的一种包装形式。托盘集合体包装是一类重要的集合包装，它区别于普通运输包装的特点就是搬运活性大，在任何时候都处于可转入运动的状态，使静态的货物变成动态的货物。托盘集合包装既是包装方法，又是运输工具，也是包装容器。从小包装单位的集合来看，它是一种包装方法；但从适合运输的状态来看，它又是一种运输工具；从它对货物所起的保护功能来看，它也是一种包装容器。

任务小结

通过对包装容器结构设计知识的讲述，使学生具备系统的包装容器结构设计知识；具备一定的空间想象力，使之能从包装容器的选型入手进行结构设计；培养综合分析能力，为毕业后能胜任各种包装容器的结构设计打好基础。

任务四　包装操作和技法

任务介绍

掌握常见的各种包装保护技术及特点；能够根据货物特点，运用包装技术，并评价包装技术是否合理。

项目五 商品包装与集装化

任务解析

熟悉合理选择包装技法的原则;熟悉物流包装技法;掌握一般包装技法。

相关知识

家具包装的几点建议

（1）在包装箱的设计上,学习和借鉴国外先进经验技术,根据我国家具现阶段国情,寻找适合我国的家具包装的设计理念。

（2）对于家具企业来说,应配有针对该品牌家具提供专门的家具包装设计部门,把家具包装作为家具整个生命周期的一个重要组成部分,提高家具包装自身价值及功能,促进其在循环利用。

（3）在包装材料选择上,开发出不仅具有廉价、绿色环保的包装材料,同时注重家具包装的防火、防水、抗腐蚀、耐挤压等其他性能。

（4）在包装箱生产过程中,利用回收材料,降低生产成本,减少资源的浪费。

（5）在家具销售过程中,把家具包装的回收再利用（例如可以制成新的家具或陈设品）作为一个新的卖点。

任务实施

一、商品包装技法的概念

商品包装技法是指包装操作时采用的技术和方法。它包括产品包装技术处理,又包括包装充填、封口、捆扎、裹合、加标和检重等技术活动。包装技法与包装的各种功能密切相关,特别是与保护功能关系密切。任何一个产品包装件在制作和操作过程中都存在技术、方法问题,通过对产品包装件合理的技术处理,才能使产品包装与商品形成一个高质量的有机整体。采用各种包装技法的目的,是为了有针对性地合理保护不同特性商品的质量。有时为了取得更好的保护效果,也将两种或两种以上技法组合使用。

二、商品包装技法的分类

随着对科学技术的进步,商品包装技法正在不断发展完善。商品包装技法很多,常见的主要有以下几类。

1. 针对产品不同形态采用的包装技法

（1）对内装物的合理放置、固定和加固

在运输包装体中装进形态各异的产品,需要具备一定的技巧,只有对产品进行合理放置、固定和加固,才能达到缩小体积、节省材料、减少损失的目的。例如,对于外形有规则的产品,要注意套装;对于薄弱的部件,要注意加固。

（2）松泡产品进行压缩包装

对于一些松泡产品,包装时所占用容器的容积太大,相应地也就多占用了运输空间和储存空间,增加了运输储存费用,所以对于松泡产品要压缩体积。一般采用真空包装技法。

（3）合理选择内、外包装的形状和尺寸

有的商品运输包装件，还需要装入集装箱，这就存在包装件与集装箱之间的尺寸配合问题。如果配合得好，就能在装箱时不出现空隙，有效地利用箱容，并有效地保护商品。包装尺寸的合理配合主要指容器底面尺寸的配合，即应采用包装模数系列。至于外包装高度的选择，则应由商品特点来决定，松泡商品可选高一些，沉重的商品可选低一些。包装件装入集装箱只能平放，不能立放或侧放。在外包装形状尺寸的选择中，要注意避免过高、过扁、过大、过重包装。过高的包装会重心不稳，不易堆码；过扁的包装则给标志刷字和标志的辨认带来困难；过大包装量太多，不易销售，而且体积过大也给流通带来困难；过重包装则纸箱容易破损。

（4）包装物的捆扎

外包装捆扎对包装起着重要作用，有时还能起关键性作用。捆扎的直接目的是将单个物件或数个物件捆紧，以便于运输、储存和装卸。此外，捆扎还能防止失盗而且保护内装物，能压缩容积而减少保管费和运输费，能加固容器，一般合理捆扎能使容器的强度增加20%～40%。捆扎的方法有多种，一般根据包装形态、运输方式、容器强度、内装物重量等不同情况，分别采用井字、十字、双十字和平行捆扎等不同方法。对于体积不大的普通包装，捆扎一般在打包机上进行，而对于集合包装，用普通捆扎方法费工费力，一般采用收缩薄膜包装技术和拉伸薄膜包装技术。

①收缩薄膜包装技术。收缩薄膜包装技术是用收缩薄膜裹包集装的物件，然后对裹包的物件进行适当的加热处理，使薄膜收缩而紧贴于物件上，使集装的物件固定为一体。收缩薄膜是一种经过特殊拉伸和冷处理的聚乙烯薄膜，当薄膜重新受热时，其横向和纵向产生急剧收缩，薄膜厚度增加，收缩率可达30%～70%。

②拉伸薄膜包装技术。拉伸薄膜包装技术是在20世纪70年代开始采用的一种新的包装技术。它是依靠机械装置，在常温下将弹性薄膜围绕包装件拉伸、裹紧，最后在其末端进行封合而成，薄膜的弹性也使集装的物件紧紧固定在一起。

2. 针对产品的不同物性而采用的包装技法（运输包装技法）

这是针对产品的特殊需要而采用的包装技术和方法。由于产品特性不同，在流通过程中受到内外各种因素影响，其物性会发生人们所不需要的变化，或称变质，有的受潮变质，有的受振动冲击而损坏。所以需要采用一些特殊的技术和方法来保护产品免受流通环境各因素的作用。因此，此类技术和方法也称特殊包装技法。它所包括的范围极为广泛，有缓冲、保鲜、防潮、防锈、脱氧、充气、灭菌等。

（1）缓冲包装技法

缓冲包装技法又称"防震包装"，是将缓冲材料适当地放置在内装物和包装容器之间，用以减轻冲击和震动，保护内装物免受损坏。常用的缓冲包装材料有泡沫塑料、木丝、弹簧等。发泡包装是缓冲包装的较新方法，它是通过特制的发泡设备，将能生产塑料泡沫的原料直接注入内装物与包装容器之间的空隙处，约经几十秒钟即引起化学反应，进行50～200倍的发泡，形成紧裹内装物的泡沫体。它对于一些形体复杂或小批量的商品最为合适。

(2) 防潮包装技法

防潮包装是为了防止潮气侵入包装件,影响内装物质量而采取的一定防护措施的包装。防潮包装设计就是防止水蒸气通过,或将水蒸气的通过减少至最低限度。一定厚度和密度的包装材料,可以阻隔水蒸气的透入,其中金属和玻璃的阻隔性最佳,防潮性能较好;纸板结构松弛,阻隔性较差,但若在表面涂抹防潮材料,就会具有一定的防潮性能;塑料薄膜有一定的防潮性能,但它多由无间隙、均匀连续的孔穴组成,并在孔隙中扩散造成其透湿特性。透湿强弱与塑料材料有关,特别是加工工艺、密度和厚度的不同,其差异性较大。为了提高包装的防潮性能,可用涂布法、涂油法、涂蜡法、涂塑法等方法。涂布法,就是在容器内壁和外表加涂各种涂料,如在布袋、塑料编织袋内涂树脂涂料,纸袋内涂沥青等;涂油法,如增强瓦楞纸板的防潮能力,在其表面涂上光油、清漆或虫胶漆等;涂蜡法,即在瓦楞纸板表面涂蜡或楞芯渗蜡;涂塑法,即在纸箱上涂以聚乙烯醇丁醛(PVB)等。还有在包装容器内存放干燥剂(如硅胶、泡沸石、铝凝胶)等。

(3) 防霉包装技法

防霉包装是防止包装和内装物霉变而采取一定防护措施的包装。它除防潮措施外,还要对包装材料进行防霉处理。防霉包装必须根据微生物的生理特点,改善生产和控制包装储存等环境条件,达到抑制霉菌生长的目的。第一,要尽量选用耐霉腐和结构紧密的材料,如铝箔、玻璃和高密度聚乙烯塑料、聚丙烯塑料、聚酯塑料及其复合薄膜等,这些材料具有微生物不易透过的性质,有较好的防霉效能。第二,要求容器有较好的密封性,因为密封包装是防潮的重要措施,如采用泡罩、真空和充气等严密封闭的包装,既可阻隔外界潮气侵入包装,又可抑制霉菌的生长和繁殖。第三,采用药剂防霉的方法,可在生产包装材料时添加防霉剂,或用防霉剂浸湿包装容器和在包装容器内喷洒适量防霉剂,如采用多菌灵(BCM)、百菌清、水杨脱苯胺、菌宿净、五氯酚钠等,用于纸与纸制品、皮革、棉麻织品、木材等包装材料的防霉。第四,还可采用气相防霉处理,主要有多聚甲醛、充氮包装、充二氧化碳包装,也具有良好的效果。

(4) 防锈包装技法

防锈包装是为防止金属制品锈蚀而采用一定防护措施的包装。防锈包装可以采用在金属表面进行处理。如镀金属(包括镀锌、镀锡、镀铬等)镀层不但能阻隔钢铁制品表面与大气接触,且电化学作用时镀层先受到腐蚀,保护了钢铁制品的表面;也可采用氧化处理(俗称"发蓝")和磷化处理(俗称"发黑")的化学防护法;还可采用涂油防锈、涂漆防锈和气相防锈等方法。

(5) 防虫包装技法

防虫包装技法,常用的是驱虫剂,即在包装中放入有一定毒性和臭味的药物,利用药物在包装中挥发气体杀灭和驱除各种害虫。常用驱虫剂有萘、对位二氯化苯、樟脑精等。也可采用真空包装、充气包装、脱氧包装等技法,使害虫无生存环境,从而防止虫害。该技法不适合于食品类的物品包装。

(6) 危险品包装技法

危险品有上千种，按其危险性质，交通运输及公安消防部门规定分为十大类，即爆炸性物品、氧化剂、压缩气体和液化气体、自燃物品、遇水燃烧物品、易燃液体、易燃固体、毒害品、腐蚀性物品、放射性物品等，有些物品同时具有两种以上危险性能。因而要有针对性地采取措施。对有毒商品的包装要明显地标明有毒的标志。防毒包装的主要措施是包装严密不漏、不透气。对有腐蚀性的商品，要注意商品与包装容器的材质发生化学变化。金属类的包装容器，要在容器内壁涂上涂料，防止腐蚀性商品对容器的腐蚀。

(7) 集合包装技法

集合包装，就是将运输包装货件成组化，集装为具有一定体积、重量和形态的货物装载单元。集合包装包括托盘包装、沿板包装、无托盘（无滑板）包装。集合包装是以托盘、滑板为包装货件群体之基座垫板，或者利用包装货件堆垛形式，以收缩、拉伸薄膜紧固，构成具有采用机械作业叉孔的货物载荷单元。

3. 销售包装技法

(1) 泡罩包装与贴体包装技法

泡罩包装是将商品封合在用透明塑料薄片形成的泡罩与底板之间的一种包装方法。贴体包装是将商品放在能透气的、用纸板或塑料薄片制成的底板上，上面覆盖加热软化的塑料薄片，通过底板抽真空，使薄片紧密包贴商品，且四周封合在底板上的一种包装方法。泡罩包装和贴体包装多用于日用小商品的包装，其特点是透明直观，保护性好，便于展销。

(2) 收缩包装技法

收缩包装是以收缩薄膜为包装材料，包裹在商品外面，通过适当温度加热，使薄膜受热自动收缩紧包商品的一种包装方法。收缩薄膜是一种经过特殊拉伸和冷却处理的塑料薄膜，内含有一定的收缩应力，这种应力重新受热后会自动消失，使薄膜在其长度和宽度方向急剧收缩，厚度加大，从而使内包装商品被紧裹，起到良好的包装效果。收缩包装具有透明、紧凑、均匀、稳固、美观的特点，同时由于密封性好，还具有防潮、防尘、防污染、防盗窃等保护作用。收缩包装适用于食品、日用工业品和纺织品的包装，特别适用于形态不规则商品的包装。

(3) 拉伸包装技法

拉伸包装是用具有弹性（可拉伸）的塑料薄膜，在常温和张力下，裹包单件或多件商品，在各个方向牵伸薄膜，使商品紧裹并密封。

(4) 保鲜包装技法

保鲜包装，是采用固体保鲜剂（由沸石、膨润土、活性炭、氢氧化钙等原料按一定比例组成）和液体保鲜剂（如以椰子泊为主体的保鲜剂，由碳酸氢钠、过氧乙酸溶液、亚硫酸与酸性亚硫酸钙、复方卵磷脂和中草药提炼的 CM 保鲜剂等）进行果实、蔬菜的保鲜。固体保鲜剂法是将保鲜剂装入透气小袋封口后再装入内包装，以吸附鲜果、鲜菜散发的气体而延缓后熟过程。

(5) 脱氧包装技法

脱氧包装又称除氧封存剂包装,即利用无机系、有机系、氢系三类脱氧剂,除去密封包装内游离态氧,降低氧气浓度,从而有效地阻止微生物的生长繁殖,起到防霉、防褐变、防虫蛀和保鲜的目的。脱氧包装适用于某些对氧气特别敏感的制品。

(6) 充气包装和真空包装技法

充气包装是采用二氧化碳气体或氮气等不活泼气体置换包装容器中空气的包装技术方法。它是通过改变包装容器中的气体组成成分,降低氧气浓度的方法,达到防霉腐和保鲜的目的。

真空包装是将制品装入气密性容器后,在容器口前抽真空,使密封后的容器基本上没有氧气的包装。一般肉类食品、谷物加工食品及一些易氧化变质商品都可采用此类方法包装。

(7) 高温短时间灭菌包装技法

它是将食品充填并密封于复合材料制成的包装内,然后使其在短时间内保持135℃左右的高温,以杀灭包装容器内细菌的包装方法。这种方法可以较好地保持鱼、肉、蔬菜等内装食品的鲜味、营养价值及色调等。

任务小结

包装要起到它应有的作用,包装技术是关键的。本任务首先提出了包装技法的概念和分类,最后说明了各种商品包装技法的特点。

任务五　包装合理化与标准化

任务介绍

能根据相应的国家标准,选择设计合适的产品物流包装尺寸、包装标志、包装技术和方法。

任务解析

了解物流包装合理化概念;掌握物流包装合理化的内容、制定的原则与程序;掌握危险品物流包装的特殊要求。

相关知识

我国包装印刷标准体系存在的问题

由于我国长期以来印刷标准化工作模式是在计划经济体制下形成的,标准制定过程带有浓重的政府色彩,包装印刷标准的制定一直以来都没有形成一个体系框架,标准的制修订也远远滞后于行业发展的需求,具体表现为:

(1) 没有完善的标准体系:一直以来,我国包装印刷标准的制定缺少一个完善的标准体系作为指导,这样造成了标准制定中整体性差、难以形成有机整体的问题。

(2) 针对性不强:包装印刷和书刊印刷相比具有明显不同的技术特征、功能要求和加工方法,而目前我国多数印刷标准是基于书刊印刷的需要制定的,有些标准可以适用于包装印刷中纸制包装品的印刷生产中的某些环节,而大多数包装印刷品的生产没有标准可依。

(3) 适应性较差:随着技术的发展,相关标准以及标准体系也应该不断更新调整,以提高标准制修订工作的效率和标准的适应性。

任务实施

商品包装的合理化是商品包装追求的最终目标。商品包装合理化所涉及的问题,既包括商品生产、流通范围内的有关问题,还包括更大范围内的诸如社会法规、废弃物治理、资源利用等有关方面的问题。

一、合理包装的含义

合理包装是指能适应和克服流通过程中的各种障碍,是在极限范围内的最好的包装。合理包装是克服物流故障的主要办法。

1. 物流故障分类

根据系统的调查,物流常见的故障有四大类。

(1) 运输中的故障

运输车辆的振动;运输的货物坍塌;因堆叠不当而压坏;运输时雨雪渗漏;急刹车时向前方冲击。

(2) 搬运时的故障

手工搬运时不慎跌落;包装缺陷引起意外跌落;装卸机械操作失误;堆放货物不稳造成坍塌;因踩踏而压坏。

(3) 储存中的故障

堆叠超过了包装物的极限强度而引起压坏;堆放不当引起坍塌;受潮生锈;露天堆放被雨淋而损坏;储存中发生虫害而损坏;货物被偷盗。

(4) 气候环境故障

温度影响;湿度影响;降雨的影响;降雪的影响。

2. 物流故障分析

根据有关资料统计,有70%的故障是由于包装不当引起的。因此,克服上述物流故障的对策,基本上要落实到包装上来。所以,从一定意义上讲,包装的合理化是克服物流故障的主要措施。

二、包装合理化的途径

包装与物流各环节都有密切的联系。因此,包装必须合理化。关于包装的合理化,国内外开展了广泛的研究,例如,美国提出了"包装5步研制方法":①确定环境;②确定产品的易损性;③选用适当的缓冲垫;④设计及创造原型包装;⑤试验原型包装。我们认为,包装合理化的途径包含以下几个方面。

(一) 从物流总体角度出发,用科学方法确定最优包装

产品从出厂到最终销售目的地所经过的流通环境条件,如:装卸条件、运输条件、储存条件、气候条件、机械条件、化学和生物条件等都对包装提出了要求。从现代物流观点看,包装合理化不单是包装本身合理与否的问题,而是整个物流合理化前提下的包装合理化。

(二) 防止包装不足和包装过剩

由于包装强度不足,包装材料不足等因素所造成商品在流通过程中发生的损耗不可低估。由于包装物强度设计过高,保护材料选择不当而造成包装过剩,这一点在发达国家表现尤为突出,日本的调查结果显示,发达国家包装过剩约在20%以上。

(三) 不断改进包装

改进包装应注意以下一些问题。

1. 采用单元货载尺寸和运输包装系列尺寸

物流系统高效化的关键在于使单元货载系统化。所谓单元货载系统是把货物归整成一定数量的单件进行运输。其核心是自始至终采用托盘运输,即从发货至到货后的装卸,全部使用托盘运输方式。为此,在物流过程中所有的设施、装置、机具均应引进物流标准概念。物流标准是指为实现标准化,提高物流效率,将物流系统各要素的基准尺寸体系化。

2. 包装大型化

随着交易单位的大型化和物流过程中搬运的机械化,单个包装亦趋大型化。如作为工业原料的粉粒状货物,就使用以吨为单位的柔性容器进行包装。

3. 包装机械化

包装过去主要是依靠人力作业的人海战术,进入大量生产、大量消费时代以后,包装的机械化也就应运而生。包装机械化从逐个包装机械化开始,直到装箱、封口、捆扎等外包装作业完成。此外,还有使用托盘堆码机进行的自动单元化包装,以及用塑料薄膜加固托盘的包装等。在超级市场,预先包装(原包装)业已普及,就是从保证卫生出发,食品包装机械化也是非常必要的。

包装机械化对于节省劳力,货物单元化,提高销售效率,以及采取无人售货方式等均是必要的,不可缺少的。

4. 节省资源的包装与拆装后的废弃物处理必须和社会系统相适应

包装的寿命很短,多数到达目的地后便废弃了,但随着物流量的增大,垃圾公害问题被

提上议事日程。随着对"资源有限"认识的加深,包装材料的回收利用和再生利用受到了重视。今后应尽可能地积极推行包装容器的循环使用,并尽可能地回收废弃的包装容器予以再生利用。

三、包装设计合理化

由于本书讨论的是物流包装,因此,设计中考虑的首要因素是货物的保护功能。包装设计基本上决定了货物的保护程度。包装设计不能忽视费用问题,过度的包装会增加包装费用,包装设计应正好符合保护货物的要求。包装的尺寸大小会影响运输工具和仓库容积使用率,这也是一个重要的影响费用的因素。

合理包装的设计要点:

1. 深入了解产品因素和物流因素

深入了解产品因素和物流因素是搞好合理包装的重要前提,否则就无法进一步确定保护等级要求和进一步选择包装材料、容器、技法、标志等。

2. 了解流通环境和运输目的地

(1) 了解产品从生产厂到目的地之间整个路途,是国内运输还是国际运输,是热带地区还是寒带地区,是车站还是港口,是城市还是村庄等。

(2) 了解运输方式,是公路、铁路、海运、江河、空运,还是人工或畜力运输,弄清楚运输工具的类型、振动、冲击等量值,道路路面情况,是否使用集装箱运输,是按体积计算货物运价还是按重量计算。

(3) 了解搬运、装卸及库存情况,弄清楚装货和卸货的预计次数和特点,流通途中中转及目的地装卸条件的机械化、搬运操作的文明程度,运输前后及中途存放日期和条件等。

(4) 了解运输途中或目的地的气候条件,弄清楚温度、相对湿度的可能范围,有无凝结水珠的可能性,是否会受暴雨袭击,是否会受海水侵害,所经受大气压的范围、尘土、空气污染等情况。

3. 注意包装各功能间的平衡

为了求得上述功能间的合理平衡,就需要设计出在技术经济上最优的运输包装,也就是使产品可靠地从生产厂到达用户手中,在包装费用与物流费用之间保持平衡。合理包装并不是可靠度最高的包装,而是运输包装各功能之间平衡的一种包装。

四、包装标准化

这里的包装标准化不是单纯的包装本身的事情,而是在整个物流系统实现合理化、有序化、现代化、低成本的前提下的包装合理化及现代化。

(一) 包装标准化的概念

商品包装标准化即对各种商品包装的类型、造型(形状)、规格(尺寸)、标志(文字、图案)、制作材料,结构和包装技法作出的统一规定,以及统一制定的政策和技术措施。

要实现商品包装标准化,必须先制订商品包装技术标准(简称商品包装标准)。包装标准的内涵是:对商品包装的质量、规格和检验方法,作出技术规定。包装标准除了大宗的、使用范围比较广泛的外包装和内包装制订有单独的技术标准之外(如某些木桶、铁桶、麻袋、纸箱、啤酒瓶等),其他一般的包装标准均包括在商品生产的技术标准之内,作为商品技术标准的一个组成部分。包装标准不论是单独的或非单独性质的,都和商品技术标准一样,分为国家标准、部颁标准、企业标准。而商品包装标准化,即包装标准由国家有关部门统一制订并颁布实施后,不仅在一个企业或企业系统实行,而且推行到全国范围,工业、商业、交通运输部门均按照统一的标准来生产、使用和验收商品包装。

(二)包装标准化的作用

商品包装标准化是社会生产高度发展的产物,并随着生产的发展而发展,它既受生产力发展水平所制约,又服务于提高生产力,为发展生产力创造条件。在社会化现代化生产发展和对外贸易迅速发展、科学技术突飞猛进的条件下,人与物、机器三者之间科学地结合,形成生产、物资搬运、堆码、产品检验、包装作业的机械化、自动化、电子化、系列化。因而从生产到搬运、堆码、产品检验、包装等就产生了需要标准化的要求,否则,不搞标准化,就不可能实现自动化、系列化、电子化,就不可能提高劳动生产率。

实行包装标准化涉及两个领域。一是商业包装,也叫销售包装或个体包装;二是工业包装,也叫运输包装。包装标准化概括起来有以下几点作用。

1. 包装标准化有利于包装工业的发展

包装标准化是有计划发展包装工业的重要手段,是保证国民经济各部门生产活动高度统一、协调发展的有利措施。

2. 包装标准化有利于提高生产效率,保证商品安全可靠

根据不同商品的特点,制定出相应的标准,使商品包装在尺寸、重量、结构、用材等方面都有统一的标准,使商品在运转过程中免受损失。

3. 包装标准化有利于合理利用资源、减少材料损耗、降低商品包装成本

包装标准化可使包装设计科学合理,包装型号规格统一。

4. 包装标准化有利于包装的回收复用,减少包装、运输、储存费用

商品包装标准的统一,使各厂各地的包装容器,可以互通互用,便于就地组织包装回收复用,节省了回收空包装容器在地区间的往返运费,降低了包装储存费用。

5. 包装标准化便于识别和计量

标准化包装,简化了包装容器的规格,统一包装的容量,明确规定了标志与标志书写的部位,便于从事商品流通的工作人员识别和分类。

6. 包装标准化,对提高我国商品在国际市场上的竞争力,发展对外贸易有重要意义。

五、商品包装标准化的内容和要求

(一)商品包装标准化的内容

当前,包装标准化已成为发展国际贸易的重要组成部分,包装标准化已成为国际交往中互相遵循的技术准则。国际间贸易往来都要求加速实行商品包装标准化、通用化、系列化。

1. 包装材料标准化

商品包装材料应尽量选择标准材料,少用或不用非标准材料,以保证材料质量和材料来

源的稳定。要经常了解新材料的发展情况，结合企业生产的需要，有选择地采用。

2. 包装容器标准化

包装容器的外形尺寸与运输车辆的内部尺寸和包装商品所占的有效仓库容积有关。因此应对包装外形尺寸作严格规定。

3. 包装工艺标准化

凡是包装箱、桶等，必须规定内装商品数量、排列顺序、合适的衬垫材料，并防止包装箱、桶内空隙太大、商品游动。如木箱包装箱，必须规定箱板的木质、箱板的厚度、装箱钉子的规格、相邻钉子距离，包角的技术要求及钉子不得钉在夹缝里等。纸箱必须规定如何封口，腰箍的材料，腰箍的松紧及牢固度等。

4. 装卸作业标准化

装卸作业要按一定的标准施行。

5. 集合包装标准化

集合包装既适合机械化装卸，又能保护商品安全。我国集合包装近几年有较快的发展，并制订了部分国家标准，其中，20吨以上的集装箱采用国际标准。托盘的标准应和集装箱的标准规定的尺寸相配套合。

6. 包装检测标准化

包装产品在交付给使用方之前应该通过统一的检测。测试指标如下：测试目标消费者对可以刺激其购买欲望的外包装的形状、规格、色彩、图案、文字说明、品牌标记等信息的反应情况，从而刺激其购买。

(二) 我国包装标准消费者的要求

1. 包装材料不应产生可能危害人或其他生命的物质。
2. 在有害内装物的包装上，应标明有关的安全警示和使用说明。
3. 有害内装物的包装应同食品或饮料的包装明确区分开来，必要时，采用不同颜色、不同形状或其他方法进行区分，避免使人产生误解。
4. 包装开启方法应合理、方便，并且特别要考虑弱势消费者（如儿童、残疾人）的不同要求。
5. 对有害内装物包装应设有安全闭锁装置，该装置既应使儿童难以开启，同时又便于残疾人打开。
6. 包装尺寸与形状应与内装物含量相符，不应使消费者产生误会。
7. 应尽可能少地使用包装材料，优先采用可重复使用、回收利用和能生物降解的包装材料。
8. 包装应尽可能从节约资源的角度出发进行设计。

任务小结

本任务主要介绍商品包装合理化和标准化相关知识，如商品包装合理化的原则，商品包装标准化的要求等。通过本任务的学习，能够运用商品包装标准的相关知识解决实际问题。

项目五 商品包装与集装化

任务六 集合包装和集装化

▌任务介绍 ▶

商品集装化,是以较高的生产发展水平和科技水平为基础,不仅要求运输、装卸的高度机械化,并要有一套完整的科学管理方法。商品集装化在现代商品包装运输系统中,日益显示出它的优越性,发挥越来越大的作用。

```
                           ┌─ 商品集装化的概念和作用
     集合包装和集装化 ─────┼─ 商品集合包装和集装运输
                           └─ 商品集合包装容器的选用
```

▌任务解析 ▶

了解各类典型商品包装的形态、材料和标志以及集装单元化器具、码放方式等,加深对物流包装、集装单元化重要性的认识;掌握物流包装和集装单元化对于提高物流系统效率的作用及其设计思路。

▌相关知识 ▶

RFID 标签在纸箱包装上的应用

据调研机构 In−Stat 2009 年发布的一份调查报告显示,2009 年全球 RFID 市场规模从 2004 年 3 亿美元增至 28 亿美元。In−Stat 分析师 Allen Nogee 表示:"在未来几年内,RFID 最大的应用市场就是供应链管理和纸箱包装行业。所以,相信在不久的将来,RFID 将会垄断整个纸箱包装市场。"RFID 在纸箱包装方面的应用,主要有以下几个方面:纸箱 EPC(电子产品编码)系统当前在瓦楞纸箱包装上应用的以条形码居多,一般的解决方案是直接在瓦楞纸箱印刷时进行条形码的印刷,但大多数是专用条形码打印机来完成生产流水线的产品编码打印输出的,将产品的数据信息及生产日期等数据进行编码。现在革命性的解决方案就是 RFID 智能标签的应用。贴有 RFID 智能标签包装纸箱在运输的同时也向客户带去关键的信息。

▌任务实施 ▶

一、商品集装化的概念和集合包装的概念

商品集装化又称为组合化或单元化,是指将一定数量的散装或零星成件物组合在一起,在装卸、保管、运输等物流环节中作为一个整体,进行技术上或业务上的包装处理方式。国标定义:用集装器具或捆扎方法,把物品组成标准规格的单元货件,以加快装卸、搬运、储存、运输等物流活动。

集合包装是指将若干个相同或不同的包装单位汇集起来,最后组成一个更大的包装单位或装入一个更大的包装容器内的包装形式。如把许多货物包装成一个包,若干包又打成一个件,若干件最后装入一个集装箱,这便是集合包装的简单组合过程。

二、商品集装化的作用

商品集装化反映了一个国家或地区的生产、科学技术与管理水平。它以生产发展和较高的科技水平为基础,不仅要求运输装卸的高度机械化,还要有一套完整的科学管理方法,在现代商品包装运输系统中,日益显示出它的优越性,它的作用主要表现在以下几个方面:

1. 有利于降低产品运输、装卸的劳动强度,减少重复操作,提高运输和装卸的效率。
2. 缩短装卸时间,加速车船周转,提高物流效率。

有利于实现海运、铁路和公路的联合运输,形成从发货人仓库直达收货人仓库的"门到门"运输,便于实施装卸机械化和自动化,从而加速了车船周转和产品运输速度,提高物流效率。

3. 保证产品的储运的安全。

装卸后的产品被密封在箱内,集合包装起来一个强度很大的外包的作用。在储运过程中,无论经过多少环节,都是整箱运输,自发货人处装箱铅封直至收货人处实行一票到底,从而避免货物倒装,防止货损、货差和丢失,提高产品储运的完整率,有效地保证了产品的储运安全。

4. 节省包装费用,降低物流成本。

产品集装化所使用的容器(集装箱、托盘等)大多数可以反复周转使用,可以相应降低集合包装内产品装的用料标准,甚至有的产品可以简化包装或不包装,节省包装费用;产品集装化后可简化理货手续,提高运输工具的运载率,降低运输费用和成本;受环境气候较小,便于露天存放,节省仓容,减少存储费用。物流成本的降低可以增加产品在市场上的竞争力。

5. 促进产品包装标准化、规格化、系列化的实现。

集装化要求集合包装具备一定的规格尺寸,要求每件商品外包装尺寸必须适合集装箱或托盘的装放要求,不能出现集合包装的空位。集装化的产品要求单件杂货按标准系列尺寸组成统一规格的货组,才能保证运输、装卸的合理化。

三、商品集合包装和集装运输

(一)商品集合包装和集装运输的关系

商品集合包装是实现集装运输的条件,是运输业高度发展的必然结果。集装运输是以集合包装为基础,集零为整的一种先进运输方法。集合包装的最大特点,就是把商品的包装方式和运输方式融为一体。离开了集装运输就谈不上集合包装,而没有集合包装就无法实现集装运输,两者是相互依存、互相促进的关系。为了提高装载能力,保证商品储运安全,提高装卸运输效率,必须协调好集合包装运输的关系——集合包装要求装卸搬运的高度机械化,而集装运输则要求商品的集装化。

1. 工具要素

商品集装化的工具主要是各种集装工具和辅助性工具。集装工具有:集装箱、托盘、集装袋、散装罐等。集装辅助工具有:装卸辅助工具(如吊具、索具、叉车附件属具等)、搬运辅助工具、包装辅助工具。

2. 装置、设施要素

(1) 集装站、场、码头。这些设施是商品集装的运输地点。如火车集装站、集装处理场、集装码头等,集装货物在这些地方的活动主要是存放和装卸。

(2) 集装装卸设施。主要有集装箱吊车、托盘叉车、集装箱半挂车、散装管道装卸设备、散装输送传送设备。

(3) 集装运输设备。主要有集装箱船、集装箱列车、散装罐车等。

(4) 集装储存设施。主要有集装箱堆场、托盘货架、集装货载、立体仓库等。

3. 管理要素

商品集装化的管理与一般工厂管理、商业管理有很大的区别,必须依靠有机的协调、有效的管理才能完成。由于集装的范畴很广,从地域来讲,集装货物的移动可能遍及全国或国际间,因此管理有很强的特殊性。商品集装化管理主要有以下几个方面:

(1) 托盘、集装箱的周转管理。托盘、集装箱、集装罐等集装工具一旦发运,有的会在千里之外,如何回收、复用、返空是管理中的一个重大问题。因此,在管理上应采取集装箱网络管理、托盘联营方式管理等,有效地解决管理问题。

(2) 集装联运经营管理。集合包装的整个物流过程涉及若干种运输方式、许多部门和站场。因此,必须进行一种有效的协作才能使集合包装联运顺利实现。

(3) 集装化信息。集装化信息是管理中的重要部分,关系到集装化能否正常进行。

4. 支撑要素

主要指国家相关的体制、法律和制度等。商品集装化涉及范围广、部门多,必须有强有力的体制、法律制度方面的支持才能完成。

(二) 如何组织集装运输

组织集装运输,必须注意以下几个问题。

1. 建立强有力的指挥和调度系统

集装运输由许多环节组成,一环扣一环,涉及船舶港口、码头、车站、火车、汽车等运输工具和设施,协作性很强,连续作业。这就要求包装的材料、容器造型、结构和附件的尺寸规格,必须适合集装运输的需要。同时,从包装、运输、装卸到各种设施,要进行总体规划和总体配套,形成综合能力,实行专业化管理。

2. 合理组织商品运输

集装运输要按商品经济流向,确定合理的运输工具和运输路线,防止迂回倒流,注意组织好回程货源,充分发挥集装运输工具的优势,办好联运,简化理货手续。

3. 包装与装卸机械设备的配套

集装运输要求装卸、搬运机械化，应设置先进的、自动化程度较高的各类叉车、吊车、铲车等，水运要建设好灌装机械、集装箱专用船和专用码头；对包装操作设备，如集装箱、集装袋的充填和灌装机械、托盘集装等设备，要科学配套，提高自动化程度。

4. 加强专业化管理

集装运输是一种专业化很强的运输，本身具有标准化、系列化的箱型，专业运输工具、专用的车站、码头和堆货场，以及仓库和各种专用装卸设备。因此，要实行专业化管理，才能达到"快速高效"的目的。

5. 实现集合包装标准化

集合包装的标准化是发展集装运输的关键。国际集装箱包装标准系列的最大特点是实现了模数化，对运输工具（如车、船）商品内外包装、集装箱内部与外部尺寸等，都是以包装模数作为基数而进行设计的。

四、商品集装容器及选用

商品集装容器主要有集装箱、托盘、集装袋等。

(一) 集装箱

1. 集装箱的概念和特点

集装箱是集合包装容器中最主要的形式，亦称"货箱"或"货柜"。根据国际标准化组织(ISO)对集装箱所下的定义与技术要求，我国最新修订的 GB/T1413—1998《集装箱名词、术语》中对集装箱的定义，集装箱应具有如下特点和技术要求：

(1) 具有足够的强度，能长期反复使用。

(2) 适于一种或多种运输方式运送货物，途中无需倒装。

(3) 设有供快速的装卸的装置，便于从一种运输方式转到另一种运输方式。

(4) 便于箱内货物装满和卸空。

(5) 内容积等于或大于 1 立方米。

2. 集装箱的种类

按集装箱的用途，可分为通用集装箱和专业集装箱两种。

(1) 通用集装箱。它适用于装载对运输条件无特殊要求的各种不同规格的干杂货，进行成箱、成件集装运输。这类集装箱的箱体，一般有密封防水装置，又称密封式集装箱或适应集装箱。

(2) 专用集装箱。它是根据某些商品对运输条件的特殊要求而专门设计的集装箱。一般箱内设有通风、空调或货架等设备，可用于装载鲜活、易腐、怕热、怕冻死或体积较大的商品等。按集装箱的结构分为保温集装箱、铝合金集装箱、玻璃钢质集装箱、薄壳式集装箱等；按集装箱运用的运输方式分为联运集装箱、海运集装箱、铁道集装箱、空运集装箱等；按集装箱体造型差异可分为不同开门位置集装箱、折叠式集装箱、拆解式集装箱、台架式集装箱、抽屉式集装箱、隔板集装箱等。

（二）托盘

1. 托盘的概念

托盘又称集装托盘、集装盘，是为了便于货物装卸、运输、保管和配送等而使用的，可以承载若干数量物品的负荷面和叉车插口构成的装卸用垫板。它是最基本的物流器具，被物流行业形象地誉为"移动的地面"、"活动的货台"。以托盘为载体，货物从静态转为动态，配合叉车使用可以大幅度提高装卸搬运效率；配合货架使用，可以大幅度增加仓库利用率；采用托盘一贯化运输，可以大幅度降低成本。

托盘作为一种重要的集装器具以及最基础的单元标准，与集装箱、货架、叉车共同使用，构成有效的装卸系统，使装卸机械化水平大幅度提高，能解决或改善长期以来装卸搬运过程中的装卸瓶颈限制。现在，托盘单元化作业比比皆是，在整个物流系统活动中，托盘发挥着巨大的作用。

2. 托盘的特点

（1）自重量小。托盘用于装卸、运输所消耗的劳动强度较小，无效运输及装卸负荷比集装箱小。

（2）返空容易。托盘返空时占用运力很少。由于托盘造价不高，又很容易互相联系代用，可以互以对方托盘抵补，减少返空量。

（3）装盘容易。托盘装盘作业容易，装盘后采用捆扎紧包等技术处理，使用简便快捷。

（4）装载量适宜、组合量较大。

（5）节省包装材料，降低包装成本。

3. 托盘的种类

由于货物的品种繁多，性质不一，规格尺寸多样，形态各异，与之相对应的托盘种类也有多种多样。如果按托盘的材料不同，可分为木托盘、钢托盘、铝托盘、纸托盘、塑料托盘、胶合托盘和复合材料托盘。按结构不同，可分为平托盘、柱式托盘、箱式托盘和轮式托盘等。

（1）按照托盘的材质分类

目前市场上使用的托盘从材料上看主要有木质托盘、塑料托盘、金属托盘、纸托盘、复合材料托盘等。

木托盘。木托盘是目前使用数量最多的一种托盘，广泛应用于烟草、食品、化工、医药、港口、码头的仓储物流和配送物流。近年来一种新的加工工艺——拼接工艺应用在木托盘生产中，该工艺就是用松木或铁、冷杉作为原材料，根据使用地的温湿度进行干燥定型处理，干燥后的木材再一次进行认真的分选，对达到要求的木材采用进口的专用设备进行刨光、断头、抽边、砂光等精加工处理，采用进口射钉（具有止脱功能）连接成型。再进行整体砂光、倒角、防滑处理，加工好的木托盘再进行封蜡处理，以防止到异地由于温湿度的变化产生托盘开裂。这种工艺可保证木托盘结构牢固、负载、承重、变形、对角误差等技术条件满足自动化物流系统的运行要求，并且木托盘的使用寿命也相对较高。

塑料托盘。目前国内企业主要采用注塑、中空吹塑两种方式生产塑料托盘。注塑成型法生产工序少、生产效率较高，产品质量稳定。中空吹塑成型法一次成型、工艺简便、成本较低,但制品壁厚不均匀,尺寸稳定性差。这两种工艺的托盘各有优缺点:注塑工艺的塑料托盘刚度好一些,但使用寿命相对要短;中空吹塑工艺的塑料托盘刚性差一些,但相对使用寿命长。由于塑料托盘在使用时有不可恢复的弯曲形变,因此塑料托盘不太适合用于货架。但是最新的工艺在塑料托盘中加入金属嵌入件,基本解决了这个问题。

金属托盘。金属托盘的刚性很好,因此应用范围很广泛。基本可以适用于各个领域,尤其是应用在货架上。自重比较大是金属托盘的缺点,但可以通过改善结构设计来克服这一缺点。

纸托盘。由于其自重较轻多用于航空运输中。其缺点是防潮性能稍差,经过特别处理的纸托盘,比如浸蜡后性能有所改善。

复合材料托盘。目前用于托盘制造的比较成熟的材料是塑木材料。复合材料托盘具有良好的防潮、防腐性能,可以适用于绝大多数行业。其缺点是自重较大,连接件强度有待完善。

(2) 按照托盘的结构分类

平托盘。平托盘没有上层结构,用途广泛,品种较多。按叉车货叉的插入口可分为两向进叉托盘和四向进叉托盘。按使用面可分为单面托盘和双面托盘。各种平托盘的特征如图5-2 所示。

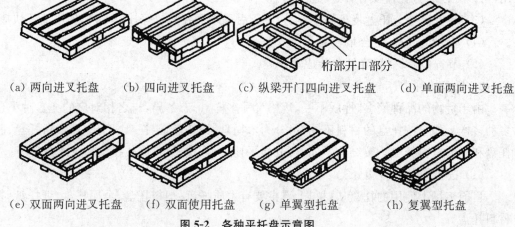

(a) 两向进叉托盘　　(b) 四向进叉托盘　　(c) 纵梁开门四向进叉托盘　　(d) 单面两向进叉托盘

(e) 双面两向进叉托盘　　(f) 双面使用托盘　　(g) 单翼型托盘　　(h) 复翼型托盘

图 5-2　各种平托盘示意图

柱式托盘。柱式托盘是在平托盘的四个角安装四根立柱后形成的,立柱可以是固定的,也可以拆卸的。这种托盘也归于平托盘。柱式托盘多用于包装件、桶装货物、棒料和管材等的集装,还可以作为可移动的货架、货位。该托盘因立柱的顶部装有定位装置,所以堆码容易,堆码的质量也能得到保证;而且多层堆码时,因上部托盘的载荷通过立柱传递,下层托盘货物可不受上层托盘货物的挤压。

柱式托盘的种类有固定柱式托盘、拆装式柱式托盘、可套叠柱式托盘和折叠式柱式托盘。如图 5-3 所示。

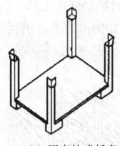

(a) 固定柱式托盘　　　　(b) 可套叠柱式托盘

图 5-3　柱式托盘示意图

箱式托盘。箱式托盘是在平托盘基础上发展起来的，多用于装载一些不易包装或形状不规则的散件或散状货物，也可以装载蔬菜、瓜果等农副产品，金属箱式托盘还用于热加工车间集装材料。这种托盘的下部可叉装，上部可吊装，可使用托盘搬运车、叉车、起重机等作业；并可进行码垛，码垛时可相互堆叠四层；空箱可折叠。箱壁可以是平板或网状构造物，可以有盖或无盖。有盖的箱式托盘常用于装载贵重物品。如图 5-4 所示。

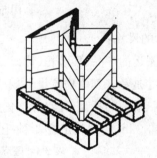

图 5-4　箱式托盘示意图

轮式托盘。轮式托盘是在平托盘、柱式托盘或箱式托盘的底部装上脚轮而成，既便于机械化搬运，又宜于短距离的人力移动。它适用于企业工序间的物料搬运，也可在工厂或配送中心装上货物运到商店，直接作为商品货架的一部分。如图 5-5 所示。

图 5-5　轮式托盘示意图

专用托盘。专用托盘是一种集装特定货物(或上件)的储运工具。它和通用托盘的区别在于它具有适合特定货物(或工件)的支承结构。如图 5-6 所示的用于长件物品的储运托盘。

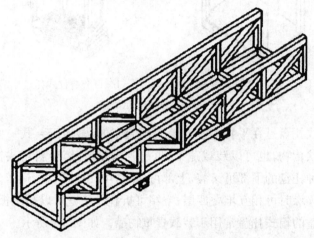

图 5-6　专用托盘示意图

3. 托盘的尺寸

托盘与搬运的产品、集装箱、货架、运输车辆的货台以及搬运设施等有直接关系,因此托盘的规格尺寸是考虑其他物流设备规格尺寸的基点。特别是要建立有效的托盘共用系统,必须使用统一规格的托盘,托盘标准化是托盘作业一贯化的前提。

国际标准(ISO)原规定有 4 种托盘规格,如表 5-1 所示。

表 5-1　国际标准(ISO)规定 4 种托盘规格

规格尺寸	普遍使用地区	备注
1200 * 1000	欧洲	长方形
1200 * 800	欧洲	长方形
1140 * 1140	澳洲	正方形
40 英寸 * 48 英寸	美国	长方形

4. 集装袋和其他容器

(1) 集装袋

集装袋又称为吨袋,太空袋,吨装袋,是一种柔性运输包装容器,是集装单元器具的一种,配以起重机或叉车,就可以实现集装单元化运输,它适用于装运大宗散状粉粒状物料。广泛用于食品、粮谷、医药、化工、矿产品等粉状、颗粒、块状物品的运输包装,发达的国家普遍使用集装袋作为运输、仓储的包装产品。

集装袋主要装的是块状、粒状或粉状物品,内容物的物理密度和松散程度对整体结果的影响也有明显不同。对于集装袋性能判定的依据,要尽可能用接近客户所要装载的产品做试验,这就是标准中所写的试验专用的标准填充料,尽可能地使技术标准来迎接市场经济的挑战。

(2) 集装笼

集装笼亦称笼式集装器具，一般是用钢材焊接而成的笼形容器，有固定式、组合式和折叠式之分。常用的集装笼主要是矿建材料集装笼和杂货集装笼。

(3) 集装架

集装架亦称架式集装器具，它是由各种框架和加固构件构成的集装特种物料的专用集装器具。常用的集装架有玻璃集装架、石棉制品集装架、中小型机械集装架等。

(4) 集装网

集装网是用绳索(棕绳、尼龙绳、钢丝绳、麻绳等)编制而成的网状集装器具。其主要用于装载袋装货物和块状物料。

任务小结

本任务重点介绍商品集装化和集合包装的概念、商品集装化的作用，接着介绍商品集合包装和集装运输的关系、集装运输应注意的问题以及包装容器的种类。

拓展提高

包装容器用语

1. 容器：容纳已包装或未包装物品的器物。如箱、罐等具有刚性并能保持一定形态的，为刚性容器或半刚性容器。袋等较柔软装填物品后方能形成立体状者，为柔软容器。

2. 单次容器：使用一次即应废弃不可再用的容器。

3. 撬板：为输送较笨重或容积大的物品时，在其底层面所垫的底盘。以浪筒、堆高机、吊车等作业，便于做横向或上下的移动。

4. 木箱：木质包装容器的总称。

5. 琵琶筒：琵琶状刚性容器，由胴部上端板及下端板构成。主要为木制品，但也有金属或塑胶制品。

6. 笼：通气性良好、质轻，较具刚性的容器，多由竹、藤等植物性材料编制而成，也有使用纸绳、塑胶或不同材料组合而成，多用于果菜、鱼鲜类的搬运。

7. 瓶：由瓶体、瓶口、瓶底组成的刚性容器，其颈部及肩部的形状比瓶身更细，通常使用软木塞或金属盖等封作为瓶盖。使用材料有玻璃、陶瓷、金属、塑胶等。

8. 罐：通常指金属材料所制成的小容器，工业上所用的多为马口铁所制成的马口铁罐，有密封罐及开口罐两种。前者以锡焊密封制成，主要用于食品罐头。后者依据罐盖的形态分为套盖罐、旋盖罐、押栓罐、铰链罐、束紧小盖罐等。又依据空罐的制作方式分为冲压罐、抽成罐、弯折罐等。

9. 圆桶：以金属、塑胶、纸板等所制成，较具刚性的圆柱状容器。

10. 刚性容器：金属、玻璃、塑胶、纸板等所制成的瓶、罐或木材、金属、纸板等所制成的桶、箱等，富有刚性的包装容器的总称。稍具柔软特性的塑胶制瓶类可以称作半刚性容器。

▌复习思考 ▶

1. 商品的包装种类有哪些？有什么作用？
2. 商品的包装标志有哪几种？试设计一个运输标志。
3. 什么是包装标准与包装标准化，它们之间有什么关系？
4. 什么是包装材料？它是如何分类的？

▌相关实训 ▶

◎实训内容
①集装箱的使用。
②集装箱的装载。
◎实训目的与标准
①掌握集装箱的种类和特点。
②掌握集装箱的装载方法。
◎实训设备及材料
①20ft 集装箱一个。
②800 毫米×600 毫米×500 毫米的纸箱货 50 箱，皆为空箱。
◎实训方法与步骤
①按纸箱货的装载方法操作，注意缝隙的填塞和使用防倒塌的对装法。
②实训组织：5 人一组，组长 1 人指挥，4 人操作。实训时间：30 分钟内完成。
◎实训安全操作规范
①学生应严格遵守实训室的有关规定，注意安全，在实训室内不得高声喧哗。
②未经过实训老师的允许，不得乱动任何设备仪器。
③进行操作训练时要做好集装箱的安全防护措施。
◎实训考核方式
①过程性与结果性评价相结合。
②考核形式：工评单。

项目六　仓储与库存管理

学习目标

了解仓储管理的概念、基本原则及其内容、种类;掌握仓储决策、仓储作业管理;了解自动化立体仓库概念、分类、优越性;掌握自动化立体仓库的系统构成;了解装卸搬运的概念、特点、工具;了解库存的概念、类型、库存作用与弊端;掌握库存成本的构成、库存控制熟悉装卸搬运流程;能够应用库存控制方法进行合理的库存控制;能够合理控制库存成本。

情景写实

云南双鹤医药的装卸搬运环节分析

云南双鹤医药有限公司是北京双鹤这艘医药航母部署在西南战区的一艘战舰,是一个以市场为核心、现代医药科技为先导、金融支持为框架的新型公司,是西南地区经营药品品种较多、较全的医药专业公司。

虽然云南双鹤已形成规模化的产品生产和网络化的市场销售,但其流通过程中物流管理严重滞后,造成物流成本居高不下,不能形成价格优势。这严重阻碍了物流服务的开拓与发展,成为公司业务发展的"瓶颈"。

装卸搬运活动是衔接物流各环节活动正常进行的关键,而云南双鹤恰好忽视了这一点,由于搬运设备的现代化程度低,只有几个小型货架和手推车,大多数作业仍处于人工作业为主的原始状态,工作效率低,且易损坏物品。另外仓库设计的不合理,造成长距离的搬运。并且库内作业流程混乱,形成重复搬运,大约有70%的无效搬运,这种过多的搬运次数,损坏了商品,也浪费了时间。

思考题:

1. 分析装卸搬运环节对企业发展的作用。
2. 针对医药企业的特点,请对云南双鹤的搬运系统的改造提出建议。

分析要点

1. 物料搬运系统的合理与否,将直接影响生产率和企业的经济效益。因此,物料搬运是生产工艺过程中的自然组成部分,或者成为直接生产不可缺少的保障系统。物料搬运在生产领域里具有"闸门"和"咽喉"的作用,是企业的动脉,如果动脉停止流动,整个企业将处于瘫痪状态。

2. 改善装卸作业,既要设法提高装卸作业的机械化程度,还必须尽可能地实现作业的连续化,从而提高装卸效率,缩短装卸时间,降低物流成本。

任务一　仓储管理概述

任务介绍

仓储管理是物流系统管理的重要组成部分,仓储管理的水平、管理的效益对整个物流系统运作状态的好坏产生至关重要的影响。因此,作为仓储管理工作者必须清楚仓储管理的基本知识及相关理论。

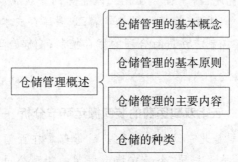

任务解析

在了解仓储管理概念的基础上,掌握仓储管理的主要内容;描述仓储管理的基本原则;仓储是对物品进行保管及对其数量、质量进行管理控制的活动,掌握仓储的种类有利于正确认识仓储的任务,做好仓储管理的工作。

任务实施

一、仓储管理的基本概念

"仓"是指仓库,为存放物品的建筑物和场地,如工业仓储篷房、大型容器、洞穴、货物中转站或者特定的场地等,具有存放和保护物品的功能;"储"是指收存以备使用,具有收存、保管、交付使用的意思。有形物品的"储"也称为储存,它能创造产品的"时间价值"。

仓储是指是以满足供应链上下游的需求为目的,在特定的有形或无形的场所、运用现代技术对物品的进出、库存、分拣、包装、配送及其信息进行有效的计划、执行和控制的物流活动。

仓储管理(Warehouse Management)是指通过仓库对商品进行储存和保管,它是物资流通中不可缺少的环节。是仓储机构为了充分利用所拥有的仓储资源(包括仓库、机械、人、资金、技术),提供仓储服务所进行的计划、组织、控制和协调过程。

二、仓储管理的基本原则

(一)注重效率

仓储作业管理的核心是效率管理,仓储的效率主要表现在仓库利用率、货物周转率、进出库时间、装卸车时间等指标的先进性上,能体现出"快进、快出、多存储、保管好"的高效率仓储。

效率是仓储其他管理的基础,仓储管理效率的提升需要对人、库、服务、平台进行良好的管理和调配,有效的人工管理、仓库的布局、设备的改进、完善的指挥平台和信息系统可以促进效率的提高,为客户提供增值服务。

高效率的实现是管理艺术的体现。仓储管理要通过准确核算、科学组织、妥善安排场所和空间,实现设备与人员、人员与人员、设备与设备、部门与部门之间的合理配置与默契配合,使生产作业过程有条不紊地进行。高效率还需要有效的管理过程的保证,包括现场的组织调度、标准化、制度化的操作管理,严格的质量责任制的约束。

(二) 深化服务意识

仓储活动本身就是向社会提供仓储服务。服务贯穿于仓储的每一个环节,如仓储定位、仓储具体操作、储存货物的控制都围绕着服务进行。

1. 服务水平与成本之间的关系

仓储的服务水平与仓储经营成本有着密切的相关性,二者是互相对立的关系,即仓储的服务水平越高,成本越高,收费则越高,仓储服务管理就是在降低成本和提高(保持)服务水平之间保持平衡,因此,仓储企业应进行正确的服务定位。

2. 不同时期仓储企业服务定位策略

进入或者引起竞争时期:高服务低价格且不惜增加仓储成本。

积极竞争时期:用较低的成本实现较高的仓储服务。

稳定竞争时期:提高服务水平维持成本不变。

已占有足够的市场份额处于垄断竞争(寡头)时期:服务水平不变

退出阶段或完全垄断时期:大幅降低成本,但也降低服务水平。

(三) 经济效益、社会效益与生态效益相统一

厂家生产经营的目的是为了追求利润的最大化,这是经济学的基本假设条件之一,也是社会现实的反映。

利润是经济效益的表现。实现利润最大化则需要做到经营收入最大化或经营成本最小化。作为市场经营活动主体的仓储业,应该围绕着获得最大经济效益的目的进行组织和经营,同时也应该牢固树立生态文明理念,坚持经济效益、社会效益和生态效益相统一,深入推进企业科学管理水平,实现生产经营综合效益的最大化,实现仓储企业与社区的和谐发展,实现仓储企业与国民经济、地方经济同步可持续发展。

(四) 确保安全

仓储活动中会有很多不安全因素,有的是仓库里的货物本身有毒性、腐蚀性、辐射性、易燃易爆性等;有的是在装卸搬运作业过程中,违规操作或人为破坏。因此仓库应该建立和完善库房安全管理制度,做好防火、防盗、防事故工作,预防库存物料遭受损失。

三、仓储管理的主要内容

1. 仓库的选址与建筑

作为供存储物品用的建筑，仓库是由存储物品的库房、运输传送设施（如吊车、电梯、滑梯等）、出入库房的输送管道和设备以及消防设施、管理用房等组成的。因此仓库从运输周转、存储方式和建筑设施上都应该重视通道的合理布置，货物的分布方式和堆积的最大高度，并配置经济有效的机械化、自动化存取设施，以提高存储能力和工作效率。

2. 仓库机械作业的选择与配置

存储和货物搬运必须协调考虑。从某种角度上说，存储仅仅是货物流动经过仓库时的暂时停留。选择合适的机械设备有利于促进容量的充分作用，提高物料搬运的效率。

3. 仓库的作业管理

仓库作业管理是仓储管理日常所面对的最基本的管理内容，主要包括：如何组织货物入库前的验收；如何安排库位；如何对在库货物进行合理保管、盘点；发放出库等。

仓库的作业管理是仓库日常工作中最复杂的一项，只有认真把仓库作业的每一个环节的工作做好，才能保证仓储整体作业的良好运行。

4. 仓库的库存管理

根据企业生产的需求状况和销售状况，合理储备材料，过多的材料储备会占用大量的流动资金，而且增加了保管储存费用，过少的材料又会导致供不应求。

5. 仓储成本控制

仓储成本控制是指运用以成本会计为主的各种方法，预定仓储成本限额，按限额分配仓储成本和储存费用，以实际仓储成本与仓储成本限额比较，衡量仓储活动的成绩与效果，纠正不利差异，以提高工作效率，实现或超过预期的仓储成本控制限额。

仓储企业经营的目的是在满足市场需求的情况下实现利润最大化，而仓储成本的高低直接影响着企业的经济效益。因此，加强仓储成本的控制，降低仓储成本，把仓储成本控制在同类企业的先进水平上，是增强企业竞争力、求得生存和发展的保障。

仓储成本控制要注意：

（1）考虑库房内仓储运作过程中各环节的相互协调关系。

（2）还要考虑物流过程中各功能间的背反效应，以平衡局部利益和全局利益的最大化的关系。

6. 仓库的信息技术

如何区别现代物流和传统物流？现代信息技术就是关键点。在现代仓储物流企业中应将信息技术用于仓储型物流企业的作业模式、仓储信息流、仓储服务流程，将先进的信息技术着力应用于仓库安全与消防、客户服务、库内码放定位设计、仓库作业和统计管理。

四、仓储的种类

(一) 按仓储经营主体划分

1. 企业自营仓储

企业自营仓储主要是指各企业为了保管本公司的物品建立的仓储,这里所指的企业包括生产企业和流通企业。

2. 营业仓储

营业仓储是指仓储经营人以其拥有的仓储设施,向社会提供商业性仓储服务的仓储行为。仓储经营人与存货人通过订立仓储合同的方式建立仓储关系,并依合同约定提供服务和收取仓储费。

3. 公共仓储

公共仓储是指公用事业的配套服务设施,为车站、码头提供仓储配套服务。

4. 战略储备仓储

战略储备仓储是指国家根据国防安全、社会稳定的需要,对战略物资实行战略储备而形成的仓储。战略储备仓储特别重视储备品的安全性,且储备时间较长,所储备的物资主要有粮食、油料、有色金属等。

(二) 按仓储对象划分

1. 普通物品仓储

普通物品仓储是指不需要特殊条件的物品仓储。其设备和库房建造都比较简单,使用范围较广。这类仓储有一般性的保管场所和设施,常温保管,自然通风,无特殊功能。

2. 特殊物品仓储

特殊物品仓储是指在保管中有特殊要求和需要满足特殊条件的物品仓储。如危险品、石油、冷藏物品等。这类仓储必须配备有防火、防爆、防虫等专门设备,其建筑构造、安全设施都与一般仓库不同。例如,冷冻仓库、石油库、化学危险品仓库等。

(三) 按仓储物的处理方式划分

1. 保管式仓储

保管式仓储是指保管人储存存货人交付的仓储物,存货人支付仓储费的一种仓储经营方法。在保管仓储中,仓储经营人以获得仓储保管费最多为经营目标,仓储保管费与仓储物的数量、仓储时间和仓储费率三者密切相关。

2. 加工式仓储

加工式仓储是指仓储保管人在物品仓储期间根据存货人的合同要求,对保管物进行合同规定的外观、形状、成分构成、尺度等方面的加工或包装,使仓储物品满足委托人所要求达到的变化的仓储方式。

3. 消费式仓储

消费式仓储是指仓库保管人在接受保管物时,同时接受保管物的所有权,仓库保管人在仓储期间有权对仓储物行使所有权,待仓储期满,保管人将相同种类、品种和数量的替代物交还委托人所进行的仓储。

任务小结

仓储管理是对物流过程中货物的储存以及由此带来的包括仓储资源的获得、经营决策、作业管理、安全管理、人事管理、经济管理等进行的一系列管理工作。我国仓储企业要增加服务功能、设施、人才，经营运作上要从单纯的仓储走出来，延伸到整个物流链的多个环节。另外要与外部合作连接，整合资源，扩大规模，提高核心竞争力。

任务二　仓储决策与作业流程管理

任务介绍

仓储一般是指从接受储存物品开始，经过储存保管作业，直到把物品完好地发放出去的全部活动过程，其中包括存货管理和各项作业活动，因此，理解仓储决策的基本内容和正确把握仓储作业流程管理非常重要。

任务解析

理解仓储决策的基本内容，做好仓储决策；掌握仓储作业流程管理内容，规范仓库管理作业流程。

任务实施

一、仓储决策

在企业的仓储管理中，仓库是进行仓储活动的主体设施。仓库的产权、数量、规模、选址、布局以及存货内容等方面是最基本也是最重要的决策，它直接影响仓库资源的配置能力。

（一）仓库产权决策

仓库产权决策：企业仓储决策的第一项内容就是仓库产权，也就是说采用自有仓库，还是营业仓库或公共仓库。一个企业是自建仓库还是租赁公共仓库、营业仓库需要考虑以下几种因素。

1. 周转总量

由于自有仓库的固定成本相对较高，而且与使用程度无关，因此必须有大量存货来分摊这些成本，使自有仓储的平均成本低于公共仓储的平均成本。因此，如果存货周转量较高，自有仓储更经济。相反,当周转量相对较低时,选择公共仓储更为明智。

2. 需求的稳定性

需求的稳定性是自建仓库的一个关键因素。许多厂商具有多种产品线,使仓库具有稳定的周转量,因此自有仓储的运作更为经济。

3. 市场密度

市场密度较大或许多供应商相对集中,有利于修建自有仓库。这是因为零担运输费率相对较高,经自有仓库拼箱后,整车装运的运输费率会大大降低。相反,市场密度较低,则在不同地方使用几个公共仓库要比一个自有仓库服务一个很大的地区更经济。

(二) 仓库数量决策

对于产品市场遍布各地的大规模企业来说,它们需要经综合权衡各类影响因素方面才能正确选择合理的仓库数量。影响仓库数量决策的因素有:总成本;顾客服务;运输能力;小批量顾客;计算机的应用;单体仓库的规模。

(三) 仓库规模决策

仓库规模是指仓库能够容纳的货物的最大数量或总体积。通常情况下,仓库的规模以面积、容积和吞吐能力来表示。仓库的规模主要受以下因素影响:仓库面积、长度、宽度、高度和仓库层数等。

现代仓库的种类和规模不同,其面积的构成也不尽相同,因此首先了解仓库面积的相关概念。

1. 仓库总面积

仓库总面积是指从仓库外墙线算起,整个围墙内所占的全部面积。若在墙外还有仓库的生活区、行政区或库外专用线,则应包括在总面积之内。

2. 仓库建筑面积

仓库建筑面积指仓库内所有建筑物所占平面面积之和。若有多层建筑,则还应加上各层面积的累计数。仓库建筑面积包括:生产性建筑面积(包括库房、货场、货棚所占建筑面积之和)、辅助生产性建筑面积(包括机修车间、车库、变电所等所占的面积之和)和行政生活建筑面积(包括办公室、食堂、宿舍等所占面积之和)。

3. 仓库使用面积

仓库使用面积是指仓库内可以用来存放商品的面积之和,即库房、货棚、货场的使用面积之和。其中库房的使用面积为库房建筑面积减去外墙、内墙、间隔墙及固定设施等所占的面积。

4. 仓库有效面积

仓库有效面积是指在库房、货棚、货场内计划用来存放商品的面积之和。有效面积是指仓储作业占用面积,包括实用面积、通道、检验作业等场地面积之和。

5. 仓库实用面积

仓库实用面积是指在仓库使用面积中,实际用来堆放商品所占的面积。即库房使用面积减去必需的通道、垛距、堵距及进行收发、验收、备料等作业区后所剩余的面积。

(四)仓库选址决策

库址选择就是确定仓库在这一地区或城市的具体位置。仓库的选址决策是指运用科学的方法决定仓库的地理位置。库址的位置是否合适,对物资保管质量、仓库安全、投资及作业费用等都有直接的影响。仓库选址包括两个层次的内容:一是选位;二是定址。在仓库的实际选址中,综合考虑如下因素:客户条件;自然地理条件;运输条件;用地条件;法规制度条件。

(五)仓库布局决策

仓库布局是指在一定区域或库区内,对仓库的数量、规模、地理位置和仓库设施道路等各要素进行科学规划和整体设计。仓库布局决策是对仓库内部过道大小、货架位置、配备设备及设施等实物布局进行决策。

1. 仓库布局目的

(1)充分利用存储空间,提高存货的安全性,有效利用搬运设备,提高仓库运作效率和服务水平。

(2)仓库布局要根据仓库作业的程序,方便仓库作业,有利于提高作业效率。

(3)要尽可能减少储存物资及仓储人员的运动距离,以提高仓储劳动效率,节约仓储费用。

2. 影响仓库内部布局的因素

影响仓库内部布局的因素有:仓库的主要功能;货位是否固定;平面或立体布局;通道与货架占用空间;储存的对象;分拣作业要求。

(六)存货内容决策

如果企业有多个仓库,以下因素对于提高仓库运作效率十分必要:是否所有仓库都储存全部产品;是否每个仓库具有某种程度的专用性;是否将专门存储与通用存储相结合。

二、仓储作业流程管理

仓储作业按照货物的流向主要分为入库作业、储存保管和出库作业。

(一)货物的入库作业

受理入库业务一般是根据需求双方签订的购货合同或协议规定,并严格按照条款的要求执行。商品入库作业的整个过程包括商品接运、商品入库验收、办理入库交接手续等一系列业务活动。

1. 商品接运

商品接运是指仓库对于通过铁路、水运、公路、航空等方式运达的商品,进行接收和提取的工作。接运的主要任务是准确、齐备、安全地提取和接受商品,为入库验收和检查作准备。

接运的方式主要有:车站、码头提货,铁路专用线接车,自动提货和库内提货。

2. 商品入库的验收

货物验收的主要工作包括验收准备、核对证件、进行购买订单核对、实物检验、处理验收发生的问题、货物入库登记。

3. 办理入库手续

入库手续主要是指交货单位与库管员之间所办理的交接工作,其中包括:商品的检查核对,事故的分析、判定,双方认定,在交库单上签字。仓库一面给交货单位签发接收入库凭证,并将凭证交给会计、统计入账、登记;一面安排仓位,提出保管要求。

(二)货物的储存保管

物品进入仓库进行保管,需要安全地、经济地保持好物品原有的质量水平和使用价值,防止由于不合理保管所引起的物品磨损和变质或者流失等现象。其具体步骤如下:分区分类作业;货物规划和统一编号作业;堆码与苫垫作业;盘点;养护。

(三)货物的出库作业

商品出库业务,是仓库根据业务部门或存货单位开出的商品出库凭证(提货单、调拨),按其所列商品编号、名称、规格、型号、数量等项目,组织商品出库一系列工作的总称。出库的方式有送货、自提。

发货前应该检查的有:确定按传票规定量发货,既不多发,也不少发;确认应发货的对象;确认发货的品种;检查所发商品及商品的质量;确定发货时间和发货顺序;核对运货车与发放商品。

任务小结

仓库的产权、数量、规模、选址、布局以及存货内容等方面是最基本也是最重要的决策,它直接影响仓库资源的配置能力。仓库作业管理包括商品从入库到出库之间的装卸、搬运、仓库布局、储存养护和流通加工等一切与商品实务操作、设备、人力资源相关的作业。

任务三 自动化立体仓库

任务介绍

自动化立体仓库,是物流仓储中出现的新概念。利用立体仓库设备可实现仓库高层合理化,存取自动化,操作简便化。自动化立体仓库,是当前技术水平较高的形式。因此,熟练掌握自动化立体仓库的相关内容很重要。

```
                    ┌─ 自动化立体仓库的概念
                    │
                    ├─ 自动化立体仓库的分类
       自动化立体仓库┤
                    ├─ 自动化立体仓库的优越性
                    │
                    └─ 自动化仓库的系统构成
```

任务解析

了解自动化立体仓库概念、分类及不同仓库的特点；了解自动化仓库的优越性，对自动化仓库的发展前景有一定认识；掌握自动化立体仓库的系统构成，让学生对托盘、货架、叉车等仓库常用设备建立一定的感性认识。

任务实施

一、自动化立体仓库的概念

自动化立体仓库又称自动化高架仓库、自动存储系统。它是一种基于高层货架、采用电子计算机进行控制管理、采用自动化存取输送设备自动进行存取作业的仓储系统。我国国家标准《物流术语》(GB/T18354—2006)将其定义为："由电子计算机进行管理和控制，不需人工搬运作业，而实现收发作业的仓库。"

自动化立体仓库的出现是物流技术的一个划时代的革新。它不仅彻底改变了仓储行业的劳动密集型、效率低的局面，而且大大扩展仓库功能，使之从单纯的保管型向综合的流通型方向发展。自动化立体仓库使用高层货架储备货物，以巷道式堆垛起重机存取货物，并通过装卸搬运设备，自动进入仓库作业。它是实现高效率物流和大容量储藏的关键系统，在现代生产和商品流通中具有举足轻重的作用。

二、自动化立体仓库的分类

自动化立体仓库是一个复杂的综合自动化系统，作为一种特定的仓库形式一般有以下几种分类方式。

（一）按建筑形式分类

按建筑形式，自动化立体仓库可分为整体式仓库和分离式仓库。整体式是指货架除了储存货物以外，还可以作为建筑物的支撑结构，就像是建筑物的一个部分，即库房与货架形成一体化结构。分离式是指储存货物的货架独立存在，建在建筑物内部，在现有的建筑物内可改造为自动化仓库，也可以将货架拆除，使建筑物用于其他目的。

（二）按货物存取形式分类

按货物存取形式，自动化立体仓库分为单元货架式、移动货架式和拣选货架式仓库。单元货架式是一种最常见的结构。在此种结构的仓库内。货物先被放在托盘或集装箱内，再被装入仓库货架的货位中。移动货架式仓库是由电动货架组成的。货架可以在轨道上行走,由控制装置控制货架的合拢和分离。作业时货架分开,在巷道中可进行作业;不作业时可将货架合拢,只留一条作业巷道,从而节省仓库面积,提高空间的利用率。拣选货架式仓库的分拣机构是这种仓库的核心组成部分。它有巷道内分拣和巷道外分拣两种方式。每种分拣方式又分为人工分拣和自动分拣两种形式。

（三）按货架构造形式分类

按货架构造形式,自动化立体仓库可分为单元货位式仓库、贯通式仓库、水平循环式仓库和垂直旋转式仓库。单元货位式仓库是使用最广、适用性较强的一种仓库形式。其特点是货架沿仓库的宽度方向分成若干排,每两排货架为一组,其间有一条巷道供堆垛起重机或其他起重机作业。每排货架沿仓库纵长方向分为数列,沿垂立方向又分若干层,从而形成大量货位,用以储存货物。

（四）按作用分类

按作用,自动化立体仓库可分为生产性仓库和流通性仓库。生产性仓库是指工厂内部为了协调工序和在工序间进行有节奏地生产而建立的仓库。流通性仓库是一种服务性仓库,它是企业为了调节生产平衡而建立的仓库。这种仓库进出货物比较频繁,吞吐量较大。

（五）按与生产连接的紧密程度分类

按其与生产连接的紧密程度,自动化立体仓库可分为独立型仓库、半紧密型仓库和紧密型仓库。独立型仓库也称为"离续"仓库,它是指从操作流程及经济性等方面来说都相对独立的自动化仓库。这种仓库一般规模都比较大,存储量较大,仓库系统具有自己的计算机管理、监控、调度和控制系统。独立型仓库又可分为存储型和中转型仓库。配送中心也属于这一类仓库。半紧密型仓库是指它的操作流程、仓库的管理、货物的出入和经济性与其他部门（公司或上级单位）有一定关系,但又未与其他生产系统直接相连。紧密型仓库也称为"在线"仓库。它是那些与工厂内其他部门或生产系统直接相连的立体仓库,两者间的关系比较紧密。

三、自动化立体仓库的优越性

自动化立体仓库有很多优越性,对于企业来说,主要体现在以下几个方面。

（一）提高空间利用率

建立立体仓库的目的只要是为了提高空间利用率,充分节约土地资源,仓库空间利用率与其规划紧密相连。在国外,提高空间利用率的观点已有更广泛、深刻的含义,节约土地已与节约能源、保护环境等各方面联系起来。有些国家已经把空间利用率作为考核仓库系统合理性和先进性的重要指标。一般来说,立体仓库的空间利用率为普通仓库的2~5倍。

（二）形成先进的物流系统,提高企业生产管理水平

现在的物流系统是整个企业生产管理系统（从订货、设计和规划、计划编制和生产安排、制造、装配、试验以及发运等）的一个子系统,建立物流系统与企业生产管理系统间的实时连

接是目前自动化立体仓库发展的明显技术趋势。除此之外,立体仓库采用先进的自动化物料搬运设备,不仅能使货物在仓库内按需要自动存取,而且还可以与仓库以外的生产环节进行有机地连接,并通过计算机管理系统和自动化物料搬运设备使仓库成为企业物流中的重要环节。企业外购件和自制件进入立体仓库短时储存是整个生产的一个环节,是为了在指定的时间自动输出到下一道工序进行生产,从而形成自动化的物流系统环节,属于动态储存,是当今立体仓库发展的另一个明显技术趋势。而传统的仓库只是货物的储存场所,保存货物是其唯一的功能,属于静态储存。

(三)快速的入库出库能力,减轻了劳动强度,提高了生产效率

建立以立体仓库为中心的物流系统,其优越性还表现在立体仓库不仅减轻了工人综合劳动强度,还具有快速的入库出库能力,妥善地将货物存入立体仓库,及时自动地将生产所需零部件和原材料送达生产线。

(四)减少库存资金积压

通过调查,很多企业的物流管理手段落后,物资管理零散,使生产管理和生产环节的紧密联系难以到位。为了达到预期的生产能力和满足生产要求,就必须准备充足的原材料和零部件,这样,库存积压就成为较大的问题。如何降低库存资金积压和充分满足生产需要,已经成为大型企业面对的大问题。立体仓库系统是解决这一问题的最有效手段之一。

(五)现代化企业的标志

立体仓库系统的建立可以让生产过程中各环节紧密相连,成为一个有机整体,从而使生产管理科学实用,做到决策科学化。计算机管理和网络技术的使用,企业领导可以宏观快速地掌握各种物资信息,工程技术人员、生产管理人员和生产技术人员及时了解库存信息,使生产工艺安排更合理,生产效率更高。国际互联网和企业内部网络更为企业取得与外界在线连接,突破信息瓶颈,开阔视野及外引内联提供了广阔的空间和坚实强大的技术支持。

四、自动化仓库的系统构成

自动化仓库的系统主要由货物存取机、储存机构、输送设备和控制装置四个部分组成,还有与之配套的供电系统、空调系统、消防报警系统、称重计量系统、信息通信系统等。

(一)货物存取机

在自动化仓库中,视需要存放零件的数量建立若干高层货架。每两个货架之间称为巷道,巷道内设有堆垛机。它可在轨道上水平方向移动,也可以在本身的立柱上沿垂直方向移动,借以完成货物的存取操作。为了适应立体存取,要求操作安全、准确并可进行遥控;为了适应各种货物的装载特点和不同的储存量,要求存取机具有各种相应的尺寸和构造。存取机有各种不同的速度,这取决于该系统单位时间内的货物吞吐量。

(二)储存机构

一般又称货架系统。从结构上看有两种不同的货架:一种是货架与建筑物没有联系,独立地建在建筑物内部。这种货架可以拆除,灵活方便,适用于高度不高的自动化仓库;另一

种是货架与建筑物紧密相连,它除了储存货物以外,尚用作支撑建筑物的墙体或屋顶,成为建筑物的一部分,通常称为整体结构。这种货架建筑周期短、费用低,适用于高型的自动化仓库。

（三）输送设备

通常是指货物存取机作业范围以外的输送设备,用以将货物存取机与其他长距离的运输装置联系起来。输送设备类型很多,主要根据作业量多少、货物类型和作业之间的配合情况而选定。常用的输送设备有铲车、引导车、地面有轨流动车、穿梭车和辊筒链条输送机等。

（四）控制装置

控制装置把自动化仓库的一切设备有机地联系在一起,使其按照预定的程序和要求动作,形成一个自动控制系统。较先进的控制装置一般都用几台小型计算机构成,采取分级控制。这种计算机分级控制系统能快速地对信息进行实时处理。当一台计算机有故障时操作仍不中断。整个系统便于测试、检查和维修。电子计算机还能对仓库的订货与发送、仓库物资储备、仓库作业定额管理提供信息,能对仓库作业人员、作业手段、作业组织进行指挥和监督。

任务小结

首先以案例导入为切入点引出学习本任务的意义,其次按照章节内容、结合仓储企业逐一讲解自动化立体仓库的概念、分类、优越性、系统构成等内容。在学习本任务时,学生可以结合国内外现代物流发展现状了解仓储设施设备的标准化以及自动化立体仓库的类型、作用、前景。

任务四　仓库装卸搬运系统

任务介绍

在物流过程中,装卸活动是不断出现和反复进行的,它出现的频率高于其他各项物流活动,每次装卸活动都要花费很长时间,所以往往成为决定物流速度的关键。透彻理解仓库装卸搬运的工具和流程非常重要。

任务解析

了解常见仓库装卸搬运的概念、工具、流程,要求学生能够根据实际需要选择合适的仓储设备,并制定合理的装卸搬运流程安排。

任务实施

一、仓库装卸搬运系统概述

(一)装卸搬运的概念

在同一地域范围内进行的,以改变物品存放状态和空间位置为主要目的作业活动。有时候或在特定场合,单称"装卸"或单称"搬运"也包含了"装卸搬运"的完整涵义。

在实际操作中,装卸与搬运是密不可分的,两者是相伴发生的。搬运的"运"与运输的"运"区别之处在于,搬运是在同一地域的小范围内发生的,而运输则是在较大范围内发生的,两者是量变到质变的关系,中间并无一个绝对的界限。

(二)装卸搬运作业的特点

装卸搬运不仅是生产过程中不可缺少的环节,而且是流通过程物流活动的重要内容。装卸搬运的特点主要表现在以下几个方面。

1. 装卸搬运作业量大

装卸搬运作业贯穿于整个物流过程中,它是不断出现和反复进行的,它出现的频率远远高于其他各项物流活动。

2. 货物装卸搬运对象复杂

由于现代物流是为了满足消费者需求而进行的起点到终点的各种原材料、中间库存、最终产品、维修部件等流动及储运等全过程,因此在物流过程中的商品品种繁多。由于其形态、形状、体积、重量、性质、包装等各不相同,而且运输车辆的类型、托运方式也各不相同。选用装卸搬运设备、装卸搬运作业方式时一定要注意适应商品品种多变的特点。

3. 装卸搬运作业不均衡

商品运输的到发时间不确定,批量大小不等,收发商品的时间也会经常变化,这些都造成了装卸作业在时间上不连续。因此,企业必须加强货运、中转、储存、装卸搬运之间的协调配合,提高装卸搬运机械的使用效率。

4. 装卸搬运对安全性要求高

装卸搬运对安全性要求高主要体现为两点:一是装卸搬运操作通常是造成货物破损、散失、损耗、混合等损失的主要环节,因此要求安全性高。二是装卸搬运不当的操作也会造成人员的伤亡,因此要求安全装卸搬运。

二、装卸搬运工具

装卸搬运工具是完成装卸搬运作业的物质基础。它是用来搬移、升降、装卸和短距离输送货物的工具。常用的装卸搬运工具有以下几类。

（一）起重机

起重机也称吊车，是起重机械的总称，是一种利用动力或人力将包装物吊起，并可上下、左右、前后进行搬运的装运机械。较为简单的起重机械大多数为手动装置，如绞车、葫芦等。常用的较为复杂的装卸用起重机有以下几种。

1. 汽车起重机，是在卡车车体上安装悬臂起重机的起重机械。汽车起重机采用内燃机作动力，悬臂的传动有机械式、液压式和电动式三种。卡车起重机可以行驶移动，作业时放下支架即可进行起重装卸，是起重机中通用性和机动性最强的一种，因此尤其适于进行流动性作业的场所。

2. 履带起重机，是一种装在履带运行底盘上的全旋转动臂式起重机。这种起重机一般采用集中驱动，有内燃和电动两种，其传动机构有机械式和液压式两种类型。履带起重机可以移动，其与地面的接触面积大，有较大的爬坡能力，而且转弯半径小，但自重较大，行驶速度缓慢，对地面有一定的破坏作用，因此，常用于野外作业和工地。

3. 门式起重机，门式起重机的金属结构像门型框架，在两条支腿的上方安装有承重主梁，主梁的两端具有外伸悬臂梁。门式起重机通常分为轨道式门式起重机和轮胎式门式起重机两种。轨道式起重机的支腿通常可以沿着轨道滑动，起重装置在梁架上运动，从而完成对货物的吊起作业和纵、横两个方向的移动搬运。轮胎式起重机的移动则不受轨道限制，所以运动范围较大，机动性较好。门式起重机的起重量大，有时装有较长的悬臂，悬臂伸离支脚的范围覆盖的区域较广，可以提高场地的利用率，因此尤其适于在港口、车站和转运中心使用。

4. 桥式起重机，又称天车，是由桥架和起重小车两大部分组成的起重机。桥式起重机的工作原理与门式起重机基本相同，不同的是，门式起重机的两端有较高的支腿，支腿运动的轨道直接安装在地面上，而桥式起重机两端的支腿较短，其滑动的轨道则安装于建筑物的立柱跨梁上，因此节省了建筑物内支腿和轨道所占用的地面面积，并且由于地面无需留出通道，因此场地的利用率得以大大提高。桥式起重机通常安装在厂房或仓库内，在货物的上部进行装卸搬运作业，依靠桥架的纵向运动和起重装置（天车）在桥架上的横向运动，桥式起重机可以覆盖整个厂房或库房平面。

5. 岸边集装箱起重机，是码头上常用的进行集装箱装卸的大型起重设备，由门式底座、旋转式起重臂构成。岸边集装箱起重机的门式底座可以沿着轨道运动，以便调整作业位置、对准箱位；起重臂可以做360度旋转，可以俯仰，因此，其起重范围向外可以覆盖停靠在码头的货船，向内可以覆盖码头货场，从而通过起重臂的旋转完成货场和船舶之间的货物装卸。高速岸边集装箱起重机还装有吊具减摇装置。

6. 船吊（浮吊），是指安装在船上的机动起重设备，可以在水面上浮动，主要用于码头外装卸或水上过驳装卸，也可以在码头装卸工具不足时，作为补充装卸手段使用。

（二）叉车

叉车是具有各种叉具，能对货物进行升降、移动、装卸作业的车辆。使用叉车可以完成出库、搬运、装卸、入栈等复合作业,常用于港口、码头、机场、车站和工厂,对成件货物进行装卸搬运。通用性较强的叉车与各种附属装置相配合可以变为专用型叉车,用于特定作业。

常用叉车主要有以下几种:

1. 手动叉车,是指无动力源,需要人员用手推动,通过液压设备、手动液压柄起降货叉的叉车。手动叉车操作简便、机动灵活,可以仅由一名人员进行操作,价格也相对便宜,通常适用于在不需要大型机械设备的场所进行装卸搬运作业。

2. 平衡重叉车,通常简称"叉车",是叉车中运用最为广泛的一种,在叉车的车架后部装有平衡重物以防止叉车装货以后向前倾翻。由于要保持车体平衡,因此平衡重叉车的自重较大,行走稳定,转弯半径也较大,可以用于路面状况较差的场地。

3. 伸臂直达式叉车,是指货叉可以前后伸缩的叉车。由于其货叉伸出时可以超过叉车底部起支撑稳定作用的跨架,因此又称为跨架式叉车。这类叉车自重轻,转弯半径较小,可以减小通路弯度、节约通道面积,但对地面的要求较高,主要用于室内仓库,尤其适于面积狭小的地方。

4. 拣选叉车,是指操作人员可以随装卸装置一起在叉车上进行拣货作业的叉车。当叉车行进到特定的货位前,货叉将货盘取出,操作人员拣出所需数量的货物,再将货盘归位。拣选式叉车通常适用于对高层货架上存放的货物进行少批量、多品种的拣货作业。

5. 侧面叉车,是指叉车门架及货叉不在前方而在车体一侧的叉车。这种叉车在进入仓库作业时,货叉直接面对货物,因此不必先转弯再进行货物装卸,可以在较窄的通道内作业,从而提高仓库利用率。另外,侧面叉车还适于装卸尺寸较长的货物,由于货物与车体平行,因此,不需要加宽通道叉车也能顺利通行。

6. 转叉式叉车,是指叉车门架不动而货叉可以旋转和移动的叉车。使用转叉式叉车可以完成在不同方向上对货物的提升、堆垛等作业。

(三)输送机

输送机是一种可以对货物进行连续运送的搬运机械。输送机的连续作业可以提高作业效率。由于其运送路线固定,因此易于规划统筹,使作业具有稳定性。常用的输送机有以下几种:

1. 皮带输送机,是将传送带张紧在辊柱上,以外力驱动辊轮转动,进而带动传送带循环转动,利用货物与传送带之间的摩擦力移动置于其上的货物。皮带输送机主要有三种类型:

(1)固定式,即固定在两个区域之间进行货物搬运,可以制成运能较大的搬运设备,进行长距离运输。

(2)移动式,是一种小型的皮带输送机,可以利用人力移动其位置,常作为衔接性搬运工具,在集装、配送和货物拣选作业中使用。

(3)往复式,即将皮带回程也设计成运货通路的输送机。皮带输送机既可以搬运成件的货物,也可以运送块状、粒状散装货物,还可以用于对货物进行挑选、分类、检验、包装贴标签等作业。

2. 辊式输送机,是将许多辊柱进行定向排序制成的输送机。利用辊式输送机进行作业时，辊柱可以在动力驱使下原地不停地转动，从而带动置于其上的货物移动；也可以不用动力驱动，仅依靠人力或者货物自身的重力使货物在辊柱上移动。

辊式输送机的承载能力较强，容易搬运较大和较重的货物，所以常用于包装货物和托盘集装货物的搬运。但是，由于辊柱之间有空隙，因此不能搬运小的散件货物和粒状、块状货物。

3. 滚轮式输送机。滚轮式输送机的工作原理与辊式输送机相同，不同的是滚轮式输送机安装的不是辊柱而是小轮子，由于这些轮子的排列分布如同算盘，因此也称为算盘式输送机。滚轮式输送机无动力驱动，适于进行人力和重力搬运，但不适于搬运包装容器底部有挖空的货物和用篮子包装的货物。

4. 振动式输送机，是专门运送如砂石、石灰等粉粒状货物的输送机。其工作原理是通过振动使沟槽中盛装的粉粒状货物发生移动，进行搬运。振动式输送机根据振动的方法不同，可以分为机械振动输送机、电磁振动输送机和电动振动输送机。

5. 斗式提升机，是由许多往复单向运动的料斗串接而成的搬运设备。斗式提升机专门用于对散碎的物料进行垂直搬运。料斗在低处装入物料，运行到高处绕过最高点后，料斗即从向上的位置转为向下，将物料倒出，如此周而复始，以完成垂直搬运作业。

6. 气力输送机，是一种专用输送机，主要由输送动力源和密封管道两部分组成。由动力源产生的正压或负压迫使进入密封管道的粉粒状物料产生运动，从而完成搬运、装卸甚至运输。由于粉状货物具有特殊性，因此气力输送机的专用性极强，不可混用于各种不同物料。

7. 悬挂式输送机，是一种能在三维空间使用的搬运设备。悬挂式输送机的主要结构是悬挂装置和驱动装置。其工作原理是：由悬挂装置组成回路，悬挂装置的下部悬挂作业台车、货盒、货盘或挂钩，在驱动装置的驱动下，它们可以沿着悬挂装置顺序运行。

（四）机械手

机械手是一种能够自动定位控制、可以重复编程、多功能、多自由度的操作设备。机械手可以按预先编定的程序完成拣货、分货、装取托盘和包装箱及装配等作业。在物流活动中，机械手常用于固定不变的作业，尤其是反复进行的单调作业，使用机械替代人工操作，可以提高作业速度，保证作业的准确性。此外，一些在特殊环境条件下（如污染、高温、低温等）的作业，也可以采用机械手。

三、装卸搬运的流程

（一）装卸搬运作业的组织

在具体实施装卸搬运作业之前，需要对作业方式、作业过程、作业设备以及作业人员进行一定的组织规划，以确保高效率地完成装卸搬运活动。

1. 明确装卸搬运作业的任务

确定作业任务是进行装卸搬运作业的基本前提。装卸搬运的任务有可能事先确定，也有可能临时变动。但在通常情况下，可以根据物流计划，经济合同，装卸作业的不均衡程度，装、卸车的时限等因素来确定作业现场的装卸搬运任务量。

在确定了装卸搬运的任务以后,就必须对装卸作业对象的特点进行详细了解,据以确定作业方式,选择作业工具,组织作业人员。具体而言,需要了解作业对象的物理和化学特性,以确定其可运性;需要了解作业对象对物流条件的要求,包括质量保证方面的要求、环境保护方面的要求和某些特殊要求。例如,精密仪器的搬运就需要采取特殊的方法,贵重物品的搬运需要特殊控制等。

2. 确定装卸搬运作业的方式

在明确作业任务和作业对象的特点之后,需要根据所掌握的信息确定装卸搬运作业的方式。如前所述,装卸搬运作业的方式有多种,每一种都具有适用的作业对象,如对于散装货物的装卸搬运就要采用散装作业方式。同时,对于不同的作业方式而言,与其相适应的作业过程、作业设备也不相同。确定作业方式有助于进一步规划装卸搬运的作业过程,选择作业工具和设备。

3. 规划装卸搬运作业路线

规划装卸搬运作业路线,即对装卸搬运作业整个过程各个环节的连续性进行合理安排,以缩小搬运距离,减少搬运次数。作业现场的平面布置是直接影响搬运距离的因素,因此,首要问题就是要对各环节的作业点进行空间布局,要留有足够的场地集结货物,并满足装卸机械工作面的要求;场内道路的分布要为装卸搬运作业创造良好条件,要有利于加速货位的周转。

在作业现场空间布局一定的情况下,需要根据物流量大小和搬运距离的长短来选择较为合理的搬运路线。通常,搬运路线可分为直达型、渠道型和中心型三种。

此外,对作业过程的规划还要注意:装卸搬运机械要与货场长度、货位面积等相协调,各种机械设备之间要合理衔接;不同的装卸搬运设备联结使用时,应尽量使其作业速率相等或相近;同时,还要充分发挥调度人员的作用,以保证作业的连续性和作业线的生产秩序。

4. 选择装卸搬运的工具和设备

如前所述,不同的装卸搬运工具有不同的功能,适用于不同的作业方式、作业对象和作业场所。因此,在组织装卸搬运作业时,要根据作业对象的特点、作业场所的条件,结合不同工具和设备的性能来选择适用的作业工具和设备。

5. 组织装卸搬运作业的人员

装卸搬运作业的最终完成必须依靠作业人员对作业设备的操作和控制,以及对作业规划的贯彻实施。所以,按照一定原则将作业人员与作业设备以一定方式组合起来,是完成装卸搬运任务的保证。装卸搬运作业人员的基本组织形式通常有工序制和包干制两种。

(1) 工序制。它是按照作业内容或作业工序将人员和设备分别组合成装卸、搬运、堆垛、整理等作业班组,这些班组共同组成一条作业流水线,共同完成装卸搬运作业。

这种人员组织形式的优点是:可以保证作业质量和提高作业效率。一方面,由于按照作业内容进行了专业化分工,因此每个班组的任务较为单纯,有利于作业人员掌握作业技术,提高作业的熟练程度,进而提高劳动生产率;另一方面,因为每个班组的作业内容较为固定,所以就可以配备专用设备,从而有利于对设备进行管理,提高其利用率。

但是,在运用工序制组织作业的条件下,由于同一任务需要由几个班组共同完成,因此容易出现工序之间的衔接不紧密、不协调的情况,并且当作业量不均衡或者各个工序的作业进度不一致时,其综合作业能力和综合作业效率容易受到最薄弱环节的影响。

(2)包干制。它是将分工不同的各类人员和功能不同的各种设备组合在一起,成为一个班组,全面负责装卸搬运作业的整个过程。

这种人员组织形式的主要优点是:作业的协调性和灵活性较强。因为一个班组在班长的统一指挥下完成装卸搬运作业的各项内容,所以各项工序之间可以较好地进行配合与协调,从而提高作业的连续性。当作业量不均衡时,班组内部可以进行及时调整,具有较强的适应性。同时,由于可以集中进行人力、物力和设备的调配,因此有利于提高综合作业能力。

但是,在同一个作业班组内配置多种作业人员和设备,不利于提高人员的劳动熟练程度,从而影响劳动生产率的提高。

工序制和包干制这两种人员组织方法各有利弊,需要在装卸搬运作业组织中视具体情况而定。通常,规模较大的装卸作业部门由于人员多、设备齐全、任务量大,可以采用工序制;否则,采取包干制较为有效。

(二)装卸搬运作业的绩效评价

装卸搬运作业的绩效评价是物流绩效评价的一部分。对装卸搬运作业的绩效进行评价,可以实现对作业过程的监控,考察装卸作业计划的完成情况,发现作业过程中的问题,从而改进和优化装卸搬运作业的组织,提高装卸搬运的效率,进而提高整个物流系统的效率。

1. 装卸搬运作业的绩效评价标准

在装卸搬运活动中,可以依据以下标准进行绩效评价:

(1)作业计划标准,是评价装卸搬运作业的基本标准,即以作业计划为尺度对作业绩效进行评价。通过将装卸搬运作业所达到的水平与作业计划所设定的指标进行对比,可以反映装卸搬运作业计划的完成情况,也在一定程度上表明了装卸搬运作业管理的效率和水平。

(2)历史记录标准,即以装卸搬运作业业绩的历史纪录作为评价标准。将装卸搬运作业实际达到的绩效水平与历史同期水平或历史最佳水平进行对比,可以考察本次作业是否达到最佳状态,并且这种纵向比较可以反映装卸搬运作业绩效的发展状况,为今后作业计划的制订提供决策依据。

(3)行业标准,即以国际或国家同行业达到的先进水平作为评价作业绩效的尺度。通过这种横向对比,可以考察装卸搬运作业水平所处的位置,有助于发现差距,作为改进通过这种横向对比,可以考察装卸搬运作业水平所处的位置,有助于发现差距,作为改进作业技术和作业管理的基础。

(4)顾客标准,即用顾客对装卸搬运作业质量的评价和满意度来衡量作业标准,并以此作为改进作业水平的依据。

装卸搬运作业的绩效评价指标要对装卸搬运作业的绩效进行评价就必须确定相应的评价指标,然后再将作业过程中各项指标的完成情况与之对比来进行评价。可供参照的装卸

搬运作业绩效的基本评价指标有以下几项:

2. 装卸搬运作业绩效的基本评价指标

(1) 业务完成额,是指在一定时期内,已经财务核算的实际完成的装卸搬运作业额的总和。在保证作业质量的前提下,业务实际完成额越多,表明装卸搬运作业的绩效越好。这是衡量装卸搬运作业绩效的基本指标。

(2) 差错事故率,是指在一定时期内,装卸搬运过程中发生的差错事故项数与已经执行的业务总额项数的百分比。这一指标反映了装卸搬运作业的质量。

(3) 费用率,是指在一定时期内,全部装卸搬运业务过程支出的费用总额业务收入总额的百分比。这是衡量装卸搬运作业绩效的综合性指标。

(4) 人员劳动效率,是指在一定时期内,实际完成的装卸搬运业务总额与作业人数的对比。这是人力资源在装卸搬运作业过程中的绩效反映。

任务小结

仓储装备的种类很多,必须进行合理的选择配置和管理使用。除此之外,要求每一类设备工作可靠,无论在什么作业条件下,都要具有良好的运行稳定性,熟悉装卸搬运的流程也很重要。

任务五 库存管理

任务介绍

库存管理,既要满足用户存取商品的各种需要,又要增加收入、降低成本以提高盈利,扩大市场。同时,减少库存,降低库存成本,追求零库存,是仓储管理的极点,也是企业挖掘"第三利润源"的重心所在。

任务解析

在了解库存概念、库存类型的基础上,擅于不同库存类型的合理管理;清晰了解库存成本的构成,让学生合理控制库存成本;了解库存作用与弊端,让学生能够应用库存控制方法进行合理的库存控制。

任务实施

一、库存的概念

库存,是仓库中实际储存的货物。库存可以分两类:一类是生产库存,即直接消耗物资的基层企业、事业的库存物资,它是为了保证企业、事业单位所消耗的物资能够不间断地供应而储存的;一类是流通库存,即生产企业的成品库存,生产主管部门的库存和各级物资主管部门的库存。此外,还有特殊形式的国家储备物资,它们主要是为了保证及时、齐备地将物资供应或销售给基层企业、事业单位的供销库存。

《中华人民共和国国家标准物流术语》对库存的定义是:"库存是作为今后按预定的目的使用而处于闲置或非生产状态的物品。"广义的库存还包括处于制造加工状态和运输状态的物品。

二、库存的类型

（一）按生产加工和配送过程分类

1. 原材料库存

原材料库存是指企业通过采购和其他方式取得的用于制造产品并构成产品实体的物品,如钢铁、木料、布料或其他物料,以及供生产耗用但不构成产品实体的辅助材料、修理用备件、燃料及外购半成品等的库存,是用于支持企业内制造或装配过程的库存。

2. 在制品库存

在产品库存是指已经过一定生产过程,但尚未全部完工,在销售以前还要进一步加工的中间产品和正在加工中的产品的库存。它包括在产品生产的不同阶段的半成品库存。它存在于企业的生产物流阶段,一般由企业生产部门管理。

3. 产成品库存

产成品库存是指被运送给消费者的完整的或最终产品的库存。它存在于企业的销售物流阶段,通常由销售部门或物流部门进行控制。

（二）按库存的作业和功能分类

1. 周期库存

周期库存是指企业在正常的经营环境下为满足日常的需要而建立的库存。这种库存随着每日的需要不断减少,当库存降低到订货点时,订货补充库存就行了。这种库存是为了满足确定情况下的需求,按照一定的规律反复循环进行的。例如,超市某种洗衣液每天的销售量总是 20 瓶,订货提前期(又叫前置期,指从发出订单到收到货物所花费的时间)总是为 10 天,那么超市只需要在固定时间订货,在保有周期库存之外就不需要额外库存了。

2. 安全库存

安全库存是为了应付需求、生产周期或供应周期等可能发生的不可测变化、销售与生产的数量和时机不能被准确地预测而设置的一定数量的库存。

不确定因素包括大量突发性订货、交货期突然提前或推后、生产周期或供应周期等可能发生的不测变化、设备故障导致停工以及自然灾害等一些不可抗力因素等。例如,虽然人们对洗衣液的需求一般是稳定的,但如果突然有单位要大量购买洗衣液作为职工福利,如果只有周期库存,超市就会失去这样的大客户。因此,零售业的安全库存占总库存的比例高达1/3左右。但安全库存是一种额外库存,要占用大量的资金,因此物流和供应链管理者必须权衡利弊。

3. 预期库存

预期库存是指诸如为迎接一个高峰销售季节、完成一次市场营销计划、一次工厂关闭期等而预先建立起来的库存,是为用于应对可预期的销售旺季或实施特殊促销计划。

4. 批量库存

批量库存又称周转库存。在实际生产过程中,不可能完全按照产品的销售计划和生产计划来采购物料的数量,采购批量或生产批量越大,单位采购成本就越低,因此需要批量购入,而由此造成的库存就是批量库存。

5. 在途库存

在途库存是指正处于运输或停放在相邻两个工作地之间或相邻两个组织之间的库存。在途库存的大小取决于运输时间及该期间内的平均需求,如果运输速度慢、运输距离比较长,在途运输量可能会大得惊人,甚至超过存储点的库存量,因此对在途库存进行管理可以节约成本。另外,由于在途时间是订货周期的重要组成部分,减少在途时间的不确定性可以间接减少安全库存。

6. 投机性库存

投机性库存又称屏障库存。是指除满足上述正常需求之外的原因而储备的库存。例如,对金、银、铜等贵金属以及短缺原材料的采购,需要在价格合适的时候进行一定的储备,以防价格升高或购买不到。

(三)按客户对库存的需求特性分类

1. 独立需求库存

独立需求库存是指客户对某种库存物品的需求与其他种类的库存无关,表现出对这种库存需求的独立性。

从库存管理的角度来说,独立需求库存是指那些随机的、企业自身不能控制而是由市场所决定的需求,这种需求与企业对其他库存产品所作的生产决策没有关系。例如客户对企业最终产成品、维修备件等的需求。

2. 相关需求库存

相关需求是指与其他需求有内在相关性的需求,根据这种相关性,企业可以精确地计算出它的需求量和需求时间,它是一种确定型的需求。这些库存项目处于组织的完全控制之下。

三、库存的作用与弊端

(一) 库存的作用

1. 缩短订货提前期

缩短订货提前期是对客户需求不确定性的重要手段。在建立了和供应商紧密联系的合作关系后,采购商可以准确地了解各供应商的实际产能和生产周期等重要信息。与此同时,客户的需求信息也能够及时直接地传送给供应商,这样就大大缩短了订货提前期,并且也有利于企业的销售。如沃尔玛和凯玛特之类的超级市场需要与供应商保持紧密联系,以保证货源和质量。

2. 维持生产的稳定

在当代处于激烈竞争的社会中,外部需求的不稳定性是正常现象。生产的均衡性又是企业内部组织生产的客观要求:外部需求的不稳定性与内部生产的均衡性是矛盾的。要保证满足需方的要求,又使供方的生产均衡,就需要维持一定量的成品库存。成品库存将外部需求和内部生产分隔开,像水库一样起着稳定的作用。

3. 平衡流通资金的占用

库存的材料、在制品及成品是企业流通资金的主要占用部分。在企业资金一定量的情况下,库存这一部分资金占用过多,其他部门占用的资金就少,库存这一部分资金占用少,有利于资金流向其他更需要使用资金的部门,因而库存量的控制实际上也是进行流通资金的平衡。例如,加大订货批量会降低企业的订货费用,保持一定的在制品库存与材料会节省生产交换次数,提高工作效率,但这两方面都要寻找最佳控制点。

(二) 库存的弊端

1. 占用大量资金

在大多数公司里,资源都是有限的。压在库存上面的资金完全可以用于提高企业生产率、开发新产品,或者任何一个可以直接增加企业价值的其他用途。过量的库存没有用处,只是占压了企业的资金。

2. 增加了企业的产品成本与管理成本

库存材料的成本增加直接增加了产品成本,而相关库存设备、管理人员的增加也增加了管理成本。

3. 掩盖了企业众多管理问题

库存可能会掩盖企业经营中存在的机器故障、过长的操作准备时间和作业更换时间、较大的生产批量、作业计划安排不当、工序之间缺乏协调和非均衡生产等问题。此外,它还会掩盖经常性的产品或零部件的制造质量问题。当废品率和返修率很高时,企业通常会加大生产批量和在制品、产成品库存;从而会掩盖工人缺勤、技能训练差、劳动纪律松弛和现场管理混乱,供应商的供应质量下降、交货不及时,以及企业计划安排不当、生产控制不健全问题等。总之,生产经营中不确定的需求、不确定的预测、不可靠的供应商、质量问题和生产能力不足等诸多问题,都有可能被库存掩盖。

四、库存成本的构成

（一）订货费

订货费用是从需求的确认到最终的到货,通过采购或其他途径获得物品或原材料所发生的费用。订购成本包括提出订货申请单、分析货源、填写采购订单、来料验收、跟踪订货等各项费用,主要包括内部各部人员的费用和管理费用。

（二）储存费

为存储保管库存所需的成本,通常称为存储成本,也称为保管成本。一般由以下几方面组成:处理与存储成本、过时损坏与失窃成本、保险与税收成本、资金投资成本等。

（三）缺货费

缺货成本是由于外部或内部供应中断,而使客户的订货不能得到很好的满足而失去的销售机会。这主要表现在两个方面:一是现时损失,二是未来损失。现时损失是指失去了销售机会造成的损失。未来损失是指由于缺货所造成的顾客对商家失去信誉而带来的潜在损失。

（四）补货费

所谓补货,就是当客户来买货时,仓库没有现货供应,但不丧失销售机会,而是要求客户仍然在这里订货,进行欠账经营,进货后立刻补货给客户。但为了实现补货,往往发生补货费用。

（五）进货费与购买费

进货费是指进货途中为进货所花费的全部费用,包括:运费、包装费、装卸搬运费、租赁费、延时费和货损货差等。购买费是指购买物资的原价。

五、库存控制

库存控制是对制造业或服务业生产、经营全过程的各种物品、产成品以及其他资源进行管理和控制,使其储备保持在经济合理的水平上。库存控制是使用控制库存的方法,得到更高的盈利的商业手段。库存控制是仓储管理的一个重要组成部门。它是在满足顾客服务要求的前提下通过对企业的库存水平进行控制,力求尽可能降低库存水平、提高物流系统的效率,以提高企业的市场竞争力。

库存控制的责任是要测量特定地点现有库存的单位数和跟踪基本库存数量的增减。主要的修正方法有以下几种。

（一）连续检查

连续的库存控制用于检查日常的库存状态,以确定补给需要量。一般需要借助计算机实施连续检查。

（二）定期检查

定期库存控制是按有规律的时间间隔,如每周或每月,对产品项目的库存状态进行检查。

(三) 控制系统修正

为了适应特定的形式,基本的定期控制系统和连续控制系统已发生了变化并进行了组合。最常见的是补给水平系统和可选补给系统。

相关知识

Intersport 零售商融合超高频 RFID 和 EAS 技术提高库存管理效率

Intersport Jan Bols 是荷兰一家运动服装、器械零售商,采用 RFID 技术实现对 10 000 件单品从库房到销售终端的追踪后,销售业绩大大提升,而且降低了库存管理成本。通过 2013 年 11 月到 12 月的试点,Intersport 将在其荷兰的另外 10 家分店安装该方案。

该方案包括 Cross Point 的电子商品防窃(盗)门、RFKeeper 提供的桌面和手持读写器、RFID 软件以及可循环用 EAS 标签,其中 EAS 标签中融合 RFID 和内置声磁 EAS 技术。

通过 2 个月的试点,零售店的库存盘点准确率达到 99%,通过采用 RFKeeper 手持读写器执行一次盘点,花费时间少于 30 分钟。同时,销售额有所增加。

Intersport 货品首先在库存内安装 RFKeeper RFID-EAS 标签,然后采用桌面读写器读取标签数据,并将商品信息(货品型号、大小、颜色等)与库存单元(SKU)相关联,最终以上信息都存储在库存管理软件中。

每周都将进行一次全库存盘点,一个员工通过 RFKeeper 手持读写器即可完成。通过盘点,判断是否需要补货,以保证供应。

顾客挑选好货品后,收银台上的 RFID POS 读写器读取标签数据,并将其转发到后台管理软件,更新库存数据。同时,移除 EAS 标签,保证顾客顺利通过 EAS 防盗门。

零售店方面透露,该方案的最大好处是:店方其原有的工作流程变动不大,很容易适用。随着系统的到位,库存盘点速度和准确率得到有效提升。与条码扫描相比,RFID 技术大大提高库存、收银出单效率。

任务小结

本任务主要介绍了库存的概念、类型、作用与弊端、库存成本的构成和库存控制。通过该任务的学习,学生应理解库存控制的基本原理和方法,并能在仓储管理实践中灵活运用。

拓展提高

仓储合同特点

仓储合同是保管人储存存货人交付的仓储物,存货人支付仓储费的合同。提供储存保管服务的一方称为保管人,接受储存保管服务并支付报酬的一方称为存货人。交付保管的货物为仓储物,仓储合同属于保管合同的一种特殊类型。

仓储合同与保管合同的区别。如前所述,仓储合同有其法定的特点,所以在签订履行时要注意自己权利义务的内容、起始时间,这决定着承担责任的内容和开始时间,例如合同生效时间二者不同,前者为成立时生效,后者为交付时生效;前者均为有偿,而后者有偿与否则由当事人自行约定。

特殊特征:

(1) 仓储的货物所有权不发生转移,只是货物的占有权暂时转移,而货物的所有权或其他权利仍属于存货人所有。

(2) 仓储保管的对象必须是动产,不动产不能作为仓储合同的保管对象。这也是仓储合同区别于保管合同的显著特征。

(3) 仓储合同的保管人,必须具有依法取得从事仓储保管业务的经营资格。

(4) 仓储合同是诺成合同。仓储合同自成立时生效。这是仓储合同区别于保管合同的又一显著特征。

复习思考

1. 什么是自动化立体仓库?自动化立体仓库有哪些优越性?
2. 简述库存的作用与弊端。
3. 仓储决策包括哪些方面的内容?
4. 仓库内部合理布局应满足哪些要求?

相关实训

一、实训内容

深入本地仓储行业,了解仓储企业现状及其发展趋势,了解企业的历史、所有制形式、主营业务、规模、业务流程,撰写调研报告并进行演示。

二、实训要求

1. 实训项目以协作小组形式完成。每小组 3~4 人为宜,确定小组负责人。
2. 事先制定调研计划。计划内容要详细周密、切实可行。
3. 实地调研,掌握第一手资料。
4. 自主学习与协作学习相结合,体现小组团队合作精神。
5. 撰写调研报告。报告内容要体现出调查分析的过程以及得出基本结论。
6. 做成幻灯片演示文稿,分组汇报。老师和同学共同评价小组完成的情况。
7. 各组根据评价结果修正报告,以 Word 文档形式打印并装订成册。

项目七　配送与流通加工

🔔 学习目标

熟练掌握配送以及配送中心的基本概念；了解配送的特点及种类；明确配送计划制定的步骤；了解配货作业方法及配送路线的优化；掌握配送中心的概念和主要类型；了解配送中心的作业环节；掌握流通加工的概念、作用及主要形式。

🔔 情景写实

冷链的配送，如何解决"最后一公里"问题

近日，网上有关"双汇全程冷链涉嫌虚假宣传"的报道称，双汇加盟商反映送达自己手中的冷鲜肉没有经过冷链运输。双汇回应称，双汇生产的冷鲜肉流通环节包括：1. 从加工厂配送到各地经销商（即报道中所称代理商，为批发经营客户）；2. 从经销商配送到冷鲜肉特约店（即报道中所称加盟商，为零售经营客户）或其他专销点。

双汇副总经理刘金涛说，"公司在和经销商签署的《双汇鲜冻产品经销协议》第三条第四款明确规定，乙方（即经销商）的硬件设施应确保产品运输、储存、销售过程中保持生鲜产品0℃～4℃。"刘金涛说，双汇本身也很注重在运输过程中严格执行国家要求。产品经厂家冷链运输到有实力的经销商手中，他们有冷藏车，有冷库。"我们跟经销商是商业合作关系，厂家运输到经销商的手里，他也要验收，对我们厂家的要求也很严格。"

另一方面，刘金涛向中国食品报冷冻产业周刊记者吐苦水说，理论是一回事儿，现实中的情况很复杂，是另一回事儿。按照国家规定，4个小时内的短途运输是可以用加冰的保温车运输的，可是还有各种因素的影响。"比如现在的城市交通环境不好，经常堵车，本来在4个小时内的短途运输，赶上堵车可能就耽搁了；再比如，有的门店在小胡同里，冷藏车也开不进去，成本上也做不到。"这是双汇集团副总经理刘金涛反映冷链配送过程中的现实情况。

思考：
对于冷链企业，如何解决配送中的上述问题？

🔔 分析要点

国内的冷链物流产业存在着很大的发展空间，着重体现在速冻、水果蔬菜等产品的储藏和运输上。

国内在食品物流配送中，很多产品都不用冷藏车。以北京为例，大约有70%以上的食品配送只采用普通运输车辆来配送。不但食品冷链物流采用率比较低，而且越到末端越不能保证冷链的严格性。

国内大型城市,由于国际化程度加强,这些城市对高质量冷链服务的需求相当庞大。纵观整个冷链物流产业市场,太多的现象有待去改革去完善。国内冷链物流企业很少提供一体化服务,就像一个房子只有大体骨架,却缺少屋内的家具一样,企业只实现了初步的基本功能,在产业运营规模上还有提升的必要。

冷链物流产业对推动我国经济与社会协调发展发挥着重要作用,冷链物流配送系统形成的话,必将带动一些相应产业,像速冻产业和蔬菜产业提高到一个新水平。

任务一 配送概述

任务介绍

物流配送已经成为许多企业降低成本,提高竞争能力的重要手段。相当多的实行连锁经营的零售企业建立了自己的配送中心,企业内部的连锁网点提供物流配送服务。对于物流管理而言,了解和学习有关配送方面的知识非常有必要。

任务解析

掌握配送的定义、特点;理解配送的分类;明确配送服务的作用及地位。

相关知识

从实现形式看配送

从实现形式看,配送是按用户定货要求,在配送中心或其他物流结点进行货物配备,并以最合理方式送交用户。这个概念的内容概括了五点:

1. 整个概念描述了接近用户资源配置的全过程。

2. 配送实质是送货。配送是一种送货,但和一般送货有区别:一般送货可以是一种偶然的行为,而配送却是一种固定的形态,甚至是一种有确定组织、确定渠道,有一套装备和管理力量、技术力量,有一套制度的体制形式。所以,配送是高水平送货形式。

3. 配送是一种"中转"形式。配送是从物流结点至用户的一种特殊送货形式。从送货功能看,其特殊性表现为:从事送货的是专职流通企业,而不是生产企业;配送是"中转"型送货,而一般送货尤其从工厂至用户的送货往往是直达型。

4. 配送是"配"和"送"有机结合的形式。配送与一般送货的重要区别在于,配送利用有效的分拣、配货等理货工作,使送货达到一定的规模,以利用规模优势取得较低的送货成本。如果不进行分拣、配货,有一件运一件,需要一点送一点,这就会大大增加动力的消耗,使送货并不优于取货。所以,追求整个配送的优势,分拣、配货等项工作是必不可少的。

5. 配送以用户要求为出发点。在定义中强调"按用户的定货要求"明确了用户的主导地位。配送是从用户利益出发、按用户要求进行的一种活动,因此,在观念上必须明确"用户第一""质量第一",配送企业的地位是服务地位而不是主导地位,因此不能从本企业利益出发而应从用户利益出发,在满足用户利益基础上取得本企业的利益。更重要的是,不能利用配送损伤或控制用户,不能利用配送作为部门分割、行业分割、割据市场的手段。

6. 概念中"以最合理方式"的提法是基于这样一种考虑:过分强调"按用户要求"是不妥的,用户要求受用户本身的局限,有时实际会损失自我或双方的利益。对配送者来说,必须以"要求"为据,但是不能盲目,应该追求合理性,进而指导用户,实现共同受益的商业原则。

任务实施

一、配送的概念和特点

(一) 配送的概念

配送是物流企业的重要功能,配送功能的质量标志着物流企业对市场需求的满足水平。《国家标准物流术语》对配送的定义是:"在经济合理区域范围内,根据客户要求,对物品进行拣选、加工、包装、分割、组配等作业,并按时送达指定地点的物流活动。"

(二) 配送的特点

1. 配送不仅仅是送货

配送业务中,除了送货,在活动内容中还有"拣选""分货""包装""分割""组配""配货"等项工作,这些工作难度很大,必须具有发达的商品经济和现代的经营水平才能做好。在商品经济不发达的国家及历史阶段,很难按用户要求实现配货,要实现广泛的高效率的配货就更加困难。因此,一般意义的送货和配货存在着时代的差别。

2. 配送是送货、分货、配货等活动的有机结合体

配送是许多业务活动有机结合的整体,同时还与订货系统紧密联系。要实现这一点,就必须依赖现代情报信息,建立和完善整个大系统,使其成为一种现代化的作业系统。这也是以往的送货形式无法比拟的。

3. 配送的全过程有现代化技术和装备的保证

由于现代化技术和装备的采用,使配送在规模、水平、效率、速度、质量等方面远远超过以往的送货形式。在活动中,由于大量采用各种传输设备及识码、拣选等机电装备,使得整个配送作业像工业生产中广泛应用的流水线,实现了流通工作的一部分工厂化。因此,可以说,配送也是科学技术进步的一个产物。

4. 配送是一种专业化的流动分工方式

以往的送货形式只是作为推销的一种手段,目的仅仅在于多销售一些商品。而配送则

是一种专业化的流动分工方式,是大生产、专业化分工在流通领域的体现。因此,如果说一般的送货是一种服务方式的话,配送则可以说是一种体制形式。

二、配送的分类

(一)按配送商品的种类和数量分类

1. 少品种或单品种、大批量配送。
2. 多品种、少批量、多批次配送。
3. 设备成套、配套配送。

(二)按配送时间和数量分类

1. 定量配送。它是指每次按固定的数量(包括商品的品种)在指定时间范围内进行配送。
2. 定时配送。它是指按规定的间隔时间进行配送。定时配送有以下两种具体形式:当日配送和准时方式。
3. 定时定量配送。它是指按规定时间和规定的商品品种及数量进行配送。
4. 定时定量定点配送。它是指按照确定的周期、确定的商品品种和数量、确定的客户进行配送。
5. 定时定线配送。它是指在规定的运行路线上制定到达时间表,按运行时间表进行配送,客户可按规定路线及规定时间接货。
6. 即时配送。即随要随送,按照客户提出的时间和商品品种、数量的要求,随即进行配送。

(三)按配送组织者分类

1. 商店配送。它是指配送组织者是商业零售网点的配送。商店配送有如下两种形式:兼营配送形式和专营配送形式。
2. 配送中心配送。它是指配送组织者是专职从事配送的配送中心。
3. 仓库配送。仓库配送是以一般仓库为结点进行配送的形式。
4. 生产企业配送。这种配送的组织者是生产企业,尤其是进行多品种生产的生产企业,直接由本企业开始进行配送而无需将产品发运到配送中心再进行配送。

(四)按经营形式分类

1. 销售配送。它是指配送企业是销售性企业,或销售企业进行的促销型配送。
2. 供应配送。它是指企业为了自己的供应需要所采取的配送形式,往往由企业或企业集团组建配送结点,集中组织大批量进货,然后向本企业配送或向本企业集团若干企业配送。
3. 销售—供应一体化配送。销售企业对于基本固定的客户和基本确定的配送产品在自己销售的同时承担对客户执行有计划供应的职能,它既是销售者又是客户的供应代理人。
4. 代存代供配送。它是指客户将属于自己的货物委托配送企业代存、代供,有时还委托代订,然后组织对本身的配送。

(五)按配送专业化程度分类

1. 综合配送。它是指配送商品种类较多,不同专业领域的产品在一个配送结点中组织对客户的配送。

2. 专业配送。它是指按产品性状不同适当划分专业领域的配送方式。

3. 共同配送。由多个企业联合组织实施的配送活动。共同配送可以分为以货主为主体的共同配送和以物流业者为主体的共同配送两种。

三、配送的作用

配送代表了现代商品流通的发展水平。随着企业发展,配送发挥的作用越来越大,主要体现在以下 5 个方面:

1. 完善了输送和整个物流系统。
2. 提高了末端物流的经济效益。
3. 通过集中库存,可使企业实现低库存或零库存。
4. 简化手续、方便用户。
5. 提高了供应保证程度。

四、配送模式

配送模式是企业对配送所采取的基本战略和方法。根据国内外的发展经验,目前有自营、共同配送、互用配送、第三方配送等几种配送模式。

自营型配送模式是当前生产流通或综合性企业(集团)所广泛采用的一种配送模式。企业(集团)通过独立组建配送中心,实现内部各部门、厂、店的物品供应的配送,虽然这种配送模式中由于糅合了传统的"自给自足"的"小农意识",形成了新型的"大而全"、"小而全",从而造成了社会资源的浪费,但是,就目前来看,在满足企业(集团)内部生产材料供应、产品外销、零售场店供货和区域外市场拓展等企业自身需求方面发挥了重要作用。当前,较为典型的企业(集团)内自营配送模式,就是连锁企业的配送。大大小小的连锁公司或集团基本上都是通过组建自己的配送中心,来完成对内部各场、店的统一采购、统一配送和统一结算的。

第三方配送是指由物流劳务的供方、需方之外的第三方去完成物流服务的物流运作方式。第三方就是指提供物流交易双方的部分或全部物流功能的外部服务提供者,是物流专业化的一种形式。企业不拥有自己的任何物流实体,将商品采购、储存和配送都交由第三方完成。

互用配送模式,是指几个企业为了各自利益,以契约的方式达到某种协议,互用对方配送系统而进行的配送模式。其优点在于企业不需要投入较大的资金和人力,就可以扩大自身的配送规模和范围,但需要企业有较高的管理水平以及与相关企业的组织协调能力。

共同配送也称共享第三方物流服务,指多个客户联合起来共同由一个第三方物流服务公司来提供配送服务。它是在配送中心的统一计划、统一调度下展开的。共同配送是由多个企业联合组织实施的配送活动。共同配送的本质是通过作业活动的规模化降低作业成本,提高物流资源的利用效率。共同配送是指企业采取多种方式,进行横向联合、集约协调、求同存异以及效益共享。

任务小结

在本任务中,学习了物流配送的基本概念,了解了配送的基本分类、作用等。通过互联网调查配送行业、企业的基本情况,具体接触了配送行业。了解用人单位对配送人员的业务素质要求。

任务二 配送计划的组织与实施

任务介绍

配送计划完善与否,直接关系到企业的总体绩效和未来发展。配送计划是指配送企业(配送中心)在一定时间内编制的生产计划。在物流行业,是否能够制定合理高效的配送计划已经成为物流企业获得行业竞争力必备的硬性技术之一。

任务解析

了解配送工作的主要内容;对基本的配送活动能够制定相应的配送计划;初步学会配送优化的一般方法。

相关知识

各类运输方式的特点

铁路运输:具有定时性,中长距离运货运费低廉,可以大批量运输,网络遍布全国,可以运往各地。同时短距离货运,运费昂贵,运费没有伸缩性,不能采用门到门服务,车站固定,不能随处停车,货物滞留时间长,不适于紧急配送。

公路运输:可以直接把货物从发货处送到收货处,实行门到门服务,适于近距离运输,近距离运费较低,容易装车,适应性强。同时不适于大批量运输,长距离运输运费相对昂贵,易发生事故。

航空运输:运送速度快,适用于运费承担能力大的商品和需要中、长距离运输的商品,包装简单,破损少,安全。同时运费偏高,受重量限制,地区不能离机场太远。

任务实施

配送计划是指配送企业(配送中心)在一定时间内编制的生产计划。它是配送中心生产经营的首要职能和中心环节。配送计划的主要内容应包括配送的时间、车辆选择、货物装载以及配送路线、配送顺序等的具体选择。

一、配送计划的分类

配送中心的配送计划一般包括配送主计划、日配送计划和特殊配送计划。

（一）配送主计划

配送主计划是指针对未来一定时期内,对已知客户需求进行前期的配送规划,便于对车辆、人员、支出等做统筹安排,以满足客户的需要。例如,为迎接家电行业每年3~7月份空调销售旺季的到来,配送中心可以提前根据各个客户前一年的销售情况及今年的预测情况,预测今年空调销售旺季的配送需求量,并据此制定空调销售旺季的配送主计划,提前安排车辆、人员等,以保证销售任务完成。

（二）日配送计划

日配送计划是配送中心逐日进行实际配送作业的调度计划。例如,订单增减、取消、配送任务细分、时间安排、车辆调度等。制定每日配送计划的目的是使配送作业有章可循。与配送主计划相比,配送中心的日配送计划更具体、频繁。

（三）特殊配送计划

特殊配送计划是指配送中心针对突发事件或者不在主计划规划范围内的配送业务,或者不影响正常性每日配送业务所做的计划。它是配送主计划和每日配送计划的必要补充,如空调在特定商场进行促销活动,可能会导致短期内配送需求量突然增加,这都需要制定特殊的配送计划,增强配送业务的柔性,提高服务水平。

二、配送计划的内容

1. 按日期排定用户所需商品的品种、规格、数量、送达时间、送达地点、送货车辆与人员等。

2. 优化车辆行走路线与运送车辆趟次,并将送货地址和车辆行走路线在地图上标明或在表格中列出。如何选择配送距离短、配送时间短、配送成本低的线路,这需要根据用户的具体位置、沿途的交通情况等做出优先选择和判断。除此之外,还必须考虑有些客户或其所在地点环境对送货时间、车型等方面的特殊要求,如有些客户一般不在上午或晚上收货,有些道路在某高峰期实行特别的交通管制等。因此,确定配送批次顺序应与配送线路优化综合起来考虑。

3. 按用户需要的时间并结合运输距离确定启运提前期。

4. 按用户要求选择送达服务方式。配送计划确定之后,向各配送点下达配送任务。依据计划调度运输车辆、装卸机械及相关作业班组与人员,并指派专人将商品送达时间、品种、规格、数量通知客户,使客户按计划准备好接货工作。

三、配送计划的制定依据

编制配送计划的主要依据是:

1. 客户订单。一般客户订单对配送商品的品种、规格、数量、送货时间、送达地点、收货方式等都有要求。因此,客户订单是拟订运送计划的最基本的依据。

2. 客户分布、运输路线、距离。客户分布是指客户的地理位置分布。客户位置离配送据点的距离长短、配送据点到达客户收货地点的路径选择,直接影响输送成本。

3. 配送货物的体积、形状、重量、性能、运输要求。配送货物的体积、形状、重量、性能、运输要求是决定运输方式、车辆种类、载重、容积、装卸设备的制约因素。

4. 运输、装卸条件。运输道路交通状况、运达地点及其作业地理环境、装卸货时间、天气气候等对输送作业的效率也起较大的约束作用。

四、配送计划的制定

在充分掌握以上依据所列的必需的信息资料后,由电子计算机编制,最后形成配送计划表,或由计算机直接向具体执行部门下达指令。

在不具备上述手段而由人工编制计划时,其主要步骤是:

1. 按日汇总各用户需求资料,用地图表明,也可用表格列出。
2. 计算各用户送货所需时间,以确定起送提前期。
3. 确定每日各配送点的配送计划,可以图上或表上作业法完成,也可计算。
4. 按计划的要求选择配送手段。
5. 以表格形式拟定出详细配送计划。

五、配送计划的组织与实施

配送计划的实施过程,通常分为五个阶段或步骤:

1. 下达配送计划。即通知用户和配送点,以使用户按计划准备接货,使配送点按计划组织送货。

2. 配送点配货。各配送点按配送计划落实货物和运力,对数量、种类不符要求的货物,组织进货。

3. 下达配送任务。即配送点向运输部门、仓库、分货包装及财务部门下达配送任务,各部门组织落实任务。

4. 发送。理货部门按要求将各用户所需的各种货物,进行分货、配货、配装,并将送货交接单交驾驶员或随车送货人。

5. 配达。车辆按规定路线将货物送达用户,用户点接后在回执上签章。配送任务完成后,财务部门进行结算。

六、配送优化原理

配送运输由于配送方法的不同,其运输过程也不尽相同。影响配送运输的因素很多,如车流量的变化、道路状况、客户的分布状况和配送中心的选址、道路交通网、车辆定额载重量以及车辆运行限制等。配送线路设计就是整合影响配送运输的各种因素,适时适当地利用现有的运输工具和道路状况,及时、安全、方便、经济地将客户所需的商品准确地送达客户手中。在配送运输线路设计中,需根据不同客户群的特点和要求,选择不同的线路设计方法,最终达到节省时间、运距和降低配送运输成本的目的。下面介绍一下常见的节约法。

节约法的原理:如图7-1所示如果从配送中心 P_0 到用户 P_1 和 P_2 的运输距离分别是 d_{01} 和 d_{02},P_1 和 P_2 之间的运输距离是 d_{12},如果不配送,则对每个用户需派一辆车来回送货。总运输距离为:$2(d_{01}+d_{02})$。而如果配送,则可以只派一辆车一次给两个用户顺序送货,总运输距离为:$d_{01}+d_{02}+d_{12}$。二者之间的节约量为:$2(d_{01}+d_{02})-(d_{01}+d_{02}+d_{12})=d_{01}+d_{02}-d_{12}$。如果把多个用户连在一起,则节约量更大。

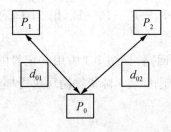
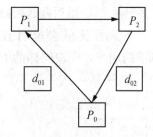

图 7-1 节约法原理

七、配送计划优化方法

某日,长寿生鲜食品加工配送中心接到了武汉某商场给武汉市 10 个用户送货的任务单,多个品种总运量共 20 吨,各个用户的需求量如表 7-1 所示,各点之间的路程如图 7-2 所示。公司现有 10 吨车一辆、5 吨车两辆、2 吨车若干辆,需要制定配送路线。

表 7-1 用户的需求量

用户	P_1	P_2	P_3	P_4	P_5	P_6	P_7	P_8	P_9
需求(吨)	12	1	1.5	0.5	0.5	1.5	0.8	1.2	1

P_0									
12	P_1								
11	11	P_2							
13	10	9	P_3						
15	14	12	26	P_4					
13	12	15	25	15	P_5				
16	20	18	24	17	16	P_6			
17	18	20	23	19	17	21	P_7		
18	14	22	22	21	19	22	15	P_8	
20	16	24	21	23	18	20	17	18	P_9

图 7-2 各个用户之间的距离(单位:公里)

制定配送路线的第一步,首先安排直送,把大运量用户先用专车直送,剩下的小运量用户再统一安排配送。由图 7-2 可以看出,派一辆 10 吨车为 P_1 送 10 吨,剩下的 2 吨,与其余小运量各用户一起安排。

第二步,制定详细具体的配送路线。首先要求配送用户的节约量,如图 7-3。具体组织回路时,总是从最大的节约量开始,连接用户。例如图 7-3 中,P_8 和 P_9 的需求量之和有 2.2 吨,可以连,这样在这个格和 P_8 所在格上做一个记号,例如①(表示第 1 条回路),再选择剩下的节约量最大的,在 P_9 所在行,它在 P_9 和 P_7 的交叉点上的,需求量之和(1.2+1+0.8=3)小于载重量 5,可以连,在这个 20 所在格以及 P_7 所在格上做上相同的记号①。由于车还没载满,继续连,再在剩下的里面找节约量最大的(每行每列的记号都只能有两个,也必须有两个,但 P_0 所在列的记号可以多于两个)。最后配送回路就是 P_0—P_1—P_8—P_9—P_7—P_0,用 5 吨车刚好装 5 吨货物循环送货,全路程长 61 公里,工作量 305 吨公里。

再在剩下的用户当中按同样的方法组织第二个回路,见图 7-3 中用②记号的回路。这条回路是 P_0—P_3—P_2—P_4—P_6—P_5—P_0,用 5 吨车刚好装 5 吨货物循环送货,全路程长 80 公里,工作量 400 吨公里。

需求	P_0									
2	①	$P_1$①								
1		12	P_2							
1.5	②	15	15②	P_3						
0.5		13	14②	2	$P_4$②					
0.5	②	13	9	1	13	$P_5$②				
1.5		8	9	5	14②	13②	P_6			
0.8	①	11	8	7	13	13	12	$P_7$①		
1.2		16①	7	9	12	12	12	20	$P_8$①	
1		16	7	12	12	15	16	20①	20①	P_9

图 7-3 各个用户之间的节约量(单位:公里)

▶ 任务小结 ◀

本任务中,学生了解了配送计划的内容,并能够简单运用节约法做简单的配送路线优化。

任务三 配送中心

▶ 任务介绍 ◀

随着我国经济体制改革的深入,传统的流通模式越来越不能满足市场多品种小批量的需求,一些商业或流通企业纷纷准备或开始筹建配送中心,以降低成本,提高服务质量和水平。通过建设配送中心,可以扩大经营规模,改进物流与信息流系统,满足用户不断发展的多样化需求,使末端物流更加合理。

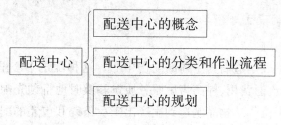

任务解析

掌握配送中心的定义;了解配送中心的相关流程;了解配送中心规划需要考虑的问题。

相关知识

配送中心

一、与传统仓库、运输的不同之处

配送中心与传统的仓库、运输是不一样的,一般的仓库只重视商品的储存保管,一般传统的运输只是提供商品运输配送而已,而配送中心是重视商品流通的全方位功能,同时具有商品储存保管、流通行销、分拣配送、流通加工及信息提供的功能。

二、配送中心的作用

配送中心在以下几个方面发挥较好的作用:

1. 减少交易次数和流通环节。
2. 产生规模效益。
3. 减少客户库存,提高库存保证程度。
4. 与多家厂商建立业务合作关系,能有效而迅速的反馈信息,控制商品质量。
5. 配送中心是现代电子商务活动中开展配送活动的物质技术基础。

任务实施

一、配送中心的概念

配送中心是从供应者手中接受多种大量的货物,进行倒装、分类、保管、流通加工和情报处理等作业,然后按照众多需要者的订货要求备齐货物,以令人满意的服务水平进行配送的设施。

配送中心是基于物流合理化和发展市场两个需要而发展的,是以组织配送式销售和供应,执行实物配送为主要功能的流通型物流结点。它很好地解决用户多样化需求和厂商大批量专业化生产的矛盾,因此,逐渐成为现代化物流的标志。

二、配送中心的分类

配送中心是一种新兴的经营管理形态,具有满足多量少样的市场需求及降低流通成本的作用,但是,由于建造企业的背景不同,其配送中心的功能、构成和运营方式就有很大区

别,因此,在配送中心规划时应充分注意配送中心的类别及其特点。配送中心的具体分类方式如下:

(一) 按配送中心的设立者分类

1. 制造商型配送中心

制造商配送中心是以制造商为主体的配送中心。这种配送中心里的物品100%是由自己生产制造,用以降低流通费用、提高售后服务质量和及时地将预先配齐的成组元器件运送到规定的加工和装配工位。从物品制造到生产出来后条码和包装的配合等多方面都较易控制,所以按照现代化、自动化的配送中心设计比较容易,但不具备社会化的要求。

2. 批发商型配送中心

批发商型配送中心是由批发商或代理商所成立的配送中心,是以批发商为主体的配送中心。批发是物品从制造者到消费者手中之间的传统流通环节之一,一般是按部门或物品类别的不同,把每个制造厂的物品集中起来,然后以单一品种或搭配向消费地的零售商进行配送。这种配送中心的物品来自各个制造商,它所进行的一项重要的活动是对物品进行汇总和再销售,而它的全部进货和出货都是社会配送的,社会化程度高。

3. 零售商型配送中心

零售商型配送中心由零售商向上整合所成立的配送中心。以零售业为主体的配送中心。零售商发展到一定规模后,就可以考虑建立自己的配送中心,为专业物品零售店、超级市场、百货商店、建材商场、粮油食品商店、宾馆饭店等服务,其社会化程度介于前两者之间。

4. 专业物流配送中心

专业物流配送中心是以第三方物流企业(包括传统的仓储企业和运输企业)为主体的配送中心。这种配送中心有很强的运输配送能力,地理位置优越,可迅速将到达的货物配送给用户。它为制造商或供应商提供物流服务,而配送中心的货物仍属于制造商或供应商所有,配送中心只是提供仓储管理和运输配送服务。这种配送中心的现代化程度往往较高。

(二) 按服务范围分类

1. 城市配送中心

城市配送中心是以城市范围为配送范围的配送中心,由于城市范围一般处于汽车运输的经济里程,这种配送中心可直接配送到最终用户,且采用汽车进行配送。所以,这种配送中心往往和零售经营相结合,由于运距短,反应能力强,因而从事多品种、少批量、多用户的配送较有优势。

2. 区域配送中心

区域配送中心是以较强的辐射能力和库存准备,向省(州)际、全国乃至国际范围的用户配送的配送中心。这种配送中心配送规模较大,一般而言,用户也较大,配送批量也较大,而且,往往是配送给下一级的城市配送中心,也配送给营业所、商店、批发商和企业用户,虽然也从事零星的配送,但不是主体形式。

（三）按配送中心的功能分类

1. 储存型配送中心

储存型配送中心有很强的储存功能。例如，美国赫马克配送中心的储存区可储存 16.3 万托盘。我国目前建设的配送中心，多为储存型配送中心，库存量较大。

2. 流通型配送中心

流通型配送中心包括通过型或转运型配送中心，基本上没有长期储存的功能，仅以暂存或随进随出的方式进行配货和送货的配送中心。其典型方式为：大量货物整批进入，按一定批量零出。一般采用大型分货机，其进货直接进入分货机传送带，分送到各用户货位或直接分送到配送汽车上。

3. 加工型配送中心

加工型配送中心是以流通加工为主要业务的配送中心。

（四）按配送货物的属性分类

根据配送货物的属性，可以分为食品配送中心、日用品配送中心、医药品配送中心、化妆品配送中心、家电品配送中心、电子（3C）产品配送中心、书籍产品配送中心、服饰产品配送中心、汽车零件配送中心以及生鲜处理中心等。由于所配送的产品不同，配送中心的规划方向就完全不同。

例如生鲜品配送中心主要处理的物品为蔬菜、水果与鱼肉等生鲜产品，属于低温型的配送中心。它是由冷冻库、冷藏库、鱼虾包装处理场、肉品包装处理场、蔬菜包装处理场及进出货暂存区等组成的，冷冻库为零下 25℃，而冷藏库为 0℃～5℃左右。它又被称为湿货配送中心。而书籍产品的配送中心，由于书籍有新出版、再版及补书等的特性，尤其是新出版的书籍或杂志，其中的 80% 不上架，直接理货配送到各书店去，剩下的 20% 左右库存在配送中心等待客户的再订货；另外，书籍或杂志的退货率非常高，约有 3～4 成。因此，在书籍产品的配送中心规划时，就不能与食品与日用品的配送中心一样。服饰产品的配送中心，也有淡旺季及流行性等的特性，而且，较高级的服饰必须使用衣架悬挂，其配送中心的规划也有其特殊性。

三、配送中心的作业流程

配送中心的主要活动是订货、进货、发货、仓储、订单拣货和配送作业。首先确定配送中心主要活动及其程序之后，才能规划设计。有的配送中心还要进行流通加工、贴标签和包装等作业。当有退货作业时，还要进行退货品的分类、保管和退回等作业。如图 7-4 所示。

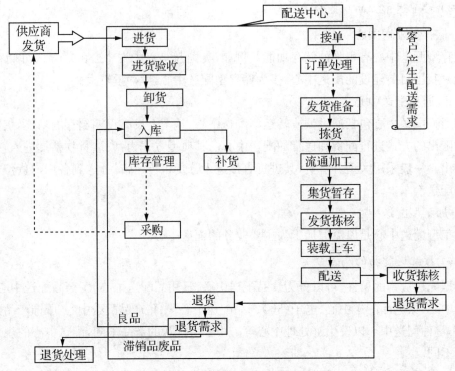

图 7-4 配送中心的作业流程图

下面针对个别关键流程,简单介绍。

(一) 进货

进货就是配送中心根据客户的需要,为配送业务的顺利实施,而从事的组织商品货源和进行商品存储的一系列活动。

进货是配送的准备工作或基础工作,它是配送的基础环节,又是决定配送成败与否、规模大小的最基础环节。同时,它也是决定配送效益高低的关键环节。

(二) 订单处理

从接到客户订单开始到着手准备拣货之间的作业阶段,称之为订单处理。订单处理是与客户直接沟通的作业阶段,对后续的拣选作业、调度和配送产生直接的影响,是其他各项作业的基础。

订单是配送中心开展配送业务的依据,配送中心接到客户订单以后需要对订单加以处理,据以安排分拣、补货、配货、送货等作业环节。

订单处理方式:人工处理和计算机处理。目前主要采用计算机处理方式。

(三) 拣货

拣货作业是依据顾客的订货要求或配送中心的送货计划,迅速、准确地将商品向从其储位或其他区域拣取出来,并按一定的方式进行分类、集中,等待配装送货的作业过程。

拣货过程是配送不同于一般形式的送货以及其他物流形式的重要的功能要素,是整个配送中心作业系统的核心工序。

拣货作业的种类:按分拣的手段不同,可分为人工分拣、机械分拣和自动分拣三大类。

(四) 补货

补货是库存管理中的一项重要的内容,根据以往的经验,或者相关的统计技术方法,或者计算机系统的帮助确定的最优库存水平和最优订购量,并根据所确定的最优库存水平和最优订购量,在库存低于最优库存水平时发出存货再订购指令,以确保存货中的每一种产品都在目标服务水平下达到最优库存水平。

补货作业的目的是保证拣货区有货可拣,是保证充足货源的基础。补货通常是以托盘为单位,从货物保管区将货品移到拣货区的作业过程。

(五) 配货

配送中心为了顺利、有序、方便地向客户发送商品,对组织来的各种货物进行整理,并依据订单要求进行组合的过程。配货也就是指使用各种拣选设备和传输装置,将存放的货物,按客户的要求分拣出来,配备齐全,送入指定发货区。

配货作业与拣货作业不可分割,二者一起构成了一项完整的作业。通过分拣配货可达到按客户要求进行高水平送货的目的。

(六) 送货

配送业务中的送货作业包含将货物装车并实际配送,而达到这些作业则需要事先规划配送区域的划分或配送线路的安排,由配送路线选用的先后次序来决定商品装车顺序,并在商品配送途中进行商品跟踪、控制,制定配送途中意外状况及送货后文件的处理办法。

送货通常是一种短距离、小批量、高频率的运输形式。它以服务为目标,以尽可能满足客户需求为宗旨。

(七) 流通加工

流通加工是配送的前沿,它是衔接储存与末端运输的关键环节。流通加工是指物品在从生产领域向消费领域流动的过程中,流通主体(即流通当事人)为了完善流通服务功能,为了促进销售、维护产品质量和提高物流效率而开展的一项活动。

流通加工的目的:(1) 适应多样化客户的需求;(2) 提高商品的附加值;(3) 规避风险,推进物流系统化。

不同的货物,流通加工的内容是不一样的。

(八) 退货

退货或换货在经营物流业中不可避免,但应尽量减少,因为退货或换货的处理,只会大幅增加物流成本,减少利润。发生退货或换货的主要原因包括:瑕疵品回收、搬运中的损坏、商品送错退回、商品过期退回等。

四、配送中心的规划

配送中心是以组织配送式销售和供应,执行实物配送为主要机能的流通型物流结点。

配送中心的建设是基于物流合理化和发展市场两个需要而发展的。所以配送中心就是从事货物配备(集货、加工、分货、拣选、配货)和组织对用户的送货,以高水平实现销售和供应服务的现代流通设施。

配送中心是一个系统工程,其系统规划包括许多方面的内容。应从物流系统规划、信息系统规划、运营系统规划等3个方面进行规划。物流系统规划包括设施布置设计、物流设备规划设计和作业方法设计;信息系统规划也就是对配送中心信息管理与决策支持系统的规划;运营系统规划包括组织机构、人员配备、作业标准和规范等的设计。通过系统规划,实现配送中心的高效化、信息化、标准化。

(一)配送中心系统规划程序

配送中的系统规划程序可以分为五个主要阶段,包括:筹划准备阶段;总体规划阶段;方案评估阶段;详细设计阶段;系统实施阶段。

下面分别说明各阶段的主要工作。

1. 筹划准备阶段

在配送中心建设的筹划准备阶段,首先需要对配送中心的必要性和可行性进行分析和论证,有了初步结论后,就应该设立筹划小组(或委员会)进行具体规划,为了避免片面性,筹划小组应该吸收多方面成员参加,包括本公司、物流咨询公司、物流工程技术公司、土建公司人员以及一些经验丰富的的物流专家或顾问等。

2. 总体规划阶段

在配送中心的总体规划阶段,需要对配送中心的基础资料进行详细的分析,确定配送中心的规划条件,在此基础上进行基本功能和流程的规划、区域布置规划和信息系统的规划,根据规划方案制定项目进度计划、投资预算和经济效益分析等。

3. 方案评估阶段

在基本设计阶段往往产生几个可行的系统方案,应该根据各方案的特点,采用各种系统评价方法或计算机仿真的方法,对各方案进行的比较和方案评估,从中选择一个最优的方案进行详细设计。

4. 详细设计阶段

在详细设计阶段,在对总体方案进行完善设计的基础上,决定作业场所的详细配置,对配送中心所使用的各种设备、能力等进行详细设计,并对办公及信息系统、运营系统进行详细设计等。

本阶段的主要任务包括:

(1)设备制造厂的选定

设备制造厂的选定一般通过投标竞争的方式选择。选定制造厂后,应和制造工厂一起对基本设计的指导思想进行认定,取得共识,并考虑和采纳厂方的新方案和意见,制订下一步的计划。

(2)详细设计

在详细设计阶段要编制具体的实施条目和有关设备形式的详细计划,主要有以下各点:

装卸、搬运、保管所用的机械和辅助机械的型号规格;运输车辆的类型、规格;装卸搬运用的容器形状和尺寸;配送中心内部详细的平面布置与机械设备的配置方案;办公与信息系统的有关设施规格、数量等;信息系统的设计;运营系统的设计。

5. 系统实施阶段

为了保证系统的统一性和系统目标与功能的完整性,应对参与设计施工各方所设计的内容从性能、操作、安全性、可靠性、可维护性等方面进行评价和审查,在确定承包工厂前应深入现场,对该厂生产环境、质量管理体制以及外协件管理体制等进行考察,如发现问题应提出改善要求。在设备制造期间也需进行现场了解,对质量和交货日期等进行检查。

(二) 配送中心的选址

有关配送中心位置的选择,将显著影响实际营运的效率与成本,以及日后仓储规模的扩充与发展。因此企业在决定配送中心设置的位置方案时,必须谨慎参考相关因素,并按适当步骤进行,通常在选择过程如果已经有预定地点或区位方案,应于系统规划前先行提出,并成为规划过程的限制因素;如果没有预定的地点,则可于系统规划方案成形后,进行位置方案的选择,必要时得修正系统规划方案,以配合实际土地及区块面积的限制。

1. 选址的决策

(1) 地理区域选择

配送中心的选址首先要选择合适的地理区域:对各地理区域进行审慎评估,选择一个适当范围为考虑的区域,如华南地区、华北地区等,同时还须配合配送中心物品特性、服务范围及企业的运营策略而定。

(2) 具体区域

配送中心的地理区域确定后,还需确定具体的建设地点,如果是制造商型的配送中心,应以接近上游生产厂或进口港为宜;如果是日常消费品的配送,则宜接近居民生活社区。一般应以进货与出货产品类型特征及交通运输的复杂度,来选择接近上游点或下游点的选址策略。

2. 选址的主要因素

配送中心选址时应该考虑的主要因素有:客户的分布、供应商的分布、交通条件、土地条件、自然条件、人力资源条件、政策环境等几种,以下针对这几种要点加以说明。

(1) 客户的分布

配送中心选址时首先要考虑的就是所服务客户的分布,对于零售商型配送中心,其主要客户是超市和零售店,这些客户大部分是分布在人口密集的地方或大城市,配送中心为了提高服务水准及降低配送成本,配送中心多建在城市边缘接近客户分布的地区。

(2) 供应商的分布

另外配送中心的选址应该考虑的因素是供应商的分布地区。因为物流的商品全部是由供应商所供应的,如果物流愈接近供应商,则其商品的安全库存可以控制在较低的水平。但是因为国内一般进货的输送成本是由供应商负担的,因此有时不重视此因素。

(3) 交通条件

交通条件是影响物流的配送成本及效率的重要因素之一，交通运输的不便将直接影响车辆配送的进行。因此必须考虑对外交通的运输通路，以及未来交通与邻近地区的发展状况等因素。地址宜紧临重要的运输线路，以方便配送运输作业的进行。考核交通方便程度的条件有：高速公路、国道、铁路、快速道路、港口、交通限制规定等几种。一般配送中心应尽量选择在交通方便的高速公路、国道及快速道路附近的地方，如果以铁路及轮船来当运输工具，则要考虑靠近火车编组站、港口等。

(4) 土地条件

土地与地形的限制，对于土地的使用，必须符合相关法规及城市规划的限制，尽量选在物流园区或经济开发区。建设用地的形状、长宽、面积与未来扩充的可能性，则与规划内容有密切的关系。因此在选择地址时，有必要参考规划方案中仓库的设计内容，在无法完全配合的情形下，必要时需修改规划方案的内容。另外，还要考虑土地大小与地价，在考虑现有地价及未来增值状况下，配合未来可能扩充的需求程度，决定最合适的面积大小。

(5) 自然条件

在物流用地的评估当中，自然条件也是必须考虑的，事先了解当地自然环境有助于降低建设的风险。例如在自然环境中有湿度、盐分、降雨量、台风、地震、河川等几种自然现象，有的地方靠近山边湿度比较高，有的地方湿度比较低，有的地方靠近海边盐分比较高，这些都会影响商品的储存品质，尤其是服饰产品或3C产品等对湿度及盐分都非常敏感。另外降雨量、台风、地震及河川等自然灾害，对于配送中心的影响也非常大，必须特别留意并且避免被侵害。

(6) 人力资源条件

在仓储配送作业中，最主要的资源需求为人力资源。由于一般物流作业仍属于劳力密集的作业形态，在配送中心内部必须要有足够的作业人力，因此在决定配送中心位置时必须考虑劳工的来源、技术水准、工作习惯、工资水准等因素。人力资源的评估条件有附近人口、上班交通状况、薪资水准等几项。如果物流的选址位置附近人口不多且交通又不方便时，则基层的作业人员不容易招募；如果附近地区的薪资水准太高，也会影响到基层的作业人员的招募。因此必须调查该地区的人力、上班交通及薪资水准。

(7) 政策环境

政策环境条件也是物流选址评估的重点之一，尤其是物流用地取得困难的现在，如果有政府政策的支持，则更有助于物流业者的发展。政策环境条件包括企业优惠措施(土地提供，减税)、城市规划(土地开发，道路建设计划)、地区产业政策等。最近在许多交通枢纽城市如深圳、武汉等地都在规划设置现代物流园区，其中除了提供物流用地外，也有关于税赋方面的减免，有助于降低物流业者的营运成本。

3. 选址的方法

(1) 定量分析法

定量分析法主要包括重心法、运输规划法、双层规划法、鲍莫尔－沃尔夫法、Cluster法、CFLP法、混合0－1整数规划法、遗传算法等。定量分析法选址的优点是可以求出比较准确可信的解。重心法是研究单个物流配送中心选址的常用方法，这种方法将物流系统中的资源点和需求点看成是分布在某一平面范围内的物流系统,各点的需求量和资源量分别看成是物体的重量,物体系统的重心作为物流网点的最佳设置点。

（2）定性分析法

定性分析法主要是根据选址影响因素和选址原则,依靠专家或管理人员丰富的经验、知识及其综合分析能力,确定配送中心的具体选址。定性分析法主要有专家打分法、德尔菲法。定性分析法的优点是注重历史经验,简单易行。其缺点是容易犯经验主义和主观主义的错误,并且当可选地点较多时,不易做出理想的决策,导致决策的可靠性不高。

任务小结

本任务中,学生了解和熟悉配送中心作业内容,对配送行业有了一定了解;学习了配送规划的相关知识,了解了配送中心设计的大概步骤和个别方法。

任务四 流通加工

任务介绍

流通加工是现代配送系统构架中的重要结构之一。流通加工在现代配送系统中,担负的主要任务是提高配送系统对于用户的服务水平。此外,流通加工对于配送系统而言还有提高物流运作效率、使配送活动增值和降低物流总成本的作用。

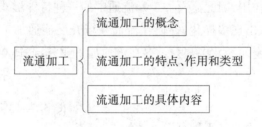

任务解析

掌握流通加工的概念;了解流通加工类型、特点和作用;知道流通加工的具体内容。

相关知识

流通加工和一般的生产型加工的差别

1. 加工对象的区别。流通加工的对象是进入流通过程的商品,具有商品的属性,以此来区别多环节生产加工中的一环。流通加工的对象是商品,而生产加工对象不是最终产品,而是原材料、零配件、半成品。

2. 加工程度的区别。流通加工程度大多是简单加工,而不是复杂加工,一般来讲,如果必须进行复杂加工才能形成人们所需的商品,那么,这种复杂加工应专设生产加工过程,生产过程理应完成大部分加工活动,流通加工对生产加工则是一种辅助及补充。特别需要指出的是,流通加工绝不是对生产加工的取消或代替。

3. 附加价值的区别。从价值观点看,生产加工目的在于创造价值及使用价值,而流通加工则在于完善其使用价值,并在不作大的改变情况下提高价值。

4. 加工责任人的区别。流通加工的组织者是从事流通工作的人,能密切结合流通的需要进行这种加工活动,从加工单位来看,流通加工由商业或物资流通企业完成,而生产加工则由生产企业完成。

5. 加工目的的区别。商品生产是为交换为消费而生产的,流通加工一个重要目的,是为了消费(或再生产)所进行的加工,这一点与商品生产有共同之处。但是流通加工有时候也是以自身流通为目的,纯粹是为流通创造条件,这种为流通所进行的加工与直接为消费进行的加工从目的来讲是有区别的,这又是流通加工不同于一般生产的特殊之处。

任务实施

一、流通加工的概念

《中华人民共和国国家标准物流术语》规定,流通加工是物品在生产地到使用地的过程中,根据需要施加包装、分割、计量、分拣、刷标志、拴标签、组装等简单作业的总称。

流通加工是为了提高物流速度和物品的利用率,在物品进入流通领域后,按客户的要求进行的加工活动,即在物品从生产者向消费者流动的过程中,为了促进销售、维护商品质量和提高物流效率,对物品进行一定程度的加工。流通加工通过改变或完善流通对象的形态来实现"桥梁和纽带"的作用,因此流通加工是流通中的一种特殊形式。随着经济增长,国民收入增多,消费者的需求出现多样化,促使在流通领域开展流通加工。目前,在世界许多国家和地区的物流中心或仓库经营中都大量存在流通加工业务,在日本、美国等物流发达国家则更为普遍。

二、流通加工的特点

与生产加工相比较,流通加工具有以下特点:

1. 从加工对象看,流通加工的对象是进入流通过程的商品,具有商品的属性,以此来区别多环节生产加工中的一环。流通加工的对象是商品,而生产加工的对象不是最终产品,而是原材料、零配件或半成品。

2. 从加工程度看,流通加工大多是简单加工,而不是复杂加工。一般来讲,如果必须进行复杂加工才能形成人们所需的商品,那么,这种复杂加工应该专设生产加工过程。生产过程理应完成大部分加工活动,流通加工则是对生产加工的一种辅助及补充。特别需要指出的是,流通加工绝不是对生产加工的取消或代替。

3. 从价值观点看,生产加工的目的在于创造价值及使用价值,而流通加工的目的则在于完善其使用价值,并在不作大的改变的情况下提高价值。

4. 从加工责任人看,流通加工的组织者是从事流通工作的人员,能密切结合流通的需要进行加工活动。从加工单位来看,流通加工由商业或物资流通企业完成,而生产加工则由生产企业完成。

5. 从加工目的看,商品生产是为交换、为消费而进行的生产,而流通加工的一个重要目的是为了消费(或再生产)所进行的加工,这一点与商品生产有共同之处。但是流通加工有时候也是以自身流通为目的,纯粹是为流通创造条件,这种为流通所进行的加工与直接为消费进行的加工在目的上是有所区别的,这也是流通加工不同于一般生产加工的特殊之处。

三、流通加工的作用

(一) 提高原材料利用率

通过流通加工进行集中下料,将生产厂商直接运来的简单规格产品,按用户的要求进行下料。例如将钢板进行剪板、切裁;木材加工成各种长度及大小的板、方等。集中下料可以优材优用、小材大用、合理套裁,明显地提高原材料的利用率,有很好的技术经济效果。

(二) 方便用户

用量小或满足临时需要的用户,不具备进行高效率初级加工的能力,通过流通加工可以使用户省去进行初级加工的投资、设备、人力,方便了用户。目前发展较快的初级加工有:将水泥加工成生混凝土、将原木或板、方材加工成门窗、钢板预处理、整形等加工。

(三) 提高加工效率及设备利用率

在分散加工的情况下,加工设备由于生产周期和生产节奏的限制,设备利用时松时紧,使得加工过程不均衡,设备加工能力不能得到充分发挥。而流通加工面向全社会,加工数量大,加工范围广,加工任务多。这样可以通过建立集中加工点,采用一些效率高、技术先进、加工量大的专门机具和设备,一方面提高了加工效率和加工质量,另一方面还提高了设备利用率。

四、流通加工的类型

根据不同的目的,流通加工具有不同的类型。

(一) 为适应多样化需要的流通加工

生产部门为了实现高效率、大批量的生产,其产品往往不能完全满足用户的要求。这样,为了满足用户对产品多样化的需要,同时又要保证高效率的大生产,可将生产出来的单一化、标准化的产品进行多样化的改制加工。例如,对钢材卷板的舒展、剪切加工;平板玻璃按需要规格的开片加工;木材改制成枕木、板材、方材等加工。

(二) 为方便消费、省力的流通加工

根据下游生产的需要将商品加工成生产直接可用的状态。例如,根据需要将钢材定尺、定型、按要求下料;将木材制成可直接投入使用的各种型材;将水泥制成混凝土拌合料,使用时只需稍加搅拌即可使用等。

(三) 为保护产品所进行的流通加工

在物流过程中,为了保护商品的使用价值,延长商品在生产和使用期间的寿命,防止商

品在运输、储存、装卸搬运、包装等过程中遭受损失,可以采取稳固、改装、保鲜、冷冻、涂油等方式。例如,水产品、肉类、蛋类的保鲜、保质的冷冻加工、防腐加工等;丝、麻、棉织品的防虫、防霉加工等。还有,如为防止金属材料的锈蚀而进行的喷漆、涂防锈油等措施,运用手工、机械或化学方法除锈;木材的防腐朽、防干裂加工;煤炭的防高温自燃加工;水泥的防潮、防湿加工等。

(四)为弥补生产领域加工不足的流通加工

由于受到各种因素的限制,许多产品在生产领域的加工只能到一定程度,而不能完全实现终极的加工。例如,木材如果在产地完成成材加工或制成木制品的话,就会给运输带来极大的困难,所以,在生产领域只能加工到圆木、板、方材这个程度,进一步的下料、切裁、处理等加工则由流通加工完成;钢铁厂大规模的生产只能按规格生产,以使产品有较强的通用性,从而使生产能有较高的效率,取得较好的效益。

(五)为促进销售的流通加工

流通加工也可以起到促进销售的作用。比如,将过大包装或散装物分装成适合依次销售的小包装的分装加工;将以保护商品为主的运输包装改换成以促进销售为主的销售包装,以起到吸引消费者、促进销售的作用;将蔬菜、肉类洗净切块以满足消费者要求等。

(六)为提高加工效率的流通加工

许多生产企业的初级加工由于数量有限,加工效率不高。而流通加工以集中加工的形式,解决了单个企业加工效率不高的弊病。它以一家流通加工企业的集中加工代替了若干家生产企业的初级加工,促使生产水平有一定的提高。

(七)为提高物流效率、降低物流损失的流通加工

有些商品本身的形态使之难以进行物流操作,而且商品在运输、装卸搬运过程中极易受损,因此需要进行适当的流通加工加以弥补,从而使物流各环节易于操作,提高物流效率,降低物流损失。例如,造纸用的木材磨成木屑的流通加工,可以极大提高运输工具的装载效率;自行车在消费地区的装配加工可以提高运输效率,降低损失;石油气的液化加工,使很难输送的气态物转变为容易输送的液态物,也可以提高物流效率。

(八)为衔接不同运输方式、使物流更加合理的流通加工

在干线运输和支线运输的结点设置流通加工环节,可以有效解决大批量、低成本、长距离的干线运输与多品种、少批量、多批次的末端运输和集货运输之间的衔接问题。在流通加工点与大生产企业间形成大批量、定点运输的渠道,以流通加工中心为核心,组织对多个用户的配送,也可以在流通加工点将运输包装转换为销售包装,从而有效衔接不同目的的运输方式。比如,散装水泥中转仓库把散装水泥装袋、将大规模散装水泥转化为小规模散装水泥的流通加工,就衔接了水泥厂大批量运输和工地小批量装运的需要。

(九)生产——流通一体化的流通加工

依靠生产企业和流通企业的联合,或者生产企业涉足流通,或者流通企业涉足生产,形

成的对生产与流通加工进行合理分工、合理规划、合理组织,统筹进行生产与流通加工的安排,这就是生产—流通一体化的流通加工形式。这种形式可以促成产品结构及产业结构的调整,充分发挥企业集团的经济技术优势,是目前流通加工领域的新形式。

（十）为实施配送进行的流通加工

这种流通加工形式是配送中心为了实现配送活动,满足客户的需要而对物资进行的加工。例如,混凝土搅拌车可以根据客户的要求,把沙子、水泥、石子、水等各种不同材料按比例要求装入可旋转的罐中。在配送路途中,汽车边行驶边搅拌,到达施工现场后,混凝土已经均匀搅拌好,可以直接投入使用。

五、流通加工企业的生产管理

在物流系统和社会生产系统中,经过可行性研究确定设置流通加工中心后,则组织与管理流通加工生产是运作成败的关键。流通加工的生产管理与运输、存储等方法有较大区别,而与生产组织和管理有许多相似。流通加工的组织和安排的特殊性,在于内容及项目很多,而不同的加工项目有不同的加工工艺。一般而言,都有如劳动力、设备、动力、财务、物资等方面的管理。对于套裁型流通加工其最具特殊性的生产管理是出材率的管理。这种主要流通加工形式的优势在于利用率高、出材率高,从而获取效益。为提高出材率,需要加强消耗定额的审定及管理,并应采取科学方法,进行套裁的规划及计算。

（一）流通加工的质量管理

流通加工的质量管理,主要是对加工产品的质量控制。由于加工成品,一般是国家质量标准上没有的品种规格,因此,进行这种质量控制的依据,主要是用户要求。各用户要求不一,质量宽严程度也不一,流通加工据点必须能进行灵活的柔性生产才能满足质量要求。

此外,全面质量管理中采取的工序控制、产品质量监测、各种质量控制图表等,也是流通加工质量管理的有效方法。

（二）流通加工合理化组织

流通加工合理化的含义是实现流通加工的最优配置,在满足社会需求这一前提的同时,合理组织流通加工生产,并综合考虑运输与加工、加工与配送、加工与商流的有机结合,以达到最佳的加工效益。

1. 实现流通加工合理化的途径

（1）加工和合理运输结合

在干、支线运输转运点,设置流通加工,既充分利用了干、支线转换本来就必须停顿的环节,又可以大大提高运输效率及运输转载水平。

（2）加工和配送结合

将流通加工设置在配送点中,一方面按用户和配送的需要进行加工,另一方面加工又是配送业务流程中分货、拣货、配货之一环,加工后的产品直接投入配货作业,这就无需单独设置一个加工中心环节,使流通加工有别于独立的生产,而使流通加工与中转流通紧密地结合起来。同时,配送之前有加工,可使配送服务水平大大提高。这是当前对流通加工做合理选择的重要形式,如煤炭、水泥等产品的流通中已表现得较为突出。

(3) 加工和配套结合

在流通中往往有"配套"需求,而配套的主体来自各个生产单位,但全部依靠现有的生产单位有时无法实现完全配套,如进行适当流通加工,可以有效促成配套,大大提高流通的桥梁与纽带作用。

(4) 加工和商流相结合

通过加工有效促进销售,使商流合理化,也是流通加工合理化的考虑方向之一。

(5) 加工和节约相结合

节约能源、节约设备、节约人力、节约耗费是流通加工合理化考虑的重要因素,也是目前我国设置流通加工,考虑其合理化较普遍的形式。

2. 不合理流通加工的几种主要形式

流通加工是在流通领域中对生产的辅助性加工,从某种意义上讲,它有效地补充和完善了生产产品的使用价值,但是,设计不当,会对生产加工和流通加工产生负效应,所以应尽量避免不合理的流通加工。不合理的流通加工主要表现在以下几个方面。

(1) 流通加工地点设置不合理

流通加工布局是否合理是流通加工能否有效的根本性因素。一般而言,为衔接少品种、大批量生产与多样化需求的流通加工,加工地应该设置在需求地区,才有利于实现大批量的干线运输与多品种末端配送的物流优势。

如果将流通加工地设置在生产地区,其不合理之处在于:多样化需求要求的产品多品种、小批量,由产地向需求地的长距离运输会出现体积、重量增加的不合理。在生产地增加了一个流通加工环节,同时增加了近距离运输、装卸、储存等一系列物流活动。在这种情况下,不如由原生产单位完成这种加工而无需另外设置专门的流通加工环节,社会效益与企业效益会更好。

一般而言,为方便物流的流通加工应设在产出地。如果将其设置在消费地,则不但不能解决物流问题,又在流通中增加了一个中转环节,因而也是不合理的。

即使是产地或需求地设置流通加工的选择是正确的,还有流通加工在小地域范围的正确选址问题,如果处理不善,仍然会出现不合理。这种不合理主要表现在交通不便,流通加工与生产企业或客户之间距离较远,流通加工点的投资过高(如受选址的地价影响),加工点周围社会、环境条件不良等。

(2) 流通加工作用不大,形成多余环节

有的流通加工过于简单,或对生产及消费者作用都不大,甚至有时流通加工盲目,同样未能解决品种、规格、质量、包装等问题,相反却实际增加了环节与成本,这也是流通加工设置(无论设置在何地)不合理而容易被忽视的一种形式。

(3) 流通加工方式选择不当

流通加工方式包括流通加工对象、流通加工工艺、流通加工技术、流通加工程度等。流通加工方式的确定,实际上是与生产加工的合理分工。分工不合理,本来应由生产加工完成的,却错误地由流通加工完成,都会造成不合理。

流通加工不是对生产加工的代替,而是一种补充。所以,一般而言,如果工艺复杂,技术装备要求较高,或加工可以由生产过程延续或轻易解决者,都应由生产加工完成。如果流通加工方式选择不当,就会出现与生产加工争夺市场、争夺利益的恶果。

(4)流通加工成本过高,效益不好

流通加工之所以能够有生命力,重要优势之一是有较大的产出投入比,因而有效起着补充完善的作用。如果流通加工成本过高,则不能实现以较低投入实现更高使用价值的目的。除了一些必须的、从政策要求进行的加工外,都应看成是不合理的流通加工。

任务小结

本任务中,学生在学习加工型配送中心案例的同时,了解学习流通加工的基本知识和流通加工的具体内容,并对加工型配送中心有所了解。

拓展提高

电子商务下的配送技术

(一)交叉配送技术

先按所掌握的所有分销点产品总量在各批发商处统一装载,运输物资,然后在零售商流通中心按发送店铺迅速进行分拣装车,向各个分销点发货,实现零售业配送。在这种配送方式中,通过流通中心的分拣装运功能,降低产品交纳周期、减少库存、提高周转率,节约网络销售成本,不啻为企业物流的一个优化配送方式。

(二)准时制配送

随时根据用户要求的时间、数量等,进行配送。此种配送是以牺牲配送费用来换取配送时间,通常以当天完成为标准。西部地区,交通条件相对较弱,开展准时制配送的难度较大,可以通过在人口密集地区,经济相对繁荣地区适当增加配送中心配置密度,运用电子商务平台实现多个配送中心或仓库的统一管理与调配,通过就近配送实现准时制配送。准时制配送的开展,可以充分利用西部物流企业长期积累、渐成网络的仓库、配送中心等资源,规范配送组织与管理,提高配送反应速度,从而在与外地或国外物流企业的竞争中处于有利地位,最终提高整个西部物流发展水平。

(三)配送管理信息系统

配送管理信息系统是调配资源、优化管理、组织实施的中枢,通过和电子商务平台无缝结合,实现信息的统计、分析、预测与辅助决策等,可以有效弥补交通等其他条件的不足,优化配送流程,选择低成本的运输方式或路径实现配送,如通过配送管理信息系统和电子商务平台,可以大大缩短收到客户订单的时间,从而可在不改变定货期的条件下,延长配送中的运输时间,选择低成本的运输方式。在配送系统的建设中,结合西部资金和物流发展的状况,贯彻软件先行的原则,利用有限的资金物力条件以及相对便宜的人力优势,瞄准国际先进水平,开发出较先进的配送计算机管理信息系统软件,通过迅速提高管理决策水平带动西部物流的持续健康地发展。

（四）JIT 技术

JIT(Just In Time)，又称准时制生产，其基本原理是以需求决定供应。即供给方根据需方的要求（或称看板），按照需方需求的品种、规格、质量、数量、时间、地点等要求，将物品配送到指定的地点。不多送，也不少送，不早送，也不晚送，所送产品要个个保证质量，不能有任何废品。

JIT 供应方式具有很多好处，主要有以下三个方面：零库存；最大节约；零废品。

复习思考

1. 配送计划的分类有哪些？
2. 配送计划的内容有哪些？
3. 配送中心作业流程有哪些？
4. 流通加工的类型有哪些？

相关实训

◎目的

调查超市配送过程，分析配送的内容及其重要作用。

◎人员

①实训指导：任课老师。

②实训编组：学生按 3~5 人分成若干组，每组选组长及记录员各一人。

◎时间：1~2 天。

◎步骤

①由教师讲解调研步骤过程。

②学生分别到附近某大型超市进行实地调查。

③组织学生拜访该型超市配送业务负责人。

④分组查看企业客户服务相关资料，并做好记录。

⑤撰写调查文档。

⑥实训小结。

◎要求

利用业余时间，根据具体情况选择学校附近一家大型超市，了解其配送作业规程。通过作业规程的要求分析其目的，认识到配送的重要性。

◎认识

作为未来物流企业员工，了解配送业务的具体内容，对学生在未来从事本行业工作打下坚实的基础。

项目八　物流信息系统

学习目标

了解物流信息系统的概念、功能；掌握物流信息系统的原理；了解物流信息系统的拓扑结构、层次结构、功能结构；掌握物流信息系统计算模式；了解物流信息技术在国内应用现状及发展趋势；掌握的物流信息技术构成；熟悉物流管理信息系统工作流程；掌握物流信息技术的具体应用；能够运用物流信息系统，实现高效率的物流运作。

情景写实

日本物流信息系统

日本积极借鉴国外先进的物流信息技术，定期举办国际性的物流技术研讨会，促进国内物流信息技术的发展。如东京"国际物流综合展"作为亚洲最大的物流技术综合展示会，总是吸引大量的参展企业，共同展示最新研究成果，互相交流。日本物流业也非常重视自身物流信息技术的科学研究，他们成立了物流研究所、物流学会等机构，组织各方面专家、学者和物流工作者，对共同关心的技术应用问题进行理论与实际应用的研究，在统一协调、科学规划的指导下，研究富有成效。日本企业在物流系统的构建过程中，注重物流信息系统的建设，在物流信息化方面的大力投入和建设，为完善的物流系统提供了技术保障。日本物流企业不满足于现有的水平，力求超越自己，在物流信息技术上继续创新。如在零售供应链，射频识别（RFID）技术已经成为零售商和制造商得力的工具。但日本Auto-ID实验室研究人员觉得这一技术对于消费者来说，其价值仍然有限。日本庆应义塾大学媒体和治理研究生院副教授Jin Mitsugi带领研究人员，已开发出一种混合RFID标签原型，可以使一般消费性电子产品使用起来更方便。

信息化是现代物流的灵魂，是现代物流发展的必然要求和基石。从上世纪六七十年代算起，物流信息化已经走过近半个世纪。其间丰富的实践是一笔宝贵的财富。在机遇与挑战并存的竞争环境中，作为改善企业管理机制、提高服务水平、加强业务效率的"利器"，信息化必将成为物流企业良性发展的基石，因此，加强信息化建设，将是巩固与增强企业竞争实力的"必由之路"。

思考：
1. 发展物流信息系统的原因有哪些？
2. 物流信息系统的发展趋势如何？

分析要点

通过计算机技术、网络技术、电子数据交换技术、条码技术、全球卫星定位系统、地理信息系统等信息技术实现的物流管理信息系统,使得物流管理的自动化、高效化、及时性得以实现,现代物流只有在信息系统的支持下,才能实现物流网络四通八达,规模效益日益显现,社会物流成本不断下降。选择合适的物流管理信息系统能给企业带来好处。

物流信息管理系统的应用有利于提高物流活动的有效性,有益于提高物流效益,有利于物流服务能力的提升,提高物流运作的透明度,有利于促进物流服务与技术的创新。这些体现了物理信息系统的发展前景。

任务一 物流信息系统的功能和原理

任务介绍

物流是信息驱动的业务过程。因而,信息系统成为企业现代物流体系的灵魂。信息系统在物流中的重要性不仅仅体现在信息技术可以解决企业当前物流体系中的问题,更重要的是,运用信息系统,企业可以设计并实施新的物流解决方案,从而在同等的市场营销地位下大幅度地改善企业的财务业绩。

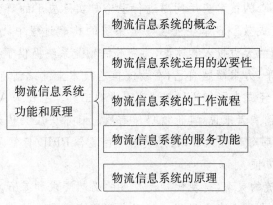

任务解析

了解物流信息系统的概念;熟悉物流信息系统的功能;掌握物流信息系统的原理。

相关知识

发达国家物流信息化

在发达国家的物流发展史中,日本、德国、美国是物流信息化发展较快的国家,出现了像东京、不来梅等物流园区典范。德国政府将物流园区的规划建设与交通干线、主枢纽规划建设等统筹考虑,在广泛调查生产力布局、物流现状的基础上,根据各种运输方式衔接的可能,在全国范围内规划物流园区的空间布局、用地规模与未来发展。和日本一样,德国物流园区内的物流企业的现代化发展也得到了很大的重视,各种信息化、自动化、电子化的设施和技术以及现代化的管理模式的应用和推广在促进物流企业发展的同时也进一步推动和加强了物流园区的主导地位。美国的物流配送业发展起步早,经验成熟,尤其是信息化管理程度高,对我国物流发展有很大的借鉴意义。

任务实施

一、物流信息系统的概念

物流管理信息系统也称物流信息系统(LIS,Logistics Information System)。由人员、计算机硬件、软件、网络通信设备及其他办公设备组成的人机交互系统,其主要功能是进行物流信息的收集、存储、传输、加工整理、维护和输出,为物流管理者及其他组织管理人员提供战略、战术及运作决策的支持,以达到组织的战略竞优,提高物流运作的效率与效益。

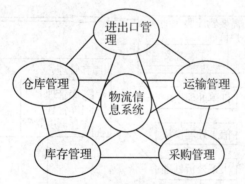

图 8-1 物流信息系统模式图

物流管理信息系统的总体设计目标是通过建立完善、高效、可靠的物流信息系统,为物流企业提供良好的信息环境。系统采用分层模块化的设计方法,各个模块可以根据客户的要求分拆和组合,从而构成满足客户个性化需求的量身订做的系统,达到以最小的投资实现信息系统的功能最大化。系统设计采用标准的浏览器/应用服务器/数据库三层结构,完全满足现代电子商务的应用要求。

二、物流信息系统运用的必要性

物流信息化是现代物流的重要特征,物流信息技术是支撑物流活动、提高效率和快速反应能力的基础。物流管理信息系统则是现代物流的基础和灵魂 物流信息系统的主要功能是进行物流信息的收集、存储、传输、加工整理、维护和输出,为物流管理者及其他组织管理人员提供战略、战术及运作决策的支持,以达到组织的战略竞优,提高物流运作的效率与效益。目前,国内物流业整体水平不高,大部分操作流程不规范,信息化程度低。因此,要发展物流事业,提高物流信息化的应用水平,必须积极采用先进的物流信息管理技术,加强信息化平台的建设。

三、物流信息系统的工作流程

一般来说，物流管理信息系统的功能包含以下几个部分：

1. 订单管理：使用通讯技术如邮件、传真和EDI或EOS登录和维护订单信息。
2. 仓储管理：包括物品入库、物料在库移动、签收等环节。
3. 运输管理：包括运输单证的形成、装车计划、制定路线等。
4. 包装管理：包括换装、分装、再包装等活动。
5. 情报功能：包括与上述各项活动有关的计划、预测及有关费用情况。
6. 财务管理：设计成本核算、运费计算等。

物流管理信息系统除了传统的储存、运输、配送服务具有相应的功能外，应当还提供集成化的网络服务，如通过Internet与供应链上的客户进行数据交换，及时了解不同配送站点的库存数量、所有设备和人员的使用状况、供应链中供应商和协作商的信息，并能根据历史数据进行市场预测和决策等，这些功能都是现代化的物流配送系统的核心和出发点。

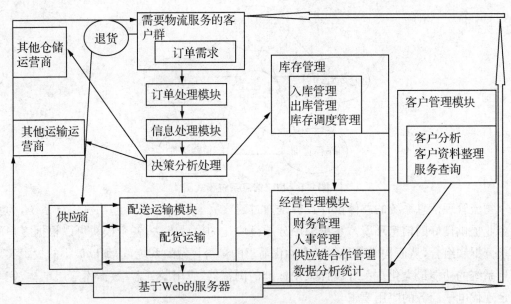

图8-2 物流信息系统工作流程图

四、物流信息系统的服务功能

物流管理信息系统功能齐全，数据库资源庞大，操作简便，利于物流方的运用。其中系统服务功能主要包括：内部办公功能、运输管理功能、大客户管理功能、财务结算功能等。通过详细的分析与说明，我们可以知晓以下功能的全面性与配套性。

（一）内部办公功能

包含工作计划，通告管理，公文管理等功能。借助互联网的优势，为各地公司的沟通建立一条顺畅的平台，能够有效的提高公司的沟通（办事）效率，节省通讯成本。

(二)运输管理功能

包含托单管理,专线管理,到货管理,下线管理,跟踪管理,回单管理,异常管理,变更管理等功能。有效地理顺企业运作流程,规范管理,提高工作效率,提升服务质量。

1. 自动分拣功能:提高分拣效率,减少分拣的错误,提高货物的分发时效。有效地避免了错货、窜货的发生,节省了错货、窜货的损失成本(电话查询、人员劳动、再次运输成本等),同时避免了因错货、窜货引发的客户流失的隐形损失(客户不满意是企业最大的损失)。

2. 计划配载功能:减少了因人为的原因造成的货物积压,保证了客户的满意度。同时提高车辆满载率,提高单车利润。在运输(油费猛涨,车辆运价高)成本高居不下的情况下,有效提高满载率,可明显地为企业创造效益。

3. 能够支持网点的独立核算(或是物流联盟)的管理模式,有效地解决了各分公司的利益分割及独立核算的问题,同时还可以及时核算本公司的成本及利润情况,(相比于成本中心模式,成本及收益的显现方面更有优势)。而有效地督促回单的及时回收,保证运费的及时回笼,为企业资金链提供了保障。

4. 可以实时监管到各分公司的异常情况,大大的提高了对异常情况的监管力度。异常管理到位能最大限度地降低经营风险

(三)大客户管理功能

包括大客户的档案管理,产品管理,合同运价管理,运输管理,大客户的结算管理,并且能够为这些大客户提供网上查询功能。有效的提高了企业大客户的管理力度,保证了企业大客户的满意度,为留住大客户提供了保障,保证企业长期的发展。

(四)财务结算管理功能

包括现金管理、客户(包括普通客户及 VIP 客户)的应收款结算、下线承运商的运费结算、货款管理、公司内部往来的结算等功能。可以随时掌控各地资金的流动情况,减少了资金管理漏洞。

1. 现金管理功能不但可以对业务部门交接的现金进行复核,同时还可以监控到各营业分点还有现金未上交,以便于及时督促这些经营分点,保证资金的及时回笼,避免现金积压在各营业分点所造成的风险。

2. 结算功能支持"跨月、分期"结算模式。灵活的结算模式,不但有效的提高企业的结算管理。同时保证结算人员能够一目了然的了解到每个客户所欠应收差额情况,便于财务人员及时督促欠款回收,保证资金的及时回拢。

3. 两地往来结算变更差异的自动统计,有效的提高两地分公司往来账款的对账及结算时效,减少了内部往来对账的难度。

4. 货款管理功能还避免了因两地公司沟通失误造成的货款还没有及时收回就已经放款的风险,减少了资金管理漏洞。

(五)运营统计分析功能

包括运输统计,利润统计,客户统计,车辆统计等统计报表。

1. 在手工进行统计时,要得到各分公司的统计数据至少是在两个月后,甚至更长时间。

系统自动生成的报表,能够实时的把各地分公司的经营状态反馈出来,让企业可以提前预见问题,规避风险,分析企业的发展方向,帮助企业健康成长。

2. 可以帮助企业高层随时掌握企业的各种信息,提高管理透明度,及时发现各地工作中的不足,提出整改意见,督促执行。避免问题发生后被迫处理的被动局面

（六）查询功能

包括内部的公共查询及客户的网上查询(普通客户网上查询、VIP客户网上查询)功能。

1. 内部的公共查询可以实时地把各环节的运输状态反馈给公司的每一位员工,能够让他们及时的回复客户的电话查询。不但减轻了员工的工作压力,提高了客户满意度。同时还大大地降低了查询时发生的通讯成本。

2. 网上查询功能可以让客户自主地在网上查询到他们所发货物的情况。提高了企业的对外形象,提升了客户的满意度。

五、物流信息系统的原理

物流信息系统必须结合6条原理来满足管理信息的需要,并充分支持企业计划的制订和运作。

（一）可得性

物流信息系统必须有容易而又始终如一的可得性(availability)。所需信息中包括订货和存货状况。但企业有可能获得有关物流活动的重要数据时,这就往往是以书面为基础的,或者很难从计算机系统重新得到。

迅速的可得性对于对消费者作出反应以及改进管理决策是很有必要的。应该为顾客频繁的需要存取存货和订货状态方面的信息,所以这一点是至关重要的。可得性的另一方面是存取所需的信息,例如订货信息的能力,不管是管理上的、消费者的、还是产品订货位置方面的。物流作业分散化的性质,都要求对信息具有存取能力,并且能从国内甚至世界范围内的任何地方得到更新。这样,信息的可得性就能减少作业上和制定计划的不确定性。

（二）精确性

物流信息必须能精确地反映当前状况和定期活动,以衡量顾客订货和存货水平。精确性(accuracy)可以解释为物流信息系统的报告与实际存货实际状况相比所达到的程度。例如,平稳的物流作业要求实际的存货与物流信息系统报告的存货相吻合的精确性最好在99%以上。但实际存货和信息系统之间存在较低的一致性时,就有必要采取缓冲存货或安全的方式来适应这种不确定性。正如信息可得性那样,增加信息的精确性,并减少了存货需要量。

（三）及时性

物流信息必须能及时地提供快速的管理反馈。及时性(timeliness)是指一种活动发生时与该活动在信息系统内可见时之间的耽搁。例如,在某些情况下,系统要花费几个小时或几天才能将一个新订货看作为实际需求,因为该订货并不始终会直接进入现行的需求量数据库。结果,在认识实际需求量时就出现了耽搁,这种耽搁会使计划制定的有效性减少,而使存货量

增加。

另一个有关及时性的例子涉及到当产品从"在制品"进入"制成品"状态时存货量的更新。尽管实际存在着连续的产品流,但是,信息系统的存货状况也许是按每小时、每工班,或按每天进行更新的。显然,实时更新或立即更新更具及时性,但是它们也会导致增加记账工作量。编制条形码、扫描等有助于及时而有效地记录。

信息系统及时性包含系统状态(诸如存货水平)以及管理控制(诸如每天或每周的功能记录)。及时的管理控制是在还有时间采取正确的行动或使损失减少到最低程度的时候提供信息的。概括地说,及时的信息降低了不确定性并识别了种种问题,于是,减少了存货需要量,增加了决策的精确性。

(四)以异常情况为基础

物流信息系统必须以异常情况为基础(Exception-Based),突出问题和机会。物流作业通常与大量的顾客、产品、供应商和服务公司竞争。例如,必须定期检查每一个产品——选址组合的存货状况,以便于制定补充订货计划。另一个重复性活动是对于非常突出的补充订货状况的检查。在这两种情况中,典型的检查需要大量的产品或补充订货。通常,这种检查过程需要问两个问题。第一个问题涉及到是否应该对产品或补充订货采取任何行动。如果第一个问题的答案是肯定的,那么,第二个问题就涉及到应该采取哪一种行动。许多物流信息系统要求手工完成检查,尽管这列检查正越来越趋向自动化。仍然使用手工处理的依据是因为许多决策在结构上是松散的,并且是需要经过用户的参与作出判断的。具有目前工艺水平的物流信息系统结合了决策规则去识别这些要求管理部门注意并作出决策的"异常"情况。于是,计划人员或经理人员就能够把他们的精力集中在最需要引起注意的情况或者能提供的最佳机会来改善服务或降低成本的情况。该样本报告详细地推荐了多个品目,建议有实际能力的存货管理部门采取补充订货、发货和重订计划的行动。

物流信息系统突出的异常情况中,应包括很大的订货、小批量或无存货的产品、延迟的装船或降低的作业生产率。概括地说,具有目前工艺水平的物流信息系统应该具有强烈的异常性导向,应该利用系统去识别需要管理部门引起注意的决策。

(五)灵活性

物流信息系统必须具有灵活性(Flexibility),以满足系统用户和顾客两个方面的需求。信息系统必须有能力提供能迎合特定顾客需要的数据。例如,有些过客也许想要把订货发货票跨越地理或部门界限进行汇总。特别是,零售商 a 也许想要每一个店的单独的发票,而零售商 b 却可能需要所有的商店汇总的总发票。一个灵活的物流信息系统必须有能力适应这两类要求。从内部来讲,信息系统要有更新能力,在满足未来企业需要的同时不削弱在金融投资以及规划时间上的能力。

(六)适当形式化

物流报告和显示屏应该就有适当的形式(Appropriate Format),这意味着它们用正确的结构和顺序包含正确的信息。例如,物流信息系统往往包含有一个配送中心存货状态显示屏,每个显示屏列出一个产品和配送中心。这种形势要求一个顾客服务代表在试图给存货定位时,检查每一个配送中心的存货状况。换句话说,如果有5个配送中心,就需要检查和比较这5个计算机显示屏。适当的形式会提供单独一个显示屏,包含所有这5个配送中心的存货状况。这种组合显示平时的一个顾客代表更加容易的识别产品最佳来源。

任务小结

由于物流信息的功能,使得物流信息在经营战略中占有越来越重要的地位,建立物流信息系统,提供迅速、准确、及时、全面的物流信息是现代企业获得竞争优势的必要条件。而且物流信息具有信息量大、更新快、来源多样化的特点,要使物流实现高效率的流通,必须建立物流信息系统。

任务二 物流信息系统的结构

任务介绍

基于目前我国现代物流的快速发展,对物流信息系统的要求也逐渐提高,一个经济实用的物流信息系统必须层次结构分明。根据物质资料实体流动的规律,应用管理的基本原理和科学方法,对物流活动进行计划、组织、指挥、协调、控制和监督,使各项物流活动实现最佳的协调与配合,以降低物流成本,提高物流效率和经济效益,满足不同层次部门和人员所需要的不同类型的信息要求。

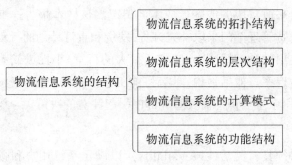

任务解析

了解物流信息系统的拓扑结构;了解物流信息系统层次结构;熟悉物流信息系统计算模式;掌握物流信息系统的功能结构。

相关知识

物流管理信息系统的重要性

物流管理信息系统是现代物流企业生存的必要条件,许多国外的生产厂家选择物流服务企业首要的条件就是物流企业必须具有物流业务管理信息系统。物流企业在其业务运作过程中具有环节众多、信息量大的特点,并且信息的动态特性和实时特性较为突出。物流企业要建立自己的核心竞争力,圆满完成业务运作,就必须及时跟踪货物的运输过程;了解各仓库的准确信息;合理调配和使用车辆、搬运工具、库房和人员等各种资源;为客户提供优良的客户服务;提供实时的信息查询和物品承运的各种指标数据;为客户提供简单的流通加工业务,提供配送业务,进行运输和仓储整合。

任务实施

一、物流信息系统的拓扑结构

拓扑结构:按照物流信息系统的物理分布把它的各组成部分抽象成不同的点,以反映物流信息系统的分布外型。

(一)点状结构

点状结构表示物流信息系统的所有组成部分都集中在一个物理节点上。

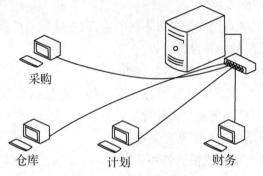

图 8-3　点状结构示意图

(二)线型结构

线型结构表示物流信息系统的各个节点之间相互独立、相互平等,节点之间有确定的顺序关系。

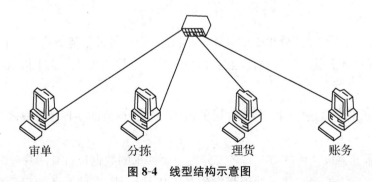

图 8-4　线型结构示意图

(三)星型结构

在逻辑上存在一个处在核心位置的中心节点,该节点常常作为数据存储、事务处理或信息通信的中心。

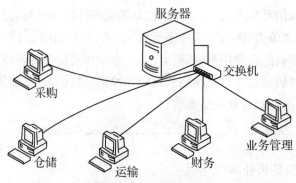

图 8-5　星型结构示意图

（四）网状结构

网状结构是大型信息系统较常采用的拓扑结构。在这种结构中，不存在单一的中心节点，各节点形成一个复杂交织的拓扑网络，可能包含着其他几种拓扑结构。

二、物流信息系统的层次结构

按照物流信息系统的物理组成抽象成不同的面，以反映物流信息系统的立体构成。

物理层：描述信息系统的物理设备组成。

系统层：描述以操作系统为主的系统软件组成。

支撑层：描述支持信息系统运行的所有支撑软件。它包括数据库管理系统、各种中间件、客户和服务器软件、对象环境和集成开发工具等。

数据层：描述信息系统的数据集和数据模型。

功能层：描述信息系统所能提供的各种功能。

用户层：描述信息系统与用户交互的系统界面。

三、物流信息系统的计算模式

按照物流信息系统的数据处理方式进行抽象，以反映物流信息系统的数据、程序分布以及处理流程。

（一）集中模式

信息系统的所有资源都被集中放置在中心机中，用户通过本地或远程终端访问系统。

特点：终端没有信息的加工和处理能力，系统的整个加工和处理靠主机承担。

（二）文件服务器模式

由计算机或工作站通过网络与文件服务器相连接所形成的一种计算模式。

特点：

(1) 文件服务器以文件的方式对各工作站上要共享的数据进行统一管理。

(2) 所有的应用处理和数据处理都发生在工作站一端，文件服务器仅负责对文件实施统一管理。

(3) 计算能力各自为战，不能共享。

(4) 网络的传输开销过大。

（三）客户机/服务器模式

客户机和服务器逻辑上是相互独立并进行协同计算的两个实体，客户机作为计算的请求实体，以消息的形式把计算请求发送给服务器；服务器作为计算的承接实体，接收到客户机发送来的计算请求之后，对计算进行处理，并把最后处理的结果以消息的方式返回给客户机。

客户机/服务器模式特点：

（1）通过"服务"来划分逻辑实体。客户机/服务器首先是两个不同机器上运行进程之间的关系。它们之间的关系通过服务联系起来。

（2）计算的分布处理。同一个计算任务，通过客户机和服务器共同承担。

（3）通过消息机制实现相互之间的请求和应答

（4）共享资源。多个客户机可以向同一个服务器发送处理请求。

（5）提供了数据的集中监控管理能力。

（6）业务处理逻辑不能被多个客户所共享。

（四）应用服务器模式

应用服务器模式也被称为多层计算模式。它将客户机/服务器模式中客户机的部分处理能力集中到应用服务器上，采用与三层处理逻辑对应的三级体系结构。

特点：

（1）界面处理逻辑、业务处理逻辑和数据处理逻辑分别处于独立的三个层次。

（2）系统的体系结构与处理逻辑相对应，提高了系统的伸缩性和灵活性。

四、物流信息系统的功能结构

按照物流信息系统的功能进行归类，以反映物流信息系统对业务管理的支持情况。

物流系统的构成：

（1）业务操作系统：各项物流作业，通过人工的控制，利用工具作用于实物上。

（2）管理控制系统：制定计划，有效分配资源，监督计划执行，控制、协调、平衡各作业环节。

（3）战略决策系统：制定战略发展目标，根据内外环境制定中长期发展计划等。

物流信息系统的功能要对物流系统的各层次提供支持。

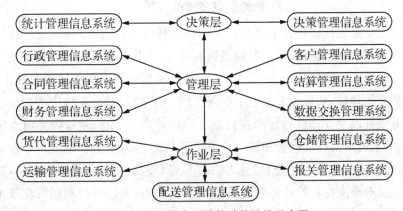

图 8-6 物流信息系统的功能结构示意图

┤任务小结├┈┈┈┈┈┈┈┈┈┈┈┈┈┈┈┈┈┈┈┈┈┈┈┈┈┈┈┈┈┈┈┈┈┈┈

信息系统是整个物流运作和管理的基础,系统的建设将为企业物流和供应链成本的降低,预测准确性和采购及时性奠定良好的基础。企业的竞争表现为如何以最快速度响应市场要求,满足不断变化的多样化需求。在对市场的快速响应中,物流的协调高效运行是获取竞争优势的实质性基础。这就需要一个完善的物流信息系统。

任务三 物流信息技术

┤任务介绍├┈┈┈┈┈┈┈┈┈┈┈┈┈┈┈┈┈┈┈┈┈┈┈┈┈┈┈┈┈┈┈┈┈┈┈

由于现代计算机及计算机网络的广泛应用,物流信息系统的发展有了一个坚实的基础,计算机技术、网络技术及相关的关系型数据库、条码技术、EDI等技术的应用使得物流活动中的人工、重复劳动及错误发生率减少,效率增加,信息流转加速,使物流管理发生了巨大变化。

┤任务解析├┈┈┈┈┈┈┈┈┈┈┈┈┈┈┈┈┈┈┈┈┈┈┈┈┈┈┈┈┈┈┈┈┈┈┈

了解物流信息技术构成;熟悉物流信息技术在国内应用现状;熟悉物流信息技术的发展趋势。

┤相关知识├┈┈┈┈┈┈┈┈┈┈┈┈┈┈┈┈┈┈┈┈┈┈┈┈┈┈┈┈┈┈┈┈┈┈┈

物流信息技术的应用

物流信息技术是现代信息技术在物流各个作业环节中的综合应用,是现代物流区别传统物流的根本标志,也是物流技术中发展最快的领域,尤其是计算机网络技术的广泛应用使物流信息技术达到了较高的应用水平。物流信息技术是物流现代化的重要标志,也是物流技术中发展最快的领域,从数据采集的条形码系统,到办公自动化系统中的微机、互联网,各种终端设备等硬件以及计算机软件都在日新月异地发展。同时,随着物流信息技术的不断发展,产生了一系列新的物流理念和新的物流经营方式,推进了物流的变革。在供应链管理方面,物流信息技术的发展也改变了企业应用供应链管理获得竞争优势的方式,成功的企业通过应用信息技术来支持它的经营战略并选择它的经营业务。通过利用信息技术来提高供应链活动的效率,增强整个供应链的经营决策能力。

任务实施

一、物流信息技术的构成

从构成要素上看,物流信息技术作为现代信息技术的重要组成部分,本质上都属于信息技术范畴,只是因为信息技术应用于物流领域而使其在表现形式和具体内容上存在一些特性,但其基本要素仍然同现代信息技术一样,可以分为4个层次。

(一)物流信息基础技术

即有关元件、器件的制造技术,它是整个信息技术的基础。例如微电子技术、光子技术、光电子技术、分子电子技术等。

(二)物流信息系统技术

即有关物流信息的获取、传输、处理、控制的设备和系统的技术,它是建立在信息基础技术之上的,是整个信息技术的核心。其内容主要包括物流信息获取技术、物流信息传输技术、物流信息处理技术及物流信息控制技术。

(三)物流信息应用技术

即基于管理信息系统(MIS)技术、优化技术和计算机集成制造系统(CIMS)技术而设计出的各种物流自动化设备和物流信息管理系统,例如自动化分拣与传输设备、自动导引车(AGV)、集装箱自动装卸设备、仓储管理系统(WMS)、运输管理系统(TMS)、配送优化系统、全球定位系统(GPS)、地理信息系统(GIS)等。

(四)物流信息安全技术

即确保物流信息安全的技术,主要包括密码技术、防火墙技术、病毒防治技术、身份鉴别技术、访问控制技术、备份与恢复技术和数据库安全技术等。

二、物流信息技术在国内的应用现状

在国内,各种物流信息应用技术已经广泛应用于物流活动的各个环节,对企业的物流活动产生了深远的影响。

(一)物流自动化设备技术的应用

物流自动化设备技术的集成和应用的热门环节是配送中心,其特点是每天需要拣选的物品品种多,批次多、数量大。因此在国内超市、医药、邮局等行业的配送中心部分地引进了物流自动化拣选设备。一种是拣选设备的自动化应用,如北京市医药总公司配送中心,其拣选货架(盘)上配有可视的分拣提示设备,这种分拣货架与物流管理信息系统相连,动态地提示被拣选的物品和数量,指导着工作人员的拣选操作,提高了货物拣选的准确性和速度。另一种是一种物品拣选后的自动分拣设备。用条码或电子标签附在被识别的物体上(一般为组包后的运输单元),由传送带送入分拣口,然后由装有识读设备的分拣机分拣物品,使物品进入各自的组货通道,完成物品的自动分拣。分拣设备在国内大型配送中心有所使用。但这类设备及相应的配套软件基本上是由国外进口,也有进口国外机械设备,国内配置软件。立体仓库和与之配合的巷道堆垛机在国内发展迅速,在机械制造、汽车、纺织、铁路、卷烟等行业都有应用。例如昆船集团生产的巷道堆垛机在红河卷烟厂等多家企业应用了多年。近年来,国产堆垛机在其行走速度、噪音、定位精度等技术指标上有了很大的改进,运行也比较稳定。但是与国外著名厂家相比,在堆垛机的一些精细指标如最低货位极限高度、高速(80米/秒以上)运行时的噪音,电机减速性能等方面还存在不小的差距。

(二)物流设备跟踪和控制技术的应用

目前,物流设备跟踪主要是指对物流的运输载体及物流活动中涉及到的物品所在地进行跟踪。物流设备跟踪的手段有多种,可以用传统的通信手段如电话等进行被动跟踪,可以用 RFID 手段进行阶段性的跟踪,但目前国内用得最多的还是利用 GPS 技术跟踪。GPS 技术跟踪利用 GPS 物流监控管理系统,它主要跟踪货运车辆与货物的运输情况,使货主及车主随时了解车辆与货物的位置与状态,保障整个物流过程的有效监控与快速运转。物流 GPS 监控管理系统的构成主要包括运输工具上的 GPS 定位设备、跟踪服务平台(含地理信息系统和相应的软件)、信息通信机制和其他设备(如货物上的电子标签或条码、报警装置等)。在国内,部分物流企业为了提高企业的管理水平和提升对客户的服务能力也应用这项技术,例如某些地方政府要求下属交通部门对营运客车安装 GPS 设备工作进行了部署,从而加强了对营运客车的监管。

(三)物流动态信息采集技术的应用

企业竞争的全球化发展、产品生命周期的缩短和用户交货期的缩短等都对物流服务的可得性与可控性提出了更高的要求,实时物流理念也由此诞生。如何保证对物流过程的完全掌控,物流动态信息采集应用技术是必需的要素。动态的货物或移动载体本身具有很多有用的信息,例如货物的名称、数量、重量、质量、出产地,或者移动载体(如车辆、轮船等)的名称、牌号、位置、状态等一系列信息。这些信息可能在物流中反复地使用,因此,正确、快速读取动态货物或载体的信息并加以利用可以明显地提高物流的效率。在目前流行的物流动态信息采集技术应用中,一维和二维条码技术应用范围最广,其次还有磁条(卡)、声音识别、视觉识别、接触式智能卡、便携式数据终端、射频识别(RFID)等技术。

1. 一维条码技术:一维条码是由一组规则排列的条和空、相应的数字组成,这种用条、空组成的数据编码可以供机器识读,而且很容易译成二进制数和十进制数。因此此技术广泛地应用于物品信息标注中。因为符合条码规范且无污损的条码的识读率很高,所以一维条码结合相应的扫描器可以明显地提高物品信息的采集速度。加之条码系统的成本较低,操作简便,又是国内应用最早的识读技术,所以在国内有很大的市场,国内大部分超市都在使用一维条码技术。但一维条码表示的数据有限,条码扫描器读取条码信息的距离也要求很近,而且条码上损污后可读性极差,所以限制了它的进一步推广应用,同时一些其他信息存储容量更大、识读可靠性更好的识读技术开始出现。

2. 二维条码技术:由于一维条码的信息容量很小,如商品上的条码仅能容纳几位或者十几位阿拉伯数字或字母,商品的详细描述只能依赖数据库提供,离开了预先建立的数据库,一维条码的使用就受到了局限。基于这个原因,人们发明一种新的码制,除具备一维条码的优点外,同时还有信息容量大(根据不同的编码技术,容量是一维的几倍到几十倍,从而可以存放个人的自然情况及指纹、照片等信息),可靠性高(在损污50%仍可读取完整信息)、保密防伪性强等优点。这就是在水平和垂直方向的二维空间存储信息的二维条码技术。二维条码继承了一维条码的特点,条码系统价格便宜,识读率强且使用方便,所以在国内银行、车辆等管理信息系统上开始应用。

3. 磁条技术:磁条(卡)技术以涂料形式把一层薄薄的定向排列的铁性氧化粒子用树脂粘合在一起并粘在诸如纸或塑料这样的非磁性基片上。磁条从本质意义上讲和计算机用的磁带或磁盘是一样的,它可以用来记载字母、字符及数字信息。优点是数据可多次读写,数据存储量能满足大多数需求,在很多领域都得到了广泛应用,如信用卡、银行 ATM 卡、机票、公共汽车票、自动售货卡、会员卡等。但磁条卡的防盗性能、存储量等性能比起一些新技术如芯片类卡技术还是有差距的。

4. 声音识别技术:它是一种通过识别声音达到转换成文字信息的技术,其最大特点就是不用手工录入信息,这对那些采集数据同时还要完成手脚并用的工作场合、或键盘上打字能力低的人尤为适用。但声音识别的最大问题是识别率,要想连续地高效应用有难度。目前更适合语音句子量集中且反复应用的场合。

5. 视觉识别技术:视觉识别系统是一种通过对一些有特征的图像分析和识别系统,能够对限定的标志、字符、数字等图像内容进行信息的采集。视觉识别技术的应用障碍也是对于一些不规则或不够清晰图像的识别率问题而且数据格式有限,通常要用接触式扫描器扫描,随着自动化的发展,视觉技术会朝着更细致、更专业的方向发展,并且还会与其他自动识别技术结合起来应用。

6. 接触式智能卡技术:智能卡是一种将具有处理能力、加密存储功能的集成电路芯版嵌装在一个与信用卡一样大小的基片中的信息存储技术,通过识读器接触芯片可以读取芯片中的信息。接触式智能卡的特点是具有独立的运算和存储功能,在无源情况下,数据也不会丢失,数据安全性和保密性都非常好,成本适中。智能卡与计算机系统相结合,可以方便地满足对各种各样信息的采集传送、加密和管理的需要,它在国内外的许多领域如:银行、公路收费、水表煤气收费等得到了广泛应用。

7. 便携式数据终端:便携式数据终端(PDT)一般包括一个扫描器、一个体积小但功能很强并有存储器的计算机、一个显示器和供人工输入的键盘。所以是一种多功能的数据采集设备,PDT 是可编程的,允许编入一些应用软件。PDT 存储器中的数据可随时通过射频通信技术传送到主计算机。

8. 射频识别(RFID):射频识别技术是一种利用射频通信实现的非接触式自动识别技术。RFID 标签具有体积小、容量大、寿命长、可重复使用等特点,可支持快速读写、非可视识别、移动识别、多目标识别、定位及长期跟踪管理。RFID 技术与互联网、通讯等技术相结合,可实现全球范围内物品跟踪与信息共享。从上述物流信息应用技术的应用情况及全球物流信息化发展趋势来看,物流动态信息采集技术应用正成为全球范围内重点研究的领域。我国作为物流发展中国家,已在物流动态信息采集技术应用方面积累了一定的经验,例如条码技术、接触式磁条(卡)技术的应用已经十分普遍,但在一些新型的前沿技术,例如 RFID 技术等领域的研究和应用方面还比较落后。

三、物流信息技术的发展趋势

（一）趋势之一：RFID将成为未来物流领域的关键技术

专家分析认为，RFID技术应用于物流行业，可大幅提高物流管理与运作效率，降低物流成本。另外，从全球发展趋势来看，随着RFID相关技术的不断完善和成熟，RFID产业将成为一个新兴的高技术产业群，成为国民经济新的增长点。因此，RFID技术有望成为推动现代物流加速发展的新品润滑剂。

（二）趋势之二：物流动态信息采集技术将成为物流发展的突破点

在全球供应链管理趋势下，及时掌握货物的动态信息和品质信息已成为企业盈利的关键因素。但是由于受到自然、天气、通讯、技术、法规等方面的影响，物流动态信息采集技术的发展一直受到很大制约，远远不能满足现代物流发展的需求。借助新的科技手段，完善物流动态信息采集技术，成为物流领域下一个技术突破点。

（三）趋势之三：物流信息安全技术将日益被重视

借助网络技术发展起来的物流信息技术，在享受网络飞速发展带来巨大好处的同时，也时刻饱受着可能遭受的安全危机，例如网络黑客无孔不入地恶意攻击、病毒的肆掠、信息的泄密等。应用安全防范技术，保障企业的物流信息系统或平台安全、稳定地运行，是企业长期将面临的一项重大挑战。

任务小结

市场经济需要更高程度的组织化、规模化和系统化，迫切需要尽快加强建设具有信息功能的物流配送中心。发展信息化、现代化、社会化的新型物流配送中心是建立和健全社会主义市场经济条件下新型流通体系的重要内容。对于现代物流来说，信息是未来物流竞争优势的关键要素，信息技术是现代物流发展的核心技术，也是是现代物流的基础和灵魂，充分运用信息化手段和现代化方式，对物流市场做出快速反应，对资源进行快速整合，并使物流、资金流和信息流最优集成的管理模式与创新。

拓展提高

物流信息系统与信息技术的作用

现代物流强调过程的信息沟通，物流的效率依赖于信息沟通的效率。商流、物流和信息流在物流管理信息系统的支持下实现互动，从而能提供准确和及时的物流服务。物流信息系统可以同时完成对物流的确认、跟踪和控制，它不仅使企业自身的决策快、反应快、灵活机动，对市场的应变能力强，而且增强了与客户的联系和沟通，能最大限度地反映客户的需要，为客户创造更多的价值。

因而易锁定原有的客户，吸引潜在的客户，从而大大增强企业的竞争优势。具体地说，物流信息系统的引进和完善可有效地为物流企业解决单点管理和网络业务之间的矛盾、成本和客户服务质量之间的矛盾、有限的静态资源和动态市场之间的矛盾、现在和未来预测之间的矛盾。

它通过直接切入物流企业的业务流程来实现对物流企业各生产要素(车、仓等)进行合理组合与高效利用,降低经营成本,直接产生明显的经营效益。有效地把各种零散数据变为企业智慧,赋予了物流企业新型的生产要素——信息,大大提高了物流企业的业务预测和管理能力,实现了物流企业内部一体化和外部供应链的统一管理,有效地帮助物流企业提高服务质量,提升企业的整体效益。

复习思考

1. 物流管理信息系统的功能包含哪几个部分?
2. 简述物流信息技术的发展趋势。
3. 简述物流信息技术的构成。
4. 简述物流信息系统的计算模式。

相关实训

◎目的

调查物流企业物流信息系统的建设情况,了解目前物流企业物流信息系统的现状,进而进一步熟悉物流信息系统重要作用,认识到物流信息系统存在的问题,并针对本地区企业物流信息系统现状提出可行的改进措施。

◎人员

①实训指导:任课老师、企业实训指导人员。

②实训编组:学生按 5~8 人分成若干组,每组选组长及记录员各一人。

◎时间:3~5 天。

◎步骤

①由教师在校内组织安全教育。

②设计物流信息系统现状调查问卷(在设计过程中要深入市场进行了解,老师可先行布置有关任务)。

③与实训企业相关部门取得联系,邀请物流企业有关主管介绍并组织学生到企业参观,并与企业相关人员进行深入交流以收集有关问卷资料和各项证据资料。

④返校后进行分组的各项资料统计和分析。

⑤撰写企业物流信息系统现状分析报告。

⑥实训小结。

◎要求

注意安全第一,小组要分工合作,学会与人打交道的技巧,巧妙获取相关资料,同时要在规定时间内按时完成任务。

◎认识

调查物流企业物流信息系统的建设情况,了解目前物流企业物流信息系统的现状,进而进一步熟悉物流信息系统重要作用,认识到物流信息系统存在的问题。

项目九 第三方物流

学习目标

掌握第三方物流的基本概念;了解第三方物流的产生和发展历程;掌握第三方物流企业的基本类型;了解第三方物流的利润源泉和创造价值的途径和方法。

情景写实

冠生园借力第三方物流

冠生园集团意识到物流管理工作的重要性,通过使用第三方物流,克服了自己的搞运输配送带来的弊端,加快了产品流通速度,增强了企业的效益,使冠生园集团产品更多更快地进入了千家万户。

2002年初,冠生园集团下属合资企业达能饼干公司率先做出探索,将公司产品配送运输全部交给第三方物流。物流外包试下来,不仅配送准时准点,而且费用要比自己搞节省许多。达能公司把节约下来的资金投入到开发新品与改进包装上,使企业又上了一个新台阶。为此,集团销售部门专门组织各企业到达能公司去学习,决定在集团系统推广他们的做法。经过选择比较,集团委托上海虹鑫物流有限公司作为第三方物流机构。

虹鑫物流与冠生园签约后,通过集约化配送,极大地提高了效率。每天一早,他们在电脑上输入冠生园相关的配送数据,制订出货最佳搭配装车作业图,安排准时、合理的车流路线,绝不让车辆走回头路。此外按照签约要求,遇到货物损坏,虹鑫物流按规定赔偿。一次,整整一车糖果在运往河北途中翻入河中,司机掏出5万元,将掉入河中损耗的糖果全部"买下"作赔。据统计,冠生园集团自去年8月起委托第三方物流以来,产品的流通速度加快,原来铁路运输发往北京的货途中需7天,现在虹鑫物流运输只需2到3天,而且实行的是门对门的配送服务。由于第三方物流配送及时周到、保质保量,使商品的流通速度加快,使集团的销售额有了较大增长。

思考:

什么是第三方物流?第三方物流企业所能提供的服务包括哪些?

分析要点

上述案例描述了我国一家食品企业与第三方物流企业合作的成功经验。物流这一概念,随着人们对商品生产、流通和消费的需要,越来越引起人们的注意。物流对企业在市场上能否取胜的决定作用变得越来越明显。随着现代企业生产经营方式的变革和商场外部条件的变化,"第三方物流"这种物流形态开始引起人们的重视,并对此表现出极大的兴趣。

任务一　第三方物流概述

任务介绍

随着信息技术的发展和经济全球化趋势,越来越多的产品在世界范围内流通、生产、销售和消费,物流活动日益庞大和复杂,而第一、二方物流的组织和经营方式已不能完全满足社会需要;同时,为参与世界性竞争,企业必须确立核心竞争力,加强供应链管理,降低物流成本,把不属于核心业务的物流活动外包出去。于是,第三方物流应运而生。

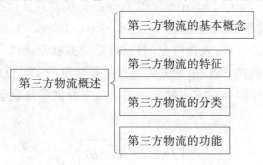

任务解析

掌握第三方物流的概念和特点;了解第三方物流企业的分类;简述第三方物流企业的服务内容;理解第三方物流企业的类型;理解第三方物流的功能。

相关知识

供应链与供应链管理

所谓供应链,其实就是由供应商、制造商、仓库、配送中心和渠道商等构成的物流网络。同一企业可能构成这个网络的不同组成节点,但更多的情况下是由不同的企业构成这个网络中的不同节点。比如,在某个供应链中,同一企业可能既在制造商、仓库节点,又在配送中心节点等占有位置。在分工愈细,专业要求愈高的供应链中,不同节点基本上由不同的企业组成。在供应链各成员单位间流动的原材料、在制品库存和产成品等就构成了供应链上的货物流。

供应链管理的目标是在满足客户需要的前提下,对整个供应链(从供货商,制造商,分销商到消费者)的各个环节进行综合管理,例如从采购、物料管理、生产、配送、营销到消费者的整个供应链的货物流、信息流和资金流,把物流与库存成本降到最小。

供应链管理就是指对整个供应链系统进行计划、协调、操作、控制和优化的各种活动和过程,其目标是要将顾客所需的正确的产品(Right Product)能够在正确的时间(Right Time)、按照正确的数量(Right Quantity)、正确的质量(Right Quality)和正确的状态(Right

Status)送到正确的地点(Right Place),并使总成本达到最佳化。

任务实施

一、第三方物流的基本概念

(一)第三方物流的定义

所谓第三方物流(英文为 Third—Party Logistics,简称 3PL 或 TPL),在国外又称为契约物流(Contract Logistics),是 20 世纪 80 年代中期以来在欧美发达国家出现的。

国家标准《物流术语》对第三方物流所下的定义是:由供方与需方以外的物流企业提供物流服务的业务模式。

第一方物流(First—Party Logistics,1PL):商品提供者自己承担向商品需求者的物流问题,以实现物资空间位移;第二方物流(Second—Party Logistics,2PL):由商品需求者自己解决所需商品的物流问题,以实现物资空间位移;第三方物流(3PL):商品买卖双方之外的第三方提供物流服务的形式,所以第三方物流指的是物流的实际供给方(第一方)和物流的实际需求方(第二方)之外的第三方通过合约向第二方提供部分或全部的物流服务,这三者关系如图 9-1 所示。

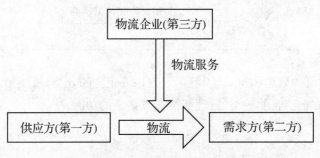

图 9-1 第三方物流概念理解示意图

(二)第三方物流的构成要件

根据其定义,第三方物流主要由以下两个要件构成:

第一,主体要件,即在主体上是指"第三方",表明第三方物流是独立的第三方企业,而不是依附于供方或需方等任何一方的非独立性经济组织。

第二,行为要件,即在行为上是指"物流",表明第三方物流从事的是现代物流活动,而不是传统意义上的运输、仓储等。

(三)第三方物流提供的服务

第三方物流的业务内容主要集中在物流战略咨询、物流管理、物流规划、物流作业和物流信息系统维护等方面。具体包括:开发物流系统及提供物流策略;信息处理;货物的集运;选择运输商及货代;仓储;咨询;运费支付。

二、第三方物流的特征

(一) 关系契约化

第三方物流是通过契约形式来规范物流经营者和物流消费者之间的关系。

(二) 服务个性化

从服务的内容上看,个性化的物流服务是指物流企业从客户的具体需求出发,选择和整合仓储、运输、包装、配送、信息处理、流通加工等物流基本活动和增值活动;从技术层面上看,物流服务的个性化体现在根据物品在价值、密度、形状、易腐性、危险性等方面的性状,选择适宜的运输工具、运输路线、堆放方式、包装方法等。个性化物流服务的实质是物流企业在合理的利润水平条件下,实现客户"满意度"最大化。与传统物流活动相比,现代物流的最大革新不在于服务内容的拓展,而在于物流管理理念的确立以及物流运作方式的变化。

(三) 功能专业化

第三方物流所提供的是专业的物流服务,从物流设计、物流操作过程、物流技术工具物流设施到物流管理必须体现专业化和专业水平,这既是物流消费者的需求,也是第三方物流自身发展的基本要求。

(四) 管理系统化

第三方物流应具备有系统的物流功能,是第三方物流生产和发展的基本要求。第三方物流需要建立现代管理系统才能满足运行和发展的基本要求。

(五) 信息网络化

信息技术是第三方物流发展的基础。在物流服务过程中,信息技术发展实现了信息实时共享,促进了物流管理的科学化、极大地提高了物流效率和物流效益。

三、第三方物流的分类

我国第三方物流企业种类很多,可以从不同角度进行分类。

(一) 按第三方物流企业的来源划分

1. 由传统仓储、运输、货代等企业转型而来的第三方物流企业

目前我国由传统仓储、运输、货代企业经过改造转型而来的物流企业在第三方物流企业中占主导地位,占据较大市场份额,如中远国际货运公司、中国对外贸易运输(集团)总公司是起源于运输业。这类第三方物流企业具有以下优势:掌握有大量稳定的客户源;拥有相对比较健全的物流服务网络资源;强大的运作能力。

2. 工商企业原有物流服务职能剥离

传统工商企业以自营物流为主,但随着核心竞争力管理理念的普及,部分企业将自营物流以外包形式剥离,由原企业的子公司逐步独立并社会化,如青岛啤酒集团以原有运输公司为基础,注册成为具有独立法人资格的物流有限公司。

3. 不同企业、部门间物流资源互补式联营

主要有以下两种形式：

（1）企业与第三方物流公司联营设立第三方物流公司,企业一般以原有物流资源入股,企业对该新第三方物流公司有一定的控股权,并在一定程度上参与经营。

（2）能够资源互补的不同部门联手进军物流领域。

4. 新创办的第三方物流公司

（二）按资本归属分类

1. 外资第三方物流企业

外资第三方物流企业一般都经历了较长时期的发展,物流服务完善、管理先进、技术力量强大。一方面,它们为原有客户——跨国公司进入中国市场提供延伸服务；另一方面,它们用先进的经营理念、经营模式和优质服务吸引中国企业,逐渐向中国物流市场渗透,如德国 DHL,美国联邦快递、UPS,丹麦马士基纷纷以各种方式进入中国市场。

2. 中外合资第三方物流企业

中外合资是外国第三方物流企业进入中国市场采取的最常见的方法。随着中国的经济开放,许多国外物流公司纷纷与中国企业合作,以合资方式进入中国物流领域,深圳新科安达后勤保障有限公司就是典型代表。

3. 民营第三方物流企业

我国民营物流是物流行业中最有朝气的第三方物流企业,它们的业务领域、服务和客户相对集中,效率相对较高,机制灵活,发展迅速。如宝供物流、天津大田物流,但它们只拥有有限的固定资产,对市场扩张缺乏有力的财务支持。

4. 国有第三方物流企业

我国多数国有物流企业是借助于原有物流资源发展而来的,如浙江杭钢物流有限公司是由杭州钢铁集团公司、浙江杭钢国贸有限公司等八家单位联合出资成立的致力于发展现代物流的第三方物流企业,它们拥有全国性的网络和许多运输、仓储资产,与中央或地方政府有良好的关系,但不足之处是冗余人员比例高,效率低。

（三）按第三方物流企业物流服务功能分类

1. 运输型物流企业

运输型物流企业应同时符合以下要求：

（1）以从事货物运输业务为主,包括货物快递服务或运输代理服务,具备一定规模。

（2）可以提供门到门、门到站、站到门、站到站运输服务和其他物流服务。

（3）企业自有一定数量的运输设备。

（4）具备网络化信息服务功能,应用信息系统可对运输货物进行状态查询、监控。

2. 仓储型物流企业

仓储型物流企业应同时符合以下要求：

（1）以从事仓储业务为主,为客户提供货物储存、保管、中转等仓储服务,具备一定规模。

（2）企业能为客户提供配送服务以及商品经销、流通加工等其他服务。

(3) 企业自有一定规模的仓储设施、设备,自有或租用必要的货运车辆。
(4) 具备网络化信息服务功能,应用信息系统可对货物进行状态查询、监控。

3. 综合服务型物流企业

综合服务型物流企业应同时符合以下要求:

(1) 从事多种物流服务业务,可以为客户提供运输、货运代理、仓储、配送等多种物流服务,具备一定规模。

(2) 根据客户的需求,为客户制定整合物流资源的运作方案,为客户提供契约性的综合物流服务。

(3) 按照业务要求,企业自有或租用必要的运输设备、仓储设施及设备。

(4) 企业具有一定运营范围的货物集散、分拨网络。

(5) 企业配置专门的机构和人员,建立完备的客户服务体系,能及时、有效地提供客户服务。

(6) 具备网络化信息服务功能,应用信息系统可对物流服务全过程进行状态查询、监控。

四、第三方物流的功能

(一) 有利于企业集中精力于核心业务

企业利用有限的资源,集中精力于核心业务,将不擅长或条件不足的功能弱化或外包,其中将物流留给第三方物流,从而实现企业资源的优化配置,将有限的资源集中于核心业务,进行重点研究,开发出新产品参加世界竞争。

(二) 有利于提高顾客服务水平

服务水平和服务质量是企业能否成功的关键。物流能力是企业顾客服务的重要内容,会制约企业的顾客服务水平。第三方物流企业的信息网络能加快对顾客订货的反应能力,缩短订货提前期,提高顾客的满意度。产品的售后服务也可由第三方物流企业完成,保证企业为顾客提供稳定、可靠的高水平服务。

(三) 有利于企业降低风险

企业若将物流业务外包给第三方物流,那么企业就将投资风险转嫁给了物流公司,从而可规避投资风险。第三方物流企业的专业化配送加快了企业存货的流动速度,减少了企业的库存量,进而减少企业的库存风险。

(四) 有利于企业节省费用,降低成本

专业的第三方物流提供商利用规模生产的专业优势和成本优势,通过提高各环节能力的利用率实现费用节省,使企业从分离费用结构中获益。

任务小结

本任务介绍了第三方物流的概念及其分类,并对第三方物流的服务内容和其在供应链中的地位进行了简单分析,重点阐述了第三方物流的功能。

任务二　第三方物流的发展

任务介绍

我国目前的第三方物流企业有很多,发展参差不齐,跟发达国家的第三方物流差距还很大,UPS、Fedex、DHL 都是世界上著名的第三方物流企业,有些甚至已完成向供应链管理的转型。

```
                        ┌── 第三方物流产生的原因和发展的动力
第三方物流的发展 ───────┼── 第三方物流的发展状况
                        └── 我国第三方物流的发展趋势
```

任务解析

了解第三方物流产生的原因;理解我国和发达国家第三方物流发展的差距;了解我国第三方物流发展的趋势。

相关知识

绿 色 物 流

绿色物流(Environmental Logistics)是指在物流过程中抑制物流对环境造成危害的同时,实现对物流环境的净化,使物流资源得到最充分利用。它包括物流作业环节和物流管理全过程的绿色化。从物流作业环节来看,包括绿色运输、绿色包装、绿色流通加工等。从物流管理过程来看,主要是从环境保护和节约资源的目标出发,改进物流体系,既要考虑正向物流环节的绿色化,又要考虑供应链上的逆向物流体系的绿色化。绿色物流的最终目标是可持续性发展,实现该目标的准则是经济利益、社会利益和环境利益的统一。

任务实施

一、第三方物流产生的原因和发展的动力

从以上对第三方物流概念的分析可以看出,第三方物流是主体和行为的紧密结合与高度统一,只有同时具备上述两个要件,才构成完整意义上的第三方物流。以下将从交易成本(Transaction Cost)理论出发阐述第三方物流的产生过程,由此考察第三方物流的经济本质。

美国法学家、经济学家科斯在《企业本质》一文中从交易成本的角度分析了企业的性质。科斯认为,交易成本可以看成是围绕交易契约所产生的成本;企业和市场是协调经济的两种

方式,究竟选择企业还是市场,抑或两者同时并存,取决于两种不同方式交易成本的大小;企业作为生产的一种组织开工,在一定程度上是对市场的一种替代。

根据这种理论,下文以生产企业为例,把第三方物流的产生过程大致分为以下三个阶段:

第一阶段:现代物流理念诞生之前——流通市场时期

在这一阶段,现代意义上的物流活动尚未产生,一个企业要完成物流活动,就必须在流通市场上与运输、仓储、包装、装卸搬运、流通加工、配送等不同的服务提供商交易,这时候企业的交易成本最大。

第二阶段:企业自营物流——物流行为的产生时期

这一阶段产生了现代意义上的物流活动。相对于第一阶段而言,生产企业物流事业部的物流行为是对传统运输、仓储等功能的系统集成。物流事业部以完成本企业物流活动为宗旨,其对市场的初级替代大大降低了交易成本。但是,生产企业物流事业部是依托于生产企业(供方)而存在的非独立性职能部门,所以它并不具备第三方物流的独立主体构成要件。

另外,有时物流事业部为了降低和分摊运行成本,也会对外向其他企业提供物流服务。这种对外提供的物流服务在一定程度上具有了第三方物流的行为特征,但物流事业部不具有独立的民事权利能力、行为能力,所以物流事业部在法律上不是独立的商主体,其对外仍须以所在企业的名义开展经营。总而言之,从经济关系上讲,物流事业部必须依托生产企业(供方)而存在;从法律关系上讲,物流事业部须以生产企业的名义经营,所以在这一阶段真正意义上的第三方物流并未产生。

第三阶段:第三方物流——独立的第三方主体的产生时期

在这一阶段,产生了独立于供方——需方的第三方物流企业。相对于第二阶段而言,第三方物流企业对市场的最终替代更大程度地降低了交易成本。企业自营物流虽然在一定程度上带来了交易成本的节约,但同时也存在着弊端:如企业物流资源的重复投资、难以取得规模效益、缺乏专业化的物流管理、多元化经营导致主业不清等。

随着社会分工的进一步发展,生产企业集中主业,优化配置资源,将物流事业部从生产企业中剥离出来,并逐渐发展成为专门从事第三方物流服务的独立企业。此时,第三方物流的主体要件和行为要件同时具备,真正意义上的第三方物流应运而生。正如管理学大师彼得·德鲁克所说的那样,物流管理是"降低成本的最后边界",是降低资源消耗、提高劳力生产率之后的"第三利润源泉"。

第三方物流企业出现之后,大量功能性、环节性的交易行为被内部化,一个企业要完成物流活动,只需与第三物流企业交易即可。这时企业不仅避免了自营物流诸多的固有弊端,而且最大程度地节约了交易成本。

二、第三方物流的发展状况

(一)第三方物流在国际市场的发展状况

作为物流业的新兴领域,第三方物流在国外的物流市场上已占据了相当可观的份量。

欧洲目前使用第三方物流服务的比例约为76%,美国约为58%,日本约为80%;同时,欧洲24%、美国33%的非第三方物流服务用户已积极考虑使用第三方物流;欧洲62%、美国72%的第三方物流服务用户认为他们有可能在未来几年内再增加对第三方物流服务的需求。美国IDC公司进行的一项供应链和物流管理服务研究表明:全球物流业务外包将平均每年增长17%。在美国,通过第三方物流进行业务的重组,物流成本从1980年占GDP的17.2%下降到了1997年的10.5%,再到2004年的7.5%。实践证明,第三方物流服务的营运成本和效率,远远优于企业自营物流。它可以帮助企业精干主业,减少库存,降低成本,提高核心业务的竞争力。

(二)第三方物流在中国的发展状况

我国现有的物流供给能力略大于我国目前的物流需求水平。物流企业的规模可以通过多种指标来衡量,最简单的就是通过物流企业的人员数目来比较。我国第三方物流企业平均员工数量由2000年的248人上升到2008年的395人,平均企业规模扩大了147人。对第三方物流的认可程度集中体现在第三方物流的使用比例上。将物流服务全部委托给第三方物流的工业企业比例由2000年的16%上升到2008年的37%,上升了21个百分点。我国第三方物流企业的数量正逐年增长。进入我国的著名外资第三方物流有UPS、DHL等。而国内的一些物资、商储企业纷纷表示要全面进军物流业。

然而根据调查显示,40%的企业对于第三方物流表现出不满意。究其不满意的原因,80%归结于第三方物流无法对企业客户的需求变化进行快速及时的响应。2009年4月至7月间,博科资讯物流供应链研究中心研究人员实地走访了江浙沪三地100家第三方物流企业。经过调查研究,发现四大因素致使第三方物流无法及时响应客户变化需求。

(1)规模小,实力弱,服务功能不全。除了新兴的外资和民营企业外,大多数第三方物流企业条块分割严重,企业缺乏整合,集约化经营优势不明显,规模效益难以实现,只能提供单项或分段的物流服务。物流功能主要停留在储存、运输和城市配送上,相关的包装、加工、配货等增值服务不多,不能形成完整的物流供应链。

(2)物流渠道不畅。一方面,经营网络不合理,有点无网,第三方物流企业之间、企业与客户之间缺乏合作。另一方面,信息技术落后,因特网、条形码、EDI等信息技术未能广泛应用,物流企业和客户不能充分共享信息资源,没有结成相互依赖的伙伴关系。

(3)人才匮乏,设施落后,管理水平低。根据调查,第三方物流企业平均拥有本科以上学历人才34%,硕士以上学历15.2%。人才缺乏,素质不高。同时,物流设备落后、老化,机械化程度不高,无法满足客户的特定要求。

(4)制度不健全。第三方物流市场秩序还不规范,行业道德低下,人们的公平竞争、公平交易意识淡薄。另外企业融资制度、产权制度、产权转让制度、市场准入退出制度、社会保障制度等不能适应企业经营的要求,因而限制了第三方物流快速及时的响应。

三、我国第三方物流的发展趋势

(一)我国第三方物流企业必将重组整合

世界上各行业企业间的国际联合与并购,必然带动国际物流业加速向全球化发展,而物流业全球化的发展走势,又必然推动和促进各国物流企业的联合和并购活动。物流企业之间实施并购联合,有利于建立现代企业制度、转换经营机制、扩大规模开拓市场。

（二）我国第三方物流的电子商务化

21世纪是世界网络经济飞速发展的世纪,电子商务在全球范围内迅速崛起,我国电子商务领域也显示出空前的热度。最近几年,第三方物流企业已经认识到电子商务是第三方物流企业成长的最佳方式,如果没有电子商务为辅助,第三方物流终将被网络经济时代所淘汰。

（三）第三方物流绿色化

绿色物流主要是对物流系统污染进行控制,即在物流系统和物流活动的规划与决策中尽量采用对环境污染小的方案,如采用排污量小的货车车型,近距离配送,夜间运货等。绿色物流强调的是:环保节约的物流方式,重视物流绿色化,可为企业带来节能、高效以实现最小的污染和最大的回报。物流绿色化,是第三方物流实现可持续发展的必然趋势。

（四）共同配送将成为主导

共同配送也称共享第三方物流服务,指多个客户联合起来共同由一个第三方物流服务公司来提供配送服务。它是在配送中心的统一计划、统一调度下展开的。

共同配送是经长期的发展和探索优化出的一种追求合理化配送的配送形式,也是美国、日本等一些发达国家采用较广泛、影响面较大的一种先进的物流方式,它对提高物流效率、降低物流成本具有重要意义。

从企业角度看,共同配送的实现可以使企业得到以下几方面的好处:达到配送作业的经济规模,提高流作业的效率,降低企业营运成本;不需投入大量资金、设备、土地、人力等,可以节省企业的资源。从整个社会的角度来讲,实现共同配送主要有以下好处:减少社会车流总量,减少闹市卸货妨碍交通的现象,改善交通运输状况;通过集中化处理,有效提高车辆的装载率,节省物流处理空间和人力资源,提升商业物流环境进而改善整体社会生活品质。

（五）第四方物流开始涌现

与第三方物流仅能提供低成本的专业服务相比,第四方物流能控制和管理整个物流过程,并对整个过程提出策划方案,再通过电子商务把这个过程集成起来,以实现快速、高质、低成本的物流服务为客户提供物流系统的规划决策技术,供应链策略等。

任务小结

本任务主要介绍了第三方物流产生的原因和发展的动力,重点阐述了国内外的第三方物流发展状况,并根据我国的实际情况提出了我国第三方物流的发展趋势。

任务三　第三方物流的利润来源和价值创造

任务介绍

随着我国物流市场的不断扩张,物流日益成为企业的第三方利润源泉,越来越多的企业开始关注自身的物流成本和利润。与此同时,一种独立于生产和销售企业的专业组织形式已经形成,它就是第三方物流。它可以帮助客户获得诸如利润、价格、供应速度、服务、信息的准确性以及在新技术采用上的潜在优势。

第三方物流的利润来源和价值创造 {第三方物流的利润来源；第三方物流价值的创造

任务解析

理解第三方物流如何为客户和自己创造利润;掌握第三方物流所能创造的经济价值和社会价值。

相关知识

第三方物流企业的物流服务

对于第三方物流企业来说,委托它承担物流管理工作的企业就是它的客户。因为企业购买了第三方物流企业的服务,因此,第三方物流企业及委托方之间存在着客户关系,所以对客户关系也要进行管理。第三方物流企业和客户这两者之间能否建立长期战略合作伙伴关系是第三方物流企业发展的一个重要保证。第三方物流企业服务水平的高低、战略目标和企业文化的融通程度、分工明确程度、利益平衡、沟通程度及信息透明度是影响两者关系的重要因素。第三方物流企业树立"一切以客户为中心"的管理理念,利用现代信息管理技术,在制定战略规划时对客户进行归类,对组织的集权程度、管理层次及整合程度进行有效设计,并建立客户档案,实现客户需求反馈,这些策略的实施对于第三方物流公司的发展有一定理论指导意义。

第三方物流发展的推动力就是要为客户及自己创造利润。第三方物流公司必须以有吸引力的服务来满足客户需要,服务水平必须符合客户的期望,要使客户在物流方面得到利润,同时自己也要获得收益。

任务实施

一、第三方物流的利润来源

第三方物流公司必须通过自身物流作业的高效化、物流管理的信息化、物流设施的现代化、物流运作的专业化、物流量的规模化来创造利润。

（一）作业利益

第三方物流服务首先能为客户提供"物流作业"改进利益。一方面，第三方物流公司可以通过第三方物流服务，提供给客户不能自我提供的物流服务或物流服务所需要的生产要素，这是产生物流外包并获得发展的重要原因。在企业自行组织物流活动的情况下，或局限于组织物流活动所需要的专业知识，或局限于自身的技术条件，使企业内部物流系统难以满足自身物流活动的需要，而企业自行改进或解决这一问题又往往是不经济的。物流作业的另一个改进就是改善企业内部管理的运作表现，增加作业的灵活性，提高质量和服务、速度和服务的一致性，使物流作业更具效率。

（二）经济与财务利益

第三方物流服务为客户提供经济或与财务相关的利益是第三方物流服务存在的基础。一般低成本是由于低成本要素和规模经济而创造的，其中包括劳动力要素成本。通过物流外协，可以将不变成本转变成可变成本，又可以避免盲目投资而将资金用于其他用途从而降低成本。

稳定和可见的成本也是影响物流外协的因素，稳定成本使得规划和预算手续更为简便。一个环节的成本一般来讲难以清晰地与其他环节区分开来，但通过物流外协，使用第三方物流服务，则供应商要申明成本和费用，成本的明晰性就增加了。

（三）管理利益

正如前面所述，物流外包可以使用企业不具备的管理专业技能，也可以将企业内部管理资源用于别的更有利可图的用途中去，并与企业核心战略相一致。物流外包可以使公司的人力资源更集中于公司的核心活动，而同时获得的是别的公司（第三方物流公司）的核心经营能力。此外，单一资源和减少供应商数目所带来的利益也是物流外包的潜在原因，单一资源减少了公关等费用，并减轻了公司在几个运输、搬运、仓储等服务商间协调的压力。

（四）战略利益

物流外包还能产生战略意义，包括地理范围跨度的灵活性及根据环境变化进行调整的灵活性。集中主业在管理层次与战略层次高度同样具有重要性。共担风险的利益也可以通过第三方物流服务来获得。

二、第三方物流价值的创造

目前的经济环境，促使物流服务供应方注重在物流上的投资，从而能够在不同方面为客户创造价值。这就是所谓"战略核心理论"。具体来讲，第三方物流主要从以下几个方面创造价值：

（一）第三方物流的运作价值

第三方物流服务供应商面临着的挑战是要能提供比客户自身物流运作更高的价值。他们不仅考虑同类服务的提供者的竞争，还要考虑到潜在客户的内部运作。第三方物流提供商一般需要从提高物流运作效率、与客户运作的整合、发展客户运作三方面创造运作价值。

1. 提高运作效率

物流运作效率的提高意味着对每一个最终形成物流的单独活动进行开发(如:运输仓储等)。仓储的运作效率取决于足够的设施与设备及熟练的运作技能。在作业效率范围内另一个更先进的作用是协调连续的物流活动。除了作业技能外,还需要协调和沟通技能。协调和沟通技能在很大程度上与信息技术相关联,协调与沟通一般是通过信息技术这一工具来实现的。

2. 客户运作整合

第三方物流服务带来增值的另一个方法是引入多客户运作,或是在客户中分享资源。例如,多客户整合的仓储和运输网络,可以利用相似的结合起来的资源,整合的运作规模效益成为提高效率的重要方面。第三方物流整合运作的复杂性很高,需要更多的信息技术与技能。这一整合增值方式对于单个客户进行内部运作的很不经济的运输与仓储网络也适用。因此表现出来的规模经济效益是递增的,如果运作得好,会带来竞争优势及更大的客户基础。

3. 横向或纵向整合

前面讨论的主要是第三方物流客户的内部运作外包化带来的效率的提高,其实从第三方物流服务供应商角度,也需要进行资源整合和业务外包。对主要是以管理外部资源为主的第三方物流服务提供商,这类公司为客户创造价值的技能是强有力的信息技术和物流规划管理与实施等技能,它可以通过纵向整合,购买具有成本和服务优势的单项物流功能作业或资源,发展同单一物流功能提供商的关系,也是创造价值的一种方法,这样物流供应商可以专注于自己新业务的开发。在横向上,第三方物流公司如果能够结合类似的非竞争者的公司,可以联合为客户服务,扩大为客户提供服务的地域覆盖面。

4. 发展客户运作

第三方物流公司为客户创造价值的另一类方式是通过发展客户公司及组织运作来获取价值,这种第三方物流服务基本上接近传统意义上的物流咨询公司所做的工作,所不同的是这时候提出的解决方案要由物流供应商自己来开发并完成运作。增值活动中的驱动力在于客户自身的业务过程。

(二) 第三方物流的成本价值

在竞争激烈的市场上,降低成本、提高利润率往往是企业追求的首选目标。这也是物流在20世纪70年代石油危机之后其成本价值被挖掘出来作为"第三利润源"受到普遍重视的原因。物流成本通常被认为是企业经营中较高的成本之一,控制物流成本,就等于控制了总成本。完整的企业物流成本包括物流设施设备等固定资产的投资、仓储、运输、配送等费用(即狭义的物流费用),以及管理物流活动所需的管理费、人工费和伴随而来的信息传递、处理等所发生的信息费等广义的物流费用。在衡量物流成本的增减变动时,应全面考虑所有这些有关的费用构成的物流总成本,而不能仅以运输费用和仓储费用的简单之和作为考察物流成本变动的指标,否则企业在进行物流成本控制或采用第三方物流后,最终核算时有可能会得出企业物流成本不降反升的错误结论。

企业将物流业务外包给第三方物流公司,由专业物流管理人员和技术人员,充分利用专业化物流设备、设施和先进的信息系统,发挥专业化物流运作的管理经验,以求取得整体最优的效果,企业可以不再保有仓库、车辆等物流设施,对物流信息系统的投资也可转嫁给第三方物流企业来承担,从而可减少投资和运营成本;还可以减少直接从事物流的人员,从而削减工资支出;提高单证处理效率,减少单证处理费用;由于库存管理控制的加强可降低存货水平,削减存货成本;通过第三方物流企业广泛的结点网络实施共同配送,可大大提高运输效率,减少运输费用等。这些都是第三方物流能够产生的成本价值。对企业而言,应建立一套完整的物流成本核算体系,以便真实地反映企业实施物流控制或采用第三方物流所带来的效益,促使企业物流活动日趋合理化。

（三）第三方物流的服务价值

在社会化大生产更加扩大、专业化分工愈加细化的今天,服务成为企业竞争的关键因素。以最小的总成本提供预期的顾客服务已成为企业努力的方向,帮助企业提高顾客服务水平和质量也正是第三方物流所追求的根本目标。服务水平的提高会提高顾客满意度,促进企业的销售,提高利润率,进而提高企业市场占有率。在市场竞争日益激烈的今天,高水平的顾客服务对于现代企业来说是至关重要的,它是企业优于其同行的一种竞争优势。物流能力是企业服务的主要内容之一,会制约企业的顾客服务水平。例如,在生产时由于物流问题使采购的材料不能如期到达,也许会迫使工厂停工,不能如期交纳顾客定货而承担巨额违约金,更重要的是会使企业自身信誉受损,销量减少,甚至失去良好合作的顾客。这就是为什么现代企业如此重视服务、重视物流的原因之一。物流服务水平实际上已成为企业实力的一种体现。而第三方物流在帮助企业提高自身顾客服务水平上自有其独到之处。利用第三方物流企业信息网络和结点网络,能够加快对顾客定货的反应能力,加快订单处理,缩短从定货到交货的时间,进行门对门运输,实现货物的快速交付,提高顾客满意度;通过其先进的信息技术和通讯技术可加强对在途货物的监控,及时发现、处理配送过程中的意外事故,保证定货及时、安全送达目的地,尽可能实现对顾客的承诺;产品的售后服务、送货上门、退货处理、废品回收等也可由第三方物流企业来完成,保证企业为顾客提供稳定、可靠的高水平服务。

（四）第三方物流的风险分散价值

企业如果自己运作物流,要面临两大风险:一是投资的风险,二是存货的风险。企业自营物流要进行物流设施、设备的投资,如建立或租赁仓库、购买车辆等,这样的投资往往比较大,而如果企业物流管理能力较低,不能将企业拥有的物流资源有效协调、整合起来,尽量发挥其功用,致使物流效率低下,物流设施闲置,那么企业在物流上的投资就是失败的,这部分在物流固定资产上的投资将面临无法收回的风险。另一方面,企业由于自身配送能力、管理水平有限,为了及时对顾客定货作出反应,防止缺货和快速交货,往往需要采取高水平库存的策略,即在总部以及各分散的定货点维持大量的存货。而且一般来说,企业防止缺货的期望越大,所需的安全储备越多,平均存货数量也越多。在市场需求高度变化的情况下,安全库存量会占到企业平均库存的一半以上,对于企业来说就存在着资金风险。尽管存货属于流动资产的一种,但它不仅不是马上就能动用的资产,而且它还需要占用大量资金。存货越多,变现能力往往越弱,企业资金越少。而且随着时间的推移,存货有贬值的风险。在库存没有销售出去变现之前,任何企业都要冒着巨大的资金风险。企业如果通过第三方物流企业进行专业化配送,由于配送能力的提高,存货流动速度的加快,企业可能减少内部的安全库存量,从而减少企业的资金风险,或者把这种风险分散一部分给第三方物流企业。

(五)第三方物流的竞争力提升价值

企业利用第三方物流,可使自身专注于提高核心竞争力。生产企业的核心能力是生产、制造产品,销售企业的核心能力是销售产品。而且随着外部市场环境的变化,企业的生产经营活动已变得越来越复杂。一方面,企业需要把更多的精力投入到自己的生产经营当中;另一方面,企业交往的对象更多了,所要处理的关系也更为复杂,在处理各种关系和提高自身核心能力上,企业的资源分配便会出现矛盾。如果将企业与顾客间的物流活动转由第三方物流企业来承担,便可大大降低企业在关系处理上的复杂程度。企业通过采用第三方物流后,原来的直接面对多个顾客的一对多关系变成了直接面对第三方物流的一对一关系,企业在物流作业处理上避免了直接与多顾客打交道而带来的复杂性,简化了关系网,便于将更多精力投入自身的生产经营中。

此外,作为第三方物流企业,可以站在比单一企业更高的角度上来处理物流问题,通过其掌握的物流系统开发设计能力、信息技术能力将原材料供应商、制造商、批发商、零售商等处于供应链上下游的各相关企业的物流活动有机衔接起来,使企业能够形成一种更为强大的供应链竞争优势,这是个别企业所无法实现的工作。

(六)第三方物流的社会效益

以上所说的,实际上可归为第三方物流的经济价值,而除了其独特的经济效益外,第三方物流还具有另一为大多数人所忽视的价值,即其社会效益。首先,第三方物流可将社会上众多的闲散物流资源有效整合、利用起来。在过去的计划经济体制下,受大而全、小而全思想的影响,我国很多企业都建有自己的仓库、车队,而且往往存在仓储设施老化、仓储管理人员素质低下等问题。企业各自进行分存储,导致物流设施使用低效,有的企业仓库不足需扩建,而有的企业仓库则大量闲置、浪费,造成社会物流资源的不合理配置;自行组织运输则使运输效率低下,社会运力得不到有效利用,车辆空驶现象普遍,运输成本高。而且企业由于受到原有一套物流系统的限制,很难依靠自身力量来进行更新改造,强化物流管理。而通过第三方物流企业专业的管理控制能力和强大的信息系统对企业原有的仓库、车队等物流资源进行统一管理、运营,组织共同存储、共同配送,将企业物流系统社会化,实现信息、资源的共享,则可从另一个高度上极大地促进社会物流资源的整合和综合利用,提高整体物流效率。

其次,第三方物流有助于缓解城市交通压力。通过第三方物流的专业技能,加强运输控制,通过制定合理的运输路线,采用合理的运输方式,组织共同配送、货物配载等,可减少城市车辆运行数量,减少车辆空驶、迂回运输等现象,解决由于货车运输的无序化造成的城市交通混乱、堵塞问题,缓解城市交通压力。

再次,第三方物流的成长和壮大可带动中国物流业的发展,对中国产业结构的调整和优化有着重要的意义。

任务小结

本任务主要介绍了第三方物流企业如何使客户在物流方面得到利润,同时使自己获益,并重点阐述了第三方物流从运作价值、成本价值、服务价值、风险分散价值、竞争力提升价值以及社会效益几个方面创造价值。

任务四 发达国家物流外包第三方的经验与借鉴

任务介绍

随着供应链管理的发展,为了获取高质量的服务和有效的物资运输和储存,企业正在对其供应链管理方式进行革新,开始减少直接开支,允许低成本服务商接管原来由自己的员工管理的一些事务。物流外包的原因主要有成本考虑、发展策略和发展方向。

```
                  ┌─ 推动物流外协的因素
发达国家物流外包   ├─ 物流服务采购的趋势
第三方的经验与借鉴 ├─ 物流提供商与使用者关系的演变
                  └─ 发达国家外协第三方物流发展过程对我国的借鉴
```

任务解析

理解发达国家物流外包的成功经验;了解我国可从这些先进经验中借鉴的方式方法。

相关知识

物 流 外 协

从稀缺经济学的角度讲,无论企业规模多大,它的物质资源总是有限的,企业要完成从原材料的采购到产品送达顾客的整个物流过程,脱离了社会物流是不经济的。随着全球经济一体化的步伐加快、行业内和行业间的竞争日趋激烈,厂商为保持其竞争优势,不得不将主要的资源投入到其核心的业务上;与此同时,顾客的需求则越来越趋个性化,为满足迅速增长的个性化需求,厂商不得不加大物流作业费用的投入。

企业物流合理化必然涉及到如何利用外部社会物流资源的问题，企业利用外部物流资源的行为在英语中有个术语叫"Outsourcing"，中文可以翻译为"外协"，所以企业利用外部社会物流资源可称之为"外协物流"。

外协物流是从物流需求的角度出发，指的是货主企业（制造商、零售商等）使用外部专业物流服务提供者来满足自身的部分或全部物流需求。这一概念与第三方物流服务的概念是有区别的。第三方物流服务则是从物流供给的角度来理解物流活动的。第三方物流公司是专门向企业提供部分或全部物流功能的一个外部服务提供者。

任务实施

从80年代以来，外协（Outsourcing）已成为商业领域中的一大趋势。企业越来越重视集中自己的主业，而把辅助性功能外协给其他企业。因为物流一般被工商企业视为支持与辅助功能，所以它是一个外部化业务的候选功能。多年来，欧美发达国家的物流已不再作为工商企业直接管理的活动，而常常从外部物流专业公司中采购物流服务。有些公司还保留着物流作业功能，但越来越多地开始由外部合同服务来补充。这些服务采购的方式对公司物流系统的质量和效率具有很大的影响。对欧美发达国家物流外协第三方的做法与趋势进行分析，它对我国第三方物流业的发展，可以有一定的借鉴作用。

一、推动物流外协的因素

在欧美发达国家，物流服务的外部化趋势是与物流服务供需双方面临的压力有关的。虽然各国情况有所不同，但基本的方面是一致的。

（一）物流服务的需求方

国外文献中，一般管理学者强调外协在成本上的潜在节省，而采购与营销专家则认为成本与服务的重要性相等。许多物流专家则认为对高水平服务的需求是外协的主要动力。近来，成本节约、服务改进和灵活性被认为与外协决策同等重要。

物流外协的另一重要因素是避免物流设施的投资。这一因素在80年代作为外协的主要利益所在。尤其是英国对公司税收系统的调整，使拥有资产的愿望变成关注资产对利润的贡献。这导致公司把资本集中在主要的能产生高效益并取得主要竞争力的业务上。有近60%的公司认为物流不是它们的主业，使用外部物流合同承包商不仅减少物流设施的新投资，而且解放了在仓库与车队上占用的资金，它们可以用在更有效率的地方。

外协也使公司得到了主业为物流管理的专业公司的专业技能。随着客户期望的提高、车辆运作法规的加强、技术的快速发展及经济环境的不确定，对物流管理的需求越来越大。物流以合同方式外包，也可以帮助公司克服内部劳动力效率不高的问题。采用自己物流系统的惯性，主要来自于不愿轻易放弃对物流功能的控制，担心物流公司运作的质量。近年来，这些已不成为问题，企业对合同物流作业已建立了信心，另外信息技术的进步也是一大原因。信息技术的发展使对合同物流作业的监控与自己管理物流非常相近。据调查，实际上有一半的公司由于外协而改进对了物流的控制。

(二)物流服务的供给方

近二十年来,欧美国家第三方物流服务已有了很大的改进。提供服务的标准已大大提高,作业效率也大大提高,为客户需求定制的各类新型服务得到了发展。物流服务公司的营销也更强有力与熟练。

欧美许多运输与仓储公司已演变成了提供广泛物流服务的供应商。在大多数国家,公路运输行业成为越来越具有竞争性的行业,资金回报下滑,利润率降低。通过改造成综合物流公司,大承运人能对服务增加价值,形成进入门槛较高的细分市场,以保证与客户的长期合同。这使它们能增加利润。在欧美发达国家,公司采用多种方式外协物流。最为彻底的方式是关闭自己的物流系统,并转移所有的物流职责给外部物流合同供应商。对许多自理物流的公司,这一选择改变太大。它们不愿意处理掉现有的物流资产、去掉人员,去冒在过渡阶段作业中断的风险。有些公司愿意采取渐渐外协的过程,把责任移交以地理区域分步实施,或以业务与产品分步实施。欧美公司一般采用以下方式来使移交平稳化。

1. 系统接管

大型物流服务供应商全盘买进客户公司的物流系统的例子不胜枚举。它们接管并拥有车辆、场站、设备和接受原公司员工。接管后,系统可以仍为此企业服务或与其他公司共享以改进利用率并分享管理成本。

2. 合资

有些客户更愿意保留配送设施的部分产权,并在物流作业中保持参与。对他们而言,与物流合同商的合资提供了注入资本和专业知识的途径。例如,在英国 IBM 与 Tibbett&Britten 组成了 Hi—tech Logistics。

3. 系统剥离

也有不少例子是自理物流作业的公司把物流部门剥离成一个独立的利润中心,允许它们承接第三方物流业务。母公司提供了它们的基本业务,而后越来越多地依靠第三方业务。

4. 管理型合同

对希望自己拥有物流设施(资产)的公司,仍可以把管理外协。这是大型零售商常采用的战略。对欧盟国家,把合同外包看成是改进物流作业管理的一种方法。因为这种形式的外协不是以资产为基础的,它给使用服务的一方在业务谈判中以很大的灵活性,如果需要,它们可以终止合同。

二、物流服务采购的趋势

企业外部物流服务的多样性的增加,已改变了企业采购物流服务的方式和与外部合同商的关系,以下几方面特别明显。

(一)物流服务以合同形式采购的比例增加

运输与仓储服务传统上以交易基础进行。这些服务相当标准化,并以最低价格购买。公路运输行业的分散与竞争,使行业中拥有众多小型承运人提供低价服务。以此种方式购买运输服务有很大的缺点,它需要日常接触大量的独立承运人,使交易成本上升。即使在这种市场上,企业也必须固定地使用相对稳定的几家运输承运人以减少麻烦。甚至在无正规合同的情况下,制造商也表现出对特定承运人的"忠诚"。当公司有一些特殊要求需要一些定制的服务并对承运人的投资有部分参与时,它们必须准备进入长期合同。当运输专一服务于特定货主时,合同最好能覆盖至少是车辆生命期的长度。

(二)更严格的合同方的选择

有多项研究表明,过去许多公司选择运输方式或承运人时并不全面考虑所有的选择可能。这种选择程序的缺陷可部分解释为运输支出在许多公司的总支出中并不显著,并且不同运输公司之间服务质量差别不大。现在,既然公司已把许多与物流相关的服务外部化,这些服务的外部支出在公司预算中开始凸显。这一现象加上对服务质量的重视、减少承运人及采用合同关系,使对承运人的选择变成一件重要的决策,需要对市场更全面的评价和采用更正规的选择程序。

(三)采取零库存原则

采用零库存系统的先决条件之一是快速和可靠的运送。在没有缓冲存货情况下,生产和配送作业对送货时间很敏感。英国有53%的大型公司在实施零库存时遇到承运人提供的服务标准问题。这迫使它们改变采购运输服务的方式。另外,为减少承运人的数量,增加以合同为基础的业务比例,它们与运输公司建立起紧密、长期和更互相依赖的关系。

(四)开发电子数据交换

许多供应商与客户的关系通过建立EDI而得以加强,尤其合同供应商提供的是综合物流服务。对美国公路承运人与货主关系的分析表明,具有EDI连接的比例已以从1994年的29.3%上升为1996年的37.4%。电子交易从18.2%上升到了31.5%。通过使物料通过供应商系统时更可见与透明(每天甚至每小时都可见),EDI增加了客户对合同作业的信心。合同商与客户计算机的整合,也加强了在他们之间的作业联系,并使双方在短期内难以立即中断关系。

(五)物流设备越来越专业化

在运输与物料搬运领域中,技术的发展使个别公司物流需求特制设备成为可能。这类客户特制设备大大增加了在供应商与客户之间的"关系性合同"。

(六)相互依赖程度的改变

物流服务外部化,并集中于很少数量的合同商增加了客户的依赖性,使它更难以断绝与合同商之间的关系,起码在短期是困难的。

三、物流提供商与使用者关系的演变

尽管物流服务市场发生了很大的变化,对许多长期的合同与客户关系的稳定性仍然具有疑问。许多公司相信,现在的合同物流供应商提供的服务是充足的,但合同供应商可以在其他方面进一步改进。

（一）合同条款更加详细

许多早期物流服务合同起初的条款并不详细，这导致了许多误解与不满意。合同商与客户都从经验中学到了东西，现在不太容易犯早期的错误。对物流合同中应该注意的事项也已有了相当详细的清单。近期的报告指出，有些公司对合同定得过于详细，以致过于法律化，而过分依赖标准范本与条款。

（二）合同方与客户所有层次间沟通的改进

在托运人与承运人之间建立健康与长期关系是基于密集的信息。信息在两个组织的管理层之间的不同层次间流动，这必须与每个公司垂直沟通相结合，以保证对关系认识的一致性。

（三）联合创新

物流合同商也必须具有创新的自由，许多公司抱怨得不到创新自由。因为合同已严格规定了有关条款。健康的长期关系需要双方的新思想与新观点以及双方共同的创新意愿。

战略层次的对话与共享预测，可以帮助合同商更为主动。合同商如果既具备物流业发展趋势的知识，又了解客户的物流运作，则处于一个提供当前业务专业性建设的最佳位置。

（四）评估体系的改进

采用如运送时间、缺货水平、计划执行情况等标准表现指标对短期合同物流的审计，并不足以提供对长期合同项目的评估。对长期合同项目的评估，应该采用短期/操作性评估与长期/战略角度的结合。同时，既要考虑可以统计测量的参数，也要考虑统计上较难测量的参数。定量与定性方法的结合提供了评估托运人和承运人合作关系的框架。

（五）采用公开式会计

虽然费用收取水平并不是第三方物流服务中的主要争议来源，但是，定价系统的选择会较大地影响合同双方关系的质量与稳定性，尤其是对专一型的服务。物流服务的单一性外协的缺点是无法与其他供应商的价格进行比较。因此，它们需要经常确认所付出的价格是否得到了应有的服务。越来越多的合同物流供应商通过提供详细的成本，把管理费用单独列出与客户协商，以打消客户的疑问。公开式会计仅仅在专一的物流服务项目中适用，因为可以把服务于单个客户的成本区别开来。

四、发达国家外协第三方物流发展过程对我国的借鉴

首先，回顾发达国家物流外协第三方的发展过程，无论是从物流服务的需求方，还是从物流服务的供给方来看，可以认为企业物流服务外部化的基本压力已经形成。从成本的节约、服务的改进与增加灵活性等方面考虑，越来越多的企业已经决定接受物流外步化的概念。从物流服务的供给方看，运输、仓储、货运代理等企业，因为行业竞争的加剧，利润率降低，也纷纷改造或准备改造成综合物流供应商。目前面临的问题是许多物流服务公司（或准备成为物流服务的公司），在概念上、服务水平上及物流专业技术与能力方面，与物流的需求方还有一定的差距。发达国家二十年来在物流外部化过程、物流服务采购方式，及物流服务

提供者与使用者之间关系等方面,对我国物流服务业的发展,都有参考的价值。

在物流外部化方面,有实力的公司可以采用系统接管的方式,或采用合资方式。管理型物流公司的需求也很大,但对物流公司的专业素质要求较高,国内许多物流公司还需要进一步提高。

在采购物流服务的方式方面,可以尽量采用长期合同的方式,以利于减少交易成本并提高物流服务的质量。

采用现代信息与通信技术,建立公共交易平台,有利于物流能力的充分利用,帮助承运人寻找运输的回程货。国外的发展经验表明,经营虚拟市场的业务结构可以很快成为物流服务业的主角。

在采购物流服务的方式方面,可以借鉴的地方包括:物流服务公司具备为企业设计物流系统的能力、重视发展长期伙伴关系、开发与客户的数据交换系统等。

在改进与物流服务的使用者关系方面,注意与客户多层次的沟通很重要。在创新与主动提出建议方面需要加强。对物流服务的评估体系改进、采用公开式会计等方面,发达国家的一些做法可以借鉴。

任务小结

本任务主要介绍了发达国家物流外包的发展状况以及成功经验,总结了物流外包为供需双方带来的效益,并简单阐述了第三方物流发展对我国的借鉴和启示。

任务五　第四方物流概述

任务介绍

第四方物流企业,始终把为物流企业服务作为企业生存与发展的宗旨,主要通过现代通信技术、网络技术和软件技术,为物流企业提供物流解决方案,同时还为物流企业提供企业品牌提升和宣传、企业员工培训、企业管理咨询、企业文化再造等服务。

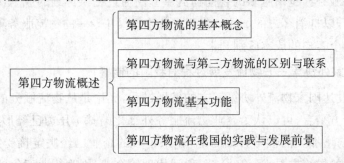

任务解析

掌握第四方物流的概念和特点;理解第四方物流和第三方物流的区别和联系;了解第四方物流的发展前景。

相关知识

美国埃森哲公司的第四方物流服务

美国埃森哲公司是全球最大的管理咨询公司和技术服务供应商,它原是全球安达信(Arthur Andersen)会计事务所的管理咨询部门,1953 年安达信会计师事务所为帮助通用电气公司(GE)提高薪资处理效率,安装了美国第一台商用电脑,从此开创了数据处理时,随着咨询业务的利润最终超过了审计部分,膨胀的咨询部门已经不甘寄人篱下,1989 年成立安盛咨询公司(Andersen Consulting),2000 年与安达信从经济上彻底分开,2001 年公司更名为埃森哲(Accenture)。在埃森哲的战略目标指导下,为了全方位地满足客户的需求,正在不断拓展自身的业务服务网络,包括管理及信息技术咨询、企业经营外包、企业联盟和风险投资。除了以产品制造业、通信和高科技、金融服务、资源、政府机构等不同行业划分服务内容之外,还从以下几方面提供咨询服务:客户关系管理,企业业务解决方案,电子商务,供应链管理,服务行业。

第四方物流是 1998 年美国埃森哲咨询公司率先提出的,是专门为第一方、第二方和第三方提供物流规划、咨询、物流信息系统、供应链管理等活动。第四方并不实际承担具体的物流运作活动。

任务实施

当第三方物流仍处于发展壮大阶段的时候,第四方物流的概念又横空出世,虽然它还处于萌芽阶段,但随着对物流服务更深层次、更全面要求的提高,第四方物流必将有广阔的发展前景。

一、第四方物流的基本概念

美国埃森哲公司的 Dow Bauknight 在《Fourth Party Logistics — Breakthrough Performance in Supply Chain Outsourcing》一文中指出,企业的供应链正从 Insourcing 转换成 Outsourcing,甚至是第三方物流业者来提供服务,而第四方物流(4th Party Logistics—4PL)将是继第三方物流之后的下一波重大趋势。第四方物流是指:一个供应链集成商,它调集和管理组织自己的以及具有互补性服务提供商的资源、能力和技术,以提供一个综合的供应链解决方案(美国埃森哲公司"Accenture"定义)。

因此,第四方物流经营者是基于整个供应链过程来考虑,扮演着协调人的角色:一方面与客户协调,与客户共同管理资源、计划和控制生产,设计全程物流方案;另一方面与各分包商协调,组织完成实际物流活动。因此,第四方物流提供的是一种全面的物流解决方案,与客户建立长期、稳定的伙伴关系。

二、第四方物流与第三方物流的区别和联系

第四方物流是在第三方物流不能满足客户日益增长的高要求、多方位物流需求情况下而产生的,是现代物流管理运营模式的新发展,与第三方物流存在很大的不同,也在一定程度上有必然的联系。

(一)第四方物流与第三方物流的区别

从服务目的上来看,第三方物流着眼于降低单个企业的物流运作成本;第四方物流则以降低整个供应链的物流运作成本,提高物流服务的能力为目的。

从服务范围上来看,第三方物流主要针对单个企业的采购物流或销售物流的全部或部分业务;第四方物流则提供基于供应链的物流规划方案,并负责实施与监控。

从服务内容上来看,第三方物流主要负责单个企业的采购或销售物流系统的设计、运作,比如物流信息系统、仓储管理及其他增值物流服务;第四方物流则着眼于企业的战略分析、业务流程重组、物流战略规划,衔接上下游企业的综合一体化物流方案,包含物流信息系统模块的企业信息系统。

在与客户的合作关系方面,第三方物流与企业主要是一般合同、契约关系,在一年以上,多的有三五年;第四方物流则与企业有着长期的战略合作关系,一般有较长的合作协议。这是第四方物流成功的关键之一。

在运作特点方面,第三方物流功能单一,专业化强,集成度低;第四方物流则是多功能的集成化,物流单一功能运作专业化低。

在服务对象上,第三方物流面向各种类型企业;第四方物流主要针对大、中型物流企业。

在服务支持上,第三方物流主要提供运输、仓储、配送、加工、信息传递等增值服务;4PL更侧重于企业物流系统的设计、管理,企业信息系统的搭建,综合物流业务运作能力,甚至涉及企业管理方式的变革。

(二)第四方物流与第三方物流的联系

第四方物流与第三方物流之间也存在着联系。第三方物流主要是为企业提供实质性的具体的物流运作服务,有着较丰富的设施设备资源和运作经验,而主要的不足是本身的技术水平不高,能为客户提供的技术增值服务比较少。第四方物流为客户提供一体化整体物流服务,因此具有丰富的物流管理经验和供应链管理技术、信息技术等,它的不足在于自身不能提供实质的物流运输和仓储服务。

第四方物流的思想必须依靠第三方物流的实际运作来实现并得到验证,第三方物流又迫切希望得到第四方物流在优化供应链流程与方案方面的指导。因此,只有二者结合起来,才能更好地、全面地提供完善的物流运作和服务。第三方物流与第四方物流联合成为一体以后,将第三方物流与第四方物流的外部协调转化为内部协调,使得两个相对独立的业务环节能够更和谐、更一致地运作,物流运作效率会得到明显的改善,进而增大物流成本降低的幅度,扩大物流服务供应商的获利空间。

三、第四方物流的基本功能

第四方物流的基本功能体现在三个方面:

(1) 供应链管理功能,即管理从货主、托运人到用户、顾客的供应全过程。

(2) 运输一体化功能,即负责管理运输公司、物流公司之间在业务操作上的衔接与协调问题。

(3) 供应链再造功能，即根据货主/托运人在供应链战略上的要求，及时改变或调整战略战术，使其经常处于高效率的运作状态。"第四方物流"成功的关键是以"最佳的物流方案"为客户提供服务与技术。

四、第四方物流在我国的实践与发展前景

回顾我国的企业发展，80年代是我们所谓的以生产为主导的年代，企业都把精力集中在开发生产线、扩大产品组合上，相信生产主导一切；到了90年代，我们进入了以市场开发为主导的年代，企业开始把目光锁定在销售环节，如何提高市场占有率、增加市场渗透是企业关心的话题；到了21世纪，尤其在中国加入WTO后，在跨国企业的带动下，企业开始挖掘"第三利润源泉"，如何实现供应链间竞争，借助供应链融入国际市场几乎是所有企业梦寐以求的梦想。据中国物流信息中心统计，自90年代后期以来，我国物流业的发展处于快速增长期，物流的发展与经济发展成正比，据统计全社会物流总值1991年至2002年年均增长20.4%，而进入2000年以来，增速上升到25%左右。1991年至2002年的物流增加值，年均增长11%，全社会物流成本1991年至2002年，年均增长14%，全社会物流成本占GDP的比例已从1991年的24%下降到2002年的27.5%，全社会物流成本占全社会物流总值的比例，已从1997年的17.1%回落到2002年的9.5%。自2000年开始我国物流发展进入快速增长期，经过几年"虚热"发展后，到2003年，物流发展进入务实发展，中国物流与采购联合会常务副会长丁俊发的评价就是"2003年是中国物流业全方位快速推进的一年"，其标志就是2003年中国物流业按加入WTO承诺对外开放，物流界的国际合作与交流进一步加强，中国加入WTO的第二年，在物流服务业方面，一切按承诺执行，国外的物流公司、IT企业、物流装备企业都瞄准了中国物流巨大市场，有的已经进入中国市场。2005年，我国物流费用占GDP的比率为18.5%。我国现代物流整体规模扩大，发展速度加快，运行效率提高，对经济发展的支撑和促进作用更加明显。2006年我国物流运行仍保持较快增长，但与前几年较高增速相比，社会物流总规模增长呈现减缓趋势，物流成本增长速度有所减慢，货运量和货运周转量增长速度也有所放慢。到2006年上半年，全国社会物流总额达26.8万亿元，增速降至25.4%。与去年同期比，增长速度放慢了6.7个百分点。从物流运行的角度看，国民经济发展开始进入一个相对稳定的增长时期。经过前几年的快速发展后，我国社会物流总费用为1.4万亿元，同比增长13.5%，这一增幅比去年同期回落了3.5个百分点，也比GDP增长幅度低1.2个百分点。由于社会物流总费用的增幅低于GDP的增幅，社会物流总费用与GDP的比率也略有回落，由2005年上半年的21.5%，回落至06年上半年的21.3%。据初步统计，2006年上半年，物流业增加值为4396亿元，同比增长12.2%，占服务业全部增加值的20.9%。以上的数据表明：我国的物流市场经过2000年后的快速增长后，目前进入了稳定发展时期，增长的是物流业增加值、物流相关行业固定资产投资等，减缓的是社会物流总规模社会物流总费用等，这说明我国物流业进入了稳定发展期，为我国发展第四方物流提供了良好的机遇。

（一）物流发展方式的转变为我国发展第四方物流提供了思想基础

从外延式拼规模转向内涵式拼管理效益，从注重固定资产投入转向注重物流服务增加值，主要表现在物流业增加值增加了,而社会物流总费用的增幅回落了,用了较少的投入取得了较高的收益,我国物流业更注重"服务增值",这为我国发展第四方物流提供了思想基础。

(二)我国物流总额的持续增长为发展第四方物流提供了物质基础

2005年我国物流相关行业固定资产投资额预计为3447亿元,同比增长26.5%,增幅比上年提高2.9个百分点,表现在我国各种运力的发展速度惊人,包括铁路、公路、机场、港口,以及管道运输在内的物流基础设施建设速度很快。比如,我国已经有了超过3.4万公里的高速公路,排世界第二;我国的一大批港口规模也排在世界的前几位;几乎每一个大型城市都基本具备了航空运输网络和运输能力等。另外,我国的物流设施这些年来发展得也非常快,集装箱运输已经成为被普遍采用的一种现代运输工具;激光导引车、立体化仓库、自动化装卸的机械设备在我国也得到了普遍采用。近几年来,我国对信息化投入的力度也相当大,除了在供应链体系方面的信息化改造外,企业和物流流程的信息化改造也已经广泛地开展起来。所以,我国发展现代物流的基础条件已经具备。

(三)WTO的背景下我国物流企业和物流理论开始与国际接轨

这为我国发展第四方物流的实践与理论检验提供了广阔的渠道。借用"问渠哪得清如许?为有源头活水来"之句来说明WTO对我国物流业的影响,2001年开始一些外资企业已经进入我国物流业。按照国家有关规定和入世承诺,从2004年7月20日起,外商投资的物流企业可以在北京、上海、重庆、天津和广东、江苏、浙江等七个省市经营相关的物流业务。外资物流企业的进入不仅为我国物流市场的竞争带来新的活力,也为我国物流理论带来新的思维,这为发展第四方物流提供了良好的机遇。

任务小结

本任务主要介绍了第四方物流的概念和特点,阐述了第四方物流和第三方物流的区别和联系,并对第四方物流所提供的服务进行了说明,最后就我国第四方物流的探索做了简单的分析。

拓展提高

第三方物流的综合物流运作模式

这种模式就是组建综合物流公司或集团。综合物流公司集成物流的多种功能——仓储、运输、配送、信息处理和其他一些物流的辅助功能,例如包装、装卸、流通加工等,组建完成各相应功能的部门,综合第三方物流大大扩展了物流服务范围,对上家生产商可提供产品代理、管理服务和原材料供应,对下家经销商可全权代理为其配货送货业务,可同时完成商流、信息流、资金流、物流的传递。

综合物流项目必须进行整体网络设计,即确定每以一种设施的数量、地理位置、各自承担的工作。其中信息中心的系统设计和功能设计以及配送中心的选址流程设计都是非常重要的问题。物流信息系统基本功能应包括信息采集、信息处理、调控和管理,物流系统的信息交换目前主要利用 EDI、无线电和 Internet，Internet 因为其成本较低（相对于 EDI 技术）信息量大，已成为物流信息平台发展趋势。配送中心是综合物流的体现，地位非常重要，它衔接物流运输、仓储等各环节，综合物流是第三方物流发展的趋势，组建方式有多种渠道，目前我国正处在探索阶段，但一定要注意避免重复建设，资源浪费问题。

物流活动是一个社会化的活动，涉及行业面广，涉及地域范围更广，所以它必须形成一个网络才可能更好地发挥其效用。综合物流公司或集团必须根据自己的实际情况选择网络组织结构。现在主要有两种网络结构，一种是大物流中心加小配送网点的模式，另一种是连锁经营的模式。前者适合商家、用户比较集中的小地域，选取合适地点建立综合物流中心，在各用户集中区建立若干小配送点或营业部，采取统一集货、逐层配送的方式。后者是在业务涉及的主要城市建立连锁公司，负责对该城市和周围地区的物流业务，地区间各连锁店实行协作，该模式适合地域间或全国性物流，连锁模式还可以兼容前一模式。

复习思考

1. 第三方物流有何特征？
2. 简述我国第三方物流的发展趋势。
3. 第三方物流服务的内容有哪些？
4. 和第三方物流相比，第四方物流具有哪些优势？

相关实训

◎目的

通过调查企业的客户以及客户需求，分析现行物流模式及物流服务需求情况，探讨第三方物流企业如何为客户创造价值。

◎人员

①实训指导：任课老师。

②实训编组：学生按 5～8 人分成若干组，每组选组长一人。

◎时间：3～5 天。

◎步骤

①由教师在校内组织安全教育。

②与实训企业相关部门取得联系，并组织学生集体去该企业参观。

③邀请物流企业业务部主管介绍公司主要客户以及客户需求。

④分组查看企业客户相关资料，并做好记录。

⑤撰写调研报告。

⑥实训小结。

◎要求

利用业余时间，根据具体情况选择有一定代表性的第三方物流企业，了解其物流运营模式及物流服务内容。

项目十 企业物流

学习目标

了解并掌握企业物流的概念及管理的任务;掌握采购与供应物流及供应商选择的内容;了解企业生产物流的概念、组织,掌握 MRP 的应用、准时制生产的原理和精益生产的方法。

情景写实

马兰拉面的物流之旅

马兰拉面——一个中式快餐品牌,我国餐饮业中成功的佼佼者,其物流如下:

供应物流:强有力的供血机能。马兰从建立之初就十分注重自己的物流规划,建有一套完备的物流体系。他们从原材料产地入手,严抓购货源头,如在西北和华北两大牧区建立牛肉生产基地。马兰在秦皇岛有一个总的物流中心,该中心负责配送包括面粉、牛肉、汤料、可乐原浆等主要制作原料。像所有的连锁企业一样,马兰也有自己的内部网络,并配有一个庞大的信息管理系统,每个店铺都是一个终端。各店铺提前一天通过网络提出要货申请,包括原料名称、品种、数量等。马兰的送货车采用全封闭式的集装箱货车,保证食品的卫生、清洁,防止外界污染。

生产物流:速度造就中餐奇迹。"工艺是龙头,物流是关键",在马兰拉面的生产过程中,几乎每一种产品都有自己独特的工艺流程,每一种产品都要流经不同的加工间。各工序之间有平行、有交错,但无论路径如何、工艺如何,每一碗面始终都是井然有序地按操作规范实现着它的流程。从点菜单到一碗热气腾腾的拉面出锅,平均时间为 2 分钟。牛肉进店后,经加工先放入冰箱,有顾客点餐后即在凉菜间切块、装盘。而凉菜间与前台也只是一窗之隔,厨师可以通过窗口直接将菜传给前台的服务人员,既省时、省力,又便于服务人员询问菜的加工情况。

销售物流:一窗之隔的等待。马兰的生产物流与销售物流只是一窗之隔,几乎没有中途的运输,这也是所有餐饮业的特点。马兰解决等待时间的办法,就是缩短生产物流与销售物流在空间距离上的间隔,加强前台销售人员与后台厨师的联系,前台的销售人员通过玻璃窗,直接可以观察到面条处在生产加工的何种状态,随时可与厨师直接交流,同时可以反映顾客的特殊需求。在等待时,完成筷子、餐巾纸之类的就餐前准备工作。

回收物流与废弃物物流:分类产生价值。马兰的废弃物物流主要分为固体和液体两部分。固体废弃物包括在生产过程中未用完的物料和顾客消费后的剩余物,如:菜叶、包装物、用餐后碗中的食物残渣等。不含汤汁的固体废弃物直接扔进垃圾桶中;而含汤汁的固体废弃物要先经过过滤,除去水分后,再把固体废弃物倒掉。同时对固体废弃物,按可回收与不可回收进行分类回收。其中一部分会被收购用来制作饲料。在每个加工间的地面上都有一个地漏,在生产过程中产生的液体废弃物通过这些地漏直接排到下水道。

思考:

从企业物流的角度分析马兰拉面成功的原因?

分析要点

马兰拉面从原料的种植、采购等多方面对供应链物流、生产物流、销售物流、回收物流和废弃物物流进行合理的物流规划,在生产销售的全过程中,有意识地采用现代物流管理模式。所以其成功很大一部分原因要归功于它规范完善的物流系统设计。科学合理的物流系统保证了企业各个环节的物品供应,使生产、销售能够稳定有序地发展。

任务一 企业物流概述

任务介绍

随着市场竞争的日益激烈,以最低的物流成本,提供最好的服务,为顾客创造最大的价值,成为制造企业赢得竞争优势的重要途径。企业物流是整个物流系统的重要组成部分,有效的物流管理对提高企业的经济效益具有重大意义。

任务解析

理解企业物流的基本概念;掌握企业物流管理的基本概念和任务;正确认识企业物流管理。

相关知识

海尔物流的变迁

"在海尔国际化战略指引下,实施物流重组,使物流能力成为海尔的核心竞争力,从而达到以最低的物流总成本向客户提供最大的附加价值服务的战略目标。"这是海尔实施物流改革的发展战略。

为此海尔集团制定了一系列的发展战略,从企业资源管理系统等各个方面进行物流重组,对组织机构和智能管理等进行改革。海尔集团成立了物流推进本部,统一协调和管理全集团的物流改革工作,科学地推进企业物流管理系统的建设。各事业部也成立了相关的接口部门,由制造部长牵头,具体实施推进本部部署的工作。目前按照集团物流改革的总体战略,以市场链为依托制定了详细的中长期实施计划,以确保达到预定目标和实施效果。

物流推进本部由集团见习总裁负责,本部下设采购、配送和运输三个事业部,使得采购、生产支持和物资配送从战略上一体化。

采购是物流活动中重要的一环,海尔为推进物流重组,将集团的采购活动全部集中,规模化经营,全球化采购。其战略是在最低总成本条件下通过提供及时购买来支持制造系统。

企业内部的库存管理实施 JIT 管理,增加批次减少批量,以库存速度替代库存水平。在进行 ABC 分类分析的基础上,成品实施配送需求计划(DRP),并利用先进的资源管理系统实施企业内外部物资的统一配送战略,仓储配送事业部承担降低库存成本并对制造系统进行物流保障。

海尔集团对企业内部的运输资源进行整合重组,按照物流一体化的策略构建运输事业部,统一协调控制运输事业。

海尔集团物流改革依托基础资源,邀请专业物流公司协助确定企业物流系统设计方案,成立专家物流委员会,借力发展。

任务实施

企业是为社会提供产品或某些服务的经济实体。企业是最早接受物流观念的领域。企业物流,可理解为在企业经营范围内由生产或服务活动所形成的内部货物的实体运动,是伴随着企业的投入、转换、产出而发生的。

一、企业物流的内涵

企业物流的内涵非常丰富,从系统论角度分析,企业物流也可理解为是一个承受外界环境干扰作用的具有输入——转换——输出功能的自适应体系。其内涵包括以下几个方面。

(一)企业物流系统的输入

在企业生产活动中,物流系统的输入是指企业生产活动中所需生产资料的输入,即供应物流,它是企业物流过程的起始阶段。供应物流是保证企业生产经营活动正常进行的前提条件。企业生产发展到现在,已经具有规模大、品种多、技术复杂等特点,再加上专业化、协作化、共同化的发展,生产社会化程度提高,企业间的生产技术活动愈加密切,决定了供应物流的复杂性及艰巨性。能否适时、适量、齐备、成套地完成供应活动成为保证企业顺利进行生产经营活动的基础。供应物流具体包括一切生产资料的采购、运输、库存管理、用料管理和供应输送等。

1. 采购。采购是供应物流与社会物流的衔接点,是根据企业生产计划所要求的供应计划制定采购计划并进行原材料外购的作业。在完成将采购物资输送到企业内的物流活动的同时,它还要承担市场资源、供应厂商、市场变化、供求信息的采集和反馈等任务。

2. 供应。供应是供应物流与生产物流的衔接点。它是根据材料供应计划、物资消耗定额,生产作业计划进行生产作业的活动组织。供应物流是为生产企业提供原材料、零部件或其他物品时,物品在提供者与需求者之间的实体流动。

3. 库存管理。库存管理是供应物流的核心部分。库存管理的功能主要有两个方面:一方面,它要依据企业生产计划的要求和库存的控制情况,制定物资采购计划、库存数量和库存结构的控制,并指导供应物流的合理运行;另一方面,库存管理又是供应物流的转折点,它具有完成生产资料的接货、验收、保管、保养等具体功能。

(二)企业物流系统的转换

企业物流系统的转换主要是指企业生产物流,通常也被称为厂区物流、车间物流等,它是企业物流的重要核心部分。生产物流包括企业生产过程中,原材料、在制品、半成品、产成品等在企业内部的实体流动。这些实体在流动过程中,与企业生产的工艺过程、生产流程及工艺要求有着密切的联系。

生产物流系统的边界是始于原材料、配件、设备的投入(即供应物流),经过制造过程转换为成品,止于从成品库再运到中转部门或直接配送给用户或出口。生产物流不是一个孤立的系统,而是一个与周围环境紧密相关,并且不时地从外界环境中吸进"营养",并向社会输送产品和服务的开放系统。

生产阶段的物流是指企业按生产流程的要求,组织和安排物资在各生产环节之间进行的内部物流。生产阶段的物流作业要求主要包括物流的速度即物资停顿的时间尽可能地短,周转尽可能地加快;物流的质量即物资损耗少,搬运效率高;物流的运量即物资的运距短,无效劳动少等方面的内容。进行生产物流管理主要就是如何以最有效的手段达到这些方面的要求。

(三)企业物流系统的输出

企业物流的输出系统的重要内容就是销售物流,它承担完成企业产品的输出任务,并及时对生产经营活动进行反馈。销售物流是生产企业、流通企业出售商品时,物品在供方与需方之间的实体流动。

销售物流是连接企业物流与宏观物流的重要环节。销售物流是企业物流的终点,同时又是宏观物流的始点。宏观物流接受企业经营所传递的企业产品、信息以及辐射的经济能量,进行社会经济范围的信息、交易、实物流通活动,把一个个相对独立的企业系统联系起来,形成社会再生产系统。如果不能很好地组成企业的销售物流,企业生产的产品滞销或脱销,系统的功能则无法实现,企业经营活动都将面临考验,产品的劳动价值将无法得到补偿和实现,产品也不能最终成为现实有用的产品。

回收物流主要是指不合格物品的返修、退货以及周转使用的包装容器从需方返回到供方所形成的物品实体流动。如由于产品本身的质量问题或用户因各种原因的拒收,而使产品返回原工厂或发生节点而形成的物流。

废弃物物流则是指将经济活动中失去原有使用价值的物品,根据实际需要进行收集、分类、加工、包装、搬运、储存等,并分送到专门处理场所时形成的物品实体流动。主要是指通过销毁、填埋等方式对不能回收利用的废弃物予以处理的物流过程。这对社会的可持续发展具有极其重要的意义。

综上所述,企业物流是由生产经营活动中的供应物流、生产物流、销售物流三部分及生产过程中所产生的回收物流和废弃物物流所组成的。这是从企业物流内部的视角来观察物流活动。若从宏观角度来看,若干企业物流的产成品的输出相互交织成社会物流,形成了完整的物流过程。

企业物流内涵也可从企业物流的水平结构来考察,企业物流组成的水平结构关系如图10-1所示。

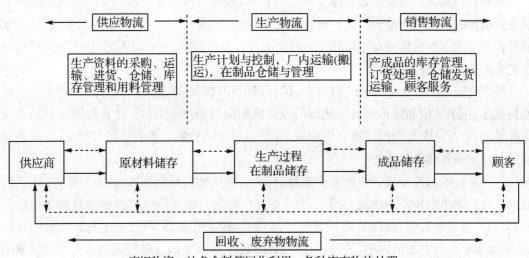

图 10-1　企业物流组成的水平结构关系示意图

二、企业物流的分类

(一)按企业业务性质不同分类

企业按其业务性质不同可分为生产企业物流、流通企业物流和服务企业物流。

生产企业物流是以购进生产所需原材料、设备为始点,经过劳动加工,形成新的产品,然后供应给社会需求部门为止的全过程的物流形式。这个过程要经过原材料及设备的采购供应阶段、生产阶段和销售阶段。由此可将生产企业物流分为供应物流、生产物流、销售物流、回收物流和废弃物物流。

流通企业物流是指从事商品流通的企业的物流,包括批发企业的物流、零售企业的物流。

批发企业的物流是指以批发据点为核心,由批发经营活动所派生的物流活动。这一物流活动对于批发的投入是组织大量物流活动的流入,产出是组织相同总量物流对象的流出。在批发据点中的转换是包装形态及包装批量的转换。

零售企业物流是以零售商店据点为核心,以实现零售销售为主体的物流活动。

服务性企业是指为社会提供服务性产品的企业,如餐饮、旅游、金融、娱乐等。与前两种企业不同的是,服务性企业的类型很多,产品差异很大,但是所有的产品都有一个共同的特征,即无形性。由于服务性企业提供的产品——服务是无形的,人们在关注无形的服务的同时,往往忽略了隐含在其中的物流活动。虽然服务性企业的物流活动没有生产企业或流通企业那么频繁,却也不可忽略。

（二）按照物流活动主体不同分类

按照物流活动的主体进行分类,物流可分为企业自营物流、专业子公司物流和第三方物流。

企业自营物流是指企业自备车队、仓库、场地、人员,以自给自足的方式经营企业的物流业务。

专业子公司物流一般是指从企业传统物流运作功能中剥离出来,成为一个独立运作的专业化实体(子公司),它与母公司(或集团)之间的关系是服务与被服务的关系,它以专业化的工具、人员、管理流程和服务手段为母公司提供专业化的物流服务。

第三方物流由供方与需方以外的物流企业提供物流服务的业务模式,是指企业了为更好地提高物流运作效率以及降低物流成本而将物流业务外包给第三方物流公司的做法。

三、企业物流管理

企业物流管理就是针对企业内部和外部的相关物流活动,进行科学、合理的计划、组织、协调与控制,以最低的物流成本达到顾客满意的服务水平,使物流更好地为实现企业目标服务。

（一）企业物流管理的主要任务

1. 开展企业物流诊断,规划实施物流管理方案。

2. 以最少的资金占用,准时可靠地组织各种原材料的供应,追求成本最低点的订货批量。

3. 以零等待、零缺陷和零库存为目标,减少中间环节,提高原材料和零配件直送工位的比重,实现生产精益化。

4. 在生产过程中对各种物料进行科学管理制,订出整个生产过程的最优物料供应方案。

5. 通过制订合理的配送路线和分拨方式,用最低的成本、最少的环节和最精确的时间,把产品送到消费者手中,进而创造出新的市场需求。

6. 广泛应用现代信息技术,建立物流管理信息系统。

（二）企业物流管理的总原则

企业物流管理的具体原则很多,但最根本的指导原则是保证企业物流合理化的实现。所谓物流合理化,就是对物流设备配置和物流活动组织进行调整改进,实现物流系统整体优化的过程。它具体表现在兼顾成本与服务上。物流成本是物流系统为提高物流服务所投入的活劳动和物流劳动的体现;物流服务是物流系统投入后的产出。合理化是投入和产出比的合理化,即以尽可能低的物流成本,获得可以接受的物流服务,或以可以接受的物流成本达到尽可能高的服务水平。企业物流通常包括供应物流、生产物流和销售物流,因此企业物流合理化主要是针对这三个方面。

任务小结

本任务介绍了企业物流的概念和内涵,从不同角度对企业物流进行了分类,阐述了企业物流管理的概念及其任务。

任务二 采购与供应物流

任务介绍

采购是企业物流管理的起始点。采购管理的目标就是以正确的价格、在正确的时间、从正确的供应商处购买到正确数量和质量的商品或服务。现代供应物流管理理论则更加强调企业与供应商之间的关系管理,强调企业与供应商之间建立起一种"互利双赢"的合作关系。

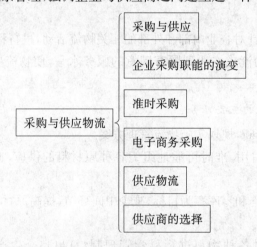

任务解析

了解采购与供应的关系;熟悉主要采购模式;掌握供应物流的内容及其模式;理解供应商选择的标准和步骤。

相关知识

采购在宝钢

近几年来,宝钢股份公司在采购供应方面做了大量的实践和创新,取得了很好的经济效益,推进了企业的现代化管理进程。宝钢的具体做法是:

一、确立企业采购供应的价值目标体系

在制定价值化管理目标体系的过程中,宝钢逐步理顺了"价值化管理"目标和企业传统的"确保供应,优质服务"目标体系之间的关系。"确保供应,优质服务"是基础,"价值化管理"目标体系是现代企业管理细化升级和顺应市场经济发展的必然产物。二者不存在替代关系,后者推动前者向管理的深度发展。价值化管理目标的确立,理顺了企业采购供应工作中诸多问题之间的关系,使宝钢在采购成本、采购人力资源的配置、库存和资金占用的控制能力等方面大幅度提升,处于同行的先进水平。

二、采购策略和采购方式的改变

在1997年初,就在全国工业企业中率先实施了招标采购。现在,宝钢所有具备招标条件的大宗物资100%实行了招标采购,对那些相对不太具备条件的(如专用物资,独家生产的专利物资,零星物资等)也逐步采取"比价核价"为内容的竞争性采购,对于通用性较强的物资(如铁合金、有色金属等),则进一步在网上直接招标采购,逐步实现了"公平、公开、公正"的采购原则。

三、采购成本的评估机制

逐步建立在竞争基础上形成的相对稳定的供应网络,并与之建立战略合作伙伴关系,以确定长期的供应协议,使双方的交易成本大幅度降低;利用对市场行情的分析预测,避峰就谷,实施低价采购;推出"功能计价"机制,鼓励供应商进行技术质量投入,提高所购物资的使用功能;对使用系统相对单一的物资,倡导供货商进行系统总承包,宝钢则单独评估该系统的功能(例如水处理系统);对所有物资进行ABC分类,实施分类管理法,把成本控制重点放在批量大、占总成本比例大的物资上。

四、重新认识库存

对于批量大、品种单一、相对稳定使用的物资,实行供应商按生产所需,直接送到用料点。从库存的锯齿形理论来说,是增加频度,减少幅度;制定最高、最低库存储备定额;运用经济采购批量(EOQ)管理方法,降低库存量;加强事先控制,对各种使用信息强化确认,避免"信息放大"而产生库存的积压和浪费。

任务实施

一、采购与供应

(一)采购的内涵

采购是一种频繁的经济活动,从日常生活到企业运作,人们都离不开它。所谓采购,一般认为是指采购人员或者是单位基于各种目的和要求,从资源环境中获取商品或服务的一种行为,它具有明显的商业性。采购过程一般包括提出采购需求、制订采购计划、选定供应商、经过商务谈判确定价格、确定交货及相关条件、签订合同并按要求收货付款的过程。在这个过程中,一要实现将资源的所有权从供应者手中转移到消费者手中,二要实现将资源的物质实体从供应者手中转移到消费者手中。前者主要通过商品交换实现其所有权的转移,是一个商流的过程;后者主要通过运输、储存、包装、装卸搬运、流通加工等方法实现商品使用价值的转移,即实体转移,是一个物流过程。因此,采购实际上是商流和物流统一结合的过程。

狭义的采购,可以认为就是买东西,买方一定要先具有支付能力,也就是要有钱,才能换取他人的物品来满足自己的要求。当然,为了满足需求不一定非要拥有该物品的所有权,通过获得该物品的使用权也能达到满足需求的目的。因此,广义的采购是指除了以购买的方式占有商品之外,还可以通过各种途径取得物品的使用权,这些途径主要有租赁、借贷、交换三种方式。租赁时指采用支付租金的方式取得他人物品的使用权;借贷是指凭借自己的信用和彼此之间的友好关系获得他人物品的使用权;交换是指双方采用以物易物的方式取得物品的使用权和所有权,但是并没有以货币直接支付物品的全部价值。

综上所述,可以认为采购是以各种不同的途径,包括购买、租赁、借贷、交换等方式,取得物品及劳务的使用权或所有权,以满足使用的需求。随着贸易全球化及信息技术和计算机网络的飞速发展,采购环境也发生了巨大的变化,"采购"的内涵也进一步深化,由传统的强调"采购是指买方应该具有一定的支付能力从而使资源的所有权从卖方转移到买方并最终归买方所有的过程",扩展到现代的强调"采购就是买方从外部目标市场(供应商)获得经营、维护和管理公司的权力,使所有活动处于最有利位置的所有货物、服务、能力和知识的过程"。因此,现代采购的含义不仅仅是指交易过程,而且还要涵盖诸如供应商之间的业务、对外贸易、缔结广告合同等活动。在一个大型企业里,采购就其功能来讲不单是采购员或是采购部门的工作,而是企业整体活动的重要组成部分,是集体或团队工作。

(二) 采购与供应的关系

采购的对象即"资源",包括生活资源,也包括生产资料;包括物质资料,也包括非物质资料。能够提供这些资源的供应商就形成了资源市场。供应商或卖方向买方提供产品或服务的过程就是供应。可见,供应与采购是两个相辅相成的概念,只有存在采购,说明存在需求,供应才有意义;而如果没有供应,也就采购不到物品。同时,一个企业可能同时扮演采购者与供应者两种角色,它既要向其供应商采购零部件满足生产的需求,又要向它的消费者供应其产品。

二、企业采购职能的演变

企业对采购的日益重视使采购逐渐成为企业的一个主要职能,并且确立了采购在企业供应链管理中的新地位。传统的采购运作是指与供应商进行对抗性的、以交易为重点的谈判,现在则转变为确保企业从供应商处取得足够的支持,从而更好地完成其生产和营销的战略。其中,企业尤其关注的是确保供给、实现最低库存、提高质量以及供应商的发展。

(一) 持续供给

原材料或元器件的短缺会导致工厂停工待料,不仅使企业运营成本增加,而且会进一步导致企业无法按时向客户交付产品,从而给企业带来巨大损失。因此采购的中心任务是要确保原材料、零部件的持续供给。

(二) 库存投入最小化

过去,为了减少由原材料短缺造成的停工,企业都是采取维持较高水平的库存的方法来预防潜在的供应中断。而维持高库存水平的成本相当高,并造成资金的大量占用。现代采购理论的目标之一就是在保持供给持续性的前提下尽可能地降低库存投入。这需要对过剩库存成本和由此可能引发的生产停工所造成的损失进行平衡。当然,理想的情况是,在原材料即将进入生产流程时,所需的原材料恰好送到,即所谓的"及时"。

(三)提高质量

采购对企业产品质量起着关键作用。毫无疑问,产成品和服务的质量取决于生产中所使用的原材料和零部件的质量。如果使用了质量较差的原材料和部件,则最终产品也将无法符合客户的质量要求。

通过采购提高质量对于降低企业成本具有颇为实际的意义。如果劣质原材料是成品质量低劣的原因,那么在生产过程中废品和返工所造成的成本就会大大增加;如果客户在收到产品后才发现存在质量问题,则保修、质量保证、维修、产品更换所带来的费用就会相应大幅增加。因此,在向供应商采购时,企业必须不断地强调质量问题,确保以最经济的价格满足客户的需求。

(四)供应商的发展

成功的采购取决于能否正确地确定供应商,分析供应商的实际运作能力,选择那些不断提高质量的供应商并与之合作。在供应商的发展过程中,与那些能够推动买方企业成功的供应商建立良好的供给关系是至关重要的。接下来,就是要与这些供应商建立密切的业务联系,共享资源和信息,获得更佳收益。例如,制造商若与供应商实施生产时间表的共享,则供应商就能够按照生产计划更好地满足制造商的交付需求。

三、准时采购

(一)准时采购的基本思想

准时采购也叫 JIT(Just In Time)采购,是一种先进的采购模式。它的基本思想是:在恰当的时间、恰当的地点,以恰当的数量、恰当的质量提供恰当的物品。其目标是实现生产过程的几个"零"化管理:零缺陷、零库存、零交货期、零故障、零(无)纸文书、零废料、零事故、零人力资源浪费。它是从准时生产发展而来的,是为了消除库存和不必要的浪费而进行的持续性改进。要进行准时化生产必须有准时的供应,因此准时采购是准时化生产管理模式的必然要求。

准时采购包括供应商的支持与合作以及制造过程、货物运输系统等一系列的内容。准时采购不但可以减少库存,还可以加快库存周转、缩短提前期、提高购物的质量、获得满意交货等效果。

(二)准时采购的特点及实施要点

准时采购和传统的采购方法在质量控制、供需关系、供应商的数目、交货期的管理等方面有许多不同,其中关于供应商的选择(数量与关系)、质量控制是其核心内容(见表10-1)。

表 10-1　准时采购与传统采购的比较

项目	准时采购	传统采购
采购批量	小批量,送货频率高	大批量,送货频率低
供应商选择	采用较少供应商,关系稳定,质量较稳定	采用较多供应商,协调关系,质量不易稳定
供应商评价	合同履行能力,生产设计能力,产品研发能力等	合同履行能力
检查工作	逐渐减少,最后消除	收货、点货、质量验收
信息交流	快速、可靠	一般要求

从表 10-1 可以看出,准时采购和传统采购模式有着显著的差别。企业要实施准时采购,以下 3 点是十分重要的:(1) 选择最佳供应商并对供应商进行有效管理是准时采购成功的基石;(2) 供应商与用户的紧密合作是准时采购成功的钥匙;(3) 卓有成效的采购过程质量控制是准时采购成功的保证。

准时采购采用订单驱动的方式。订单驱动使供应与需求双方都围绕订单运作,实现了准时化、同步化运作。要实现同步化运作,采购方式就必须是并行的,当采购部门产生一个订单时,供应商即开始着手物品的准备工作。与此同时,采购部门编制详细采购计划,制造部门也进行生产的准备过程,当采购部门把详细的采购单提供给供应商时,供应商就能很快地将物资在较短的时间内交给用户。

同时,准时采购对企业的采购管理提出了新的挑战,企业需要改变传统的"为库存采购"的管理模式,提高柔性和市场响应能力,增加与供应商的信息联系和相互之间的合作,建立新的合作模式。

四、电子商务采购

科学技术特别是信息技术的发展对许多企业的采购活动产生了巨大的影响。采购的许多日常工作在以前都是通过手工劳动的方式完成的,不断出现由于人为失误而造成效率低下。将信息技术引入采购领域对于加快运作处理速度、减少失误率、降低相应成本具有极大的意义。

企业间进行直接传输的数据有多种类型,包括购买需求、购买订单、订单确认、订单状态及信息的跟踪和查询。最初,企业使用电子数据交换(Electronic Data Interchange,简称 EDI)与主要客户联结。EDI 使两家或两家以上公司能够得到更为准时、准确的信息。EDI 促进了数据的标准化,使信息的传递更准确和及时,由于订货—交货周期的缩短,库存也大大缩短。

但是电子数据交换技术费用高,并且需要特殊的技术才能实现。而因特网的普及,解决了与 EDI 有关的投资和技术问题,打开了更多使用电子商务采购的大门。

如今,电子商务应用最普遍的是搜寻供应商和产品信息。也有一些企业开发了自己的在线采购系统,这样可以使买方利用电子方式方便地查询该企业的存货、协商价格、发出订单、检查订单状况、签发发票和接受付款等。

（一）电子商务采购的优点

显然，电子商务采购的一个优点是降低了采购运营成本。书面工作的减少及文件处理、整理、保管相关成本的降低，都是电子商务成本节约的主要方面。

电子商务带来的另一个方面的书面工作减少体现在电子资金转账方面。电子方式支付供应商发票，减少了支票的制作、邮寄、整理和保存成本。

减少采购时间意味着提高劳动生产率，因为采购人员在每份订单上花费的时间减少了，这样在一定时间内他们就能处理更多的订单。同样道理，使用电子商务系统的买方能够提高顾客服务代表的劳动生产率。购买者的许多问题可以获得在线回答，节省买卖双方的时间。

电子商务信息的实时性使销售者可以获得最新的需求信息，并据此调整其生产或采购行为以满足当前的需求水平。这一实时信息同样可以使买方建立起一个控制体系，以根据需要的质量调整购买质量，并且监控所支付的费用的情况。

电子采购通过利用更小的资源完成一定水平的采购而提高了效率。点一下鼠标，采购人员就可以在全世界范围内搜寻某一产品或服务的供应商。再点一下鼠标，就可以通过电子搜索引擎查证相关的信息。所有这些搜寻工作在办公室就可以完成，无须打电话、调用人员或使用企业外部资源。

电子商务提高效率的一个重要因素是增进了信息交流。买方可以从供应商那里获得诸如生产线、价格和产品等方面的信息。卖方也可以从买方那里得到一些关于产品、设计图、技术规格和采购要求等方面的建议。同样，卖方可以通过沟通订单情况、对订单履行中因缺货或运输引起的任何延迟向买方提供事先通知来改善客户服务。因此，电子商务使卖方能够获得实时性的信息以更准确地预测需求。

（二）电子商务采购的缺点

电子商务也有一些不足之处。最令人关注的是通过因特网进行采购的安全性问题。另一个致命问题是通过因特网传输或储存在供应商电脑系统中的信用卡账号有可能遭受电脑黑客的袭击。其次是买卖双方缺乏面对面的沟通。通过电子商务进行交易的行为减少了建立起紧密的供应商关系的可能性。这一点可以通过一致努力发展和加强与供应商之间的个人沟通加以弥补。第三是技术问题。更具体地说，就是在标准协议、系统的可靠性及技术方面存在不足。还有就是在某种程度上人们不愿意把时间和资金用于学习新技术上。一般来说，随着新兴或改进技术的发展，以及工商业界对电子商务应用的需求，这些问题在日益减少。

五、供应物流

供应物流是企业为保证本身生产的节奏，不断组织原材料、零部件、燃料、辅助材料的供应活动。这种活动对企业生产的正常、高效进行起着重大作用。企业供应物流不仅是一个保证供应的过程，而且还以最低成本、最少消耗、最大保证来组织供应，因此，带来了很大的难度。企业在供应物流领域的竞争关键在于：如何降低这一物流过程的成本，同时有一个使用户(在企业中是下一道工序或下一个生产部门)满意的服务水平。

(一)供应物流的内容与过程

供应物流的内容与过程包括采购、仓储与库存管理、装卸与搬运、生产资料供应。

1. 采购。采购工作是供应物流与社会物流的衔接点,是依据企业采购计划来进行原材料外购的作业层,负责市场资源、供货厂家、市场变化等信息的采集和反馈。采购包括寻找商品产地和供应商、购置、运输、收货、入库仓储等,是生产企业为了获得生产所需要的商品物资而进行的活动。采购流程如图10-3所示。

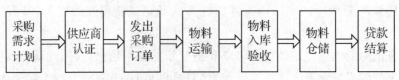

图10-2 采购过程

2. 仓储、库存管理。仓储管理工作是供应物流的转换点,负责生产资料的接货和发货,以及物料保管工作;库存管理工作是供应物流的重要部分,依据企业生产计划制定供应和采购计划,并负责制定库存控制策略及计划的执行与反馈修改。

3. 装卸、搬运。装卸、搬运工作是原材料接货、发货、堆码时进行的操作。虽然装卸、搬运是随着运输和保管而产生的作业,但却是衔接供应物流中其他活动的重要组成部分。

4. 生产资料供应。生产资料供应工作是供应物流与生产物流的衔接点,是依据供应计划的消耗定额进行生产资料供给的作业层,负责原材料消耗的控制。

(二)供应物流的模式

供应物流过程因不同企业、不同供应环节和不同的供应链而有所区别,从而使企业的供应物流出现了许多不同种类的模式。企业的供应物流有四种基本模式。

1. 委托社会销售企业代理供应物流方式。企业作为用户,在买方市场条件下,利用买方的供应物流主导权力,向销售方提出对本企业进行供应服务的要求,作为向销售方面进行采购订货的前提条件。实际上,销售方在实现了自己生产的和经营的产品销售的同时,也实现了对用户的供应服务,以此占领市场。这种供应服务是销售方企业发展的一个战略手段。

这种方式的主要优点,是企业可以充分利用市场经济造就的买方市场优势,对销售方即物流的执行方进行选择和提出要求,有利于实现企业理想的供应物流设计。

这种方式存在的主要问题,是销售方的物流水平可能有所欠缺,因为销售方毕竟不是专业的物流企业,有时候很难满足企业供应物流高水平化、现代化的要求,例如,企业打算建立自己的广域供应链,这就超出了销售方面的能力而难以实现。

2. 委托第三方物流企业代理供应物流方式。这种方式是在企业完成了采购程序之后,由销售方和本企业之外的第三方去从事物流活动。当然,这个第三方从事的物流活动,应当是专业性的,而且有非常好的服务水平。这个第三方所从事的供应物流,主要向买方提供了服务,同时也向销售方提供服务,在客观上协助销售方扩大了市场。

由第三方去从事企业供应物流的最大好处是,能够承接这一项业务的物流企业,必定是专业物流企业,有高水平、低成本、高服务从事专业物流的条件、组织和传统。不同的专业物流公司,瞄准的物流对象也不同,有自己特有的形成核心竞争能力的机器装备、设施和人才,这就使企业有广泛选择的余地,进行供应物流的优化。

在网络经济时代,很多企业要构筑广域的或者全球的供应链,这就要物流企业有更强的能力和更高的水平,这是一般生产企业不可能做到的,从这个意义来讲,必须要依靠从事物流的第三方来做这一项工作。

3. 企业自供物流方式。第三种是由企业自己组织所采购的物品的本身供应的物流活动,这在卖方市场的市场环境状况下,是经常采用的供应物流方式。

本企业在组织供应的某些种类物品方面,可能有一些例如设备、装备、设施和人才方面的优势,这样,由本企业组织自己的供应物流也未尝不可,在新经济时代这种方式也不能完全否定。关键还在于技术经济效果的综合评价。但是,在网络经济时代,如果不考虑本企业核心竞争能力,不致力发展这个竞争能力,而仍然抱着"肥水不流外人田"的旧观念,也不是不可能取得一些眼前利益,但是这必将以损失战略的发展为代价,是不可取的。

4. 供应链物流方式。供应链强调原材料的采购、生产、销售、服务、回收等整个流通管理、采购、生产、销售部门与供应商、分销商、零售商整合。供应链涉及将产品或服务提供给最终消费者的所有环节的企业所构成的上、下游产业一体化体系。

在供应链条件下,供应物流将融入其发展中,采购、库存控制将与供应链中的其他成员紧密整合,采购、库存将不再是单个企业的行为,市场竞争将是供应链间的竞争。生产厂商和供应商将结成战略伙伴关系。信息共享使销售商根据需求动态、库存,利用网络向生产商发出商品信息,生产商根据生产情况和销售进货情况,制定生产计划,原材料品种、数量定单,通过网络向供应商发定单。由于信息畅通、及时,使对客户的需求做出快速反应,从而降低库存,提高整体的服务水平。由于供应链管理的目标是将整个供应链上的所有环节的市场、分销网络、制造过程和采购活动联系起来,以实现顾客服务的高水平与低成本,以赢得竞争优势,因此供应物流最终将与其他部分整合在一起,成为供应链发展中不可分割的重要组成部分。

六、供应商的选择

供应商选择是指搜寻供应源,即对市场上供应商提供的产品进行选择。狭义地讲,是指企业在研究所有的建议书和报价之后,选出一个或几个供应商的过程。广义上则包括企业从确定需求到最终确定供应商以及评价供应商的不断循环的过程。

供应商的选择是供应链管理的关键环节,如果供应商选择不当,就会给企业带来很多不利的影响因素,如供货延迟造成生产中断,零件或原料质量差造成产成品次品多等。如果企业建立完善的供应商选择和评价体系,就可以选择合适的供应商,确保采购物资的质量和准时供货,避免这些情况发生。

(一)供应商选择的原则

综合考虑供应商的业绩、设备管理、人力资源开发、质量控制、成本控制、技术开发、用户满意度、交货协议等方面可能影响供应链合作关系的方面。一般来说,供应商选择应遵循以下几个原则。

1. 目标定位原则

这个原则要求供应商评审人员应当注重对供应商进行考察的广度和深度,应依据所采购商品的品质特征、采购数量和品质保证要求去选择供应商,使建立的采购渠道能够保证品质要求,减少采购风险,并有利于自己的产品打入目标市场,让客户对企业生产的产品充满信心。选择的供应商的规模和层次和采购商相当。而且采购时的购买数量不超过供应商产能的 50%,反对全额供货的供应商,最好使同类物料的供应商数量约 2~3 家,并有主次供应商之分。

2. 优势互补原则

每个企业都有自己的优势和劣势,选择开发的供应商应当在经营方面和技术能力方面符合企业预期的要求水平,供应商在某些领域应具有比采购方更强的优势,在日后的配合中才能在一定程度上优势互补。尤其在建立关键、重要零部件的采购渠道时,更需要对供应商的生产能力、技术水平、优势所在、长期供货能力等方面有一个清楚的把握。要清楚地知道之所以选择这家厂家作为供应商而不是其他厂家,是因为它具有其他厂家没有的某些优势。只有那些在经营理念和技术水平符合或达到规定要求的供应商才能成为企业生产经营和日后发展的忠实和坚强的合作伙伴。

3. 择优录用原则

在选择供应商时,通常先考虑报价、质量以及相应的交货条件,但是在相同的报价及相同的交货承诺下,毫无疑问要选择那些企业形象好,可以给世界驰名企业供货的厂家作为供应商,信誉好的企业更有可能兑现曾许下的承诺。在此必须提醒的是综合考察、平衡利弊后择优录用。

4. 共同发展原则

如今市场竞争越来越激烈,如果供应商不全力配合企业的发展规划,企业在实际运作中必然会受到影响。若供应商能以荣辱与共的精神来支持企业的发展,把双方的利益捆绑在一起,这样就能对市场的风云变幻做出更快、更有效的反应,并能以更具竞争力的价位争夺更大的市场份额。因此,与重要供应商发展供应链战略合作关系也是值得考虑的一种方法。

(二) 供应商选择的具体工作过程

步骤 1:分析市场竞争环境(需求、必要性)

分析的目的在于找到针对哪些产品市场开发供应链采购合作关系才有效,必须知道现在的产品需求是什么,产品的类型和特征是什么,以确认用户的需求,确认是否有建立采购合作关系的必要,如果已建立了采购合作关系,则根据需求的变化确认采购合作关系变化的必要性,从而确认供应商选择的必要性。同时分析现有供应商的现状,分析、总结企业存在的问题。

步骤 2:建立供应商选择目标

企业必须确定供应商评价选择程序如何实施,信息流程如何,谁负责,而且必须建立实质性、实际的目标。其中保证产品质量、降低成本是主要目标之一。

步骤3：建立供应商评价选择标准

供应商评价选择的指标体系是企业对供应商进行选择的依据和标准。不同行业、企业、产品需求、不同环境下的供应商评价应是不一样的。但一般都涉及到供应商的业绩、设备管理、人力资源开发、质量控制、价格、成本控制、技术开发、用户满意度、交货协议等方面可能影响供应链合作关系的方面。

步骤4：建立评价小组

评价小组组员以来自采购、质量、生产、工程、财务等与采购合作关系密切的部门为主，组员必须有团队合作精神、具有一定的专业技能。评价小组必须同时得到制造商企业和供应商企业最高领导层的支持。

步骤5：供应商参与

一旦企业决定实施供应商评价，评价小组必须与初步选定的供应商取得联系，以确认他们是否愿意与企业建立采购合作关系，是否有获得更高业绩水平的愿望。

企业应尽可能早地让供应商参与到评价的设计过程中来。但由于企业的力量和资源有限，企业只能与少数的、关键的供应商保持紧密的合作，所以参与的供应商应是尽量少的。

步骤6：选择供应商

选择供应商的一个主要工作是调查、收集有关供应商的生产运作等全方面的信息。在收集供应商信息的基础上，就可以利用一定的工具和技术方法进行供应商的评价，并可根据供应商的评价结果，采用一定的技术方法来选择合适的。如果选择成功，则可开始与供应商实施采购合作关系，如果没有合适的供应商可选，则返回步骤2重新开始评价选择。

步骤7：实施采购合作关系

在实施采购合作关系的过程中，市场需求将不断变化，可以根据实际情况的需要及时修改供应商评价标准，或重新开始供应商评价选择。在重新选择供应商的时候，应给予旧供应商足够的时间适应变化。

任务小结

本任务介绍了采购与供应的关系，重点分析了两种主要的采购模式——准时采购与电子商务采购，阐述了供应物流的内容及其模式，最后，介绍了供应商的选择标准和步骤。

任务三　生产物流

任务介绍

企业生产物流是指伴随企业内部生产过程的物流活动。企业生产物流是企业物流的关键环节，认识并研究生产物流的基本原理，将有利于企业物流优化，有利于增强企业竞争力。

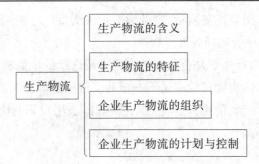

任务解析

了解企业生产物流的基本概念与特征；理解生产物流组织工作过程；掌握准时制生产的原理、MRP的应用和精益生产的方法。

相关知识

日本丰田的准时生产系统

丰田作为先进的生产系统的代表，其取得的成绩有目共睹。

丰田系统的第一个特征：无存货。丰田工厂的存货持有量只是就近生产所需的部件数量，就近的概念从几分钟到几个小时不等，因零部件而异。当需要新的零部件时，才从其他丰田工厂或外部供应商处直接送到生产线上。

丰田生产系统中有一个关键的工具"看板"，指的是在零部件箱的透明塑料上附一张纸。（工人开始从新装好的箱子取物时，就同时把看板送回给供给者，对后者而言这就是新的一箱零部件订单。）这便是丰田准时制系统中的存货控制方式。

同样的理念指引着各车间的运作结合过程。生产子部件的装配线只生产下阶段过程所需的数量，一旦生产够了，马上就切换到其他子部件的生产上去。同样地，最终装配线先小批量地制造一种汽车，再制造另一种汽车。丰田在不建立存货的情况下，进行各条装配线的"平均"或"水平"生产，调整输出数量。他们将自动装配比喻为划船：每个人都以同样的速度划桨。

优点非常显见，丰田不需要存货空间，也不需要人来处理与控制存货，更不用借款为存货融资，这在很多方面都节省了成本。另外，由于丰田经常变换机器设备制作新东西，它的工人修理和改变设备的速度极快。

丰田公司倾向于训练工人使之做更多的工作。运营一台机器的工人每隔一会儿就会转而运营另一台机器。为自动机械不断放入玻璃的工人，还负责在汽车外壳贴"标签"，告诉生产线后方员工如何进行安装。这种多功能性使丰田在经济萧条时把劳动力重组时更有效。

当然，丰田系统是否是制造汽车的最佳方式还值得讨论，丰田官员自己也怀疑其他汽车制造商能否欣然采纳这套系统。他们从其他问题中注意到，系统起作用的是与供应商的特殊关系。

丰田的250个供应商中有整整50个的总部设在丰田城，其余的在丰田城都没有车间。

他们必须十分靠近才能保证每天送货。令丰田官员感到震惊的是,美国汽车制造商从遍布全美甚至欧洲、日本的供应商购买零部件。丰田最远的供应商,距离被供车间也只有5小时车程。

供应商还必须和丰田有很密切的工作关系,这样才能调整自己,以满足丰田的特殊需要。因此,丰田供应商的全部或大部分业务都是丰田的,一些重要供应商的存货大部分也归丰田,所有这些并不令人感到惊奇。许多供应商,甚至那些与丰田没有关系的,也都在自己的运作过程中采用了丰田生产系统。它提高了他们与丰田的协调性。

任务实施

一、生产物流的含义

生产物流的含义可从以下角度来理解。

1. 从生产物流的范围来看

生产物流一般是指原材料、燃料、外购件投入生产后,经过下料、发料,运送到各加工点和存储点,以在制品的形态,从一个生产单位(仓库)流入另一个生产单位,按照规定的工艺过程进行加工、储存,借助一定的运输装置,在某个点内流转,又从某个点内流出,始终体现着物料实物形态的流转过程。这样就构成了企业内部物流活动的全过程。所以,生产物流的边界起源于原材料、外购件的投入,止于成品仓库,贯穿生产全过程。

2. 从生产物流的属性来看

企业生产物流和生产流程同步,是生产所需物料在空间和时间上的运动过程,是生产系统的动态表现。

3. 从生产物流研究的内容来看

生产物流研究的核心是如何对生产过程的物料流和信息流进行科学的规划、管理与控制。

综上所述,生产物流是指伴随企业内部生产过程的物流活动。即在企业现有的生产布局条件下,根据企业生产系统的要求,实现原材料、零部件等物料在供应库、生产现场、成品库之间流转的物流活动。

二、生产物流的特征

根据生产物流的含义,可以发现生产物流是生产过程中所发生的物流活动。从这个意义上来看,生产物流的特征体现在生产过程对生产物流的要求上,从而保证生产过程的顺利进行。

(一)连续性

连续性是指物料处于不停的运动之中,且流程尽可能短,它包括空间上的连续性和时间上的连续性。空间上的连续性要求生产过程各个环节在空间布置上合理紧凑,使物料的流程尽可能短,没有迂回往返现象。时间上的连续性是指物料在生产过程各个环节的运动,自始至终处于连续状态,不发生或很少发生不必要的中断。

(二)平行性

平行性是指物料在各工序间进行平行交叉作业。平行作业是指相同的零件同时在数台相同的机床上加工;交叉作业是指一批零件在上道工序还未加工完时,先将已完成的部分零件转移到下道工序加工。做到物料的平行流动可以大大缩短产品的生产周期。

(三)比例性

比例性是指生产过程各环节的生产能力要保持适合产品制造的比例关系。比例性是生产顺利进行的重要条件,如果比例性遭到破坏,则生产过程必将出现"瓶颈"环节,从而也会破坏物料流动的连续性。

(四)均衡性(节奏性)

均衡性是指产品生产从投料到完工能按计划均衡地进行,能够在相等的时间间隔内完成大体相等或稳定递增的工作量。若生产中时松时紧、忙闲不均,既浪费资源,又容易引起质量问题。

(五)准时性

准时性是指生产过程的各阶段、各工序按后续阶段和工序的需要生产。在需要的时候,按需要的量,生产所需要的零部件。准时性是市场对生产过程中的物料流动提出的要求,做不到准时性,追求连续性、平行性、均衡性是没有意义的。生产物流只有同时具备上述特征,才能达到企业对生产物流的基本要求。

三、企业生产物流的组织

企业生产物流组织的基本内容一般包括空间组织和时间组织两个部分的工作。

(一)生产物流的空间组织

空间组织指企业内部各生产单位组织的布局,即车间、班组及其设备的安排。空间组织的基本形式有工艺专业化、对象专业化和混合形式三种。

1. 按工艺专业化形式组织生产物流

工艺专业化是指以工艺为中心,按工艺特征组建运营单位的一种运营组织形式。在工艺专业化的生产单位内,集中着同类型的生产设备和同工种的工人,对企业的各种产品进行相同工艺的加工。这里的工艺方法是专门的,而加工对象是不同的,每一个生产单位只完成企业产品的生产过程中的一部分加工任务。

优点是:加工对象可变,适应性强;设备利用率高,系统维护成本低;便于技术管理和工人技术水平的提高。

缺点是:加工对象的中间周转路线长,运输量大;在制品占用量大,资金占用多且周转缓慢;分工过细,工作单一,协调困难;一般多采用通用设备,生产效率低,适应性较差。

2. 按对象专业化形式组织生产物流

对象专业化是指以对象为中心,按对象特征组建运营单位的一种运营组织形式。在对象专业化的生产单位内,集中了不同类型的生产设备和不同工种的工人,对同类加工对象进行不同的工艺加工。这里的工艺方法是多样的,而加工对象是不变的。因此,按对象专业化设置的生产单位基本上是封闭的,能独立地完成绝大部分生产过程。

优点是:流程合理,可以缩短加工对象的运输过程,缩短生产周期,且运输量小;节约加工时间和流动资金占用;便于协调;可采用专用设备,生产效率高。

缺点是:分工过细,工作单一,适应能力差;设备利用率低;系统受单独设备影响大。

3. 成组加工单元

成组加工单元是指在一个生产单元内,配备某些不同类型的加工设备,完成一组或几组零件的全部加工任务,且加工顺序在组内可以灵活安排。显然成组加工单元符合对象原则。

(二) 生产物流的时间组织

生产过程组织不仅要选择适宜的空间组织形式,使加工对象在生产过程中行程最短,还要组织好加工对象在生产过程中的移动方式,使之时间最少,这就是时间组织。生产过程的时间组织要考察产品在各工序之间的移动方式。产品移动方式与一次加工的产品数量有关。当加工的产品只有一件而不是一批,则产品在各工序之间就有不同的移动方式,出现不同的时间组织方式。生产物流的时间组织主要有顺序移动方式、平行移动方式和平行顺序移动方式三种。

1. 顺序移动方式

顺序移动方式,是指一批零部件或产品在上道工序的加工全部完成以后,整批地从上道工序转入下道工序加工。其特点是:零件在各道工序之间是整批移动,工序之间移动是顺次、连续的,就每个零件而言都有明显的等待加工时间。

2. 平行移动方式

平行移动方式,是指每个零件在上一道工序的加工结束以后,立即转入下一道工序进行加工。其特点是:一批零件同时在各道工序上平行地进行加工,因而缩短了生产周期,但是后道工序在加工完毕后,会有一部分停歇时间。

3. 平行顺序移动方式

平行顺序移动方式,是指一批零件在一道工序上尚未全部加工完毕,就将已加工好的一部分零件转入下道工序加工,以恰好能使下道工序连续地全部加工完该批零件为条件。

四、企业生产物流的计划与控制

对生产物流进行计划就是根据计划期内规定的生产产品的品种、数量、期限,具体安排物料在各工艺阶段的生产进度,并使各环节的在制品的结构、数量和时间相协调。对生产物流进行控制主要体现在物流(量)进度控制和在制品管理两方面。常见的有以下几种方式。

(一) 准时生产(JIT)方式

1. 定义

JIT(Just In Time)一般译为准时生产,即将必要的零件以必要的数量在必要的时间送到生产线,并且将所需要的零件,只以所需的数量,只在正好需要的时间送到生产线。

2. 准时生产的原理

准时生产方式(Just In Time Production System)最初是由丰田公司为汽车组装而开发的生产与物流管理系统,其基本原理是适时、适量、适度(主要指质量)生产,即"在合适的时间将合适量的合适物品提供给所需要的合适地方"。供方要根据需方的要求,按照需方需求的品种、规格、质量、数量、时间、地点等要求,将物品配送到指定的地点。不多送,也不少送;不早送,也不晚送;所送品种要保质保量,不能有任何废品,这样就避免了由于生产过剩引起的人员、设备、库存费用等一系列的浪费。这种思想与以往有关"生产即是库存"的观念截然不同。

3. JIT 的目标

(1) 最大限度地降低库存,最终降为零库存

传统的观点认为,在制品库存和产成品库存都是资产,代表系统中已累积的增值。期末库存与期初库存的差被认为是这一部门在该周期内的效益。JIT 则认为任何库存都是浪费,必须予以消除。在生产现场,生产线需要多少就供应多少,生产活动结束时现场应没有任何多余的库存品。

(2) 最大限度地消除废品,追求零废品

传统的生产管理认为一定数量的不合格品是不可避免的,允许可以接受的质量水平。而 JIT 的目标是消除各种引起不合格品的因素,在加工过程中,每一工序都力求达到最高水平。要最大限度地限制废品流动造成的损失,每一个需方都拒绝接受废品,让废品只能停留在供应方,不让其继续流动而损害以下的工序。

(3) 实现最大的节约

JIT 认为,多余生产的物资或产品不但不是财富,反而是一种浪费,因为要消耗材料和劳务,还要花费装卸搬运和仓储等物流费用。它的生产指令是由生产线终端开始,根据订单依次向前一工序发出的。

4. JIT 的特点

JIT 追寻的总体目标就是经常说的六个"零"和一个"一",即零缺陷、零准备、零库存、零搬运、零故障停机、零提前期和批量为一。反映到具体生产方式上,JIT 的主要特点是:采用变"推"为"拉"的"反工序法",基于落实的订单,按照总装配→部件装配→零件加工的反"推"为"拉"的反工艺路线次序安排整个企业生产;强调下"求"上"供",准时生产,按时交付,避免积压。下"求"上"供"是指下一道工序所用物料要求上一道工序按实际需要供给。准时生产与按时交付要求按计划规定的时间准确生产,并按时交付销售的产品,按时交付供产品总装配用的部件和供部件装配用的零件,避免积压。

(二) 物料需求计划(MRP)

物料需求计划(Material Requirement Planning,简称 MRP)是建立在生产与库存管理基础上的。其理论基础是分层式产品结构、物料的独立需求和相关需求,及提前期的概念。当企业的最终产品需求确定后,对零部件的从属需求可根据产品与零部件之间的技术关系求出。

MRP 按照基于产品结构的物料需求组织生产,根据产品完工日期和产品结构规定生产

计划。即根据产品结构的层次从属关系,以产品零件为计划对象,以完工日期为计划基准倒排计划,按各种零件和部件的生产周期反推出它们的生产与投入时间和数量,按提前期长短区别各物料下达的优先级,从而保证在生产需要时所有物料都能配套齐备,不到需要的时刻不过早积压,达到减少库存量和减少资金占用的目的。运行 MRP 有四项主要数据,即需求信息、产品结构、提前期和库存信息。

（三）精益生产

1. 精益生产概述

精益生产的要领是由美国麻省理工学院在研究丰田生产方式的基础上提出的,它是准时制生产的进一步提高。

"精益生产方式"起源于 20 世纪 50 年代的日本丰田公司。美国麻省理工学院国际汽车项目组的研究者将其形象地命名为"精益生产",也是对日本丰田 JIT（准时化）生产方式的赞誉之称。精,即少而精,不投入多余的生产要素,只是在适当的时间生产必要数量的市场急需产品（或下道工序急需的产品）,即所有的经营活动都要有效益,具有经济性。

精益生产方式是彻底地追求生产的合理性、高效性,能够灵活地生产适应各种需求的高质量产品的生产技术和管理技术,其基本原理和诸多方法对制造业具有积极的意义。精益生产的核心,即关于生产计划和控制以及库存管理的基本思想,对丰富和发展现代生产管理理论也具有重要的作用。

2. 精益生产管理方法的特点

（1）拉动式准时化生产

①以最终用户的需求为生产起点。

②强调物流平衡,追求零库存,要求上一道工序加工完的零件立即可以进入下一道工序。

③组织生产运作是依靠看板进行,即由看板传递工序间需求信息（看板的形式不限,关键在于能够传递信息）。

④生产中的节拍可由人工干预、控制,保证生产中的物流平衡（对于每一道工序来说,即为保证对后工序供应的准时化）。

⑤由于采用拉动式生产,生产中的计划与调度实质上是由各个生产单元自己完成,在形式上不采用集中计划,但操作过程中生产单元之间的协调极为必要。

（2）全面质量管理

①强调质量是生产出来而非检验出来的,由过程质量管理来保证最终质量。

②生产过程中对质量的检验与控制在每一道工序都进行,重在培养每位员工的质量意识,保证及时发现质量问题。

③如果在生产过程中发现质量问题,根据情况,可以立即停止生产,直至解决问题,从而保证不出现对不合格品的无效加工。

④对于出现的质量问题,一般是组织相关的技术与生产人员作为一个小组,一起协作,尽快解决。

（3）团队工作法

①每位员工在工作中不仅是执行上级的命令,更重要的是积极地参与,起到决策与辅助决策的作用。

②组织团队的原则并不完全按行政组织来划分,而主要根据业务的关系来划分。

③团队成员强调一专多能,要求能够比较熟悉团队内其他工作人员的工作,保证工作协调顺利进行。

④团队人员工作业绩的评定受团队内部评价的影响。

⑤团队工作的基本氛围是信任,以一种长期的监督控制为主,而避免对每一步工作的核查,提高工作效力。

⑥团队的组织是变动的,针对不同的事物,建立不同的团队,同一个人可能属于不同的团队。

（4）并行工程

①在产品的设计开发期间,将概念设计、结构设计、工艺设计、最终需求等结合起来,保证以最快的速度按要求的质量完成。

②各项工作由与此相关的项目小组完成。进程中小组成员各自安排自身的工作,但可以定期或随时反馈信息并对出现的问题协调解决。

③依据适当的信息系统工具,反馈与协调整个项目的进行。

（四）快速反应

快速反应(Quick Response,简称 QR)是企业面对多品种、小批量的买方市场,在用户提出需求时,能以最快速度调动资源要素,及时提供所需产品或服务。其目的是减少原材料到销售点的时间和整个供应链上的库存,重点是对客户需求作出快速反应。

作为 QR 的基础是要准确把握销售动向。其方法是运用销售时点系统(POS)的订单管理功能,及时掌握每一种商品的销售情况和库存状况,同时对于在零售阶段获得的销售信息在上、下游企业中共享。也就是说,下游零售阶段的销售动向要及时准确地反映到生产计划上。

QR 有效运行的条件有:①要改变传统的经营运作模式,适应消费需求多样化和个性化的特点,制造企业要建立起多品种、小批量柔性生产体系;②同一个供应链的上、下游企业间要建立起战略伙伴关系,实现信息共享和利益共享。③要开发利用现代信息手段,实现信息的实时传递和处理,从技术上保证信息共享的实现。

任务小结

本任务介绍了生产物流的概念和特征,分析了企业生产物流组织过程,阐述了企业对生产物流进行计划和控制的几种常见方式。

项目十 企业物流

任务四 销售物流

▸任务介绍▸

当生产者和消费者之间存在大量"交换"需求时,社会中就产生了销售物流。销售物流是企业物流系统的最后一个环节,是企业物流与社会物流的又一个衔接点,承担着产品和服务的传递,它与企业销售系统相配合,共同完成产成品的销售任务。

▸任务解析▸

了解销售物流的含义;理解销售物流的意义;熟悉销售物流的环节;掌握销售物流的模式。

▸相关知识▸

分销渠道的理解

一条分销渠道是指某种货物或劳务从生产者向消费者移动时取得这种货物或劳务的所有权或帮助转移其所有权的所有企业和个人。

分销渠道是销售物流的"运动场",是决定客户服务质量的一个最重要的业务领域,优越的渠道结构能够带来竞争优势。美国营销协会把分销渠道定义为:"公司内部的组织单位和公司外部的代理和经销商、批发商与零售商的机构,通过这种结构,进行产品或服务的营销活动。"

▸任务实施▸

一、销售物流的概念与作用

(一)销售物流的概念

中华人民共和国国家标准《物流术语》(GB/T 18354-2006)对销售物流的定义是:"企业在出售商品过程中所发生的物流活动。"

销售物流是企业为实现产品销售,组织产品送至消费者或市场供应点的外部物流。对双方互需产品的工厂企业而言,一方的销售物流便是另一方的外部供应物流。同时,销售物流是企业物流系统的最后一个环节,是企业物流与社会物流的又一个衔接点。它与企业销售系统相配合,共同完成产成品的销售任务。

销售物流通过包装、配货、送货等一系列物流实现。因此,企业需要综合考虑顾客订货处理、配送方式、包装水平、运输路线等问题,并采取诸如少批量、多批次、定时、定量等特殊的物流方式进行销售物流。

(二)销售物流的作用

对于企业来说,销售物流承接着产品的传递与服务,具有十分重要的作用。

1. 利润源泉

对于企业,尤其是生产企业来讲,物流是第三利润源泉,一般情况下,销售物流成本占据企业销售总成本的20%左右,因此,通过物流的整合和合理化,降低物流成本,不仅能增加企业利润总额,并且直接关系到企业的生存与发展。

2. 反馈信息

销售物流是企业物流活动的一个重要环节。它是连接生产企业和用户的桥梁,是企业物流与社会物流的另一个衔接点,它与社会销售系统相互配合共同完成企业的分销和销售任务。销售物流能够为企业的其他部门如采购、生产、销售等部门提供反馈信息,从而更好地指导采购、生产、销售。

3. 提供服务

销售物流具有很强的服务性。销售物流以满足用户的需求为出发点,树立"用户第一"的观念,从而快速、及时地实现销售和完成售后服务。这种服务不仅是用户和消费者的要求,也是企业发展的要求,它有利于参与市场竞争,有利于树立企业和品牌的形象,有利于与服务对象结成长期的、稳定的、战略性合作伙伴。

二、销售物流的主要环节

为实现销售的目标,我们可以把销售物流划分为五个作业环节。

(一)产品包装

产品包装是生产物流的最后环节,同时也是销售物流的起点。销售包装的目的是向消费者展示、吸引顾客、方便零售;运输包装的目的是保护商品,便于运输、装卸搬运和储存。因此在考虑包装材料的选择时,不仅要考虑包装的美观、对商品的保护、储存、运输的便利,材料的费用、环保以及回收再利用等,还需要顾及客户对这些成本费用的接受能力。

(二)产品储存

产品储存是销售物流系统中的重要内容和环节,其目的是及时、优质地满足客户的需求。储存是满足客户对商品可得性的前提,缺货不仅使客户需求得不到满足,还会增加企业销售服务的物流成本。因此,企业一方面可以提高自己的存货水平,通过仓储规划、库存管理与控制、仓储机械化等,提高仓储物流工作效率、降低库存水平、提高客户服务水平;另一方面可以帮助客户管理库存,有利于稳定客源、便于与客户的长期合作。

(三)订单及信息处理

订单及信息处理是企业销售工作中的重要内容之一。一方面,它要求企业制定合理的订货方式,客户在考虑批量折扣、订货费用和存货成本的基础上,合理地频繁订货,企业若能为客户提供方便、经济的订货方式,就能引来更多的客户;另一方面,它要求按客户订单要求将货物装运发出直到送到客户手中,随着计算机和现代化通信设备的广泛应用,企业建立电子订货服务系统,已经成为扩大销售、改善物流服务质量的重要内容。

(四) 产品发送

运输是解决货物在空间位置上的位移,配送是在局部范围内对多个用户实行单一品种或多品种的按时按量送货。产品发送以供方和需方之间的运输与配送为主要活动。通过配送,客户得到更高水平的报务;企业可以降低物流成本;减少城市的环境污染。要考虑制定配送方案,提高客户服务水平的方法和措施。

(五) 装卸搬运

装卸是物品在局部范围内以人或机械装入运输设备或卸下。搬运是对物品进行水平移动为主的物流作业。一方面,装卸搬运时,应避免弄脏或损坏货物;另一方面,无论是厂商还是客户,都希望在物料搬运设备方面的投资达到最小化。因此,在装卸搬运时,企业应重视装卸搬运的质量和成本,主要考虑:提高机械化水平、减少无效作业、集装单元化、提高机动性能、利用重力和减少附加重量、各环节均衡、协调、系统效率最大化。

三、销售物流的模式

(一) 生产企业自己组织销售物流

生产企业自己组织销售物流,实际上是把销售物流作为企业生产的一个延伸。它是把销售物流看成了生产企业经营的一个环节,在这个环节中,企业和用户直接联系、直接面向用户提供服务。在市场观念导向逐渐发展与成熟的情况下,原来"以生产为中心"的观念逐渐转向以"市场为中心",这个环节逐渐不再是生产过程的继续,而是企业经营的中心,生产过程变成了这个环节的支撑力量。

(二) 用户自己提货的形式

这种形式实际上是将生产企业的销售物流转嫁给用户,变成了用户自己组织供应物流的形式。对销售方来讲,减少了销售物流的职能。在目前的市场上,这种模式并非主流,在市场经济发展越来越成熟的将来,除非在某种特殊的情况下,否则这种模式将不具有竞争优势。

(三) 第三方物流企业组织销售物流

这种模式实际上是生产者企业将销售物流外包,将销售物流社会化,由第三方物流企业承担生产企业的销售物流。其优点在于,第三方物流企业是社会化的物流企业,它可以将很多企业的物流需求一体化,采取统一解决的方案。这样可以做到:第一是专业化;第二是规模化。这两者可以从技术和组织方面降低成本、提高服务水平,这也是现代物流发展的趋势之一。

任务小结

本任务旨在让学生了解销售物流的意义,及让学生了解现代企业是如何运作的,并主动思考如何做好销售物流工作。

任务五　回收和废弃物流

任务介绍

现代社会中,退货、废弃物回收等物流管理成为了现代物流管理中的重要研究内容,下面将对回收和废弃物流的基本内容做简单介绍。

任务解析

了解回收物流和废弃物流的含义;理解回收和废弃物流产生的原因;理解回收和废弃物流的意义。

相关知识

低碳经济理论

低碳经济是指在可持续发展理念指导下,通过技术创新、制度创新、产业转型、新能源开发等多种手段,尽可能减少煤炭、石油等高碳能源消耗,减少温室气体排放,达到经济社会发展与生态环境保护双赢的一种经济发展形态。物流是能源消耗大户,也是碳排放大户,因此物流界有必要对其进行研究。

任务实施

一、回收物流

(一) 概念

中华人民共和国国家标准《物流术语》(GB/T 18354-2006) 中对回收物流的定义是:"退货、返修物品和周转使用的包装容器等从需方返回供方所引发的物流活动。"

(二) 产生原因

对于工业企业回收物流主要有以下两方面原因:

1. 来自企业内部原因形成的回收物流

由于企业内部的管理不善以及技术问题造成的退货,如产品质量问题、配件缺少、数量错误、保修期内的产品出现故障被退回修理等。这种问题如果处理不好,将会影响企业的信誉,甚至危及企业的生存。

2. 来自供应链的原因形成的回收物流

在生产销售过程中,部分物料可通过收集、分类、加工等环节转化成新产品,重新投入到生产或消费中,这样就形成了回收物流。例如,用于运输的托盘和集装箱等货物运输中的包装容器、废旧装载工具,以及工业生产中原材料的边角余料等。如果企业回收物品处理不当,往往会影响整个生产过程,甚至影响产品的质量,造成浪费。

二、废弃物物流

(一)概念

中华人民共和国国家标准《物流术语》(GB/T18354-2006)中对废弃物物流的定义是:"将经济活动或人民生活中失去原有使用价值的物品,根据实际需要进行收集、分类、加工、包装、搬运、储存等,并分送到专门处理场所的物流活动。"

(二)产生原因

1. 来自供应链的原因形成的废弃物物流

在生产过程中,产生的废旧物料,包括报废成品、半成品等。在流通过程中产生的废弃物料,包括各种原材料和设备的包装物,流通中因长期使用而损坏的设备工具等形成了废弃物物料。

2. 来自精神损耗原因形成的废弃物物流

由精神损耗而产生的废旧物料是指随着生产率的提高、科学技术的进步而造成某些物料继续使用不经济从而作为废旧物料被淘汰,比如过时的电机等。

三、合理组织回收物流和废弃物物流的意义

合理组织回收物流和废弃物流已被发达国家普遍重视,我们国家的经济正处在高速发展过程之中,注重回收与废弃物流可以给我国资源开发与经济发展带来不小的助益。

(一)节约社会资源

物料资源总是有限的,回收与利用废旧物料,可以在一定程度上缓和资源的紧张状况,尤其是一些不可再生的稀缺资源。这不仅仅是出于法律法规的压力,更重要的在于它能为节约社会资源,促进循环经济发展方面具有重要意义。

(二)降低生产成本

利用回收与废旧物料既可以节约开采资源的能源消耗,又可以节约物料生产过程中的能源消耗。炼钢要经过采矿、炼铁、炼钢等这样一个复杂的过程方能成材,如果用废钢代替生铁炼钢,不仅可以节约找矿、采矿、炼钢等一系列生产所耗费的支出,而且冶炼的钢材质量要比以生铁作为原料的好。

(三) 提高企业竞争力

ISO9001(2000版)将企业的品质管理活动概括为一个闭环式活动——计划、实施、检查、改进,回收物流与废弃物物流可以承接这两个端口,在退货中暴露出品质与浪费问题,从而不断促进企业改善品质与生产技术,减少物料浪费与成本,提高企业竞争力。

(四) 提高顾客满意度

在以顾客需求为导向的营销环境下,顾客是决定企业生存和发展的关键因素。企业通过回收物流提高顾客对产品和服务的满意度,增加顾客对企业的信任感与回头率,无疑是扩大市场份额的重要途径之一。

(五) 改善环境,塑造企业形象

在我国,由于"三废"污染每年所造成的经济损失超过500亿元。通过回收利用废旧物料,可以大大减少废旧物料对环境的污染。与此同时,还能提高企业在公众中的形象。

▎任务实施 ▶

本任务主要在于让学生了解什么是回收与废弃物物流,它的作用与意义,现代企业是如何进行再制造的,从而引起学生的学习兴趣。

任务六 企业物流管理组织

▎任务介绍 ▶

对物流的任务和职权进行分解组合,就形成了一定的组织结构。不同企业的成长背景、行业情况、企业规模等各不相同,因此其组织结构也不尽一致,物流活动的规模和水平也相差很大。

```
                    ┌─ 企业物流管理组织的概念与基本类型
企业物流管理组织 ─┼─ 企业物流管理组织设计的原则与依据
                    └─ 物流组织的发展趋势
```

▎任务解析 ▶

理解物流组织的概念;熟悉物流组织的基本类型;掌握物流组织设计的原则与依据;了解物流组织的发展趋势。

相关知识

物流组织集权化与扁平化

集权化是组织的权利集中在某一点的程度较高的反映。如果组织在进行决策时通常由高层做出决定,而低层人员的意见不被或者少被纳入到决策系统,那么这个企业倾向于集权化。如果低层人员的意见更多地被纳入决策,或者就可以做出决策,那么组织的分权化程度较高。当前一个明显的趋势就是组织扁平化,下授决策权,从而使得企业能够在很短的时间内快速响应,提高效率。

任务实施

一、企业物流管理组织的概念

物流管理组织是指从事物流管理的机构设置和管理权限及范围划分的组织形式。

二、物流组织的基本类型

(一) 参谋型组织

参谋型结构是一种过渡性、物流整体功能最弱的物流组织结构,在参谋型结构下,物流部门起一个"参谋"作用,负责各个职能部门和物流活动的协调合作,并产生决策性的建议,对各部门的物流活动起指导作用,各个部门仍然负责自己的具体运作物流部门无权管理。参谋型结构如图 10-3 所示。

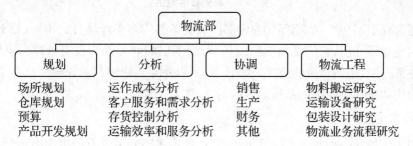

图 10-3　参谋型组织

参谋型结构主要存在的问题是:各部门负责自己的工作活动,物流部门对其没有管理和指挥权,只能就物流活动进行协调合作,所以仍会出现物流活动的低效率、浪费资源和责权不明确等弊病。

(二) 职能型组织

职能型结构是指物流部门对所有物流活动具有管理权和指挥权的物流组织结构,是一种较为简单的组织结构形式。职能型结构如图 10-4 所示。

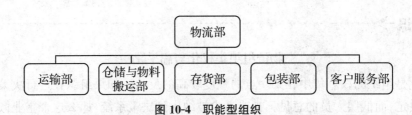

图 10-4　职能型组织

在职能型物流组织结构下,物流组织对物流活动有直接的决策权,物流与其他职能部门的地位是平等的。这种结构下,物流活动效率较高,职权明晰;缺点是对物流经理要求较高,物流经理的决策风险较大。

（三）职能参谋型组织

单纯的参谋型或职能型物流组织结构都存在一定缺陷,职能参谋型物流组织结构是将这两种组织结构形式合二为一。职能参谋型结构如图 10-5 所示。

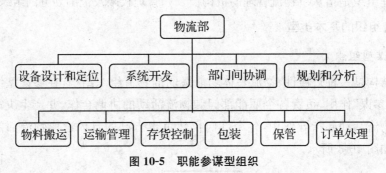

图 10-5　职能参谋型组织

在职能参谋型结构中,物流部对参谋部门和业务部门均实行垂直式领导,处于图中第一层的子部门是参谋部门,它们受物流部领导,对最下层的业务部门没有指挥与决策权,图中最下层是业务部门,他们负责物流业务的日常运作,并受到物流部的领导。这种结构消除了参谋式结构中物流在企业中的从属地位的局面,恢复了物流部门独立的功能性。

（四）运用型组织

运用型组织属于一种非正式物流组织,它往往不需要变革现有的组织结构,而是依靠强制或劝说等手段来协调各项物流活动,实现物流管理人员的合作。通常,这种形式可以提高物流运作效率,而且比较灵活,适合于任何企业的各种需求,但其运作常常需要建立一些激励机制,或是成立一个协调委员会来进行。

三、物流组织设计原则与依据

（一）物流组织设计原则

物流管理组织设计的一般原则有结构合理原则、责权分明原则、利于沟通原则、协调一致原则。此外,还应根据物流活动的特点,考虑不同企业特有的一些原则,包括目标原则、适应性原则、统一指挥原则、柔性化原则等。

（二）物流组织设计依据

1. 战略与结构

物流组织结构应该促进组织目标的实现,而组织的目标是由战略决定的,所以组织结构应与战略紧密结合,特别是物流组织结构应该服从整体战略,如果企业的战略发生了变化,那么物流组织结构也应该做相应的调整,从而适合企业战略。

2. 规模与结构

组织的规模明显地影响着物流组织的结构。对大型组织而言,雇佣了 2000 多名员工的组织,比雇佣 50 人的小企业具有更高程度的分工、集权、部门化,规则条例也更多,因此组织结构也不同。由于边际效应,当组织发展到一定规模以后,再继续扩大,规模对组织结构的影响则会减弱。

四、物流组织结构的发展趋势

当前,管理领域正经历着一场世界范围内从传统层次式管理转为全员参与管理的根本变革,这种变革使得更多的组织表现为网络型、虚拟公司和水平型组织。物流组织结构将不再是以往的直线式,而是更加趋向于扁平化的网络结构,人与人之间的信息传递变得十分高效,权力也有可能分解,甚至形成员工共同决策的新的决策模式。

▌任务小结 ▶

通过学习本任务的知识内容,了解组织现有的结构,学习不同的组织结构方式,并理解不同组织的优缺点,进而能够对企业物流组织提出合理的建议。

任务七 企业物流外包

▌任务介绍 ▶

随着市场竞争的不断激烈和信息技术的快速发展,物流外包业悄然兴起,并在物流业中占据越来越重要的作用,它已成西方国家物流业发展的有效动作模式。

▌任务解析 ▶

理解物流外包的含义;理解物流外包的优缺点;熟悉物流外包的模式。

▌相关知识 ▶

现代物流具有低成本、高质量的目标

物流外包能够使得整个供应链物流成本降低,同时也能够为单个企业节约成本,专业的物流公司提供的服务使得企业和第三方物流专注自身核心业务,从而提高产品与服务品质。

<h3 style="text-align:center">双赢原则</h3>

每个企业的资源与能力是有限的,面对广阔的市场,企业通常无力完全靠自身占有整个市场,因此,企业之间相互合作,将企业的资源相互整合,这种方式可以分担风险、降低成本,创造更大的效益。

任务实施

一、企业物流外包的概念

物流外包是指制造企业或销售企业等为集中资源、节省管理费用,增强核心竞争能力,把自己不擅长或者没有比较优势的物流业务部分或全部以合同方式委托给专业的第三方物流公司运作。外包是一种长期的、战略的、相互渗透的、互利互惠的业务委托和合约执行方式。

二、物流外包的优缺点

（一）物流外包的优点

目前,越来越多的企业纷纷选择了物流业务的外包,因为第三方物流给客户企业带来了众多益处,主要表现在以下几个方面。

1. 可以使企业集中精力发展核心业务

由于市场潜力的广阔性和企业资源的有限性,单个企业很难在所有市场上和全部业务上成为面面俱到的专家,因此,企业需要实现资源的优化配置,将有限的人力、财力集中于核心业务,进行重点研究,发展基本技术,开发出新产品参与市场竞争。

2. 减少固定投资,降低风险,加速资本周转

企业若是自建物流,需要投入大量资金用以购买设备、建设仓库和信息系统,这些投入是相当大的,通过物流外包,企业可以减少对此类项目的建设与投资,从而变固定成本为可变成本,加速资金周转,减少企业负担。而且,由于物流需求的不确定性和复杂性,使得投资具有巨大的财务风险,通过外包,企业可以将这一部分风险转移给第三方。

3. 节省费用,降低成本

专业化的第三方物流提供者利用规模生产的专业优势和成本优势。通过提高各环节能力的利用率实现费用节省,使企业能从第三方物流提供方的规模效益中获得成本的节省。

4. 减少库存,降低成本

随着科学技术的进步,专业的物流企业能不断更新信息技术和设备,而普通的制造公司通常一时难以更新自己的物流配置资源与技能。目前,客户需求正在向着小批量、多品种、多批次方向变化,此时,物流外包企业能以一种快速、更具成本优势的方式满足这些要求。第三方物流提供者可以借助精心策划的物流计划和适时运送手段,最大程度地减少库存,改善了企业的现金流量,实现成本优势。

5. 提高服务水平,创造更多价值

假如你是原材料供应商,而你的需求客户需要快速补充货源,你就需要有地区仓库。而通过物流外包企业,你就可以及时满足客户需求。因为第三方物流提供者是以物流为核心业务的企业,可以提供比企业自身更高水准的专业化物流服务,具体表现在:运用新技术熟悉物流相关法律、政策、规范;更好的信息处理能力;更好地客户服务经验。物流外包企业可以为客户带来更多附加价值,提高顾客满意度。

6. 有助于提升企业形象

第三方物流提供者与客户之间是战略伙伴或者联盟关系,他们从客户物流合理化的角度出发,为客户量身打造物流解决方案;客户随时可通过 Internet 了解供应链的情况;第三方物流提供者是物流专家,他们利用完善的设施和专业的员工对整个供应链实现控制;通过遍布全球的运送网络和服务提供者(分承包方)大大缩短交货期,帮助客户改进服务,树立自己的品牌形象。

(二)物流外包的缺点

物流外包确实能给用户带来多方面的利益,但它在提供上述便利的同时,也不可避免地存在着一些负面效应。

1. 可能导致企业对物流的控制力降低

在自营物流业务处理过程中,制造企业往往需与客户直接打交道,并进行有效的沟通。在采用物流外包的情况下,由于物流外包提供商介入企业的采购、生产、分销、售后服务等各个环节,成为企业的物流管理者,使得企业自身不能直接控制物流流程,则会有物流失控的风险。

2. 信息泄露的风险

物流外包后,至少存在着下列两类风险:一是直接面对企业客户的往往是提供外包物流的服务商;他们常常拥有较全面的客户信息,在客户关系的管理中,客户的信息有被泄露的风险增大。二是物流是企业发展战略的重要组成部分,包括企业的经营现状、产品转型、客户服务等,物流承包服务商通常对企业的战略会有深刻的认识,因而,外包物流使企业核心战略被泄露的风险增加。这些风险带来的损失将是难以估量的,在物流外包企业的合作中,彼此信息保密是重要的合作基础。

3. 出现连带的经营风险

外包物流一般持续合作关系较长。如果外包物流服务商自身经营不善,很可能会影响企业自身的经营效益。一旦物流商不能履行承诺,会导致物流服务水平的下降,从而使委托企业信誉和市场份额受到损害。

综上所述,物流外包既能给企业带来利益,也会存在一定风险,企业在选择物流外包时,不能只看到利益,还必须多方面考虑存在的风险,从而做出适合企业自身发展的决策。

三、企业物流外包模式

(一)成立独立的物流管理部门

企业自身将有关物流活动的相关部门合并起来,成立独立的物流管理部门,设立物流经

理，购买相关设备、建设仓库、信息渠道与协调机制，在企业内部实行物流运作的一体化管理。

（二）成立独立的物流经营公司

成立独立的物流经营公司可以分为两种情况：一种是企业自身将有关物流活动的相关部门与资产剥离出去，成立独立的子公司，或独立核算的事业部，新的物流企业是独立法人，新成立具备独立的利润中心，既以母公司为客户，也承接第三方业务。另一种是有物流公司投资新建第三方物流公司，在这种模式下，企业对新的物流企业没有产权。

（三）成立合资的物流经营公司

在这种模式下也有两种情况：一是企业与物流公司合作，共同投资成立合资的物流经营公司，其中，企业拥有一定的股权。对企业而言，与物流公司的合资提供了获取资本、物流设施和专业知识的途径。二是企业投资第三方物流公司的物流网络，拥有物流企业部分产权，这种模式的出现往往是因为第三方物流公司在规模与财力上无法为企业提供完整的物流服务，或者处于第三方物流公司为了分散风险，同时，企业也需要保持对物流系统影响力。

（四）全部物流系统由物流公司承接

大型物流公司全盘买进客户公司的物流系统，接管并拥有车辆、场站、设备和接受原公司员工。这实际上是企业通过物流业务和资产整合的办法获取专业物流公司运作和管理技能，并将自己的物流运作全部外包给第三方的过程。对企业来说，这样的战略调整既能够进一步提高物流管理水平，又保证了对物流运作外包以后的控制权，还是一个凭物流业务换取物流网络，通过资产和业务重组进入物流服务业市场的过程。

（五）第三方物流公司来管理企业的物流运作

现代企业通常有两种做法：一种是企业拥有物流设施，但进行管理外协。在这种模式下，企业拥有对物流资源的产权，只是把具体管理与运作委托给了第三方物流公司。另一种做法是企业把物流管理与运作直接外包给第三方物流公司。现在已有越来越多的企业与第三方物流公司结成了较为紧密的合作关系，这也是物流今后发展的趋势之一。

任务小结

除了思考有益之处外，还需要考虑是否会给企业带来风险，在具体操作时，企业又应当注意些什么。

拓展提高

企业物流部门的主要职能

企业物流部门的主要职能包括计划职能、协调职能、业务运营职能、教育职能等，具体见表10-2。

表10-2 企业物流部门的主要职能

职能种类	具体表述
计划职能	规划和改进企业物流系统
	制定和完善物流业务管理规程
	根据企业总目标的要求,制定本部门的经营目标和物流计划
	为实现企业物流经营目标和计划任务,制定相应的策略和措施
协调职能	加强与企业生产、采购、销售、财务等部门的联系,经常交换信息,调节物流活动
	发展和巩固与其他企业(如专业运输企业)及客户之间的长期友好合作关系
业务营运职能	组织、监督本部门各业务环节按计划进行日常业务活动
	评价物流工作计划和任务执行情况
教育职能	定期开展物流员工培训

复习思考

1. 按企业业务性质可将企业物流分为哪几种？各有何特点？
2. 简述电子商务采购的优点和缺点。
3. 简述准时生产方式的基本思想和目标。
4. 谈谈物流外包的优缺点。

相关实训

◎目的

调查企业物流运作的流程,通过观察企业各环节物流的操作,分析该企业的物流环节,并绘制出物流活动的流程图。

◎人员

①实训指导：任课老师。

②实训编组：学生按5～8人分成若干组,每组选组长及记录员各一人。

◎时间：3～5天。

◎步骤

①由专人寻找合适的企业,与企业取得联系,并征求企业同意进行调查。

②确认调查时间、地点、人员的组织。

③由教师对学生进行调查前培训,包括安全、调查企业背景、调查目的、调查方法及步骤等做具体介绍。

④教师带领学生去企业实地参观、调查,并做好相应记录。

⑤撰写调查报告,绘制企业物流流程图。

⑥实训小结。

◎要求

1. 注意理论联系实际,根据企业的内外部实际环境进行调查。
2. 调查过程中联系企业的相关主管人员进行讲解。
3. 注意参看企业物流相关资料,包括组织架构等。
4. 认识企业物流运作的整个流程。
5. 观察企业的物流工作哪些方面值得借鉴,哪些方面做得不足。

◎认识

企业的物流流程是每一个学习物流的同学所需要了解的基本知识,通过实地的调查,同学们对现代企业物流流程将具有更深刻的理解,对理论知识也将有更深的领悟。在老师的引导下,学生自己观察、提问、思考能够培养其对物流的学习兴趣。

项目十一　国际物流与物流战略管理

学习目标

要了解国际物流与物流战略管理的定义;掌握国际物流管理与物流战略管理的内容;明确国际物流与国际贸易间的关系;学会确定对物流环境进行有效分析,进行有效的物流战略规划,并对物流战略进行有效的实施与控制。

情景写实

联邦快递青睐商业科技

随着中国经济的发展与物流市场的开放,联邦快递公司的中国战略逐步升温。去年,联邦快递公司先后在北京、上海、深圳等城市全面启动了基于GPRS技术的服务升级计划,推出了"掌上宝"——无线掌上快件信息处理系统。"掌上宝"是由联邦快递公司在GPRS技术基础上自行开发,用于追踪包裹递送状态的一套系统,中国则是联邦快递公司内部首个运用此项先进技术的国家。"中国的手机应用市场很大,无线技术比较流行,因此在中国推广无线技术相对比较容易。"柏勤解释说。

联邦快递公司"掌上宝"集成了安全控制、将信息上传下载至公司信息库的多项功能,该信息中心实时监控每一个快件的处理过程。通过无线传输,它保证了实时扫描并上传信息。使用这一覆盖广泛并方便可行的设备可取代车载电台、寻呼和手机短信。联邦快递公司"掌上宝"不仅可以传输递送信息,同时还能够加强快件取送及查询的服务。

此外,在中国,联邦快递公司的速递员们还在使用着一种个人数据助理设备——FedEx Power Pad,Power Pad可以挂在递送员腰带上,与FedEx ASTRA打印机进行数据交换,自动打印出包裹的条形码。

跨国物流巨头们通常在全球推行标准化的管理模式,联邦快递公司也不例外。在亚洲和中国,联邦快递公司的IT部门必须执行全球统一的信息系统标准。当然,在标准化和本地化之间寻找适当的平衡。

自动化技术可以更好地帮助速递公司提高效率,但是,如果有些新技术采用得太早可能会存在风险,比如面向服务架构(SOA)和无线视频识别(RFID)技术。

思考:

联邦快递如何进行有效的物流科技?

分析要点

即使作为一个行业的领军者,联邦快递公司也同样必须面对日益创新和快速反应的市场要求,因此,在联邦快递的全球战略规划中将快速发展的中国作为其地区战略的重点,这一战略的实施体现在将其亚太转运中心迁址到广州白云国际机场;同时,联邦快递还将公司业务与IT技术的有效结合作为企业保持技术领先的重要战略内容,以适应全球战略和地区战略,因此就有了"掌上宝"、GPRS、蓝牙、区域无线网等最先进的无线移动技术在中国地区包裹快递业务中的运用,目的都是为了缩短递送时间,提高递送效率。

任务一 国际物流与国际贸易

任务介绍

国际物流作为实现贸易往来的纽带越来越受到人们的重视。如何有效控制国际物流与国际贸易间的关系,使物资流通在跨越国界的过程中,做到流通方向更合理、流通时空更恰当、流通成本更经济、流通效率更高、流通创造的效益更大。

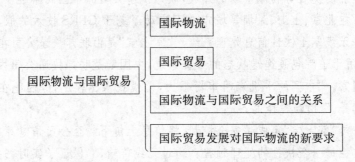

任务解析

了解国际贸易、国际物流的含义;简述国际贸易与国际物流的特点;理解国际贸易术语的基本含义及应用;明确国际贸易与国际物流的关系。

相关知识

贸 易 方 式

一般贸易:指我国境内有进出口经营权的企业单边进口或单边出口的贸易。

来料加工贸易:由外商提供全部或部分料件,必要时提供设备,由我方按对方要求进行加工装配,成品交对方销售,我方收取工缴费,对方提供的作价设备价款,我方用工缴费偿还。

进料加工贸易:指我方企业动用外汇购买进口料件,加工成品或半成品后再返销出口的交易方式。

货贸易:指不通过货币媒介而直接用出口货物交换进口货物的贸易。

补偿贸易:由境外厂商提供或利用国外出口信贷进口生产技术或设备,我方企业进行生产,以返销其产品的方式分期偿还对方技术、设备价款、贷款本息的交易方式。

任务实施

国际物流是现代物流系统中重要的组成部分之一。国际物流是国际贸易的衍生物,这种物流是国际贸易的必然组成部分,国际贸易促进了国际物流的发展。因此,要了解国际物流业务必须非常熟悉国际贸易方式,并理解掌握相关的国际贸易术语。

一、国际物流

(一)国际物流的概念

国际物流(International Logistics,IL),就是组织原材料、在制品、半成品和制成品在国与国之间的流动和转移,也就是发生在不同国家间的物流。国际物流的总目标是为国际贸易和跨国经营服务,使各国物流系统相互"接轨"。即选择最佳的方式和路径,以最低的费用和最小的风险,保质、保量、适时地将货物从某国的供方运到另一国的需方,使国际物流系统整体效益最大。国际物流从广义上理解,包括了各种形态的物资在国际间的流动,具体表现为进出口商品转关,进境运输货物,加工装配业务进口的料件设备、国际展品等暂时进口物资、捐赠、援助物资及邮品等在不同国家和地区间所做的物理性移动。狭义而言,国际物流仅指为完成国际商品交易的最终目的而进行的物流活动,包括货物包装、仓储运输、分配投送、装卸搬运、流通加工以及报关、商检、国际货运保险和国际物流单证制作等。因此,国际物流和国内物流的一个基本区别就在于生产与消费的异域性。只有当生产和消费分别在两个或两个以上国家或地区独立进行时,为了消除生产者和消费者之间的时空距离,才产生了国际物流的一系列活动。国际物流相对于国内物流来说,其涉及的环节更多,在国际物流系统中,参与运作的企业及部门更为广泛,它们之间相互协作共同完成进出口货物的各项业务工作。因此,国际物流运作的环境更为复杂。

(二)国际物流的特点

1. 差异性

国际物流是超越国界进行全球范围的物流活动,与国内物流相比具有很大的差异性。

2. 高风险性

国际物流系统要面对不同国家、不同地区的错综复杂及不断变化的各种环境条件,涉及广阔的地域空间,需要较长时间,操作过程的难度较大,面临较高的风险。

3. 依赖性

国际物流面对的市场变化大、稳定性小,因此,对信息的收集、整理、分析、存储与管理等有着更高的要求。建立高效有序的、技术先进的物流信息系统就成为现代国际物流发展的关键所在。国际信息系统的建立,需要花费大量资金,所需时间较长,而且,由于各国物流技术水平参差不齐,管理起来难度较大,因此,建立和完善国际物流信息系统是一项长期的、艰巨的任务。

4. 统一性

国际物流要使国际间物流互相接轨,使其畅通无阻,那么各国的物流标准就必须统一,这是一个必不可少的条件。

二、国际贸易

(一) 国际贸易的概念

国际贸易方式是指营业地在不同国家或地区的当事人之间进行货物买卖所采用的做法和商品流通渠道。其主要方式包括逐笔售定、经销、销售代理、招标与投标、寄售、拍卖、商品期货交易、加工贸易、对等贸易等。

(二) 国际贸易术语

贸易术语(Trade Terms)又称价格术语,它用来说明买卖双方有关费用、风险和责任的划分,确定买卖双方在货物交接方面的权利和义务。

1. 国际贸易术语解释通则

《国际贸易术语解释通则》由国际商会于1936年在法国巴黎制定,当时定名为《INCOTERMS 1936》,其副标题为 International Rules for the Interpretation of Trade,即《1936年国际贸易术语解释通则》。后来,为了使其内容进一步符合国际贸易业务中的习惯做法,国际商会先后于1953年、1967年、1976年、1980年、1990年、2000年和2010年对其进行了7次修改和补充。它将每种贸易术语项下卖方和买方各自应承担的义务排列成相互对应的10项。

2. 主要贸易术语

(1) FOB。船上交货(……指定装运港),Free on Board(…Named Port of Shipment)。按照《通则》的解释,采用FOB术语时,卖方承担的基本义务是在合同规定的装运港和规定的期限内,将货物装上买方指定的船只,并及时通知买方。

(2) CFR。成本加运费(……指定目的港),Cost and Freight(…Named Port of Destination)。按照《通则》的解释,采用CFR术语时,卖方承担的基本义务是在合同规定的装运港和规定的期限内,将货物装上船,并及时通知买方。

(3) CIF。成本、保险费加运费(……指定目的港),Cost, Insurance and Freight(…Named Port of Destination)。采用CIF术语时,卖方的基本义务是负责按通常的条件租船订舱,支付到目的港的运费,并在规定的装运港和装运期内将货物装上船,装船后及时通知买方。

(4) FCA。货交承运人(……指定地点),Free Carrier(…Named Place)。按照《通则》的解释,卖方只要将货物在指定的地点交给买方指定的承运人,并办理了出口清关手续,即完成交货。

(5) CPT。运费付至(……目的地指定地点),Carriage Paid to(…Named Place of Destination)。按照《通则》的解释,采用CPT术语成交,卖方要自负费用订立将货物运至目的地指定地点的运输契约,并且负责按合同规定的时间将货物交给承运人(在多式联运情况下,交给第一承运人)处置之下,即完成交货任务。

(6) CIP。运费和保险费付至(……目的地指定地点),Carriage Insurance Paid to(…

Named Place of Destination)。采用 CIP 术语时,卖方要负责订立运输契约并支付将货物运达指定目的地的运费,还要办理货物运输保险,支付保险费。

3. 其他贸易术语

(1) EXW。工厂交货(……指定地点),EX Works(…Named Place)。采用 EXW 术语时,当卖方在其所在地或其他指定的地点(如工场、工厂或仓库)将货物交给买方处置时,即完成交货。

(2) FAS。船边交货(……指定装运港),Free Alongside Ship(…Named Poort of Shipment)。采用 FAS 术语时,卖方要在规定的交货期内将符合合同规定的货物交到约定的装运港买方指派的船只的船边。

(3) DAF。边境交货(……指定地点),Delivered At Frontier(…Named Place)。采用 DAF 术语时,交货地点是在两国边境的约定地点。

(4) DES。目的港船上交货(……指定目的港),Delivered EX Ship(…Named Port of Destination)。采用 DES 术语时,卖方要负责将合同项下的货物按照通常路线和惯常方式运到指定的目的港,并在合同规定的交货期内,在目的港的船上将货物置于买方的控制之下,即完成交货。在此之前,卖方要将船名和船舶预计到港时间及时通知买方。

(5) DEQ。目的港码头交货(……指定目的港),Delivered EX Quay(…Named Port of Destination)。采用 DEQ 术语时,卖方要负责将合同规定的货物按照通常航线和惯常方式运到指定的目的港,并且负责将合同规定的货物从船上卸到码头上。卖方在规定的交货期内,在指定目的港的码头将货物置于买方的控制之下,即完成交货。

(6) DDU。未完税交货(……指定地点),Delivered Duty Unpaid(…Named Place of Destination)。采用 DDU 术语时,卖方要以通常条件自费订立运输契约,将货物按通常的路线和惯常方式运达指定的目的地的约定地点。

(7) DDP。完税后交货(……指定地点),Delivered Duty Paid(…Named Place of Destination)。采用 DDP 术语时,卖方在指定的目的地,办理完进口清关手续,将在交货运输工具上尚未卸下的货物交与买方,即完成交货。卖方必须承担将货物运至指定目的地的一切风险和费用,包括在需要办理海关手续时在目的地应交纳的任何"税费"(包括办理海关手续的责任和风险,以及交纳手续费、关税、税款和其他费用)。

在上述国际贸易术语中,EXW 术语下卖方承担的责任最小,而 DDP 术语下卖方承担的责任最大。

三、国际物流与国际贸易之间的关系

国际贸易与国际物流之间的关系是相互依存、相互促进和相互制约的关系。国际物流是国际贸易的必然产物,国际贸易的顺利进行要求以有效的国际物流作为保证和支持,因为各国之间的相互贸易最终是通过国际物流来实现的。国际贸易使商品所有权发生了交换,而国际物流则实现了商品在国际间的实体转移。国际货物运输是国际物流系统的核心,只有国际货物运输工作做好了,才能将国内外客户所需要的商品适时、适地、按质、按量、低成本地送到,保证国际贸易的顺利进行。国际物流将伴随着国际贸易的发展而不断发展,而国

际物流的高效运作反过来又会促进国际贸易的进一步发展。

四、国际贸易发展对国际物流的新要求

世界经济的飞速发展和国际政治格局的风云变幻,使国际贸易不断表现出一些新的趋势和特点,从而也不断对国际物流提出更新、更高的要求。

(一) 质量要求

国际贸易需求的多样化还造成了物流的多品种、小批量化,这就同时要求国际物流向优质服务和多样化发展。

(二) 效率要求

国际贸易活动的集中表现就是合约的订立和履行。而国际贸易合约的履行是由国际物流活动来完成的,这就要求通过高效率的物流来履行合约。

(三) 安全要求

由于国际分工和社会生产专业化的发展,大多数商品是在世界范围内分配和生产的。

例如,美国福特公司某一牌号的汽车要同约20个国家的30多个不同厂家联合生产,产品则销往100多个不同国家或地区。国际物流所涉及的国家多、地域辽阔、在途时间长,易受气候条件、地理条件等自然因素和政局、罢工、战争等社会政治经济因素的影响。因此,在组织国际物流,选择运输方式和运输路径时,要密切注意所经地域的气候条件、地理条件,同时还应注意沿途所经国家和地区的政治局势、经济状况等,以防止这些人为因素和不可抗拒的自然力造成货物灭失和损害。

(四) 经济要求

对于国际物流企业来说,选择最佳物流方案、提高物流经济性、降低物流成本、保证服务水平,是提高竞争力的有效途径。

(五) 信息化要求

第二次世界大战以来,现代信息技术得到了迅速发展,并逐步延伸和影响到社会生活的各个方面。近年来,计算机技术和网络通信技术,逐步实现国际贸易活动的信息化和无纸化,已成为现代国际贸易发展的一大趋势。目前,电子贸易、国际电子商务在国际贸易领域得到广泛应用。

任务小结

本任务介绍了国际贸易与国际物流的概念及基本特点,对国际贸易术语进行了详细说明,并对国际贸易与国际物流之间的关系进行了阐述。

任务二　国际物流业务

▶任务介绍

国际贸易推动下的国际物流，也应遵循一定的规律进行运转，有其固定的业务流程，其主要业务包括了仓储业务、报关报检业务和运输业务，以上几项业务支撑了国际物流的运转。

▶任务解析

掌握国际物流运作的基本流程；熟悉国际物流的基本业务内容。

▶相关知识

进出口报关范围

按照法律规定，所有进出境运输工具、货物、物品都需要办理报关手续。报关的具体范围如下：

1. 进出境运输工具

进出境运输工具是指用以载用人员、货物、物品进出境，并在国际间运营的各种境内或境外船舶、车辆、航空器和驮畜等。

2. 进出境货物

进出境货物是指一般进出口货物，保税货物，暂准进出境货物，特定减免税货物，过境、转运和通用及其他进出境货物。

3. 进出境物品

进出境物品是指进出境的行李物品、邮递物品和其他物品。以进出境人员携带、托运等方式进出境的物品为行李物品；以邮递方式进出境的物品为邮递物品；其他物品主要包括享有外交特权和豁免的外国机构或者人员的公务用品和自用物品等。

▶任务实施

在通畅的国际分销渠道条件下，国际物流业务运作的规范化、程序化应成为从业人员关注的问题。国际物流业务运作包括：国际商品与物料采购、国际商品与货物包装、国际商品储存保管、国际货物的装卸搬运、国际货物运输、通关、国际贸易加工等方面的问题。

一、国际物流的基本流程

（一）国际物流的主要参与者

国际物流的流程就是货物流、资金流和信息流在不同国家或地区之间的供应商、生产商、销售商和消费者之间的流动过程。参与国际物流的对象有：国内外买卖双方、国内外进出口代理商、国际运输的承运人以及为国际物流服务的进出口口岸、保险公司、银行以及代表国家政府行使相关职权的海关、边防、检验检疫等机构。

（二）国际物流业务运作流程

国际物流业务的核心是以国际贸易、国际物质交流大系统为总体目标的。国际贸易在合同签订后的履行过程，便是国际物流业务的实施过程，国际物流业务的运作流程比较复杂，牵涉到很多不同岗位的工作人员。国际物流的运作流程如下：

（1）接受货主询价。

①海运询价。需要掌握货物发往各大洲、各大航线常用的以及托运人常需服务的港口以及价格；掌握主要船公司的船期信息；了解货物类别信息，以及了解货物的备货情况，为货主提供船公司的船期，并确定相应的报关报检时间。

②陆运询价。掌握各大主要城市公里数和拖箱价格、各港区装箱价格以及报关报检费用。

（2）揽货接单。货运代理与托运人签署委托代理合同，签署托运人的订舱委托书，接受有关资料作为订舱依据。货运代理在接受托运人委托后需要抓住的重点信息是：船期与件数；外包装情况及其数量；净重与毛重；体积；付款条件；装箱情况以及托运人的联系方式。

（3）订舱及订舱处理。货运代理向承运人递交托运单进行订舱，承运人接受后在托运单上加盖确认章，并为其分配一个提单号；货运代理获得订舱号后，将订舱信息输入计算机，缮制货物装载清单，并将有关信息传输给客户及有关库场、集装箱货运站，以便办理空箱发放、装箱和重箱的交接。

（4）装箱与交接。货运代理代表托运人持承运人签发的有关提箱凭证向货运站办理空箱验收与交接，支付用箱押金等。装箱分为：

①拖装：货运代理应和车队联系，带上打印好的装箱单、托运单、设备交接单，在空箱堆场提箱到产地装箱、封箱，把重箱提回。

②场装：货运代理应按规定的时间，联系内陆运输工具将货物或集装箱送至货运站/码头堆场办理货物/集装箱交接，取得场站收据正本。

（5）报关与检验检疫。

①报检。对货运代理所承运的货物，如果属于国家法定检验的货物，那么在报关前一定要先进行检验检疫工作，取得出入境货物通关单，再进行报关活动。报检前，应与托运人签订代理报检委托书。

②报关。熟悉所承运货物的基本情况，了解进出口报关所需各种资料，如各种许可证件

以及基本的商业货运单据。与托运人签订报关委托书，准确地填制进出口报关单。

(6) 监督装船。货运代理代表托运人在现场监督货物的装卸，要求港方和传方合理装载，如发生货损，须由责任方鉴证，并联系托运人做好调换货物和包装修整工作。

(7) 缮制提单及修改提单。货运代理向承运人确认货物如数装船后，及时依据完船数和与托运人签订的委托书缮制提单，经托运人确认无误后予以签发，或送船公司或其代理人。托运人所需的"提单"发放形式如下：

①电放，先由需要托运人提供正本"电放保函"，后由公司出具"保函"给船公司电放。
②预借，先由托运人提供正本"预借保函"，后由公司出具"保函"给船公司预借。
③倒签，先由托运人提供正本"倒签保函"，后由公司出具"保函"给船公司倒签。
④分单，应待船开以后3~4天（在舱单送达海关后），再将一票关单分解成多票关单。
⑤并单，应待船开以后3~4天（在舱单送达海关后），再将多票关单合并成一票关单。
⑥异地放单，必须经过船公司同意，并取得托运人保函和异地接单人的联系电话、传真、公司名称等资料后方可放单。

(8) 付费取单货运代理代表托运人支付运费，并要求承运人或其代理人换取提单。

(9) 装船后事务处理。货运代理应将提单送交客户，以保证及时结汇，并向托运人结清海运费、陆运费、报关报检费、提货费和转运费等。如果货物因故未能发运或因单证不齐需要办理退关手续，货运代理应开出退关通知书给托运人。

(10) 业务归档。货运代理应与代理业务结束之后进行业务归档，并做好航次小结，以备存查。

二、国际物流业务的内容

(一) 国际货物仓储业务

国际货物仓储业务是随着国际商品交换的产生和发展而发展起来的。国际货物仓储业务在现代国际物流业务中起到非常重要的作用。

1. 发挥时间效应的作用

仓储能调整生产和消费在时间上的间隔，解决季节性生产或季节性消费的产品所产生的时间上的矛盾。

2. 对进入市场的商品的质量起到保证作用

当商品从生产领域进入流通领域的过程中，通过仓储环节，对即将进入市场的商品可以进行检验，防止质量不合格的伪劣商品混入市场。

3. 加速商品周转，加快流通起着保证作用

随着仓储业的发展，仓储本身已不仅是货物的储存，而且越来越多承担着具有生产特性的加工业务，如分拣、挑选、整理、加工等。

4. 具有调节商品价格作用

仓储可以克服生产旺季和生产淡季与消费之间巨大的供求矛盾，并以储存调节供求关系，调整由于供求矛盾而造成的价格差异。

5. 保证国际贸易的货物运输顺利畅通

仓储可以直接起到调节运输工具载运量平衡的作用,无论是出口还是进口仓储均可以减少压船、压港,弥补内陆运输工具载运量的不足,在船泊与内陆运输之间起着缓冲调节作用。

(二)国际货物报关报检业务

1. 报检

根据《中华人民共和国进出口商品检验法》及其实施条例的规定,凡列入《出入境检验检疫机构实施检验检疫的进出境商品目录》(简称"法检目录")内的商品,都必须向检验检疫机构办理检验检疫手续。

(1)含义:国际货物的检验检疫是指在国际贸易活动中,商品检验检疫机构对卖方交付货物的品质、规格、数量、重量、包装、卫生、安全等项目所进行的检验、鉴定工作,在国际贸易活动中通常称为商检工作。

通过商检,确定交货品质、数量和包装条件是否符合合同规定。在国际物流活动过程中,对进口单位来说,商品检验检疫最重要的是取得检验见检疫机构出具的各种证件。如出入境货物通关单等。

(2)报检业务流程:报检——抽样——检验——领取证书。

2. 报关

所有与进出境有关的货物、物品、运输工具都必须在设有海关的地点(如海港、空港、车站、国际邮件交换站或国界孔道)进出,并应办理相应的海港手续。

(1)含义:是指进出境运输工具负责人、进出境货物的收发货人、进出境物品的所有人或者他们的代理人,向海关办理货物、物品或运输工具进出境手续及相关海关手续的过程。

(2)报关阶段及流程。根据货物的性质,报关分为三个阶段:前期阶段、进出境阶段、后续阶段。

前期阶段:根据海关对保税货物、特定减免税货物、暂准进出境货物、其他进出境货物的监管要求,进出口货物的收发货人或其代理人,在货物进出境之前,向海关办理备案手续的过程。

进出境阶段:根据海关对进出境货物的监管要求,进出口货物的收发货人或其代理人在一般进出口货物、保税货物、特定减免税货物、暂准进出境货物、其他进出境货物进出境时,向海关办理进出口申报——配合查验——缴纳税费——提取或装运货物手续的过程。

后续阶段:根据海关对保税货物、特定减免税货物、暂准进出境货物、部分其他进出境货物的监管要求,进出口货物的收发货人或其代理人在货物进出境储存、加工、装配、使用、维修后,在规定的期限内,按照规定的要求,向海关办理上述进出口货物的核销、销案、申请解除监管等手续的过程。

(3)报关与报检的关系:报检先于报关,即先检验检疫后通关放行。

(三)国际货物运输业务

国际货物运输,就是在国家与国家、国家与地区之间的运输。

国际货物运输可进行以下分类。

1. 按贸易性质分类

国际货物运输可分为国际贸易物资运输和非贸易物资(如展览品、个人行李、办公用品、援外物资等)运输两种。由于国际货物运输中的非贸易物资的运输往往只是贸易物资运输部门的附带业务,所以,国际货物运输通常被称为国际贸易运输,从一国来说,就是对外贸易运输,简称外贸运输。

2. 按运输方式分类

国际货物运输又可分为国际海上运输业务、国际铁路货物运输、国际航空货物运输、集装箱和国际多式联运等方式。

(四)国际货物保险业务

保险是一门科学,它是利用概率论的大数法则,研究自然灾害与意外事故对国民经济破坏力的大小,从而设法控制、减少和消除其危险后果的科学。保险以组织补偿为手段,以最合理、最完善的方法筹集保险基金,把灾害损失在全体被保险人之间分摊,实现资金再分配,使被保险人以最小的保险费支出即可获得最大的安全保障。

货物保险是国际贸易和对外交经济交往中不可缺少的一个环节。对外贸易中的买卖双方远隔重洋,把货物从一方送到另一方必须经过运输,而货物在运输途中常有遭到损失的可能。特别是在海上运输过程中,往往因遇到各种自然灾害而遭受损失。为了保证经济核算,及时取得损失补偿,就有必要投保高级货物运输险。

国际货物运输保险投保程序:

(1) 选择投保险别:可根据被保险货物在运输途中可能遇到的风险而定。

(2) 确定投保金额与计算保险费。

保险金额是投保人对保险货物的实际投保金额,既是保险人最后赔偿的最高金额,也是计算保险费的基本依据。按照国际惯例,国际贸易货物运输保险金额一般都是在 CIF 价格基础上加成 10%。

保险金额＝CIF×(1＋投保加成率)

保险费是投保人员支付一定的货币金额,以取得保险人一旦发生意外事故,在保险范围内承担对受损货物经济补偿的责任。

保险费＝保险金额×保险费率

(3) 填写投保单。

(4) 支付保险费,取得保险单。

①保险单,或称大保单,它是承保一个指定航程内某一批货物的运输保险,是使用最广泛的保险单据。

②保险凭证,是一种简化的保险单,这种凭证背面不载明保险人与被保险人的权利与义务,其余的内容与保险单相同,并具同等法律效力。

(5) 保险索赔。保险货物在运输途中,由于自然灾害或意外事故造成货物的损失,只要是在保险单据承保的责任范围内的损失,保险人应赔偿损失,投保人可在索赔的有效期内向保险人提出索赔。

任务小结

本任务对国际物流业务流程进行了详细说明,并对国际物流中的主要物流业务中的仓储、报关报检及运输等业务进行了说明和描述。

任务三 国际货物运输与国际货运代理

任务介绍

国际物流中的一项重要内容就是国际运输,国际运输运作的优劣直接关系到国际物流的最终结果,而在国际运输的具体实施中,国际货运代理为其最主要的运作方式。

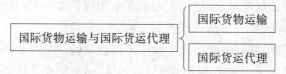

任务解析

明确国际货运的基本类型及其运作方式;掌握国际货运代理的基本方法和组织。

相关知识

国际货物运输代理企业的理解

国际货运代理协会联合会队会运代理的定义是:根据客户的指示,为客户的利益而揽取货物的人,其本人并非承运人。货代也可以这些条件,从事与运送合同有关的活动,如储货、报关、验收、收款。

我国国际货运代理业管理规定实施细则的定义是:国际货物运输代理企业可以作为进出口货物收货人、发货人的代理人,也可作为独立经营人从事国际货代业务。

国际货代企业作为代理人从事国际货运代理业务,是指国际货运代理企业接受进出货物收货人、发货人或其代理人的委托,以委托人或自己的名义办理有关业务,收取来代理费或佣金的行为。

国际货运代理企业作为独立经营人从事国际货代理业务,指国际货运代理企业接受进出货物收货人、发货人或其代理人的委托,签发运输单证,履行运输合同并收取运费和服务费的行为。

任务实施

一、国际货物运输

(一)国际物流运输方式

国际货物贸易涉及到货物的跨国流动,必然需要一定的运输工具来承担运输。根据运输工具的不同,国际货物运输分为海洋运输、铁路运输、公路运输、航空运输、内河运输、管道运输、国际多式联运等。

1. 海洋运输(Ocean Transport)

海洋运输具有运量大、不受轨道和道路的限制以及运费低廉等优点,是国际贸易中最主要的运输方式。按照船舶的经营方式,海洋运输分为班轮运输和租船运输两种。

(1) 班轮运输(Liner Transport)

班轮运输又称定期船运输,它是在一定的航线上、在一定的停靠港口,定期开航的船舶运输。

①班轮运输的特点

"四固定",即航线、停靠港口、船期皆固定,运费率也相对固定。

"一负责",即货物由班轮公司负责配载和装卸,运费内包括货物在装运港的装货费、在目的港的卸货费以及从装运港至目的港的运输费用和附加费用。班轮公司和托运人双方不计滞期费和速遣费。

班轮公司和货主一般不订立书面合同,双方的权利义务和责任豁免以签发的提单条款为依据。

②班轮运费的构成

班轮运费由两大部分构成,即班轮基本运费(Basic Rate)和附加运费(Surchargeor Additional)。班轮运费的计算公式为:运费总额=基本运费+附加运费

基本运费是班轮运费的主要部分,是根据班轮公司的运价表来计算的。运价表的结构包括货物名称、计算标准、等级三个部分,其中等级共分 20 级,1 级为低价货,运费最低;20 级为高档货物,运费最高。

根据不同商品,班轮运费计收标准通常分为下列几种:

1) 按货物实际重量计收运费,称为重量吨(Weight Ton),运价表内用"W"表示。

2) 按货物的体积/容积计收,称为尺码吨(Measurement Ton),运价表中用"M"表示。

3) 按重量或体积从高计收,即由船公司选择其中收费较高的一种作为计费标准,运价表中用"W/M"表示。

4) 按商品价格计收,称为从价运费,运价表内用"A. V. 或 Ad. Val."(拉丁文 ad valorein,意为"从价")表示。

5) 按货物的重量或体积或从价计收,即在重量吨、尺码吨和从价运费中选择最高的一种标准计收,在运价表内用"W/M 或 A. V."表示。

6) 按货物的重量或体积,再加上从价运费计算,即先按货物重量吨或尺码吨中转高者计算,然后加收一定比例的从价运费,在班轮运价表中用"W/M plus Ad. VaJ."表示。

7) 按照货物的个数或件数计收,如卡车按辆、活牲畜按头计收。

8) 由货主和船公司议定,又称议定运价。这种方法通常在承运粮食、矿石、煤炭等农副产品和矿产品时选用。议定运价一般较低,在班轮运价表中用"Open"表示。

附加运费是按规定除基本运费外加收的费用,主要有:超重附加费、超长附加费、直航附加费、转船附加费、港口附加费、港口拥挤附加费、绕航附加费、燃油附加费、货币贬值附加费等。

(2) 租船运输(Shipping by Chartering)

租船运输是指租船人向船东租赁船舶用于货物的运输。在租船运输业务中航期、航线、运价、港口等均不固定,装卸费及船期延误按租船合同规定划分及计算。双方的权利义务和责任豁免按租船合同的规定执行。租船运输分为定期租船(Time Charter)和定程租船(Voyage Charter)两类。

在定期租船运输中,如果由于租船人的原因,致使未能在租船合同规定的时间内完成装船或者卸货,导致船舶留港时间增加:使船东港口费用的负担增加和遭受船期损失,此时,租船人应当按照实际滞延的时间向船东支付补偿金,即为滞期费。如果由于租船人的原因,使得装船或者卸货提前完成,船舶提前离港可以节约船东的港口费用的负担并使其获得肼期利益。对所节约的时间,船东要给予租船人一定的奖励,即为速遣费。

此外,在租船合同中,经常通过固定的用语表明由承租人还是船东负责装卸货以及承担相应的费用,具体如下:

表 11-1 租船合同中的固定用语及其含义

固定用语	简称	含义
Liner Terms (Gross Terms)(Berth Terms)	班轮条件	船方负责装货和卸货,租金中包括装卸费
Free Out	F. O.	船方管装不管卸,租金中包括装货费不包括卸货费
Free In	F. I.	船方管卸不管装,租金中包括卸货费不包括装货费
Free In and Out	F. I. O	船方不负责装卸,租金中不包括装卸费
Free In and Out, Stowed and Trimmed	F. I. O. S. T	船方不负责装卸,也不负责理仓和平仓,租金中不含有关费用

(3) 海洋货物运输操作流程

在货物进出口中,海洋运输操作流程因船舶经营方式、装卸港、贸易术语、集装箱的采用等有所不同,下面以 CFR 术语、件杂货班轮运输为例,介绍有关的流程:订舱和报关委托;编制和递送出口托运单;签发装货单,确认运输合同;货物集中港区;报关;海关放行;出口人或货代将盖有放行章的装货单递交给船公司港区仓库;装船;签发收货单,出口人和(或)货代将理货人员和大副签章的收货单递交给船公司;签发提单。

2. 陆路运输

陆路运输方式主要指铁路运输和公路运输。特别在货物启运地或者目的地非港口时，除非采用航空运输，一般都采用国内铁路运输或者国内公路运输与海洋运输相结合的方式。

我国对外贸易铁路运输主要包括国际铁路货物联运和对香港特别行政区铁路货物运输（以下简称对港铁路运输）两部分。

国际铁路货物联运的单据主要是铁路运单正本和副本。

在国际铁路货物联运方式下，发送国铁路的运送费用，按发送国铁路的国内运价计算；到达国铁路的运送费用，按到达国铁路的国内运价计算；过境国铁路的运送费用，按国际铁路联运协定统一过境运价规程（统一货价）的规定计算。

3. 航空运输

航空运输具有运送速度快、运输安全准时的特点。小件货物、鲜活商品、季节性商品和贵重商品适宜采用航空运输。

（1）航空运输方式

航空运输方式主要有班机运输、包机运输、集中托运和航空快递业务。见表11-2。

表11-2 航空运输方式的分类

运输方式	含义	特点	适用
班机运输	由具有固定开航时间、航线和停靠航站的飞机承担运输	运量较小，运价较贵，航期固定	鲜活商品或急需商品
包机运输	航空公司按照约定的条件和费率，将整架飞机租给一个或若干个包机人（包机人指发货人或航空货运代理公司），从一个或几个航空站装运货物至指定目的地	费率低，运量较大，但运送时间比班机长	货量较大的商品
集中托运	航空货运代理公司将若干批单独发运的货物集中成一批向航空公司办理托运，填写一份总运单送至同一目的地，然后由其委托当地的代理人负责分发给各个实际收货人	主要优势为运费低，是航空货运代理的主要业务之一	一般商品
航空快递	快递公司与航空公司合作，由快递公司派专人从发货人处提取货物后以最快航班将货物出运，飞抵目的地后，由专人接机提货，办妥进关手续后直接送达收货人	最为快捷、方便的运输方式，又称"桌到桌运输"	各种急需物品和文件资料

(2) 航空运单(Air Waybill)

在航空运输中,航空公司或者航空货运代理公司作为承运人签发航空运单作为其接受货物的依据以及与托运人之间运输合同的证明。

(3) 航空运费

航空运费是承运人为货物航空运输所收取的报酬。它只是货物从始发机场至到达机场的运价,不包括提货、报关、仓储等其他运费。航空运价仅适用于单一方向。

4. 国际多式联运(International Multi-modal Transport)

随着集装箱运输软硬件成套技术臻于成熟,到20世纪80年代集装箱运输已进入国际多式联运时代。国际多式联运利用集装箱通过采用海、陆、空等两种以上的运输手段,完成国际间的连贯货物运输。开展国际多式联运是实现"门对门"运输的有效途径。

(1) 国际多式联运的特征

具有一份多式联运合同;使用一份全程多式联运单据,并按单一运费率计收全程运费;必须是两种或两种以上不同运输方式的连续运输;必须是国际间的货物运输;必须由一个多式联运经营人对货物运输全程负责。

(2) 国际多式联运的优点

手续简便,责任统一。托运人只需办理一次托运,订立一份运输合同,一次支付费用,一次保险,所有一切运输事项均由多式联运经营人负责,简化了托运、结算及理赔手续,节省人力、物力和有关费用。

缩短时间,增强效率。各个运输环节和各种运输工具之间配合密切,缩短货物运输时间,减少库存,降低货损货差事故。

提高了运输组织水平。由不同的经营人共同参与多式联运,最大限度地发挥其现有设备作用,选择最佳运输线路,提高运输管理水平,实现运输合理化。

二、国际货运代理

(一) 国际货运代理的概念

目前,国际上对于货运代理没有一个统一的定义。

国际货运代理协会联合会FIATA(简称菲亚塔)将其定义为:"根据客户的指示,并为客户的利益而揽取货物运输的人,其本身不是承运人。"

货运代理也可以依据这些条件,从事与运输合同有关的活动,如储货(也含寄存)、报关、验收、收款等。

在我国,国际货运代理具有两种含义,其一是指国际货运代理业;其二是指国际货运代理人。

根据1995年6月29日国务院批准的《中华人民共和国国际货物运输代理业管理规定》第2条规定"国际货物运输代理业,是指接受进出口货物收货人、发货人的委托,以委托人的名义或者以自己的名义,为委托人办理国际货物运输及相关业务并收取服务报酬的行业。"

国际货运代理人:是指接受进出口货物收货人、发货人和承运人的委托,以委托人的名义或者以自己的名义,为委托人办理国际货物运输及相关业务并收取服务报酬的企业。可见,国际货运代理人就是我们通常所说的国际货运代理企业。

(二) 国际货运代理的作用

1. 为发货人服务

(1) 组织协调作用

国际货运代理人历来被称为"运输的设计师","门到门"运输的组织者和协调者。凭借其拥有的运输知识及其他相关知识,组织运输活动,设计运输路线,选择运输方式和承运人(或货主),以提供更专业化的服务。

协调货主、承运人及其与仓储保管人、保险人、银行、港口、机场、车站、堆场经营人和海关、商检、卫检、动植检、进出口管制等有关当局的关系,可以节省委托人时间,减少许多不必要的麻烦,专心致力于主营业务。

(2) 专业服务作用

国际货运代理人的本职工作是利用自身专业知识和经验,为委托人提供货物的承揽、交运、拼装、集运、接卸、交付服务,接受委托人的委托,办理货物的保险、海关、商检、卫检、动植检、进出口管制等手续,甚至有时要代理委托人支付、收取运费,垫付税金和政府规费。国际货运代理人通过向委托人提供各种专业服务,可以使委托人不必在自己不够熟悉的业务领域花费更多的心思和精力,使不便或难以依靠自己力量办理的适宜得到恰当、有效的处理,有助于提高委托人的工作效率。

(3) 降低成本作用

国际货运代理人掌握货物的运输、仓储、装卸、保险市场行情,与货物的运输关系人、仓储保管人、港口、机场、车站、堆场经营人和保险人有着长期、密切的友好合作关系,拥有丰富的专业知识和业务经验,有利的谈判地位,娴熟的谈判技巧,通过国际货运代理人的努力,可以选择货物的最佳运输路线、运输方式,最佳仓储保管人,装卸作业人和保险人,争取公平、合理的费率,甚至可以通过集运效应使所有相关各方受益,从而降低货物运输关系人的业务成本,提高其主营业务效益。

(4) 资金融通作用

国际货运代理人与货物的运输关系人、仓储保管人、装卸作业人及银行、海关当局等相互了解,关系密切,长期合作,彼此信任,国际货运代理人可以代替收、发货人支付有关费用、税金,提前与承运人、仓储保管人、装卸作业人结算有关费用,凭借自己的实力和信誉向承运人、仓储保管人、装卸作业人及银行、海关当局提供费用、税金担保或风险担保,可以帮助委托人融通资金,减少资金占压,提高资金利用效率。

(5) 沟通控制作用

国际货运代理人拥有广泛的业务关系、发达的服务网络、先进的信息技术手段,可以随时保持货物运输关系人之间、货物运输关系人与其他有关企业、部门的有效沟通,对货物进行运输的全过程进行准确跟踪和控制,保证货物安全、及时运抵目的地,顺利办理相关手续,准确送达收货人,并应委托人的要求提供全过程的信息服务及其他相关服务。

(6) 咨询顾问作用

国际货运代理人通晓国际贸易环节,精通各种运输业务,熟悉有关法律、法规,了解世界各地有关情况,信息来源准确、及时,可以就货物的包装、储存、装卸和照管,货物的运输方式、运输路线和运输费用,货物的保险、进出口单证和价款的结算,领事、海关、商检、卫检、动植检、进出口管制等有关当局的要求等向委托人提出明确、具体的咨询意见,协助委托人设计、选择适当处理方案,避免、减少不必要风险、周折和浪费。

2. 为承运人服务

货代向承运人订舱,一定对承运人和发货人都公平合理的费率,安排适当的时间交货以及以发货人的名义解决与承运人的运费账目等问题。

近年来,随着国际贸易中集装箱运输的增长,国际货代公司引进"集运"与"拼箱"服务,使得他们与班轮公司的及其他承运人如铁路承运人之间建立起更为密切的联系。

3. 为港口服务

货代接运整船货物或装运整船大部分货物,在合理流向的前提下可以争取船舶在货代所在地港口装卸,这就为港口争揽了一条船的货源。

4. 为海关服务

正因为此,目前,世界上80%左右的空运货物,70%以上的集装箱运输货物,75%的杂货运输业务,都控制在国际货运代理人手中。

我国80%的进出口贸易货物运输和中转业务(其中,散杂货占70%,集装箱货占90%),90%的国际航空货物运输业务都是通过国际货运代理企业完成的。

(三) 国际货运代理的性质

与概念相对应,对于国际货运代理的性质,也可以从两个角度来解释。

1. 国际货运代理业的性质

国际货运代理业在社会产业结构中属于第三产业,性质上属于服务行业。从政治经济学角度看,它隶属于交通运输业,属于运输辅助行业。

2. 国际货运代理人的性质

国际货运代理从本质上属于运输关系人的代理,是联系发货人、收货人和承运人的运输中介人,它既代表货主,保护货主利益,又协调承运人进行承运工作,在货主与承运人之间架起桥梁。

(四) 国际货运代理的业务范围

根据《中华人民共和国国际货运代理业管理规定实施细则》的规定,国际货运代理企业的经营范围如下:

揽货、订舱(含租船、包机、包舱)、托运、仓储、包装;货物的监装、监卸、集装箱的拆箱、分拨、中转及相关的短途运输服务;报关、报检、报验、保险;缮制签发有关单证、交付运费、结算及交付杂费;国际展品、私人物品及过境货物运输代理;国际多式联运、集运(含集装箱拼箱);国际快递(不含私人信函);咨询及其他相关国际货运代理业务。

（五）国际货运代理的分类

1. 按企业的成立背景和经营特点为标准分类

(1) 以中外运为背景的国际货代企业

中外运，即中国外运，全称中国对外贸易运输（集团）总公司，是目前为止我国最大的货代企业。这是有历史渊源的，新中国成立以后，我国全面实行对外贸易管制，为适应外贸垄断体制，国家又规定，所有的进出口货物都要通过中国对外贸易运输总公司统一组织办理托运，这种垄断局面一直持续到1984年，也就是说，在此期间，中国的国际货运代理业务基本上是由中外运一家垄断，独家经营的，中国仅此一家货代，在这样的一种背景下，中外运发展为中国规模最大、实力最雄厚、最权威的一家货代企业，就不足为奇了。

现如今，中外运的经营特点是：一业为主，多种经营。即以外贸运输为主业，中外运现拥有载重量200多万吨的船队、3000多辆汽车。多种经营，是指中外运除货运外，还承办货代、船代、航空快件、集装箱租赁、信息咨询等多种业务，货代业务只是其经营内容之一，但中外运的货代业务经营范围十分广泛，涵盖海、陆、空、多式联运、报关、报检、仓储、中转、分拨等。

伴随着长期的业务发展，中外运设立的分支机构、全资子公司、控股公司、合资企业遍布国内外各大港口城市，并同世界150多个国家和地区的400多家货代、船代、租船经纪人、船公司建立业务往来，其代理网络遍布国内外，形成了强大的货代经营优势。

我国的不少货代企业以中外运为背景发展起来的，例如：中国外运福建集团公司（即福建外运，坐落在福州市中心的湖东路福建外运大厦）是中外运在福建省设立的子公司、下属已有20个全资子公司，5个合资公司，如：福建外运福州汽车运输有限公司、福建外运集装箱公司、福建外运天健航空货运有限公司、中国外运福建有限公司厦门分公司、福建中外运船务代理有限公厦门分公司、泉州分公司等。

(2) 以航运公司、航空公司、铁路部门（实际承运人）为背景的国际货代企业

此类货代企业中具有代表性的有：中远国际货运有限公司，天津海运集团控股的天海、天新、天富等货代公司，上海海运集团所属的上海海兴国际货运有限公司，山东省海丰国际货运集团所属的山东省海丰货运代理有限公司，中国民航客货运输销售代理公司，中国铁路对外服务总公司等。

这类企业的特点是：与承运人关系密切，在相关运输方式上竞争力较强。具体体现为：在运价方面有竞争力；有很强的运输条件优势，体现在舱位安排、方便货主、捕捉与反馈航运信息等方面均有优势。

(3) 以外贸专业公司、工贸公司为背景所组建的国际货代企业

这类企业如中粮、五矿、中纺、中土畜等系统所属的国际货运有限公司，其前身一般是各总公司履行发货、定舱、仓储、报关等职能的储运部、报运部。

①在货源、审核信用证、缮制货运单证和向银行办理议付结汇等方面较其他具有明显优势。

②规模都较小，服务功能欠完善，缺乏网络化的经营条件。

(4) 以仓储企业为背景的国际货代企业

这类公司原本是以办理仓储业务见长的仓储企业,基于增加利润来源、更好地为货主服务的目的,经审核批准,取得了国际货运代理的资格。这类货代中有天津渤海石油运输公司、上海国际展览运输有限公司、北京华协国际珍品货运服务公司等。其经营特点是:凭借仓储优势及这方面的丰富经验,揽取货源,深得货主信任。特别在承办特种货物方面的独有专长,但规模较小、服务单一。

(5) 外商投资类型的国际货代企业

1992年以后,我国政府也允许外商以合资、合作的形式在我国经营国际货运代理业,于是,国外一些船公司、货代行、实业公司就纷纷开始进入我国货代市场,与国内大型外贸、运输公司联手创办合资企业。入世后,我国政府遵守承诺,进一步开放货运代理市场,自2005年12月11日起,允许设立外商独资国际货运代理企业。这固然促进了我国国际货运代理业的发展,也加剧了国际货运代理市场的竞争。

首先,一大批外资船公司将纷纷建立自己的货代公司,参与市场竞争。他们会用多种竞争手段来挤压中国货代的经营空间。如对出口货物,以远低于给货代的运价向出口人直接报价,轻而易举地抢走我们多年的客户;通过其海外的国际网络,用在信用证上"指定货代"的方式架空我国货代等。(说明:在中国对外贸易的构成中,加工贸易的比重已占中国进出口总额的50%以上,其中的加工贸易就是跨国公司内部贸易的一种表现形式。在货物运输的安排方式上,基于安全、快捷等服务要求,这些贸易商通常是在国外已选择好承运人或货运代理,采用FOB指定货代的形式,这时具备全球网络优势的跨国物流服务商(目前国内货代企业由于普遍缺乏海外网络)就成为他们的首要目标。目前中国进出口货物运输合同中已有50%以上采用FOB条款。)

其次,原先中外合资的货代企业将纷纷走向独立。外资公司对我国市场觊觎已久,早年因为政策原因,他们进入我国市场的策略只能以合资的方式进行,合资也有合资的好处,他们可以利用和我国企业合资的机会,逐步了解和熟悉我国市场,减少进入风险,现在时机成熟了,对市场比较了解了,而政策也允许独资了,于是,一些外资企业就抛开中方合作者,尽力独资货代企业,独立进行业务,占据我国市场。

这些无疑对我国的货代公司造成巨大的竞争乃至生存压力。因此,中国货代企业的好日子是在1991~1994年,那几年外贸大发展,竞争相对没有那么激烈,当时干线船和支线船载运加上差额颇大,承运人和货代效益颇丰。从1994年下半年开始,二程船公司进入中国境内,在运费上缩小了差额,逐步与国际货运市场运价接轨,国际货运呈现薄利多运之势,对货主大为有利,而承运人乃至货代企业则感到竞争加剧。

2. 按业务范围划分

国际货运代理按业务范围可分为:海运货运代理;空运货运代理;陆运(铁路、公路)货运代理;国际多式联运代理。

(六) 行业组织

1. 国际货运代理协会联合会(FIATA)——国际货运代理的国际组织

国际货运代理协会联合会是世界国际货运代理的行业组织,其法文名称为"Federation

International des Associations de transitaires etassimiles",英文名称为"International Federation of Freight Forwarders Associations"。其法文缩写是"FIATA",被称为"菲亚塔",并被用作该组织的标识。

FIATA 由 16 个国家的货运代理协会于 1926 年 5 月 31 日在奥地利维也纳成立,总部设在瑞士苏黎世,是一个非营利性的组织。

2. 中国国际货运代理协会(CIFA)——中国国际货运代理的行业组织

随着我国国际货代业的发展,为规范行业经营秩序,协调维护行业利益,服务货代企业,建立货代企业的行业自律组织就显得十分必要。1992 年,上海货代协会成立,这是我国第一个地方性国际货运代理协会,目前全国已有 21 个省、自治区、直辖市建立了地方货代协会。

随着各地方货代协会相继成立,为协调货代行业发展中的全局性问题,促进我国国际货代业的健康发展,在政府有关部门的支持和国内外同行的关注下,2000 年 9 月 6 日,中国国际货运代理协会(China International Freight Forwarders Association,简称 CIFA)获准筹备,在北京宣告成立。CIFA 是一个非营利性的全国性行业组织。

CIFA 是由中国境内各地方国际货运代理行业协会、国际货运代理企业、与货运代理相关的企事业单位自愿参加组成的社会团体,亦吸纳在中国货代、运输、物流行业有较高影响的个人。CIFA 的会员分为团体会员、单位会员和个人会员三类。目前 CIFA 拥有会员近 600 家。

作为联系政府与会员之间的纽带和桥梁,CIFA 宗旨是:协助政府部门加强对我国国际货代行业的管理;维护国际货代业的经营秩序;推动会员企业间的横向交流与合作;依法维护本行业利益;保护会员企业界的合法权益;促进对外贸易和国际货代业的发展。

CIFA 接受商务部和民政部的指导和监督。民政部(社团登记管理机关)是其登记注册的部门,而商务部则是 CIFA 的业务指导部门,CIFA 在商务部的直接领导下开展行业管理工作。为支持中国货代协会积极开展工作,原外经贸部还曾专门下发文件,关于赋予中国国际货代协会相关职能,如:对全国货代企业的年审情况进行汇总分析,并负责组织行业培训及代发上岗资格证书。

中国国际货代协会的成立,标志着我国政府对该行业的管理将进入到一个政府监管与行业自律并重的新阶段。加入 WTO 后,随着我国货代市场的逐步开放和政府职能的转变,货代协会的作用将逐步显现出来。

CIFA 以民间形式代表中国货代业参与国际经贸运输事务并开展国际商务往来,与 FIATA 保持着极为密切的关系,并于 2001 年初被 FIATA 接纳为一般会员。

2002 年 7 月 15 日,中国国际货运代理协会颁发《中国国际货运代理协会标准交易条件》,并推荐会员使用。该标准交易条件采纳《FIATA 示范法》,并吸纳了其他国家相关立法和标准交易条件,具有一定的先进之处。当然它也还存在着不尽完善之处,还不是很成熟。如客户和国际货运代理人选择接收该标准交易条件,《标准交易条件》则产生法律效力。

(七)我国对国际货运代理业的管理

根据《中华人民共和国国际货物运输代理业管理规定》规定,商务部是我国国际货运代理业的主管部门,负责对全国国际货运代理业实施监督管理。省、自治区、直辖市、经济特区、计划单列市人民政府商务主管部门在商务部的授权下,负责对本行政区域内的国际货运代理业实施监督管理。

在商务部和地方商务主管部门的监督和指导下,中国国际货运代理协会协助政府有关部门加强行业管理。根据《中华人民共和国行政许可法》和有关规章规定,国务院和地方商务主管部门赋予了中国国际货运代理协会和各地方行业协会部分行业的管理职能,主要体现在协调政府与国际货运代理企业的关系、企业的备案、企业的年审、业务人员的培训和行业自律等方面。

此外,我国国际货运代理行业的主管部门为商务部,但是国务院公路、水路、铁路、航空、邮政运输主管部门和联合运输主管部门,也在根据与本行业有关的法律、法规和规章对国际货运代理企业的设立及其业务活动进行着不同程度的管理。

因此,商务部、地方商务主管部门、其他相关管理部门和中国国际货运代理协会都在不同程度上行使着对国际货运代理业进行管理的职能。

(八)国际货运代理的权利和义务

1. 国际货运代理的权利

国际货运代理企业的主要业务是接受货主的委托,代理客户完成国际贸易中的货物运输任务,货主是委托方,货代是代理人。根据我国《合同法》的有关规定,国际货运代理企业主要有以下权利:

(1)为客户提供货物运输代理服务获取报酬。(即,货代有权要求货主支付代理佣金,作为提供代理服务的报酬。)

(2)接受委托人支付的因货物的运送、报关、投保、报关、办理汇票的承兑和其他服务所发生的一切费用。(即,货代有权要求货主支付由于办理代理工作而产生的有关费用。关于这方面费用,一般的做法是由货主事先支付给货代一笔费用,代理结束后再由货代向货主保障,多退少补。)

(3)接受委托人支付的因货代不能控制的原因,致使合同无法履行而产生的其他费用。(如果客户拒付,国际货运代理人对货物享有留置权,有权以某种适当的方式将货物出售,以此来补偿所应收取的费用。)

(4)接受承运人支付的订舱佣金(作为或代替船公司揽货的报酬)。

(5)按照客户的授权,可以委托第三人完成相关代理事宜。

(6)接受委托事务时,由于货主或承运人的原因,致使货代受到损失,可以向货主或承运人要求赔偿损失。例如:货代根据货主要求向船公司订妥舱位,但后来由于货主备货不足,造成空舱损失,货代有权要求货主应予以补偿。

2. 国际货运代理的义务

国际货运代理的义务是指国际货运代理在接受委托后,对自己的代理事宜应当从事或不应当从事的行为,以及在从事货运代理业务中与第三人的行为或不应当从事行为。国际货运代理企业一经与货主(委托人)签署合同或委托书,就必须根据合同或委托书的相关条款为委托人办理委托事宜,并对在办理相关事宜中的行为负责。归纳起来其义务分为两类:对委托人的义务和对委托事务相对人的义务。

(1) 对委托人的义务

国际货运代理企业在从事国际货物运输代理业务的过程中,对委托人的义务主要表现在:按照客户的指示处理委托事务的义务;亲自处理委托人委托事务的义务;向委托人如实报告委托事务进展情况和结果的义务;向委托人移交相关财物的义务;就委托办理的事宜为委托人保密的义务,例如:货主需要近期大量舱位、货主可接受的运价底线等,货代有义务对外进行保密,以免造成对货主不利的影响;由于自己的原因,致使委托业务不能按期完成或使委托人的生命财产遭受损失,进行赔偿的义务。

(2) 对委托事务相对人的义务

国际货运代理企业从事国际货物运输代理业务,在办理委托人委托的事务过程中,必然与外贸管理部门、海关、商检、外汇管理等国家管理部门和承运人、银行、保险等企业发生业务往来,国际货运代理企业在办理相关业务中还必须对其办理事务的相关人负责。其义务主要体现在:如实、按期向有关的国家行政管理部门申报的义务;如实向承运人报告货物情况的义务;缴纳税费,支付相关费用的义务;由于货主或货代本身的原因,致使相关人的人身或财产损失的赔偿义务。

▶任务小结◀

国际物流运输包括了海洋、铁路、公路等运输方式。本任务着重介绍了海洋与铁路运输的基本流程,对国际货物代理的作用进行了分析,对其运作进行了说明,并对现有的国际货代组织进行了介绍。

任务四 物流战略内容和环境分析

▶任务介绍◀

近十几年来,从事物流经营的企业之间竞争日益激烈。如何根据自身的经营特点适时、有效地开展物流战略成为企业谋求长远发展的重大课题。随着经济全球化和区域经济一体化,物流在企业的发展过程中的地位逐渐从幕后走到了幕前,从为主业做配套支撑的成本中心演变成可以作为产业来发展的利润中心,为此,物流战略规划对企业发展的重要性显得至关重要。

```
                    ┌─ 物流战略的内容
           物流战略 ─┼─ 物流战略的目的
                    └─ 物流环境分析
```

▸任务解析

认识物流战略的概念及内容;明确物流战略的目的;认识物流环境分析的意义及其具体内容。

▸相关知识

相关战略理解

一、企业战略

企业战略是竞争、生存和发展。实际上学术界和产业界越来越多的人已逐渐认识到,现代企业的竞争实质上是供应链之间的竞争,供应链的竞争则是更多更好的物流能力和水平的竞争。物流更具有战略性,它是企业发展战略的一部分,而不是一项具有操作性任务。这是当前非常盛行的一种说法,应该说这种看法把物流放在了很高的位置。

二、物流战略优势

物流战略优势是指物流系统能够在战略上形成的优于竞争者的形势、地位和条件。研究物流战略优势,关键是要在物流系统成功的关键因素上形成差异优势或相对优势,这是取得物流战略优势比较经济有效的方式,当然也要注意发掘潜在优势,关注于未来优势的开发。

▸任务实施

一、物流战略的内容

(一) 物流战略的概念

物流战略是指为寻求物流的可持续发展,就物流发展目标以及达到目标的途径与手段而制定的长远性、全局性的规则与保证。

(二) 物流战略的内容

物流战略的基本内容包括:物流系统的使命、物流战略目标、物流战略导向、物流战略优势、物流战略类型、物流战略态势以及物流战略措施等。物流战略优势、物流战略类型和物流战略态势又称为物流战略的基本要素。

物流战略目标,是由整个物流系统的使命所引起的,可在一定时期内实现的量化的目标,它为整个物流系统设置了一个可见和可以达到的未来,为物流基本要点的设计和选择指明了努力的方向,是物流战略规划中的各项策略制定的基本依据。

物流战略优势,是指某个物流系统能够在战略上形成的有利形势和地位,是其相对于其他物流系统的优势所在。物流系统战略可在很多方面形成优势:产品优势、资源优势、地理优势、技术优势、组织优势和管理优势,随着顾客对物流系统的要求越来越高,很多企业都在争相运用先进的技术来保证其服务水平,其中能更完美地满足顾客需求的企业将成为优势企业。例如,对于道路运输企业来说,研究物流战略优势,关键是要在物流系统成功的关键因素上形成差异优势或相对优势,这是取得物流战略优势经济有效的方式,可以取得事半功倍的效果,当然也要注意发掘潜在优势,关注未来优势的建立。

物流战略态势,是指物流系统的服务能力、营销能力、市场规模在当前市场上的有效方位及战略逻辑过程的不断演变过程和推进趋势。研究公司的物流战略态势,就应该对整个物流行业和竞争对手的策略有敏锐的观察力和洞察力,不断将自身定位,从而做到知己知彼,以期获得在行业中的领先地位。

(三) 物流战略的目的

现代物流战略的最终目标是成本最小、投资最少和服务改善。

成本最少是指降低可变成本,主要包括运输和仓储成本,例如物流网络系统的仓库选址、运输方式的选择等。

投资最少是指对物流系统的直接硬件投资最小化从而获得最大的投资回报率。在保持服务水平不变的前提下,可以采用多种方法来降低企业的投资。

服务改善是提高竞争力的有效措施。随着市场的完善和竞争的激烈,顾客在选择物流服务时除了考虑价格因素外,还要考虑到到货及时准确等与服务水平相关的因素。

物流战略作为社会经济发展战略与企业总体战略的重要组成部分,要服从社会经济总目标和企业目标。

二、物流环境分析

(一) 物流体系环境

物流体系环境(又称为物流支撑环境)是指构成物流系统的内部环境,主要包括交通运输环境、商业环境、物资业环境和仓储业环境等。通过对物流体系环境的认识,有利于充分发挥物流体系优势,更好地促进物流畅通,为经济发展服务。

1. 交通运输环境

交通运输业是物流业的重要组成部分,本身也是一个独立的物质生产部门。交通运输生产力的布局,对物流企业使用交通运输生产力,依靠交通运输来建立物流系统,组织物流合理化有很大意义。交通运输环境包括:铁路运输环境;水路运输环境;公路运输环境;其他运输环境。

2. 商业环境

(1) 商品货源市场

我国商品货源市场有以下四种:购进总额最大的货源市场;全国商品货源重要市场;农副产品及某些工业品货源市场;土特畜产品货源市场。

(2) 商品销售市场

我国商品销售市场按销售总量及人均社会商品零售额分成四种:全国重大商品销售市场;全国商品销售重要市场;商品销售一般市场;商品销售次要市场。

(3) 商品流向

我国几种主要商品流向如下:

粮食。东北地区的小麦、大豆、杂粮向南运往华北、向西运往西北;长江流域大米向南运往广东、向北运往华北、向东运往上海及沿海城市。

糖。基本是南糖北运、西运,东北及内蒙产的甜菜、糖少量运至华北及西北。

盐。基本是北方沿海盐场流向华北、华南、及南部地区,我国西部的盐除本地消费外,还运至我国中部地区。

3. 资源环境

(1) 生产资料货源市场

生产资料生产一般规模较大,因而货源市场较集中,其规律是以矿区和大城市为主要货源市场,某些开放城市及沿海城市为主要进口货源市场。主要产品货源市场如下:

钢材货源市场。辽宁省是我国最大的钢材货源市场,此外还有上海、北京、包头、武汉等地;广州、深圳等地是进口货源市场。

木材货源市场。内蒙北部、黑龙江是我国最大的木材货源市场,此外还有云、贵、川和闽等地区。

水泥货源市场。由于水泥生产企业布局较为分散,因而货源市场集中程度不高。主要货源市场为辽宁、河南、河北、安徽等地;主要出口货源市场为广东。

化肥。主要货源市场有四川、山东、江苏、上海及云南、贵州。

汽车。货运车货源市场主要为吉林及湖北,此外还有济南、北京、沈阳等地;轻型车货源市场有北京、上海、长春、广州、重庆等地。

其他多种生产资料货源市场,集中于产地。

(2) 生产资料销售市场

生产资料销售市场分布为:农业生产资料销售市场十分普遍,但从销售量及人均销售量来看,主要集中于东北、沿海省份及内地的河南、湖北等省。西北、西部、西南部市场较小。

工业品生产资料销售市场通常集中于大城市,一般取决于投资规模,因而有一定的不稳定性,大项投资一旦结束,某些生产资料市场会迅速收敛。近些年来,其销售市场集中于北京、上海、广州、深圳、天津、西安、南京等大中城市。

(3) 生产资料流向

合理流向要求主要反映在批量大、品种规格、花色较少的生产资料领域,如化肥、水泥、木材等。有些生产总量虽然大,但品种规格繁多,分布到单一品种规格上的数量则相对较小,这就很难区分不同品种、规格上的合理流向。

化肥流向。基本流向是:四川氮肥流向甘肃、青海、新疆、陕西、贵州及内蒙古等地;山东的氮肥流向河北、山西、河南北部;江苏氮肥流向安徽、河北、内蒙古;上海氮肥流向浙江、安徽、广西;磷肥流向基本是南向北。

木材流向。基本流向是:东北特种木材(如红、白松)流向全国;一般木材流向华北、中南、西部及华东;南方木材基本就地使用;西南木材流向华南等地。

水泥流向。基本流向是:东北水泥除本地用之外部分南流;河南水泥向南、北两方向流;山东水泥西运及南运;甘肃水泥部分东运及西运;四川、贵州水泥部分北运;广东水泥南运出口。

煤炭流向。陕西、内蒙古煤沿大秦、青石、太焦、京广等几条铁路东运、南运,有的登船后南运出口,贵州煤东运,其他地区一般就近使用。

4. 仓储业环境

我国仓储业也可以称储运业,除仓储外,还包括少量的汽车运输,但是以仓储为主。在我国运输业务主要由交通运输业而不是由储运业承担。

根据历史形成和现状管理看,我国仓储业有五大系统:

(1) 军队仓储业,储存军用物资,近年来也部分向社会开放。

(2) 外贸仓储业,储存外贸及进口物资,也从事外贸生产基地一般产品流通的储运。

(3) 商业、供销、粮食储运业,统称商业储运业,是我国分布最广、储运物资种类最多的储运业,主要承担商业系统物资的储运。

(4) 物资储运业,是我国生产资料的专业储运行业,主要是用于储存及中转国家分配、地区分配、市场流转的各种生产资料,是我国一个庞大的储运系统。

(5) 乡镇储运业,是我国仓储业突起的一支新军,主要集中于港区及大的交通枢纽附近,主要从事代储业务。

(二) 物流市场环境

物流市场环境是指影响物流外部因素和条件的总和,是物流体系的外部环境,主要包括政治、经济、行业、市场竞争等方面。下面结合我国的具体情况分别予以介绍。

1. 宏观环境

宏观环境所针对的是行业而不是单个物流企业。如目标市场的经济发展状况、政治稳定情况、社会结构状况、文化和亚文化、法律完善情况以及政策稳定性等。

目前,我国政治稳定,经济平稳运行,民族和睦,人民生活水平日益提高,未来相当长的时间内,仍会平稳、健康地发展。据国家统计局预测,中国入世以后,每年将为中国经济增长提供 0.7%～1% 的动力,而未来 15 年中国经济增长可保持至少 7% 的增长,因此中国的经济发展前景看好,这对物流行业的长期稳定发展是一个很好的基础。

2. 物流行业环境

物流行业环境是物流企业必须研究的重要方面,因为它是直接影响物流经营的外部环境。它分析的内容包括:市场规模与发展、竞争者情况、技术经济支持情况和新技术新产品的影响。市场规模及其发展状况决定了此行业的发展空间和潜力。

3. 物流市场竞争环境

对物流企业的竞争环境应当辨证地看,一方面这些新加入者给原有的物流公司形成巨大的压力,另一方面,这些新加入者又是物流市场的重要组成部分,这个市场因为这些新面孔的出现而变得更加强大。

▎任务小结▶

物流战略是物流企业寻求物流的可持续发展,就物流发展目标以及达成目标的途径与手段而制定的长远性、全局性的规划与谋略。本任务对物流战略的基本内容进行了详细的说明,并对物流战略实施的前提——物流环境分析进行了有效说明。

任务五 物流战略规划的制定

▎任务介绍▶

要获得高水平的物流绩效,创造顾客的买方价值和企业的战略价值,必须了解一个企业的物流系统的各构成部分如何协调运转与整合,并进行相应的物流战略规划与设计。

```
                        ┌─ 物流战略规划的层次
物流战略规划的制定 ──────┼─ 物流战略规划的步骤
                        └─ 物流战略规划的设计步骤
```

▎任务解析▶

理解物流战略规划的含义及层次;熟悉物流战略规划的步骤;明确物流战略规划的设计步骤。

▎相关知识▶

物流战略规划的相关知识

战略重点是指具有决定性意义的战略任务,它是关系到区域全局性的战略目标能否达到的重大的或薄弱的部门或项目。为了达到战略目标,必须明确战略重点。没有重点,就没有政策。

物流规划是对大范围、大规模、长时间的物流信息与资源开发总方向和大目标的设想蓝图,是一种战略性的全局部署方案,要求运用系统思想、统筹全局和权衡利弊来编制的发展规划。不能简单地理解为是对物流用地的规划。

▎任务实施▶

企业物流战略规划是指企业高层管理机构根据企业长期经营、发展的总目标,结合自身条件和外部环境制定出需要遵循的管理方针和政策,以及做出现有资源优化配置的决策。

一、物流战略规划的层次

一个企业物流战略通常表现在五个重要层次上,构成物流战略环形图,它确立了企业设计物流战略的框架。

(一)物流战略层

物流战略层确立物流对企业战略的协助作用,建设两大平台和两大系统物流首先是一种服务,企业建设物流系统的目的首先是为了实现企业的战略,所以企业发展物流必须首先确立物流规划与管理对企业总体战略的协助作用。同时,企业现代物流的发展必须建设两大平台和两大系统,即基础设施平台和信息平台,信息网络系统和物流配送系统。在进行企业物流规划管理最初必须进行企业资源能力的分析,充分利用过去和现在的渠道、设施以及其他各种资源来完善企业的总体战略并以最少的成本和最快的方式建设两大平台和两大系统。

(二)物流经营层

物流经营层是通过顾客服务建立战略方向。

物流活动存在的唯一目的是要向内部和外部顾客提供及时准确的交货,顾客服务是制定物流战略的关键。

在某种程度上,企业一旦将其竞争优势建立在物流能力上,它就具有难以重复再现的特色。

(三)物流结构层

物流结构层是确定物流系统的结构部分,包括渠道设计和设施的网络战略。

物流渠道设计包括确定为达到期望的服务水平而需执行的活动与职能,以及渠道中的哪些成员将执行它们。

企业物流设施的网络战略要解决的问题有:设施的功能、成本、数量、地点、服务对象、存货类型及数量、运输选择、管理运作方式(自营或向第三方外筹)等。

(四)物流职能层

物流职能层是确定物流战略职能部分,尤其是运输、仓储和物料管理。物流战略规划职能部分主要是对企业物流作业管理的分析与优化。

运输分析包括承运人选择、运输合理化、货物集并、装载计划、路线确定及安排、车辆管理、回程运输或承运绩效评定等方面的考虑。

仓储方面的考虑包括设施布置、货物装卸搬运技术选择、生产效率、安全、规章制度的执行等。

在物料管理中,分析可以着重于预测、库存控制、生产进度计划和采购上的最佳运作与提高。

(五)物流执行层

物流执行层负责日常的物流管理问题。

企业物流战略规划与管理的最后一层为执行层,包括支持物流的信息系统、指导日常物流运作的方针与程序、设施设备的配置及维护以及组织与人员问题。

其中,物流信息系统和组织结构设计是其中最为重要的内容。

物流信息系统是一体化物流思想的实现手段和现代物流作业的支柱。没有先进的信息系统,企业将无法有效地管理成本、提供优良的顾客服务和获得物流运作的高绩效。

当今企业要保持竞争力,必须把信息基础结构的作用延伸到包括需求计划、管理控制、决策分析等方面,并将信息的可得性、准确性、及时性、灵活性、应变性等特点结合到一起,还要注意到与渠道成员之间的连接。

组织一体化、供应链整合、虚拟组织、动态联盟、战略联盟、战略伙伴、企业流程再造、敏捷制造等发生在组织管理领域的变革,需要以全新的思维认识企业,同时,物流管理也要对变革作出积极的反应。一个整合的、高效的组织对成功的物流绩效是重要的。

一体化的物流管理并不意味着将分散于各职能部门中的物流活动集中起来,单一的组织结构并非对所有的企业都是适宜的,关键在于物流活动之间的协调配合,要避免各职能部门追求局部物流绩效的最大化。

二、物流战略规划的步骤

物流战略规划包括以下4个基本步骤:

(一)物流战略规划机构和人员组织

企业在确定物流战略规划的机构和人员时可以采用上下结合、虚实结合的方法:

上下结合是指规模比较大的企业,由于拥有分支机构,在设置物流规划机构时应当吸收基层(下属机构)的有关人员参加,这样,可以全面掌握资源和需求。

虚实结合是指企业可以设置两套任务不同的机构,比如一个由高层或主要领导参加的议事机构和另一个由具体人员组成的办事机构,一个负责重大问题的决定,另一个负责具体事务的执行。

(二)物流资源和需求调查

物流资源和需求调查的基本内容主要包括企业内部的调查和企业外部的调查两个部分,具体内容包括:

物流基础设施装备调查;企业物流组织机构调查;物流从业人员调查;客户资源调查;物流流量和流向调查;潜在用户的调查;信息技术资源和需求调查;无形资产;宏观资源;区域内的物流调查;相关企业资源调查;竞争情报调查和收集。

(三)进行物流战略规划资源分析

资源优势/劣势;业绩/经验;核心能力;竞争分析;环境机会和风险(机遇和挑战);未来环境发展预测。

(四)物流战略规划决策咨询

三、物流战略规划的设计步骤

（一）确定规划设计步骤

第一阶段：建立目标和约束条件，确定目标及目的

第二阶段：进行调查，收集基础数据，基础资料分析，识别问题，寻找解决问题的方法。

第三阶段，进行深入调查，制定方案，方案评价与选择。

第四阶段，方案实施。

第五阶段，实效评价。

（二）规划设计实施

第一阶段：建立目标和约束条件

在对规划设计之前，首先对系统的规划目标进行设计。目标设计的正确与否是决定物流规划成败的关键因素。

注意事项：

(1) 在这一环节中要叙述规划设计实施目的，确定各种问题，判明各种问题与约束条件。

(2) 常用的目标：资金成本最小。

(3) 在设计中重要考虑减少物流节点的配置数量，直接将货物送到用户手中，选择公共仓库而不是企业自建仓库。

(4) 物流运输成本最低。

(5) 运用物流节点实现整合运输。

(6) 顾客服务水平高。

(7) 需要配置较多物流节点，完善的物流信息系统。

第二阶段：收集资料

在确立目标的基础上，针对要实现的目标，收集系统设计所需要的数据资料，并通过这些资料分析设计出系统方案。

注意事项：

(1) 在这一环节收集尽可能多的资料，做各种必需的调查。

(2) 分析资料，预测未来需求。

(3) 依据需求识别问题，并提出适当的解决问题方法。

第三阶段：方案修正阶段

该阶段涉及到对各方案进行评估。首先，从理论上选择合适方案；其次，分析非计量因素的影响，对结果进行修正；最后，筛选出在目前情况下最适宜的方法。

注意事项：在这一环节通过领域系统方案规划设计，进而形成一体化整体方案。

第四阶段：方案实施

该阶段涉及到设计、建筑，并将大型、专门的设备投入运行、培训等项目。

注意事项：按计划实施方案。

第五阶段:实效评估

对实施方案进行追踪监测,分析方案实施前后的变化,提出评估报告,作为方案修正的依据。

注意事项:随时注意实际与计划的比较,并分析存在的问题,改进方案。

(三) 设计技术方法

1. 数据收集方法

根据需要的资料种类不同,可以采用不同的方法收集资料。

(1) 观察法:调查人员可到现场进行调查对象的直接观察、现场询问,提高资料的准确性。如货物流量的调查。

(2) 报告法:利用调查企业、事业、政府机关等统计报表资料和其他方式累积的资料提供数据。该方法可以节省资料收集的时间,但不一定准确。如 GDP、人口、货运量等。

(3) 采访法:采访法就是当面或通过电话、书面向被调查者提问,根据被调查者的答复来收集统计资料的一种方法。这一方法又可以分为个别访问和开调查会两种。例如召集被调查者开座谈会,个别面谈了解,让被调查者填写调查表以及通过电话询问等都属于采访法。这种把调查对象请进来或调查者走出去的方法,可以全面了解各方面的情况,收集所需信息。如区域经济平衡发展政策、区域物流宏观导向政策等。

(4) 资料研究法:就是间接调查的方法。它是利用已有的市场统计资料对调查的内容进行分析研究,以获得所需资料。

2. 未来数据预测技术

为了提高预测结果的质量,为决策和计划提供可靠的依据,通常是将定性预测与定量预测方法相结合,将两种预测结果比较、核对,分析差异原因,根据经验综合判断,修正、调整预测结果。

任务小结

本任务中明确指出了物流战略规划的层次、战略规划的步骤及物流战略规划的设计步骤等内容,在一定的企业内外环境下,为实现企业的既定目标所制定的不同层次的规划,所要解决的是:在物流过程中,作为一个完整的物流"链条"上的每一个环节应当做什么、何时做和如何做的问题。

任务六 物流战略的实施与控制

任务介绍

把物流战略实施过程中所产生的实际效果与预定的目标和评价标准进行比较,评价工作业绩,发现偏差,采取措施,以达到预期的战略目标,实现战略规划。它是物流战略实施中保证物流战略实现的一个重要阶段。

```
                                    ┌─ 物流战略实施计划
                                    ├─ 物流战略实施原则
         物流战略的实施与控制 ────────┼─ 物流战略管理
                                    ├─ 选择战略实施模式
                                    └─ 战略实施步骤
```

任务解析

了解物流战略实施的计划及原则；熟悉物流战略管理的内容；明确物流战略实施的模式及实施的步骤。

相关知识

企业资源整合

资源整合，是企业战略调整的手段，也是企业经营管理的日常工作。整合就是要优化资源配置，就是要有进有退、有取有舍，就是要获得整体的最优。企业资源整合是指企业对不同来源、不同层次、不同结构、不同内容的资源进行识别与选择、汲取与配置、激活和有机融合，使其具有较强的柔性、条理性、系统性和价值性，并创造出新的资源的一个复杂的动态过程。在介绍资源整合内涵的基础上，提出了企业资源整合过程模型，分析了企业资源整合能力，旨在为企业提供如何提升资源整合能力，进而增强企业竞争优势提供建设性建议。

任务实施

一、物流战略实施计划

物流战略实施计划回答战略如何实施的具体问题。根据所考虑时间长短不同可以分成三个层面：战略层面、策略层面和执行层面。

不同层面的计划需要处理不同的数据和信息。

战略计划是长期性的，所需数据无须太精确和完整，而经常是长期的平均数字，计划的制定也不追求绝对完美。

处于另一个极端上的执行层面的计划，需要处理大量精确的数据和信息。例如战略层面的计划对于库存的要求是整个库存水平不超过某一财务预算，而执行层面的计划需要对每种产品提出相应的管理方法。

二、物流战略实施原则

(一)战略协同原则

在物流战略设计中要充分考虑战略导向、战略态势、战略优势、战略类型的设计与选择,使其在物流战略方向上形成一致的合力——战略协同效应。

(二)力求优势原则

在物流战略形成与实施过程本身就是一种竞争。所以,要力求在物流战略成功的关键环节、关键因素方面寻求、创立、维持和发展相对的、有差别的竞争优势。

(三)区域平衡原则

在物流系统形成过程中,物流链管理的要素资源要在区域范围内尽可能寻求平衡,尽可能运用已有资源、提高资源运用效率,而不是盲目追求系统外新资本的投入。

(四)有限合理原则

物流战略管理是在有限的信息、有限的资源、有限的智能和有限的技术手段下进行的,并在有限的时间跨度和空间范围内运行,只要符合物流系统的宗旨、战略目标、战略方针的要求,符合物流战略的科学逻辑,在战略环境没有质的变化条件下,原则上可以做出抉择和组织实施。必要时可以在物流战略实施过程中进行修正、调整,以臻完善。

(五)阶段发展原则

在物流战略设计与实施中,不可能一蹴而就,必须针对具体情况分阶段进行,包括按核心企业、紧密层企业、松散层企业、核心业务与非核心业务、重点区域与一般区域等类别分阶段进行。

(六)系统优化原则

从物流系统及经济圈发展需要寻求资源优化配置,并以此作为战略设计与评价的基本准则。

三、物流战略管理

物流战略管理是物流经营者在物流系统化过程中,通过物流战略设计、战略实施、战略评价与控制等环节,调节物流要素、相关资源、组织结构等,最终实现物流系统战略目标的一系列动态过程的总和。

从更一般的意义上讲,物流战略管理的实质,就是运用战略进行物流链管理。从物流战略管理的业务功能分析,一般可以划为3个环节:

1. **战略形成过程**

物流战略的形成一般有两大类方式:

一类是战略方案规划方式,即在战略实施前制订一个完整的战略规划方案供付诸实施,必要时在实施过程中作少量的修正。

另一类是战略逻辑渐进方式,在战略实施前,只有一个战略主导思想(或称为战略纲领),在战略的实施进程中根据环境变化和战略纲领的指导,不断修正,逐渐完善战略体系。

2. 战略实施

根据战略目标、战略方针,设计物流组织结构。运行机制,将纸上的方案变成现实的绩效。对实施中的问题要及时解决,必要时也可对战略规划方案作适当调整或修正。

3. 战略评价与控制

在战略形成过程中要对战略方案进行评价,在战略实施过程中要对阶段绩效进行评价,在不同层次的战略管理中的评价结论对战略控制直接起影响作用。

四、选择战略实施模式

战略实施模式是指企业管理人员在战略实施过程中所采用的手段。一般有以下几种模式。

(一) 指挥型

这种模式的特点是企业总经理考虑如何制定一个最佳战略的问题。在实践中,计划人员要向总经理提交企业经营战略的报告,总经理看后做出结论,确定战略之后,向高层管理人员宣布企业战略,然后强制下层管理人员执行。

(二) 变革型

这种模式的特点是企业总经理考虑如何实施企业战略。在战略实施中,需要总经理本人或在其他方面的帮助,需要对企业进行一系列的变革,如建立新的组织机构,新的信息系统,变更人事,甚至是兼并或合并经营范围,采用激励手段和控制系统以促进战略的实施,为进一步增强战略成功的机会,企业战略领导者往往采用以下三种方法:

第一,利用新的组织机构和参谋人员向全体员工传递新战略,优先考虑的战略重点是什么,把企业的注意力集中于战略重点所需的领域中。

第二,建立战略规划系统、效益评价系统,采用各项激励政策以便支持战略的实施。

第三,充分调动企业内部人员积极性,争取各部分人对战略的支持,以此来保证企业战略实施。

(三) 合作型

这种模式的特点是企业总经理考虑如何分配有关战略责任。在战略实施中,需要让其他高层管理人员从战略实施一开始就承担有关的战略责任。为发挥集体智慧,企业总经理要和企业其他该层管理人员一起对企业战略问题进行充分讨论,形成较为一致的意见,制订出经营战略;再进一步落实和贯彻战略,使每个高层管理者都能够在战略制订及实施的过程中做出各自的贡献。

协调高层管理人员的形式多种多样,如有的企业成立有各职能部门领导参加的"战略研究小组",专门收集在战略问题上的不同观点,并进行研究分析,在统一认识的基础上制定出战略实施的具体措施等。总经理的任务是要组织好一支能胜任制订及实施战略的管理人员队伍,并使他们能够很好地合作。

合作型模式的优点是克服了指挥型模式及变革模式存在的两大局限性,使总经理接近一线管理人员,获得比较准确的信息。同时,由于战略的制订是建立在集体考虑的基础之上的,从而提高了战略实施成功的可能性。

合作型模式的缺点是由于战略是不同观点、不同目的的参与者相互协商折衷的产物,有可能会使战略的经济合理性有所降低,同时仍然存在着谋略者与执行者的区别,仍未能充分调动全体管理人员的智慧和积极性。

（四）文化型

这种模式的特点是企业总经理考虑如何运用企业文化战略。在战略实施中,企业总经理运用企业文化手段,不断向全体成员灌输企业战略思想,建立共同的价值观和行为准则,使所有成员在共同的文化基础上参与战略的实施活动。由于这种模式打破了战略制定者与执行者的界限,力图使每一个员工都参与制订实施企业战略,因此使企业各部分人员都在共同的战略目标下工作,使企业战略实施迅速,风险小,企业发展迅速。

文化型模式的局限性表现为:第一,这种模式是建立在企业职工都是有学识的假设基础上的,在实践中职工很难达到这种学识程度,受文化程度及素质的限制,一般职工(尤其在劳动密集型企业中的职工)对企业战略制订的参与程度受到限制;第二,极为强烈的企业文化,可能会掩饰企业中存在的某些问题,企业也要为此付出代价;第三,采用这种模式要耗费较多的人力和时间,而且还可能因为企业的高层不愿意让其控制权,从而使职工参与战略制订及实施流于形式。

（五）增长型

这种模式的特点是企业总经理考虑如何使企业的效益持续增长,在战略实施中,如何激励下层管理人员保持制订及实施战略的积极性及主动性,为企业效益增长而奋斗。即总经理要认真对待下层管理人员提出的一切有利于企业发展的方案,只要方案基本可行,符合企业战略发展方向,在与管理人员探讨了解决方案中的具体问题的措施以后,应及时批准这些方案,以鼓励员工的创新精神。采用这种模式,企业战略不是自上而下的推行,而是自下而上的产生,因此,总经理应该具有以下的认识:

总经理不可能控制所有的重大机会和威胁,有必要给下层管理人员以宽松的环境,激励他们把主要精力从事有利于企业发展的经营决策。

总经理的权力是有限的,不可能在任何方面都可以把自己的愿望强加于组织成员。

总经理只有在充分调动及发挥下层管理者积极性的情况下,才能正确制订和实施战略,一个稍微逊色但能够得到人们广泛支持的战略,要比那种"最佳"却根本得不到员工热心支持的战略有价值得多。

五、战略实施步骤

1. 组织落实。
2. 目标分解,明确近期和远期目标。
3. 过程调控。

六、战略实施控制主要内容

1. 设定绩效标准。根据企业战略目标,结合企业内部人力、物力、财力及信息等具体条件,确定企业绩效标准,作为战略控制参照系。

2. 绩效监控与偏差评估。通过一定的测量方式、手段、方法,监测企业实际绩效,并将企业实际绩效与标准绩效对比,进行偏差分析与评估。

3. 设计并采取纠偏措施。以顺应变化着的条件,保证企业战略圆满实施。

4. 监控外部环境关键因素。外部环境关键因素是企业战略赖以存在的基础,这些关键因素的变化意味着战略前提条件的变动,必须给予充分的注意。

5. 激励战略控制执行主体。通过激励战略控制执行主体,以调动其自控置与自评价的积极性,以保证企业战略实施的切实有效。

任务小结

本任务首先对物流战略实施的计划及其原则进行了说明,对物流战略实施的内容进行了阐述;其次对物流战略实施的模式的选择进行了详细的介绍;最后对物流战略实施的步骤和内容进行了说明。

拓展提高

物流资源整合具体目标

一、网络化

提高物流效率的最重要条件是构建现代化的物流网络体系,包括物流设施网络、信息网络和业务经营网络。在物流企业的兼并整合中,经营网络往往被视为最有效的优势资源。有关资料表明,全世界跨国公司控制了世界生产的 50%,贸易量的 60%～70%,对外直接投资的 90%。跨国公司为了实现竞争优势和全球范围内优化配置资源,要求物流提供商也能提供网络化、国际化服务。

二、规模效益

一方面,物流业务需要使用专门的物流设备及快捷的信息系统,这就需要很高的固定资金投入,并导致固定成本中占很大比例。所以,只有随着规模的扩大,物流平均成本才会呈现出下降的趋势,具有规模经济性,达到盈利目的,保证物流企业的生存。

另一方面,物流业务范围一般涉足全国甚至国际市场,要求物流企业必须拥有一个遍布全国的网络体系,才能顺利完成每笔业务的收取、存储、分拣、运输和递送工作。

三、多环节活动

传统的物流企业根据业务分为水上运输企业、空运企业、储运企业和基于管理的物流资源整合企业。在整个物流系统中,这些企业基本上只提供单一环节的服务,或涉足的环节较少。随着竞争的加剧,市场分工更加细,大量的制造企业把更多的资源用于增强其自身的核心业务,而要求其物流提供商能够提供有效的一体化综合物流服务。综合物流业务的开展需要实现海陆空等各种运输方式的一体化和各种物流功能的一体化,这就要求物流企业进入物流系统的多个环节和领域。

复习思考

1. 按企业业务性质可将企业物流分为哪几种？各有何特点？
2. 简述采购与供应物流的关系。
3. 准时采购与传统采购模式有何不同？
4. 简述电子商务采购的优点和缺点。
5. 简述准时生产方式的基本思想和目标。
6. 简述合理组织回收与废弃物流的意义。
7. 谈谈物流外包的优缺点。

相关实训

◎目的

调查国际物流企业的基本业务，通过观察物流各环节的操作规程和要求，分析国际物流业务的基本流程。

◎人员

①实训指导：任课老师。

②实训编组：学生按8～10人分成若干组，每组选组长及记录员各一人。

◎时间：课余时间

◎步骤

①由教师在校内组织安全教育。

②与实训企业相关部门取得联系，并组织学生集体去该企业参观。

③邀请国际物流物流企业各业务部主管介绍本部门业务。

④分组查看国际物流企业的业务运作过程，并做好记录。

⑤撰写调查文档。

⑥实训小结。

◎要求

利用业余时间，根据具体情况选择有一定代表性的国际物流企业，了解其物流作业规程。通过对该企业的作业流程学习进一步印证所学的理论知识。

◎认识

国际物流业务中的重点环节的操作。

项目十二　绿色物流

学习目标

了解绿色物流的概念及特征;熟悉绿色物流系统分析;掌握可再生资源的处理,废旧包装物的处理;理解逆向物流和精益物流。

情景写实

日本绿色物流发展

日本自1956年从美国全面引进现代物流管理理念后,大力进行物流现代化建设,将物流运输业改革作为国民经济中最为重要的核心课题加以研究。把物流行业作为本国经济发展生命线的日本,从一开始就没有忽视绿色物流的重要意义,除了在传统的防止交通事故、抑制道路沿线的噪音和振动等方面加大政府部门的监管和控制外,还特别出台了一些实施绿色物流的具体目标,如货物的托盘使用率、货物在停留场所的滞留时间等,以此来降低物流对环境造成的负荷。

1989年,日本提出了10年内3项绿色物流推进目标,即含氮化合物排出标准降低3至6成,颗粒物排出降低6成以上,汽油中的硫成分降低1/10。1992年,日本政府公布了汽车二氧化氮限制法,并规定了允许企业使用的5种货车车型,同时在大都市特定区域内强制推行排污标准较低的货车。1993年,除了部分货车外,日本政府要求企业必须承担更新旧车辆、使用新式符合环境标准货车的义务。另外,为解决地球的温室效应、大气污染等各种问题,日本政府与物流业界在控制污染排放方面积极实施在干线运输方面推动模式转换(由汽车转向对环境负荷较小的铁路和海上运输)和干线共同运行系统的建构,在都市内的运送方面推动共同配送系统的建构以及提倡节省能源行驶等。在2001年出台的《新综合物流实施大纲》中,其重点之一就是要减少大气污染,加强地球环境保护,对可利用的资源进行再生利用,实现资源、生态和社会经济的循环,建立适应环保要求的新型物流体系。

进入21世纪,物流业必将把有效利用资源和维护地球环境放在发展的首位,建立信息流与物质流循环化的绿色物流系统。目前,世界各国都在尽力把推广绿色物流作为物流业发展的重点,积极开展绿色环保物流的专项技术研究,促进新材料的开发和应用,进行回收物流的理论研究和实践,并积极出台相应的绿色物流政策和法规,努力为物流的绿色化和可持续发展奠定基础。

思考:
1. 发展绿色物流的原因有哪些?
2. 绿色物流的发展前景如何?

分析要点

1. 绿色物流适应了世界社会发展的潮流,是全球经济一体化的需要。绿色物流是可持续发展的一个重要环节。绿色物流与绿色制造、绿色消费共同构成了一个节约资源、保护环境的绿色经济循环系统。三者之间是相互渗透、相互作用的。

绿色物流是最大限度降低经营成本的必由之路。相对于生产领域的第一利润源——物质资料的节约和第二利润源——劳动消耗的降低,绿色物流被认为是现代企业的"第三利润源"。绿色物流不仅是一般物流成本的降低,更重视的是绿色化和由此带来的节能、高效、少污染。绿色物流还有利于企业取得新的竞争优势。日益严重的环境问题和日趋严格的环保法规,是企业为了持续发展,必须积极解决经济活动中的环境问题,改变危及企业生存和发展的生产方式,建立并完善绿色物流体系,通过绿色物流来追求高于竞争对手的相对竞争优势。

2. 绿色物流管理强调了全局和长远利益,强调了全方位对环境的关注,体现了企业的绿色形象,体现了绿色物流广阔的发展前景。

任务一 绿色物流的概念及特征

▶任务介绍◀

进入 21 世纪我国人口、资源与环境三者之间的矛盾日益严重,使我们后续的生存环境和经济运行受到严峻的挑战,可持续发展已经成为社会经济发展必然选择,其中物流活动带来的环境污染已经引起世人的广泛关注,将可持续发展原则应用于现代物流管理活动中,就产生了"绿色物流"。发展我国现代绿色物流,提倡高效节能,不仅是必要的,也是迫切的。

▶任务解析◀

清楚绿色物流的概念;弄清绿色物流产生的背景;理解绿色物流的目标及特征,清楚绿色物流具体内容。

▶相关知识◀

绿色物流正当时

目前,世界各国都在尽力把绿色物流的推广作为物流业发展的重点,积极开展绿色环保物流的专项技术研究,促进新材料的广泛应用和开发,进行回收物流的理论和实践研讨,以

项目十二 绿色物流

及积极出台相应的绿色物流政策和法规,努力为物流的绿色化和可持续发展奠定基础。

任务实施

一、绿色物流的概念及本质

(一)绿色物流的起源与发展

绿色物流从诞生到现在,只有短短二十几年的历史。与传统物流相比,绿色物流还很"年轻"。回溯绿色物流的发展史可以发现,诱使绿色物流发展主要有两个原因。

第一个原因是环境问题广受关注。自上世纪70年代始,环境问题受到越来越多的关注,几乎融入到社会经济的每一个领域中。这其中也包括环境问题对物流行业的影响,绿色物流应运而生。绿色物流可以追溯到上世纪90年代初人们对运输引起环境退化的关注:道路、码头和机场等交通基础设施的建设占用了大量的土地;汽车等交通工具尾气排放成为城市空气的主要污染源之一。因此,一些专家学者建议把环境问题作为物流规划的一个影响因素,成为绿色物流的雏形。此后,绿色物流从运输逐渐扩展到包装、仓储等活动中,逐渐形成一个比较完整的概念和体系。

另一个原因是物流市场不断拓展。从传统物流到现代物流,物流市场在不断的扩张和发展。传统物流只是关注从生产到消费的流通过程,现代物流将这一过程延伸到从消费到再生产的流通。"逆向物流"由此诞生。它包括废旧商品的循环流通和废弃物的处理、处置、运输、管理。逆向物流可以减少资源消耗、控制有害废弃物的污染,因此也属于绿色物流的范畴。

和很多与环保相关的问题一样,绿色物流先从发达国家兴起。一方面,发达国家通过立法限制物流的环境影响。例如,欧盟国家、美国和日本等国家都制定了严格的法规限制机动车尾气排放;日本在《新综合物流施策大纲》中明确提出"解决环境问题"的对策。另一方面,发达国家提出发展循环型经济的目标,积极扶持逆向物流的发展。很多跨国公司都积极响应这一行动,施乐、柯达、美孚、惠普等大型跨国公司都实施了逆向物流的项目,并且收益显著。

在我国,绿色物流得到了长足发展,但尚未得到广泛共识,对绿色物流内涵的认识和理解还存在一些局限。

(二)绿色物流的内涵

绿色物流是指在物流过程中抑制物流对环境造成危害的同时,实现对物流环境的净化,使物流资源得到最充分的利用。

1. 集约资源

这是绿色物流最本质的内容,也是发展物流的主要指导思想之一。通过整合现有资源,优化资源配置,企业能够提高资源利用率,减少资源消耗和浪费。这正是可持续发展所提倡的。这也是我国发展绿色物流亟待逾越的障碍。以基础设施建设为例,我国有的地区在新建物流中心时,没有考虑和原有物流硬件设施的兼容问题,结果新的修起来,旧的就弃置了,造成资源的巨大浪费。据悉,我国物流设施空置率高达60%。这显然与物流发展的方向背道而驰,更不要说绿色物流了。

2. 绿色运输

毫无疑问,运输过程中的燃油消耗和尾气排放,是物流造成环境污染的主要原因之一。绿色运输首先是要对货运网点、配送中心的设置做合理布局与规划,通过缩短路线和降低空载率,实现节能减排的目标。绿色运输的另一个要求是改进内燃机技术和使用清洁燃料,以提高能效。绿色运输还应当防止运输过程中的泄漏问题,以免对局部地区造成严重的环境危害。

3. 绿色仓储

绿色仓储要求仓库布局合理,以节约运输成本。布局过于密集,会增加运输的次数,从而增加资源消耗;布局过于松散,则会降低运输的效率,增加空载率。仓库建设前还应当进行相应的环境影响评价,充分考虑仓库建设对所在地的环境影响。例如,易燃易爆商品仓库不应设置在居民区,有害物质仓库不应设置在重要水源地附近。

4. 绿色包装

包装是商品营销的一个重要手段,但大量的包装材料在使用一次以后就被消费者遗弃,从而造成环境问题。例如现在我国比较严重的白色污染问题,就是不可降解的塑料包装随地遗弃引起的。绿色包装要求提供包装服务的物流企业进行绿色包装改造,包括:使用环保材料、提高材质利用率、设计折叠式包装以减少空载率、建立包装回用制度等。

5. 逆向物流

逆向物流是指所有与资源循环、资源替代、资源回用和资源处置有关的物流活动,它能够充分利用现有资源,减少对原材料的需求,常被发达国家作为建设循环型经济的重要举措。实施逆向物流是一项系统的工程,需要有完善的商品召回制度、废物回收制度以及危险废物处理处置制度。在我国,逆向物流还没有得到充分发展,只是局限于废旧物资回收、生活垃圾分类等初级行为,经济效益尚不明显。我国的逆向物流工作基本上是在政府的组织下进行的,作为企业自身行为的逆向物流活动还不多见。

(三)物流的本质

物流从诞生之日起,就注定是绿色的。美国管理学派认为,物流是"有效率、有效益"的过程,而物流管理是"高效和经济"的手段。不容置疑,物流的目的是提高效率,而提高效率的目的是压缩成本。成本压缩创造了物流业的利润空间,即我们所熟知的"第三利润源"。

物流的本质就是通过集约、优化各种资源,提高流通效率、压缩流通成本。这个过程同时也节约了资源消耗、提高了资源效率,简而言之就是一个节能环保的过程。

供应和需求是市场的两大主导力量,市场的作用是促使两者均衡,从而决定商品价格。从资源利用的角度看,物流供应方是有"绿色动力"的。物流企业通过集约、优化各种资源,实现压缩成本的目的,并从中获利。资源集约程度越高,成本压缩程度也越高,物流企业的利润空间就越大。趋利的本性迫使物流企业提高资源利用的效率,成为一股绿色的动力。不过,市场的另一个主角——需求方却没有"绿色压力"。生产、零售等企业,追求物流的质量和效率。即使环保对企业有利,需求方也仅仅关心内部价值链的环境问题,而不会关心企业以外的绿色物流问题。只要供应方能够按时按需将原材料或商品送到,保证企业的正常运作,需求方就满足了。很自然地,为确保物流的质量和效率,需求方巴不得物流企业将所有资源全都用到它的身上。

供求双方存在矛盾:供应方努力节约资源、提高利用率,需求方则要求供应方用尽可能多的资源保障物流服务。矛盾妥协的结果是,在保障需求方利益的前提下,供应方使用尽可能少的资源。

实际情况远比理论分析复杂,还包含很多理论以外的因素。例如,供应方为了节约成本,会租用不符合环保要求的机动车辆,会使用低安全标准的仓库;需求方不切实际地提高服务要求,会造成供应方的资源浪费。

综上所述,尽管物流有绿色的本色,但要完全实现绿色物流的目标,不仅要依赖市场的调节,还需要政府和企业的行动。

(四)绿色物流的作用

有人认为,绿色物流只是一种环保理念,是不切实际的幻想,因为它不能带来任何的经济效益,相反还会增加企业物流成本。也有人认为,绿色物流是政府的事情,和企业无关。这些观点都有失偏颇。国内外的实践足以证明绿色物流是有价值的,而且不单体现在概念价值上,还体现在实体价值上。

概念价值是一种虚拟的价值,它包括企业形象、企业信誉、企业责任等。企业伦理学指出,企业在追求利润的同时,还应努力树立良好的企业形象、企业信誉和履行社会责任。后者虽然仅仅是一种概念价值,但却能直接影响企业的实体价值。这就是为什么很多跨国公司关注公益事业、关注社会问题的原因。不可否认,绿色物流对现代物流企业的概念价值有重要作用。绿色物流将物流企业推向可持续发展的前沿,有助于物流企业树立良好的企业形象和赢取公众信任。绿色物流企业也比较容易获得一些环境相关的认证,如 ISO14000 环境管理体系,从而在激烈的市场竞争中占有一定的优势。

实体价值是物流企业实实在在的收益,一个具有良好环境表现的企业通常也具有良好的盈利表现。因此,绿色物流是可以为物流企业创造价值的:

第一,绿色物流利于树立良好的企业形象,使企业更容易获得股民和其他投资者的青睐。

第二,绿色物流企业通过对资源的集约利用、对运输仓储的科学规划合理布局,可以大大压缩物流成本、降低物流的环境风险成本,拓展有限的"第三利润"空间。

第三,资源循环、资源回用等逆向物流的举措可以给物流企业带来实际收益,成为物流企业利润的新源泉,据西方学者估计,目前全球逆向物流市场达 200 亿美元规模之巨。

绿色物流是现代物流发展的趋势之一。目前,国内绿色物流发展缓慢的原因,一是经济发展阶段所限,二是对绿色物流认识有所偏差。

二、绿色物流的特征

为了实现长期、持续、稳定的发展,就必须采取各种措施来维护我们的自然环境。这种可持续发展战略同样适用于物流活动。环境共生型的物流管理就是要改变原来经济发展与物流、消费生活与物流单向作用关系,在抑制物流对环境造成危害的同时,形成一种能促进经济发展和人类健康发展的物流系统,即向绿色物流、循环型物流转变。

(一)绿色物流是共生型物流

传统物流往往是以对环境与生态的破坏为代价,实现物流的效率。而绿色物流则注重从环境保护与可持续发展的角度,求得环境与经济发展共存。通过物流革新与进步减少和消除物流对环境的负面影响。

(二)绿色物流是资源节约型物流

绿色物流不仅注重物流过程对环境的影响,而且强调对资源的节约。在实际工作中,资源浪费现象是普遍存在的,它不仅存在于生产领域、消费领域,也存在于流通领域。例如,过量储存产品会造成产品陈旧、老化、变质;运输过程的商品破损;流通加工过程余料的浪费等。绿色物流就是要更好地节约资源。

(三)绿色物流是循环型物流

传统物流只重视从资源开采到生产、消费的正向物流,而忽视废旧物品、可再生资源的回收利用所形成的逆向物流。循环型物流包括原材料副产品再循环、包装废弃物再循环、废旧物品再循环、资源垃圾的收集和再资源化等。

任务小结

与传统的物流相比,绿色物流在目标、行为主体、活动范围及其理论基础四个方面都有自身的一些显著的特点:绿色物流的理论基础更广;绿色物流的行为主体更多;绿色物流的活动范围更宽;绿色物流的最终目标是可持续性发展。

任务二 绿色物流系统分析

任务介绍

随着经济全球化的发展,一些传统的关税和非关税壁垒逐渐淡化,绿色壁垒逐渐兴起。这意味着未来的物流业将有一场激烈的竞争。因此,创建我国的现代绿色物流系统,提倡高效节能,绿色环保,不仅是必要的,也是迫切的,是应对未来挑战和在竞争中占得先机的重要机遇。

```
                        ┌─ 基于不同功能要素构成的绿色物流系统
绿色物流系统分析 ───────┼─ 基于产品生命周期的绿色物流系统
                        └─ 基于供应链的循环物流系统
```

任务解析

了解绿色物流系统的含义；清楚绿色物流系统的框架；掌握绿色物流系统三个组成部分的主要内容。

相关知识

绿色物流的意义

从物流系统的目标看,绿色物流属于一种新的物流形式,新的内涵体现在从强调物流对企业经济效益的贡献、对国民经济的促进作用,转向强调物流及物流决策对企业和社会的全面影响,包括员工教育与培训、销售服务、职业健康与安全、环境及生态问题等。

任务实施

一、基于不同功能要素构成的绿色物流系统

绿色物流系统是由不同的功能要素构成的,不同的功能要素可能分属于不同的企业,位于不同的地理位置,受制于不同的政策法规。因此,绿色物流系统的构成相应地有不同的分类方法。下面将按照不同的功能要素和不同的行为主体来探讨绿色物流系统的构成。

包装、运输、装卸、仓储和流通加工是物流系统最基本的五个功能环节,也是物流系统绿色化的基本内容。五个功能环节中,包装、运输、流通加工和仓储对环境的影响较大,因此,绿色物流系统的功能要素主要由绿色包装、绿色运输、绿色流通加工、绿色仓储构成。

（一）绿色包装

所谓绿色包装,指的是以节约资源、降低废弃物排放为目的的一切包装方式。按照包装的构成,绿色包装可进一步分解为包装材料的绿色化、包装方式的绿色化和包装作业过程的绿色化三个方面。按照包装产品生命周期的观点,绿色包装包括了绿色包装设计、包装生产、绿色包装过程/使用、包装物的回收再利用等。

（二）绿色运输

运输是物流系统中最基本、最重要的活动,运输成本占了运输总成本中的 40%～50%。运输也是物流系统影响环境的最重要因素。

绿色运输,指的是以节约能源、减少废气排放为特征的运输,绿色运输是绿色物流的一项重要内容。根据运输环节对环境影响的特点,运输绿色化的关键原则就是降低卡车在道路上的行驶总里程。围绕这一原则的绿色运输途径有多种：

（1）环保型运输工具,主要是针对货运汽车,采用节能型的或以清洁燃料为动力的汽车。

（2）绿色物流网络,即路程最短的、最合理的物流运输网络,以便减少无效运输。

（3）绿色货运组织模式,指的是城市货运体系中,通过组织模式的创新,降低货车出动次数、行驶里程、周转量等。

(三) 绿色流通加工

流通加工具有较强的生产特性,对环境的影响主要表现在:分散进行的流通加工过程能源利用率低,产生的边角余料、排放的废气、废弃物等污染周边环境,还有可能产生二次污染等。绿色流通加工实施的途径有两条:

(1) 专业化集中式流通加工,以规模作业方式提高资源利用效率。

(2) 流通加工废料的集中处理,与废弃物物流顺畅对接,降低废弃物污染及废弃物物流过程的污染。

(四) 绿色仓储

绿色仓储,要求仓库布局合理,以减少运输里程、节约运输成本。如果仓库布局过于密集,会增加运输的次数,从而增加能源消耗,增加污染物排放;如果布局过于松散,则会降低运输的效率,增加空载率。此外,仓库建设前应当进行相应环境影响评价,充分考虑仓库建设和运营对所在地的环境影响。对于易燃、易爆商品仓库不应设置在居民区,有害物质仓库不应设置在重要水源地附近等。

二、基于产品生命周期的绿色物流系统

一般的企业环境管理往往只注重产品生产过程的污染防治。基于产品生命周期的环境管理是可持续发展的必然要求。因此,企业必须从产品全生命周期的范围进行企业物流的绿色化管理。

产品全生命周期的物流活动:产品从原材料开采或原材料的供应开始,经过原材料加工、产品制造、包装、运输和销售,经消费者使用、回收直至最终废弃处理,这一整个过程称为产品的全生命周期。

在产品全生命周期各阶段以及各阶段之间的物流过程、各阶段内部的物流过程中,还会排放各种废物,如废气、废水、固体废弃物、噪声等,反映了产品在全生命周期对环境的负面影响。基于产品生命周期的绿色物流主要包括以下几个方面。

(一) 绿色供应物流

随着采购、供应一体化以及第三方物流分工专业化的发展,使采购、供应物流一直延伸到企业车间。绿色供应物流包括了物料需求计划、运输、流通加工、装卸搬运、储存等功能,它是产品生产得以正常进行的前提,而且供应商提供的原料及零配件的质量和环保性能将直接决定产品的质量和环境性能。

(二) 绿色生产物流

原材料、配件、半成品等物料,按产品的生产过程及工艺流程的要求,在企业的各车间内、企业半成品仓库之间流转,这就是生产物流。绿色生产物流担负着物料运输、储存、产品组装、产品包装等任务,是生产过程得以延续的基础。

(三) 绿色分销物流

从生产企业成品仓库到产品需求者之间的绿色物流过程,包括绿色包装、绿色流通加

工、绿色储存、绿色订单处理、绿色运输、绿色装卸搬运等功能环节。另外,在零售商与消费者之间、零售商与批发商之间还存在着因产品不合格或积压库存而发生的退货物流。

(四)绿色回收物流

准废物通过回收、加工、转化为新的生产资源而重新投入使用,要经历一系列物流活动,主要有收集、分类、加工、处理、运输等功能。根据物流流向的不同,回收物流将发生在产品的全生命周期,生产阶段的余料、残次品等应在企业内部进行回收、处理、再利用;在产品使用阶段的废旧包装材料、维修更换件、淘汰件等的回收处理,则发生在用户、销售商、原料生产商和产品生产商之间,即发生在产品的整个生产周期。

(五)废弃物物流

废弃物物流是指在现有技术和经济条件下无法再利用的最终排放物的物流过程。因物理形态不同,废弃物物流的方式也不同,一般包括收集、搬运、中间净化处理、最终处置等功能。净化处理是为了实现废弃物的无害排放;最终处置主要有掩埋、焚烧、堆放、净化后排放等方式。产品生命周期的每一阶段中,都会产生各种形式的废弃物,因此,废弃物物流也将贯穿于整个生命周期。

三、基于供应链的循环物流系统

绿色物流系统的构筑,不仅要考虑单个企业的物流系统,还必须与供应链上的关联者协同起来,从整个供应链的视野来组织物流,最终建立起包括生产商、批发商、零售商和消费者在内的生产→流通→消费→再利用的循环物流系统。

(一)循环物流系统的物流对象

循环物流系统中的"物"有两种:一是消费者需要的物品;二是消费者不需要的物品。前者包括生产商品所必需的原材料、零部件、半成品、包装材料等;后者包括物流过程中形成的各种派生物。作为循环物流系统,必须对这两种物流对象的流向、流量、流动路线等进行最优化考虑。

(二)循环物流的基本原则

节约资源、降低废物排放的方式有很多种,按照资源循环利用的价值大小及循环过程中对环境的二次影响程度,循环物流的基本原则是减量化、再利用、再循环。

1. 减量化原则

减量化原则就是用最少的原料和能源投入来达到既定的生产目的或消费目的,即资源缩减原则。通过减少进入生产过程和流通、消费环节的物质量,能同时减少正向物流量和废弃物流量,因此,资源缩减是解决环境问题的最有效的途径。

2. 再利用原则

再利用就是通过一定的技术过程,对产品进行维护、修复、更换零部件、改制等,从而恢复产品的使用功能,直接被用户再使用,延长产品使用寿命。再利用原则要求产品和包装容器能够以初始的形态被多次重复使用,防止物品过早地成为废弃物。

3. 再循环原则

即通过再加工处理技术,使废弃物再次变成资源,以减少最终处理量。它要求物品在完成其使用功能后能重新变成可以利用的资源而不是无用的垃圾。

▶任务小结◀

本任务主要介绍了绿色物流系统的三个方面:一是基于不同功能要素构成的绿色物流系统,二是基于产品生命周期的绿色物流系统,三是基于供应链的循环物流系统。

任务三 可再生资源的处理

▶任务介绍◀

目前我国大部分可再生资源处理物流企业及回收个人还仅仅停留在供应链表面下管理回收物流,尚未进入到回收物流的纵深面。若建立规范的可再生资源处理物流体系,建设统一规范的社区回收站、集散市场,能够有效地提升城市形象、提高可再生资源利用率、减少环境污染、给相关企业带来巨大经济及社会效益。

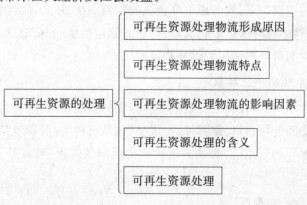

▶任务解析◀

了解可再生资源处理的含义;熟知可再生资源处理物流形成原因;明白可再生资源处理物流特点;理解可再生资源处理物流的影响因素;清楚可再生资源处理。

▶相关知识◀

再生资源分类

我国再生资源的产生领域主要为工业生产与生活消费两大区域,以此为据,可将再生资源分为两大类:生活性再生资源与生产性再生资源。

1. 生活性再生资源

生活性再生资源是指在生活消费过程中产生的、已经失去原有的全部或部分使用价值,经过回收/加工处理,能够使其重新获得使用价值的各种物料的总称。包括居民生活过程中产生的废纸、废旧金属、废塑料、废橡胶等。

2. 生产性再生资源

生产性再生资源是指在社会生产过程中产生的、已经失去原有的全部或部分使用价值,经过回收、加工处理,能够使其重新获得使用价值的各种物料的总称。包括报废的生产设备、炼钢中产生的边角余料、次品等。一般情况下,为避免额外成本的产生,企业内部产生的再生资源尽量在企业内部进行消化,如重新回炉再造等。

任务实施

一、可再生资源处理的含义

可再生资源处理,是指社会生产和消费过程中产生的可以利用的各种废旧物资,包括将各种分散的废弃物进行汇集和收购、挑选分拣、解体、分类等初加工,熔炼、分解、再制造等深加工,以及对再生资源的储存和运输等内容,是融商流、物流、信息流和资金流以及生产加工为一体的活动。

二、可再生资源物流处理形成原因

(一) 可再生资源处理物流形成的社会原因

可再生资源处理物流企业的存在,可解决大量下岗职工的再就业问题。据不完全统计,我国可回收利用而没有利用的再生资源价值300多亿元,每年大约有500万吨废钢铁、20多万吨有色金属、1400多万吨废纸及大量的废塑料、废玻璃、废旧电子产品没有回收利用。再生资源处理物流的发展,能够有效解决再生资源的回流问题,避免再生资源造成的环境污染与资源浪费。

(二) 可再生资源处理物流形成的经济原因

对于生产制造企业来说,许多行业已经进入微利时代,为了寻求新的利润增长点,在保证企业原有产品质量的条件下,引进可再生原材料进行生产,以合适的处理方式对可再生资源加以处理,进行二次使用;或是针对不同的客户群,将再生产品与原生产品划分等级,扩大产品的市场占有率。

对于可再生资源处理物流企业来说,将社会废弃的再生资源收集起来,经过合适的加工处理,将其转化成二次资源或再生产品重新出售,可为企业获取一定利益。在回收利用的过程中,优化物流网络体系及物流过程中各作业环节、引进先进的生产线将成为可再生资源处理物流企业利润增长的关键。

三、再生资源处理物流的特点

(一) 再生资源处理物流种类繁多

由于再生资源的产生渠道多,方式复杂,这就决定了再生资源处理物流方式的多样性。生产企业都有可能产生再生资源,企业类型不同产生的再生资源不同,而且几乎每个生产企业的每一个工序、每个阶段的生产过程都会产生再生资源。再生资源可能产生于生产领域、流通领域或生活消费领域,涉及到任何领域、任何部门、任何个人。

(二)生产性再生资源处理物流数量大

许多种类再生资源有单独处理数量较大的特点。这就决定了再生资源物流需要消耗较大的物化劳动及活劳动,需要有一个庞大的物流系统来支撑。

(三)企业内部再生资源处理物流的路程较短

企业内部可再生资源处理物流的路程一般都较短,这是由于企业在处理自身产生的再生资源时,承受的物流费用较高。企业一般都尽可能地在企业内部解决或由相关企业消化。

(四)再生资源处理物流的多变性

由于回收物流的分散性及消费者对可再生资源自由回收政策的滥用,使得回收企业无法控制物品的回收时间与空间,导致了再生资源处理物流的多变性。

(五)供应渠道分散,分销渠道相对集中

与一般商品不同,可再生资源的流通渠道是"倒金字塔"结构。可再生资源的"生产单位"是海量的,海量生产单位产生的可再生资源通过相对少量的流通单位,最终供少数消费单位作为原料进行再生产。一般而言,普通商品的消费单位就是可再生资源的生产单位,可再生资源的消费单位也在普通商品的生产单位之列。两个过程相互衔接形成"循环经济"的大框架。生产单位众多而消费单位少量的特征,使得再生资源供应渠道分散、消费渠道集中,因此特别需要一个有效的收集系统。

四、可再生资源处理物流的影响因素

(一)法律法规约束程度

专门针对可再生资源处理物流的法律法规是决定企业以及社会公民进行回收利用的主动性的重要因素。成套有效的法律法规体系是约束企业以及公民做好再生资源处理物流工作的保证,人们很难凭借意志力去完成繁琐的回收物流工作。

(二)回收成本的高低

回收价格、运输成本、库存持有成本、仓储费用等成本费用约束了可再生资源处理物流企业的业务范围及回收程度。作为以营利为目的的可再生资源处理企业,在考虑每项回收业务时势必优先考虑成本因素。

(三)回收观念的深入状况

企业以及居民的回收观念,是决定可再生资源处理方式、回收效率、回收量等的重要因素。随着生活水平的提高和环保生态宣传的深入,公众对于垃圾分拣、物资回收的认同感加深,而对于可再生资源制品的接受程度也在不断提高。同时,公众自发的环保意识也在加强,过去未能很好回收和处理的污染严重、危害较大的废弃物(如废干电池、废润滑油等)引起了公众的重视;而公众对于垃圾处理方式资源化和环保化的呼声也是日渐高涨。

（四）消费理念的变化

我国社会结构快速变迁的结果使得消费形态朝分散、少量、多样的方向发展，因此不少消费品的快速更新成为需要。商品消费理念发生变化，导致可再生资源产生量增加。

（五）国际市场原材料价格波动

国际市场原材料价格的波动，尤其是随着我国工业化进程的加快和工业规模的扩大，国内物质资源短缺的状况越来越严重，对于国际市场原材料进口的依赖也越来越严重。近年来，国际市场上包括钢材、石油在内的主要原材料价格不断创造新高。原材料和能源价格的飞涨和居高不下，对于我国的经济发展产生巨大压力，也为可再生资源处理利用创造了更大的空间和机会。

五、可再生资源处理

（一）废旧钢铁的回收利用

1. 生产过程中产生的废旧钢铁：返回废钢铁，加工废钢铁——生产性回收。
2. 消费过程中产生的废旧钢铁：折旧废钢铁——社会性回收。

（二）废纸和废纸板的回收利用

目前，我国的废纸再利用技术颇为单一，如作为部分造纸原料加以再利用，或制造蛋托、果托等。为了更好地节约森林资源，保护生态环境，有必要探索废纸再利用的其他途径。

废纸再利用的新技术：用废纸或废纸板作原料，可以制作农用育苗盒，采用生物技术生产乳酸等化工产品，还可以生产各种功能材料如包装材料、隔热隔离材料、除油材料，亦可用于制作纸质家具等。制造包装材料或容器、废纸发电、制造复合材料、制造新型建筑和装饰材料、回收点——运输—造纸厂。

（三）废玻璃的回收利用

回收玻璃的转型利用是指将回收的玻璃直接加工，转为其他有用材料的利用方法。这种利用方法分为两类，一种是加热型，一种是非加热型。

1. 非加热型。非加热型利用也称机械型利用。其具体方法是根据使用情况直接粉碎或先将回收的破旧玻璃经过清洗、分类、干燥等预前处理，然后采用机械的方法将它们粉碎成小颗粒，或研磨加工成小玻璃球待用。
2. 加热型。加热型利用是将废玻璃捣碎后，用高温熔化炉将其熔化后，再用快速拉丝的方法制得玻璃纤维。这种玻璃纤维可广泛用于制取石棉瓦、玻璃缸及各种建材与日常用品。

（四）废旧包装材料的回收利用

1. 回收渠道。商业部门渠道、生产资料产品销售部门渠道、社会废旧物资回收渠道、原企业废旧物资回收渠道。
2. 废旧包装材料复用。社会回收复用、生产企业回收复用、对旧包装材料的修复和改制。

任务小结

可再生资源处理的发展为废旧物资等可利用物品的回收利用提供渠道,是发展循环经济的重要内容。从而应熟悉和掌握有关可再生资源处理的内涵、可再生资源物流产生的原因及特点,明白可再生资源处理物流的影响因素。

任务四　废弃包装物的处理

任务介绍

在我国,包装行业产业化水平较低,包装材料的使用回收及处理系统不完善,管理手段匮乏,遂造成了资源的浪费,而且大量的包装废弃物也破坏了我们的环境。包装与环境、包装与资源就成了全社会关注的热点。

```
                    ┌─ 废弃物流的含义、分类及目的
废弃包装物的处理 ───┼─ 废弃物处理方式
                    └─ 废弃物流的合理化
```

任务解析

了解废弃物流的含义;明白废弃物流的分类及目的;知道废弃物处理方式;理解废弃物流的合理化。

相关知识

物流管理的若干知识

流通加工:指物品在从生产地到使用地过程中,根据需要施加包装、分割、计量、分拣、组装、价格贴付、标签贴付、商品检验等简单作业的总称。绿色流通加工主要包括两个方面措施:一是变消费者加工为专业集中加工,以规模作业方式提高资源利用效率,减少环境污染;二是集中处理消费品加工中产生的边角废料,以减少消费者分散加工所造成的废弃物的污染。

废弃管理:从环境的角度看,今后大量生产、大量消费的结果必然导致大量废弃物的产生,尽管已经采取了许多措施加速废弃物的处理并控制废弃物物流,但从总体上看,大量废弃物的出现仍然对社会产生了严重的消极影响,导致废弃物处理的困难,而且会引发社会资源的枯竭以及自然资源的恶化。因此,21世纪的物流活动必须有利于有效利用资源和维护地球环境。

装卸管理：装卸是跨越运输和物流设施而进行的，发生在输送、储存、包装前后的商品取放活动。实施绿色装卸要求企业在装卸过程中进行正当装卸，避免商品的损坏，从而避免资源浪费以及废弃物环境造成污染。

任务实施

一、废弃物流的含义、分类及目的

（一）废弃物流的含义

在生产过程中不断产生的，基本或完全失去使用价值，并无法再重新回收利用的最终排放物的回收处理程序。

随着科学技术的发展和人民生活水平的提高，人们对物资的消费要求越来越高：既要质量好又要款式新。于是被人们淘汰、丢弃的物资日益增多。这些产生于生产和消费的过程中的物质，由于变质、损坏，或使用寿命终结而失去了使用价值。它们有生产过程的边角余料、废渣废水以及未能形成合格产品而不具有使用价值的物质；有流通过程产生的废弃包装材料；也有在消费后产生的排泄物：如家庭垃圾、办公室垃圾等。这些排泄物一部分可回收并再生利用，称为再生资源，形成回收物流。另一部分在循环利用过程中，基本或完全丧失了使用价值，形成无法再利用的最终排泄物利用，即废物。废弃物经过处理后，返回自然界，形成废弃物流。

（二）废弃物流的分类

1. 按废弃物的状态分类

根据废弃物的状态不同，我们可将其分为固体废弃物、液体废弃物和气体废弃物。由此，相应的就有固体废弃物物流、液体废弃物物流和气体废弃物物流。

（1）固体废弃物物流

固体废弃物在学术界一般是指在社会生产、流通和消费等一系列活动中产生的相对于占有者来说一般不具有原有使用价值而被丢弃的以固态和泥状赋存的物质。固体废弃物一般具有如下特性：第一，无主性，即被丢弃后，不再属于谁，因而找不到具体负责者，特别是城市固体废弃物；第二，分散性，废弃物被丢弃、分散在各处，处理时需要花费很大的力气去收集；第三，危害性，废弃物不再有用处，但对我们的生产和生活带来不便，甚至污染环境，危害到人体健康；第四，错位性，一个时空领域的废弃物在另一个时空可能是宝贵的资源。

（2）液体废弃物物流

液体废弃物也被称为废液，其形态是各种成分液体混合物。液体废弃物主要来自于生产部门和消费部门，即工业废水和生活废水。随着我国经济的不断发展，液体废弃物的排放也呈持续增加趋势。2002年，全国废水排放总量为439.5亿吨，比上年增加1.5%。其中工业废水排放量207.2亿吨，占废水排放总量的47.1%；城镇生活污水排放量232.3亿吨，占废水排放总量的52.9%。液体废弃物中蕴含着大量对环境不利的物质，若汇入净水中，就会对水源造成污染。鉴于此，国家几次对造纸厂等大量产生废水的工业企业进行整顿，要求它们的废水排放达到指标,并对太湖等污染比较严重的水域进行清洁除污。

(3) 气体废弃物物流

气体废弃物俗称废气,主要是工业企业,尤其是化工类型工业企业的排放物,其次就是生活和交通中产生的废气了。废气中的硫氧化物、氮氧化物、碳氧化物、碳氢化合物、臭氧等都是大气污染物。随着现代工业、农业和交通运输业的不断发展,向大气中排放污染物质的数量越来越多,种类也越来越复杂。这种人为因素有时会造成大气成分的急剧变化,如果在大气的正常组成之外出现了通常没有或含量很少的有毒有害物质,当它们的数量、浓度以及在大气中的停留时间,足以影响人体健康和动植物的生存、生长,甚至对气象气候产生危害时,我们就认为,大气被污染了。可能大多数人都知道1952年发生在英国伦敦的烟雾事件,这次烟雾使大约4000人丧生,造成了极其恶劣的影响,这就是大气污染的一次典型事件。在我国,尤其是北方地区,一到冬天,大气质量就急剧下降,常常导致能见度极低,面对面见不着人,主要原因之一就是居民取暖产生的烟雾,在工业城市尤其严重。

2. 按废弃物的来源分类

根据废弃物的来源不同,我们可以将其分为产业废弃物、流通废弃物和消费废弃物,同样,为了处理不同来源的废弃物,也就有了产业废弃物物流、流通废弃物物流和消费废弃物物流。

(1) 产业废弃物物流

产业废弃物也被称为产业垃圾,它通常是指那些在生产行业中被再生利用之后再也没有使用价值的最终废弃物。当然,不能再被使用是限定在现有技术条件下的。产业废弃物来源于不同行业,如第一产业最终废弃物基本上为农田杂屑,大多不再收集,而由生产者自行处理,自然也就很少有物流问题了,主要问题在于农业中喷洒的残余农药,若不进行处理,很可能会威胁人体健康和污染环境;第二产业的最终废弃物则因行业不同而各异,其物流方式也大不相同,多数采取向外界排放或堆积场堆放,或是焚烧、掩埋等,对含有放射性物质或有毒物质的工业废物,还要采取特殊的处理方法;第三产业的废弃物主要是生活垃圾和基本建设产生的垃圾,这类废弃物种类多、数量大,物流难度大,大多采取就近掩埋的办法处理。像建筑垃圾一般属于无毒无害物质,尽管数量庞大,但它不会造成严重环境污染,就是会占用地方,影响市容市貌。

(2) 流通废弃物物流

流通废弃物就是在流通过程中产生的相对于现在来说没有使用价值了的废弃物,大多数时候表现为废气。在流通业也被称为是流动污染源,因为流通废弃物几乎都是在运动时产生的。现代经济的发展,人们生活水平的提高,再加上汽车制造工业的不断发展,流通废弃物已经成为污染的一大来源。世界各国都把控制流通中产生的废气作为保护环境的一大措施,尤其是汽车排放的尾气,现在各国都在大力推行环保能源,以减少污染来源。由于流通废弃物是在流动中产生的,因此只能在生成废气的那一刹那进行净化处理,否则以现在的技术水平就只能望"气"兴叹了。所以,流通废弃物物流在现实中很少,仅有极少数的运用。

(3) 消费废弃物物流

消费废弃物即我们通常所说的生活垃圾,这是我们身边最常见的废弃物了。在城市中,人们的生活区数量繁多,且到处都有,这就导致生活垃圾排放点极为分散,需要采用专用的小型的装运设备来进行储存和运输。并且由于消费废弃物中所蕴涵的物质种类繁多,有些还具有危险性,因此装运设备应该特制成能防止散漏的半密封的形状,保证安全。

消费废弃物不像产业废弃物那样经过再利用,它是直接由消费者所抛弃的。消费者认为不能再使用的物品,对企业来说未必就没有用,而很可能是企业进行生产的某种原材料,因此,消费废弃物在进行物流处理过程中应该首先区分该废弃物能否回收,能否进行循环利用,然后再根据不同物质的特性决定如何处理。

可以说,消费废弃物的物流处理相对来说是比较繁琐的,不仅因为需要区分有用无用,而且还因为它的状态,它包括了各种状态,固体、液体、气体,三者均有,这就导致了消费废弃物物流的繁杂性。

3. 按废弃物的性质分类

根据废弃物的性质不同,我们又可以将其分为危险性废弃物和非危险废弃物,由此相应的物流处理方式也不同,也就有了危险性废弃物物流和非危险性废弃物物流之分。

(1) 危险性废弃物物流

危险性废弃物,即它的数量或浓度达到一定程度时会对环境和人体健康产生危害的废弃物质及其混合物,它有两个最主要的特点,一是危险性,这是我们应该着重注意的;二是废弃性,实验室中的危险性物质虽然很危险,但它不属于危险性废弃物的范畴。危险性废弃物的种类很多,我国针对危险物品还专门发布了一个《国家危险废物名录》,并于 1998 年 7 月 1 日实施,名录中包括各种医药废物、农药废物、有毒有机化合物、各种重金属化合物等。也许很多人都看过小动物由于基因变异而成为巨型动物的美国电影,那为什么会引起基因变异呢?影片中都一致认为是核辐射导致的后果,现实确实如此,世界各国都渴望拥有核武器,就是因为核武器的巨大破坏性,不仅仅是爆炸那一瞬间的巨大冲击力,更重要的是核辐射带来的无穷后患。正由于核武器的使用会给世界带来灾难性的后果,因此世界上绝大多数的国家都在《核不扩散条约》上签字了。

(2) 非危险性废弃物物流

它就是单纯的废弃物,并不会对人类或是我们生活的环境造成危害或是存在潜在的危险性。但要全面考虑清楚该类物质是否无害,这也是一项复杂的工作,因为受知识水平的局限,我们往往只考虑到某几方面的危险,而可能遗漏一些,这样很可能会遗留后患。因此,我们应该充分利用先进的计算机技术,利用其巨大的存储额和快速的运算能力来进行废弃物质的危险性分析。只有在确定了该物质确实无危险性后,我们才能顺利进行以下的流程处理。

(三) 废弃物流处理目的

加强对废弃物进行处理,可以提高服务质量,防污染环境,减少危害社会。

1. 提供优质服务:无缺货,无损伤和丢失现象,且费用便宜。

2. 迅速及时:按用户指定的时间和地点迅速送达。

3. 节约空间:发展立体设施和有关的物流机械,以充分利用空间和面积,缓解城市土地紧缺的问题。

4. 规模适当:物流网点的优化布局,合理的物流设施规模、自动化和机械化程度。

5. 减少对社会的危害:各种废弃物中可能含有不同程度对顾客、社会、环境产生危害的物质,如果不及时处置,就可能发生不利的影响,因此加强对废弃物流的处理可以有效地减少废弃物的危害。

二、废弃物处理的主要方式

目前的处理方法主要有压实、破碎、分拣、脱水与干燥、固化、热转化、生物处置等 7 种。随着科技发展,垃圾处理设备不断改进,废弃物处理的现代化、科学化、系统化水平也逐渐提高。如现代机械用于垃圾分拣;生物工程用于填埋场建设;热物理传热 365JT 技术改进垃圾焚烧发电系统提高产电能力;生物技术用废弃物焚烧在国外获得广泛应用,在日本、荷兰、瑞士、丹麦、瑞典等国家已成为废弃物处理的主要手段。瑞士废弃物 80% 为焚烧;日本,丹麦垃圾 70% 以上为焚烧。

(一)固体废弃物处理

1. 固体废弃物处理方式

由于固体废弃物的危害性,我们不得不花费很大的人力、物力来处理它。同时,废弃物是无主的,因此,处理废弃物的责任就理所当然地落在了政府身上。政府部门需要投入大量的人力、物力来建设各种废弃物处理设施。当然因为固体废弃物具有固定的形状和重量,处理时就有一定的方便之处。我们可以比较方便的将固体废弃物进行粗略的包装,并将其进行装卸、运输。这种废弃物物流一般采用垃圾处理设备处理,主要可将其运至指定地点焚烧、掩埋或堆放。与其他状态的废弃物物流相比,就有方便、容易、高效等特点。

2. 固体废弃物处置原则

虽然与废水和废气相比,固体废物中的污染物质具有一定的惰性,但是在长期的陆地处置过程中,由于本身固有的特性和外界条件的变化,必然会因在固体废物中发生的一系列相互关联的物理、化学和生物反应,导致对环境的污染。

固体废物的最终安全处置原则大体上可归纳为以下几种。

(1) 区别对待、分类处置、严格管制有害废物

固体物质种类繁多,其危害环境的方式、处置要求及所要求的安全处置年限均各有不同。因此,应根据不同废物的危害程度与特性,区别对待、分类管理,对具有特别严重危害的有害废物采取更为严格的特殊控制。这样,既能有效地控制主要污染危害,又能降低处置费用。

(2) 最大限度地将有害废物与生物圈相隔离

固体废物,特别是有害废物和放射性废物最终处置的基本原则是合理地、最大限度地使其与自然和人类环境隔离,减少有毒有害物质进入环境的速率和总量,将其在长期处置过程

中对环境的影响减至最小程度。

(3) 集中处置

对有害废物实行集中处置,不仅可以节约人力、物力、财力,利于监督管理,也是有效控制乃至消除有害废物污染危害的重要形式和主要的技术手段。在现实中,世界上通用的几种固体危险性废弃物的最终处理方法有:土地安全掩埋、焚烧、贮藏等。同样地,在采取不同方式处理固体危险性废弃物时,应根据其性质和特点而选择。

(二)液体废弃物物流

相比较而言,在排放时就进行处理比水域受污染后再处理就轻松、简便得多了,所以,我们就应该在废水排放过程中进行处理,然后将其直接排入外面水域中。由于液体没有固定的形状,因此,在处理过程中就很难通过一般运输手段将其运往目的地。在实际中,这种废弃物物流通常采用管道方式。这就需要在各城区大力投资兴建地下管道设备,使得液体废弃物能畅通无阻地到达指定目的地。

(三)气体废弃物物流

鉴于气体废弃物对环境的危害如此之大,如何在气体废弃物未扩散到大气中前进行净化处理就迫在眉睫。气体废弃物在常温下以气体状态存在,它们无固定的形状,且时刻处在快速的运动之中,一旦与外部空气相接触,马上就会扩散到大气当中,由此带来空气污染。而且,被污染后的空气很难恢复原来的纯洁。正是因为气体废弃物的特点,这种废弃物物流在现实中往往通过封闭式的管道系统经过处理后直接向空气排放。

(四)危险性废弃物物流

鉴于危险性废弃物对整个环境、社会存在的巨大的潜在危险性,如果管理不当,会对人体健康和生态环境造成严重的危害。危险性废弃物的危险不仅在于短期的急性危害,如急性中毒、火灾或爆炸等,还包括长期潜在性危害,如慢性中毒、致癌、致畸、污染地下水等。因此,处理好危险性废弃物就成为回收物流的一个重要环节。处理危险性废弃物的物流最重要的就是保证安全,保证该废弃物以后不会对人类及其生存环境造成危害,也就是说不仅要将危险性废弃物的现实危险化解于无形,还要将以后可能会发生的任何潜在危险考虑在内,并积极将其消除。当然,这一切都建立在发达的科学技术水平上,只有意识到了,并且已经有技术可以解决这个问题了,我们才可能做到万无一失。

(五)非危险性废弃物物流

由于该类废弃物并没有危害性,而且又缺乏经济效益,因此对该类物质只需进行简单的物流处理,如对农业生产过程中产生的农田杂屑,几乎就可以不进行处理,而对纸制类物品就可以进行回收再利用。

三、企业废弃物的物流合理化

尽可能减少废弃物的排放量,对废弃物排放前进行预处理,作好废弃物的最终处理。

(一)生产过程产生的废弃物流的合理化

从生产设计、工艺管理、人员素质等方面抓起,控制废弃物的排放量。

（二）流通、消费领域产生废弃物流的合理化

1. 加强流通管理和环保意识的宣传。
2. 购买商品时收取押金。
3. 送货上门时将包装废弃物顺便带回。
4. 鼓励员工积极参与流通过程中废弃物回收和处理策略。

当前废弃物处理的国际潮流"综合性废物管理"，就是动员全体民众参与 3R 行动，把垃圾的产量减下来，三个 R 的行动口号是：减少浪费（Reduce）；物尽其用（Reuse）；回收利用（Recycle）。因为经济全球化及社会资源趋于全球流动，需要全社会这样做，减少废弃物总量和城市处理垃圾的负担。

▶任务小结◀

通过对废弃包装物的认识和了解，从而明了废弃包装物的含义及类型，进而把握废弃物流的目的，清楚现阶段的废弃物的处理方法，如何开展废弃物流合理化工作。

任务五　逆向物流

▶任务介绍◀

由于经济发展朝着全球化方向运作，大规模的生产和配送运输及存储环节都会造成商品、半成品、原材料和零部件的缺陷和瑕疵，造成递送商品的错位等，这里不仅有人为因素，亦受制于非人为因素。即使是更加精益化的物流与供应链管理运作，也会有一些误差的出现。常见的退货原因有：存在质量问题、数量有偏误、错误的递送对象等。

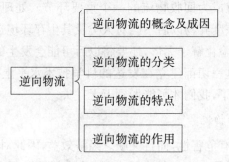

▶任务解析◀

熟悉逆向物流的内涵；清楚逆向物流产生的背景；熟悉逆向物流的作用；把握逆向物流的本质。

项目十二 绿色物流

相关知识

逆向物流的本质

逆向物流的本质在于通过对不合格产品以及使用过后的废弃物、包装物的回收、处理和再生利用等,重新获得其使用价值。在企业的生产经营活动中逆向物流和绿色物流有交叉活动的范围;逆向物流与再生资源处理有着共同的目标,但也存在着诸多不同。

任务实施

一、逆向物流的概念及成因

（一）逆向物流的概念

逆向物流是指在企业整个物流系统中,与正向物流运动方向正好相反的物流运动形式,逆向物流会涉及企业生产与销售,产品售后服务等各个方面,如生产过程中的边角料的重新利用以节约原材料,不合格产品的改造以满足顾客的要求,商品包装物的重新利用以节约成本、节约资源,被消费使用过的产品的回收等。虽然这些废旧、废弃产品已经失去了原有的明显的使用价值,会被当作废弃物被抛弃,但在这些物品中还存在潜在的使用价值可以再利用,企业应为这部分物品设计一个回流系统,使具有再利用价值的物品回到正规的企业物流系统中来。

（二）逆向物流的成因

来自顾客的退货行为;来自供应商的产品召回行为;来自国际和法律的环境保护因素;逆向物流价值发现。

二、逆向物流的分类

（一）按照逆向物流的退货来源分类

投诉退货;商业退回;维修退回;终端使用退回;生产报废和副品;包装物。

（二）按照逆向物流的物品特征和回流流程分类

低价值产品的物料;高价值产品的零部件;可以直接再利用的产品。

（三）按照逆向物流的回收方式分类

再使用;再制造;再循环;销毁处理。

三、逆向物流的特点

逆向物流作为企业价值链中特殊的一环,与正向物流相比,既有共同点,也有各自不同的特点。二者的共同点在于都具有包装、装卸、运输、储存、加工等物流功能。但是,逆向物流与正向物流相比又具有其鲜明的特殊性。

（一）分散性

换言之,逆向物流产生的地点、时间、质量和数量是难以预见的。废旧物资流可能产生于生产领域、流通领域或生活消费领域,涉及任何领域、任何部门、任何个人,在社会的每个角落都在日夜不停地发生。正是这种多元性使其具有分散性。而正向物流则不然,按量、准时和指定发货点是其基本要求。这是由于逆向物流发生的原因通常与产品的质量或数量的异常有关。

(二) 缓慢性

人们发现,开始的时候逆向物流数量少,种类多,只有在不断汇集的情况下才能形成较大的流动规模。废旧物资的产生也往往不能立即满足人们的某些需要,它需要经过加工、改制等环节,甚至只能作为原料回收使用,这一系列过程的时间是较长的。同时,废旧物资的收集和整理也是一个较复杂的过程。这一切都决定了废旧物资缓慢性这一特点。

(三) 混杂性

回收的产品在进入逆向物流系统时往往难以划分为产品,因为不同种类、不同状况的废旧物资常常是混杂在一起的。当回收产品经过检查、分类后,逆向物流的混杂性随着废旧物资的产生而逐渐衰退。

(四) 多变性

由于逆向物流的分散性及消费者对退货、产品召回等回收政策的滥用,有的企业很难控制产品的回收时间与空间,这就导致了多变性。主要表现在以下四个方面:逆向物流具有极大的不确定性;逆向物流的处理系统与方式复杂多样;逆向物流技术具有一定的特殊性;相对高昂的成本。

四、逆向物流的作用

(一) 提高潜在事故的透明度

逆向物流在促使企业不断改善品质管理体系上,具有重要的地位。ISO9001(2000 版)将企业的品质管理活动概括为一个闭环式活动——计划、实施、检查、改进,逆向物流恰好处于检查和改进两个环节上,承上启下,作用于两端。企业在退货中暴露出的品质问题,将透过逆向物流资讯系统不断传递到管理阶层,提高潜在事故的透明度,管理者可以在事前不断地改进品质管理,以根除产品的不良隐患。

(二) 提高顾客价值

在当今顾客驱动的经济环境下,顾客价值是决定企业生存和发展的关键因素。众多企业通过逆向物流提高顾客对产品或服务的满意度,赢得顾客的信任,从而增加其竞争优势。对于最终顾客来说,逆向物流能够确保不符合订单要求的产品及时退货,有利于消除顾客的后顾之忧,增加其对企业的信任感及回头率,扩大企业的市场份额。如果一个公司要赢得顾客,它必须保证顾客在整个交易过程中心情舒畅,而逆向物流战略是达到这一目标的有效手段。另一方面,对于供应链上的企业客户来说,上游企业采取宽松的退货策略,能够减少下游客户的经营风险,改善供需关系,促进企业间战略合作,强化整个供应链的竞争优势。特别对于过时性风险比较大的产品,退货策略所带来的竞争优势更加明显。

(三)降低物料成本

减少物料耗费,提高物料利用率是企业成本管理的重点,也是企业增效的重要手段。然而,传统管理模式的物料管理仅仅局限于企业内部物料,不重视企业外部废旧产品及其物料的有效利用,造成大量可再用性资源的闲置和浪费。由于废旧产品的回购价格低、来源充足,对这些产品回购加工可以大幅度降低企业的物料成本。

(四)改善环境行为

随着人们生活水平和文化素质的提高,环境意识日益增强,消费观念发生了巨大变化,顾客对环境的期望越来越高。另外,由于不可再生资源的稀缺以及对环境污染日益加重,各国都制订了许多环境保护法规,为企业的环境行为规定了一个约束性标准。企业的环境业绩已成为评价企业运营绩效的重要指标。为了改善企业的环境行为,提高企业在公众中的形象,许多企业纷纷采取逆向物流战略,以减少产品对环境的污染及资源的消耗。

▶任务小结◀

进入 21 世纪后,逆向物流已经成为企业必须承担的责任和社会普遍关注的问题,这也为再生资源行业提供了一个新的发展空间。本任务介绍了逆向物流的内涵,了解逆向物流产生的背景,阐述了逆向物流的概念,产生的原因和类型,说明了逆向物流的作用,把握逆向物流的本质。

任务六 精益物流

▶任务介绍◀

1985 年,美国麻省理工学院的 Daniel T. Jones 教授等筹资 500 万美元,用了近 5 年的时间对 90 多家汽车厂进行对比分析,于 1992 年出版了《改造世界的机器》一书,把丰田生产方式定名为精益生产,并对其管理思想的特点与内涵进行了详细的描述。四年之后,该书的作者出版了它的续篇《精益思想》,进一步从理论的高度归纳了精益生产中所包含的新的管理思维,并将精益方式扩大到制造业以外的所有领域,尤其是第三产业,把精益生产方法外延到企业活动的各个方面,不再局限于生产领域,从而促使管理人员重新思考企业流程,消灭浪费,创造价值。

```
                    ┌─ 精益物流的概念
                    ├─ 精益物流系统的特点
            精益物流 ├─ 精益物流管理成功的条件
                    ├─ 精益管理组织的建立
                    └─ 精益物流的管理质量
```

任务解析

了解精益物流的概念；熟悉精益物流系统的特点；掌握精益物流管理成功的条件；理解精益管理组织的建立，精益物流的管理质量。

相关知识

精 益 物 流

精益思想的理论诞生后，物流管理学家则从物流管理的角度对比进行了大量的借鉴工作，并与供应链管理的思想密切融合起来，提出了精益物流的新概念。

精益物流属于一种拉动型的物流系统，它与以顾客需求为驱动的供应链相一致，物流活动过程中的价值物流流动要靠下游顾客来拉动。精益物流是高质量的物流系统，系统中广泛深入的服务网络以及电子化的信息流保证了信息流动的速度与准确性，还可有效减少冗余信息传递减少作业环节，使得物流服务准时、准确、快速，具备高质量的特性。精益物流也是低成本的物流系统，它通过合理配置基本资源，依托原有邮政服务网络，充分合理地运用优势和实力，有针对性地进行物流服务，保证物流服务的低成本。精益物流系统同时也是不断完善的物流系统，员工理解并接受精益思想的精髓，领导者制定能够使系统实现"精益"效益的决策，并在执行过程中不断改进，达到全面物流管理的目标。

任务实施

一、精益物流的概念

（一）精益物流

消除物流过程中的无效或不增值作业，用尽量少的投入满足客户需求，实现客户的最大价值，并获得高效率、高效益的物流。

精益思想的核心就是以越来越少的投入——较少的人力、较少的设备、较短的时间和较小的场地创造出尽可能多的价值；同时也越来越接近用户，提供他们确实要的东西。

（二）精益物流的基本原则

1. 从顾客的角度而不是从企业或职能部门的角度来研究什么可以产生价值。

2. 按整个价值流确定供应、生产和配送产品所有必须的步骤和活动。
3. 创造无中断、无绕道、无等待、无回流的增值活动流。
4. 及时创造仅由顾客拉动的价值。
5. 不断消除浪费,追求完善。

二、精益物流系统的特点

(一)准时

准时是物流系统达到内部顺畅、有节奏的关键因素,它包括物流在各个环节中按计划所完成的交货、运输、中转、分拣、配送等作业。

(二)准确

精益物流系统包括准确的信息传递、准确的库存、准确的客户需求预测,准确的送货数量等,准确是保证物流精益化的重要条件之一。

(三)快速

这种"快速"不仅表现为对客户需求的反应速度,还表现为产品在流通过程中的速度。物流的速度是物流系统的性能表征,并且是实现货物在流通中增值的重要保证。

(四)客户满意

精益物流系统中,顾客需求是驱动生产的动力源,是价值流的出发点。物流系统的运作归根结底是通过顾客需求来拉动的。

(五)高质低耗

精益物流系统通过合理配置基本资源,充分运用优势和实力,通过电子化的信息流进行快速反应,准时化作业,保证系统总体上的高质低耗。

(六)系统集成

精益物流系统是由提供物流服务的基本资源、电子化信息和使物流系统实现"精益"效益的决策所组成的系统。这样才可以合理运用资源、消除浪费,提供满足客户要求的优质服务。

(七)信息联网

高质量的物流服务有赖于信息的电子化。物流服务是一项复杂的系统项目,涉及大量的信息,而精益物流的实现很大程度上取决于电子化、网络化的程度。

三、精益物流管理成功的条件

(一)领导层的支持

精益物流管理需要企业整体的组织改革,这就必然需要企业领导层的支持,不然这种改革是无法实现的。

(二)充分利用人力资源

精益物流要求大量员工的参与实施,因而对员工的培训与人员重视显得极其必要。

(三)将精益管理部门独立设置

专门独立设置的精益管理部门可以有效保证精益管理的实施。

(四)基础管理必须完善

用数据说话的精益管理必须要有健全良好的数据基础来保证管理的有效实施。

四、精益管理组织的建立

(一)将组织团队化

精益组织需要因客户不同为组成专门的各个团队,替代原有的低效的金字塔式组织,项目团队才是企业完成任务的基本单位。企业应充分发挥团队的能动性,规定团队所具有的权利与义务,并给予其所需资源。

(二)对员工进行培训授权

企业对其每一个员工进行角色分配,并赋予员工相应的决策权力,让企业员工参与到整个工程中去。企业也要定期的对员工进行各项技能和业务能力的培训,保证员工的执行能力及整体意识。

(三)组织之间的协同合作

企业应当协调好各个分级组织之间的运作分工,并且组织客户区了解运作流程及发生的状况,在各部门与客户间达成战略合作关系,谋求共赢。

五、精益物流的质量管理

(一)标准化管理

标准化管理可以保证工作流程的稳定运行,是物流服务质量的基础保证。物流工作外表看似像工艺制造企业的流水线一样的重复简单的工作。物流服务只有将各个重复性环节的标准和规则规定下来,才能使整体的工作服务统一化、标准化,才能提升物流系统的工作效率以及减少企业生产成本。质量管理体系的建立必须在统一的大标准下进行,推行整个企业一个整体完善高效的质量管理标准。同时在标准化建立之后,更重要的问题也是关键性的问题是标准化的执行问题,没有严格的执行,标准化将是一纸空谈。

(二)现场管理

现场管理要求在工作场所各个物品有各自的摆放场所,其他任何不必要的东西都必须清楚,这样才能实现现场的整洁、安全,从而高效的运作。其主要从以下几个方面进行:

(1)整理:在工作场地工作所需物品应和不需要的物品分离,保证工作物品足够的空间以及无用物品的混杂。整理的重点应该放在设备与仓储。从设备和仓储两个方面界定物品的可用性,并且将工作所需物品按类进行整理放置。

(2)清扫:必须保证现场的清洁,保持一个良好地工作环境,有益于人员的工作效率提升。主要内容包括设备、房屋内部等位置的清扫。清扫应按实际情况定期进行,并且设定相应的评判标准。

（3）习惯素养：员工应养成良好地习惯，按时按标准地进行作业，保证整个工作的高效有序地进行。

（三）信息化管理

信息化管理是用网络计算机信息技术进行数据量化统计分析，从而用各种统计指标来管理控制工作调度。依靠强大的计算机信息手机与处理能力，可以使企业相关部门及时获取相关物流信息，从而提升企业的工作效率。在信息技术日益发达的当代社会，计算机网络技术已成为生产力发展的重要推动因素，企业物流管理必须精确把握信息技术的重要性，应用信息技术实现人为不可能实现的工作，并且将信息结果反馈到决策层，进行物流工作的下一步指挥。信息化管理下的物流管理，必会是高速发展的精益物流，定会将物流发展向前快步推进。

任务小结

本任务简要介绍了精益物流的概念及原则，明确精益物流系统的特点，熟悉精益物流管理成功的条件，精益管理组织的建立，了解精益物流的质量管理。

拓展提高

绿色物流理论基础

一、可持续发展理论

可持续发展指既满足当代人的需要，又不对后代人满足其需要的能力过程构成威胁。1987年国际环境与开发委员会发表的《我们共有的未来》的研究报告提出，当代对资源的开发和利用必须有利于下一代环境的维护及其资源的持续利用，因此，为了实现长期、持续发展，就必须采取各种措施来维护我们的自然环境。这种经济上的可持续发展政策同样适用于物流管理活动。由于物流过程中不可避免地要消耗能源和资源，产生环境污染，因而为了实现长期、持续发展，必须采取各种措施来维护自然环境。现代绿色物流管理正是依据可持续发展理论，形成了物流与环境之间相辅相成的推动和制约关系，进而促进了现代物流的发展，达到环境与物流的共生。

二、生态经济学理论

生态经济学是研究再生产过程中，经济系统与生态系统之间的物质循环、能量转化和价值增值规律及其应用的科学。物流是社会再生产过程的重要环节，它既包括物质循环利用、能量转化，又有价值转化与价值实现。因此，物流涉及经济与生态环境两大系统，理所当然地架起了经济效益与生态效益之间联系的桥梁。而传统的物流管理没有处理好二者的关系，过多地强调了经济效益，而忽视了环境效益，导致了社会整体效益的下降。经济效益主要涉及目前和局部利益，而环境效益则关系到宏观与长远利益。现代绿色物流的出现，较好地解决了这一问题。绿色物流以经济学的一般原理为指导，以生态学为基础，对物流的经济行为、经济关系和规律与生态系统之间的相互关系进行研究，以谋求在生态平衡、经济合理、技术先进条件下的生态与环境的最佳结合以及协调发展。

三、生态伦理学理论

生态伦理学迫使人们对物流过程中造成的环境问题进行深刻的反思,从而产生一种强烈的社会责任感与义务感。为了人类自身更健康和安全地生存与发展,为了千秋万代的切身利益,人类应自觉维护生态平衡。这是时代赋予我们的不可推卸的责任,也是人类对自然应尽的权利与义务。绿色物流正是从生态伦理学中得到了道义上的支持。

复习思考

1. 请分别从微观和宏观的角度阐述如何实现绿色物流。
2. 请就运输对环境的影响进行分析,并提出减少运输环境影响的措施。
3. 包装对环境有何影响?如何把这种影响降到最低?
4. 什么是精益物流?企业如何才能更好地实施精益物流管理?

相关实训

◎目的

调查物流企业绿色经营的理念,了解目前企业绿色物流的现状,进而进一步熟悉绿色物流的重要作用,认识到废弃物物流的严重危害性,并针对本地区企业物流现状提出可行的改进措施。

◎人员

①实训指导:任课老师、企业实训指导人员。

②实训编组:学生按5~8人分成若干组,每组选组长及记录员各一人。

◎时间:3~5天。

◎步骤

①由教师在校内组织安全教育。

②设计绿色物流现状调查问卷(在设计过程中要深入市场进行了解,老师可先行布置有关任务)。

③与实训企业相关部门取得联系,邀请物流企业有关主管介绍并组织学生企业参观,并与企业相关人员进行深入交流以收集有关问卷资料和各项证据资料。

④返校后进行分组的各项资料统计和分析。

⑤撰写企业绿色物流的现状分析报告。

⑥实训小结。

◎要求

注意安全第一,小组要分工合作,学会与人打交道的技巧,巧妙获取相关资料,同时要在规定时间内按时完成任务。

◎认识

调查物流企业绿色经营的理念,了解目前企业绿色物流的现状,进而进一步熟悉绿色物流的重要作用,认识到废弃物物流的严重危害性。

参考文献

[1] 霍佳震. 物流与供应链管理. 北京:高等教育出版社,2006.

[2] 季建华,邵晓峰. 物流案例. 北京:高等教育出版社,2008.

[3] 董蕊编. 供应链管理与第三方物流策划. 北京:中国经济出版社,2003.

[4] 林榕航. 供应链管理(SCM)教程. 厦门:厦门大学出版社,2003.

[5] 刁柏青. 物流与供应链系统规划与设计. 北京:清华大学出版社,2003.

[6] 约翰·科伊尔,爱德华·巴蒂,约翰·兰利. 企业物流管理:供应链视角. 文武,等,译. 北京:电子工业出版社,2003.

[7] 森尼尔·乔普瑞(Sunil Chopra),彼得·梅因德尔(Peter Meindl). 供应链管理:战略、规划与运营. 李丽萍,等,译. 北京:社会科学文献出版社,2003.

[8] 肯尼斯·莱桑斯(Kenneth Lysons),迈克尔·吉林厄姆(Michael Gillingham). 采购与供应链管理. 鞠磊,等,译. 北京:电子工业出版社,2004.

[9] Michael Lamoureux, et al. The e-Sourcing Handbook—A Modern Guide to Supply & Spend Management Success, Iasta Publishing Indianapolis, Indiana, USA, 2008.

[10] David Simchi-Levi, Philip Kaminsky, Edith Simchi-Levi. Designing and Managing the Supply Chain. International Student Edition, 2007.

[11] 赵林度. 供应链与物流管理. 第二版. 北京:机械工业出版社,2007.

[12] 赵林度. 电子商务物流管理. 北京:科学出版社,2006.

[13] 赵林度,曾朝晖. 供应链与物流管理教学案例集. 北京:科学出版社,2008.

[14] 赵林度. 供应链风险管理. 北京:中国物资出版社,2008.

[15] 刘斌. 物流配送营运与管理. 第二版. 上海:立信会计出版社,2006.

[16] 王丰. 现代物流配送管理. 北京:首都经济贸易大学出版社,2008.

[17] 于宝琴,吴津津,等. 现代物流配送管理. 第二版. 北京:北京大学出版社,2009.

[18] 王波,申作兰. 现代物流配送管理. 武汉:武汉理工大学出版社,2008.

[19] 王焰. 配送中心规划与管理. 武汉:湖南人民出版社,2006.

[20] 冯耕中. 物流配送中心规划与设计. 西安:西安交通大学出版社,2004.

[21] 黄世秀,李述容. 配送中心运作与管理. 重庆:重庆大学出版社,2006.

[22] 谢声,詹荣富,吴漪芸. 现代物流配送中心运营与管理. 广州:暨南大学出版社,2006.

[23] 杜文.物流运输与配送管理.北京:机械工业出版社,2006.

[24] 霍红,马常红.物流管理学.北京:中国物资出版社,2008.

[25] 严建援.电子商务物流管理与实施.北京:高等教育出版社,2006.

[26] 刘会亚.现代物流管理概论.北京:中国农业出版社,2007.

[27] 王成.现代物流管理实务与案例.北京:企业管理出版社,2005.

[28] 施李华.物流战略.北京:对外经济贸易大学出版社,2004.

[29] M. Grazia Speranza,Paul Stahly.配送物流新趋势.北京:清华大学出版社,2003.

[30] 许胜余.物流配送中心管理.成都:四川人民出版社,2008.

[31] 王煜洲.现代仓储与配送运作管理.成都:西南财经大学出版社,2006.

[32] 张远昌.物流运输与配送管理.北京:中国纺织出版社,2007.

[33] 林仁俊.现代物流配送中心全程规划设计与运作管理实务全书.北京:当代中国音像出版社,2004.

[34] 邓海涛,黄慧.物流成本管理.武汉:湖南人民出版社,2007.

[35] 王霄宁.面向应用的物流绩效评价方法比较研究:一个理论梳理框架.探索,2007(4).

[36] 高春津,杨从亚.物流信息技术.天津:天津大学出版社,2008.

[37] 文晓巍,达庆利.共同配送:我国冷链物流配送模式的优化选择.现代管理科学,2008(3).

[38] 范新辉.物流信息系统.北京:机械工业出版社,2006.

[39] 苏春玲.现代物流信息技术.北京:机械工业出版社,2006.

[40] 范兴兵.物流管理信息系统.北京:北京交通大学出版社,2007.

[41] 鲍吉龙,江锦祥.物流信息技术.北京:机械工业出版社,2007.

[42] 王椒荣.物流信息技术.北京:机械工业出版社,2007.

[43] 陈庄,毛华扬.ERP原理与应用教程.北京:电子工业出版社,2006.

[44] 刘浩,吴祖强.物流信息技术.北京:中国商业出版社,2007.

[45] 陆薇,宋秀丽,高深,等.汽车企业物流与供应链管理及经典案例分析.北京:机械工业出版社,2013.

[46] 张建明.现代物流管理.武汉:武汉大学出版社,2013.

[47] 乐立骏.SAP后勤模块实施攻略:SAP在生产、采购、销售、物流中的应用.北京:机械工业出版社,2013.

[48] 中国就业培训技术指导中心组织.物流师(基础知识).第二版.北京:中国劳动社会保障出版社,2013.

[49] 中国物流与采购联合会,中国物流学会.中国物流管理优秀案例集.北京:中国财

富出版社,2012.

[50] 彭剑锋. 联邦快递:"飞速"物流的聚焦业主. 北京:机械工业出版社,2013.

[51] 罗伯特·汉德菲尔德. 采购与供应链管理. 第5版. 北京:电子工业出版社,2014.

[52] 张庆英. 物流案例分析与实践. 第二版. 北京:电子工业出版社,2013.

[53] 陈雅萍. 第三方物流. 第二版. 北京:清华大学出版社,2013.

[54] 骆温平. 物流与供应链管理. 第三版. 北京:电子工业出版社,2013.

[55] 邢铭强. 物流会计. 北京:中国宇航出版社,2014.

[56] 花永剑. 快递公司物流运营实务. 北京:清华大学出版社,2013.

[57] 郑秀恋,温卫娟. 物流成本管理. 北京:清华大学出版社,2013.